경매에서 꼭 알아야 할

배당의 이해

전 남 주 · 김 정 태

탑북스

머리말

법학에서 이론과 실무는 문(文)과 무(武)로 생각할 수 있습니다. 이론에 치우치다 보면 논쟁을 위한 학문이 될 수 있고, 실무만 강조하면 근거가 없는 사상누각이 될 수 있습니다. 문과 무를 겸비한 선비가 우러러 보이는 이유입니다.

이 책은 부동산 경매의 큰 틀에서 마지막 단계인 배당절차에 관한 분석으로 배당에 영향을 미치는 권리에 대한 이론과 실무사례를 분석하였습니다.

경매에서 배당절차가 중요한 이유는 매수인의 입장이라면 추가로 인수해야 할 부담이 발생할 수 있는지에 대한 문제이고, 채권자의 입장이라면 자신의 채무액을 어느 정도까지 배당받을 수 있는지에 대한 문제일 것입니다.

이와 같이 배당분석은 경매에 관여하는 사람에게는 매우 중요하고 실질적인 문제가 됩니다. 물론 단순히 몇 개의 사례를 분석해 보거나 채권자들이 확보하고 있는 피보전권리에 대한 개별적인 연구만으로 배당절차를 전부 이해한다는 것은 매우 어렵습니다.

경매사건에 따라 배당에 관여하는 권리가 뒤섞여 본래의 효력과 다르게 상호작용 하는 효과가 나타날 수 있기 때문에 같은 유형의 배당이라 하더라도 각각의 경매사건에 따라 실제 배당은 달라질 수 있습니다.

우선은 배당절차를 정확하게 이해하기 위해서는 무엇보다 배당절차에 관여하면서도 공시가 되지 않는 권리, 즉 주택임대차보호법 및 상가건물임대차보호법상의 임차인에 대한 분석이 선행되어야 할 것입니다.

아울러 여러 개의 권리가 서로 엮였을 때 어떠한 법률적 효과를 발생하는지에 대한 분석이 필수적일 것입니다.

이 책은 다음과 같은 점에 중점을 두었습니다.

첫째, 권리분석 내지 배당절차에 관여하는 권리에 대한 법적성질을 기본으로 서술하였습니다. 피보전권리인 물권 및 채권에 대한 기본적인 법적성질을 파악하는 것이 무엇보다 중요하기 때문입니다.

둘째, 경매절차를 쉽게 이해할 수 있도록 쉬운 용어를 사용하였습니다. 법률용어에 대한 완벽한 이해가 없다면 아무리 좋은 책을 읽어도 이해할 수 없기 때문입니다.

셋째, 법률적으로 어렵고 쟁점이 되는 부분을 쉽게 풀어서 설명하기 위해 노력하였고, 그 근거가 되는 판례를 함께 서술하였습니다. 경매법원의 업무처리는 판례를 기준으로 하고 있으므로 판례만큼 중요한 것이 없기 때문입니다.

넷째, 배당절차에 관여하는 권리 상호간의 미묘한 우선순위에 대하여 실무사례에 따른 실제 배당표를 기술하여 실전 감각을 익히고자 노력하였습니다. 이는 경매법원의 실무처리예를 파악하는 것이 무엇보다 중요하기 때문입니다

해박하면서도 깊이 있는 이론을 바탕으로 실무를 겸비하신 부산경상대학교 부동산경영학과 김정태 교수님과 제자 사랑이 흘러넘쳐 큰 강을 만드시는 열정의 화신 정수경 교수님, 호랑이 기운으로 학생들과 즐거움을 나누시는 이범수 교수님, 학과의 모든 일에 앞장서서 진격하시는 멋쟁이 이창섭 교수님께도 감사의 마음을 표합니다.

아울러 촉박한 시간과 여러 가지 어려운 여건 속에서도 이 책이 출간되기까지 힘써 주신 탑북스출판사에도 진심으로 감사의 말씀을 드립니다.

2017. 8.

부산법원종합청사에서 전 남 주

머리말

"경매의 전문가는 배당을 통해 완성된다"

얼마전 고수가 추천하는 테마별 핵심 경매의 기술이란 책을 집필하였다. 오랜 숙원이었던 경매의 기본서이면서 경매전문가가 되기 위한 등대역할을 할 수 있을 것이라는 생각으로 저술하였다.

너무도 건방진 생각이었을까! 출판되어진 책을 보면서 부족한 부분이 너무 많아 부끄러움이 앞을 가릴 지경이었다. 하지만 이미 공개되어져 버려 주워담을 수도 없는 상황이라면 이를 보완하고 보충함으로써 한걸음 더 나아가 완성에 이르도록 하는 것이 좋겠다는 생각이 들었다.

많은 생각 끝에 경매의 마지막 단계인 배당 단계를 중심으로 더 알찬 내용을 담아보려 결론내리고, 방학을 틈타 작업에 들어가 새 학기를 앞두고 겨우 마무리할 수 있었다. 방학중 학교와 학과의 여러 가지 일과 특히 입시활동 등 많은 일과 함께 집필을 끝낸다는 것이 쉽지는 않았으나 마지막 탈고를 하고나니 시원섭섭한 마음과 함께 두려움도 같이 한다.

실무를 하는 중에 어떻게 하면 경매의 전문가가 될 수 있는지에 대한 많은 질문을 받았다. 경매법정에서의 많은 경험들이 전문가로 가는 길임은 말할 나위 없겠으나, 사실은 각 경매사건마다 이루어지는 배당법정을 방문하여 여러 가지 사례들이 어떻게 배당표로 나타나는지 그리고 이에 대한 이의신청 등이 왜, 어떻게 결론지어지는지에 대한 연구가 진정한 전문가로서 완성된다고 말하곤 했다.

이러한 마음으로 이번 배당실무사례에 관한 책을 집필하게 되었으니 많은 참고가 될 수 있기를 기대하면서 독자들의 지도편달이 있으시길 부탁드리는 바이다.

잔메동산의 기운이 머무르는 연구실에서
김정태 씀

차례

01 부동산등기제도에 대한 이해

02 경매절차 개관

03 말소기준권리

04 주택임차인과 상가건물임차인

05 배당요구와 채권계산서의 제출

06 배당받을 수 있는 채권

07 배당의 실시와 배당이의

08 배당사례 연습

양식 차례

표 차례

그림 차례

용어정리

입찰자의 이해를 돕기 위하여 법령상의 용어를 다음과 같이 표현한다.
'집행법원'을 경매법원으로, '등기기록'을 등기부로, '등기사항전부증명서'를 등기부등본으로, '매각 목적물'을 경매물건으로 한다.

약어표

국세기본법: 국세기
민사집행법: 민집법
민사집행규칙: 민집규
부동산등기법: 부등법
부동산등기규칙: 부등규
지방세기본법: 지방세기
주택임대차보호법: 주보법
상가건물임대차보호법: 상보법

제1장

부동산등기제도에 대한 이해

01 부동산등기제도에 대한 이해

경매절차에 참여하기 위해서는 경매 목적물에 대한 권리분석이 필수적인데 이러한 권리분석을 위해서는 부동산등기부를 파악하지 못하고는 한 걸음도 나아갈 수 없다.

경매절차에서의 권리분석은 철저히 부동산등기부를 기준으로 하기 때문이다. 경매에 입찰하기 위해서 우선적으로 부동산등기제도를 우선적으로 이해하여야 하는 이유이다.

경매절차에는 입찰자의 입장이냐, 채권자의 입장이냐, 채무자의 입장이냐에 따라서 달라질 수 있으나, 권리분석이란 배당분석을 포함하는 광의의 개념이라고 할 수 있다(이하, '배당분석'을 포함한 개념을 '권리분석'이라 한다).

다만, 입찰자의 입장에서는 매수인으로 결정되었을 때 추가로 인수해야 하는 부담이 발생할 수 있는 여지가 있는지 여부가, 채권자의 입장에서는 자신의 채권이 정당한 순위에 따라 배당받을 수 있는지 여부가, 채무자의 입장에서는 채권자들에게 정상적으로 배당이 되는지 여부가 권리분석 내지 배당분석의 주요 쟁점이 된다고 할 수 있다.

입찰자가 권리분석을 하는 목적은 경매물건상 유효한 권리들이 상호간에 어떠한 관계에 있느냐에 대한 문제인데, 경매 입찰자의 입장에서는 경매물건을 낙찰받았을 때 소멸되는 권리와 그렇지 않고 매수인이 인수해야 하는 권리에 대한 분석이라고 할 수 있다.

그러므로 경매 입찰자는 매각이 확정되는 경우 매수인(매각허가결정이 확정됨으로써 최고가매수신고인에서 매수인으로 지위가 변동된다)으로서 경매물건을 인도받을 때 추가로 부담해야 하는 권리가 있는지, 경매물건을 인도받기에 장애요인이 없는지 등에 대한 권리분석이 선행되어야 한다.

경매 실전에서는 최선순위전세권, 주택임대차보호법상의 주택임차인 등 가장 기본적이고 기초적인 권리들에 대한 근본적인 법적성질을 이해하지 못하여 매수보증금을 돌려받지 못하는 경우가 종종 있다. 이러한 실수를 하지 않기 위해서는 우선 부동산등기부를 분석할 수 있어야 한다.

그러므로 어떠한 지위에서 경매절차에 참여하기 위해서는 반드시 부동산등기제도를 이해하여야 하는 것이 필수적이므로 이에 경매절차와 관련된 부분을 중심으로 부동산등기제도를 살펴보고자 한다.

제1절 부동산등기제도 개관

1. 의의

부동산등기는 국가기관인 등기관이 부동산등기법 등 관계법령에 정해진 절차에 따라 부동산에 관한 권리관계를 전산정보처리조직에 의하여 등기기록에 기재하는 것 또는 그렇게 작성된 정보자료 자체를 의미한다.

즉 등기기록은 전산정보처리조직에 의해 전산상 작성되는 것이며, 일반인은 전산상 작성되어 있는 등기기록을 등기사항증명서로 발급받아 볼 수 있는 것이다. 일반적으로 등기기록을 '등기부', 등기사항증명서를 '등기부등본'이라 한다.

2. 부동산등기제도의 특징

1) 물적편성주의와 등기부의 이원화

우리의 부동산등기제도는 부동산별로 등기부가 편성되는 물적편성주의를 취하고 있으므로, 개인별로 어떠한 부동산을 소유하고 있는지에 대한 공시제도는 존재하지 않는다. 그러므로 부동산에 대한 지번 등의 소재지를 알고 있다면 그 부동산에 대한 권리관계를 등기부등본(등기사항증명서)을 발급 받아 파악할 수 있다.

등기부는 토지에 대하여는 토지등기부, 건물에 대하여는 건물등기부가 편성되어 있으며, 아파트 등 구분건물에 대하여는 집합건물등기부가 존재한다.

2) 등기부와 대장의 이원화

등기는 법원에서 관장하며 부동산에 관한 권리관계를 공시함으로써 거래의 안전을 도모하는 제도이나, 대장은 행정소관청에서 작성하며 부동산의 사실적 상태 내지 현황 등을 나타내며 과세 등 행정적 목적을 위하여 존재하는 제도이다.

부동산에 관한 권리관계는 등기부를 기준으로 하고, 부동산의 표시에 관한 사항은 대장을 기준으로 한다.

3) 공신력의 불인정

등기에서의 공신력이란 등기부를 믿고 매매 등의 법률행위를 통하여 거래한 경우 그 상대방이 진정한 권리자가 아닌 경우에도 그 부동산에 대한 물권을 취득할 수 있느냐의 문제이다.

우리의 부동산등기제도는 공신력을 인정하지 않는다는 것이 판례 및 통설적 입장이다. 즉 등기부를 믿고 거래하였더라도 그 상대방이 진정한 권리자가 아니라고 증명된 경우에는 그 물권을 취득하지 못한다는 것이다.

이러한 등기의 공신력이 인정되지 않는 점에 대하여, 국가가 작성한 등기부를 믿고 법률행위를 하였는데 공신력이 인정되지 않음에 따라 물권을 취득할 수 있다는 부분에 대하여 잘못된 것이 아닌가 하는 의문점을 가지는 국민들이 적지 않은 것이 현실이다.

"공신력이 인정되지 않는다"는 의미는 무엇인가?

(1) 공신력이 인정되지 않는 예를 살펴보면, 갑→을→병으로 순차로 소유권이전등기가 경료되었으나, 실제로는 을이 갑의 등기관계 서류를 위조하여 소유권이전등기를 실행한 것과 같은 사유가 소송 등의 절차를 통하여 갑과 을의 법률행위가 무효가 되었다면, 병이 을을 진정한 소유자로 믿고 다시 소유권을 이전받았다고 하더라도 병은 그 소유권을 잃게 된다.

(2) 경매절차에서 공신력이 인정되지 않는다는 것은 정상적인 경매절차를 통하여 매각대금을 모두 납부함으로써 소유권을 취득한 매수인이라 하더라도 전소유자가 진정한 소유자가 아니었다면 전소유자에 대한 경매절차에서의 매수인은 소유권을 잃을 수 있다는 의미이다.

(3) 이와 같은 경우 매수인이 매각대금에 대하여 불측의 손해를 입는 경우에는 민사법의 일반원칙에 따라 손해배상청구 소송 등을 통하여 그 손해를 구제받을 수 있으나, 경매를 당할 정도로 전소유자의 지급능력은 어려운 경우가 대부분이므로 매우 어려운 경우에 이를 수 있으므로 여러 가지 상황을 고려하여 입찰하여야 한다.

4) 등기관의 형식적 심사권

등기관의 등기심사의 범위에 대한 입법주의로, 등기절차상의 적법성 및 등기신청의 원인과 효력의 유무까지 심사할 수 있는 실질적 심사주의와 등기절차상의 적법성 여부를 오직 신청서에 제공된 정보만을 심사할 수 있는 형식적 심사주의가 대립한다.

우리의 등기제도는 형식적 심사주의를 채택하고 있다는 것이 판례 및 통설적 입장이며, 이러한 등기관의 심사권에 대하여는 부동산등기법에 명문의 규정이 존재하지는 않는다.

등기관에게 "형식적 심사권"이 인정되는 근거는?

(1) 등기관은 등기신청에 대하여 부동산등기법상 그 등기신청에 필요한 서면이 제출되었는지 여부 및 제출된 서면이 형식적으로 진정한 것인지 여부를 심사할 권한을 갖고 있으나 그 등기신청이 실체법상의 권리관계와 일치하는지 여부를 심사할 실질적인 심사권한은 없으므로,

(2) 등기관으로서는 오직 제출된 서면 자체를 검토하거나 이를 등기부와 대조하는 등의 방법으로 등기선청의 적법 여부를 심사하여야 한다(대법원 2005. 2. 25. 선고 2003다13048 판결).

5) 공동신청주의 원칙

부동산등기는 법률에 다른 규정이 없는 한 당사자의 신청 또는 관공서의 촉탁에 따라야 하고, 등기권리자와 등기의무자가 공동으로 신청하여야 한다(부등법 제22조 제1항, 제23조 제1항). 즉 공동신청주의를 원칙으로 한다.

다만, 상속 또는 판결에 의한 등기, 보존등기 등의 경우에는 등기권리자가 단독으로 할 수 있다(부등법 제23조 제2항 내지 제4항).

"등기권리자"와 "등기의무자"는 경우에 따라 변동될 수 있다.

(1) 등기권리자는 등기청구권을 가지는 자로서 권리의 취득 또는 이익을 얻는 자이고, 등기의무자는 실체적 권리관계에 있어 권리의 상실 또는 기타의 불이익을 받는 자로서 등기청구권에 응해야 할 의무가 있는 자이다.

(2) 매매를 등기원인으로 하는 소유권이전등기에서 등기권리자는 매수인이며, 등기의무자는 매도인이다(매수인은 매도인에게 매매대금을 지급하였으므로 소유권이전등기를 청구할 권리가 있으며, 매도인은 매수인으로부터 매매대금을 지급받았으므로 매수인의 소유권이전등기 청구에 응해야 할 의무가 있는 것이다).

(3) 근저당권설정등기에서 등기권리자는 근저당권자(은행, 법인, 개인 등)이며, 등기의무자는 근저당권설정자(소유자)이다.

(4) 그러나 근저당권말소등기에서는 그 반대로 등기권리자는 근저당권설정자(소유자)이며, 등기의무자는 근저당권자(은행, 법인, 개인 등)이다.

3. 부동산등기제도의 작용

부동산등기제도는 부동산에 대한 권리관계를 공시하기 위해 만들어진 제도로 각국의 등기연혁 등 환경에 따라 다른 등기제도가 운영되고 있다. 우리의 부동산등기제도가 실생활에 미치는 영향은 다음과 같다.

1) 부동산에 대한 공시제도

부동산등기는 토지 및 건물(집합건물 포함)에 대한 소유권 및 소유권 이외의 권리와 그러한 권리에 대한 제한 및 부담 등에 대한 권리관계를 공시하여 그 부동산에 대한 권리관계를 파악할 수 있게 함으로써 거래의 안전과 신속을 도모하기 위한 공시제도이다.

물론 우리의 부동산등기는 공신력이 인정되지 않으므로 현재의 부동산에 대한 등기부의 권리관계가 절대적으로 확정적인 것은 아니지만, 등기가 형식적으로 존재하고 있으면 그와 부합하는 권리관계가 실제법상으로도 존재하는 것으로 추정되는 추정적 효력이 인정되는데, 여기에 공시제도의 존재 의의가 있는 것이다.

"등기의 추정력"이란?

(1) 부동산 등기는 현재의 진실한 권리상태를 공시하면 그에 이른 과정이나 태양을 그대로 반영하지 아니하였어도 유효한 것으로서,

(2) 등기명의자가 전 소유자로부터 부동산을 취득함에 있어 등기부상 기재된 등기원인에 의하지 아니하고 다른 원인으로 적법하게 취득하였다고 하면서 등기원인행위의 태양이나 과정을 다소 다르게 주장한다고 하여 이러한 주장만 가지고 그 등기의 추정력이 깨어진다고 할 수는 없을 것이므로,

(3) 이러한 경우에도 이를 다투는 측에서 등기명의자의 소유권이전등기가 전 등기명의인의 의사에 반하여 이루어진 것으로서 무효라는 주장・입증을 하여야 한다(대법원 2001. 8. 21. 선고 2001다23195 판결).

2) 물권변동의 효력발생요건 내지 처분요건

우리 민법은 물권변동과 등기와의 관계에 대하여 제186조, 제187조 두 개의 조문을 두고 있다. 이는 부동산물권변동에 대한 원칙으로 모든 물권변동의 기준을 제시하는 규정이라고 할 수 있다.

민법 제186조에서는 "부동산에 관한 *법률행위로 인한 물권의 득실변경은 등기하여야 그 효력이 생긴다"고 규정하고 있다.

이는 법률행위에 따른 물권이 변동되려면 물권변동의 합의만으로는 물권의 변동이 생기지 않고, 반드시 등기를 하여야 물권변동이 생긴다는 의미이다.

물권변동의 "효력발생요건"(민법 제186조)에 대한 예시

갑이 을의 아파트를 매매로 구입하는 경우를 생각해 보기로 하자.

(1) 이는 갑과 을이 매매라는 법률행위로 갑이 을의 아파트에 대한 소유권을 취득하고자 하는 경우인데, 보통은 매매계약서를 작성하고 그 계약서에 따라 갑이 을에게 계약금과 중도금 및 잔금 등으로 매매대금을 지급하면 을은 갑에게 소유권이전등기에 필요한 서류를 넘겨주고, 갑은 자신의 이름으로 소유권이전등기를 하는 것이 보통이다.

(2) 이러한 경우 언제 갑이 을의 아파트에 대한 소유권을 취득하는가 하는가의 문제인데, 민법 제186조에서 "부동산에 관한 *법률행위로 인한 물권의 득실변경은 등기하여야 그 효력이 생긴다"고 하고 있으므로, 결론적으로 갑이 소유권이전등기를 한 때 물권변동이 이루어져 소유권이 이전된다는 것이며,

(3) 결론적으로 법률행위에 의한 물권변동의 효력을 발생시키는 요건은 등기라는 것이다.

이를 부동산물권변동에 관한 성립요건주의(=형식주의)라고 한다. 즉 법률행위로 인한 물권변동의 효력이 발생하기 위해서는 물권변동의 합의(소유권이전에 대한 합의: 계약서 작성 및 대금 지급 등)외에 반드시 등기를 하여야 물권이 변동된다는 의미이다.

그러나 민법 제187조에서는 "상속, 공용징수, 판결, 경매 기타 법률의 규정에 의한 부동산에 관한 물권의 취득은 등기를 요하지 아니한다. 그러나 등기를 하

지 아니하면 이를 처분하지 못한다"고 하여, 이러한 상속 및 경매 등이 물권변동의 원인인 경우에는 등기가 처분요건이 된다는 것이다.

물권변동의 "처분요건"(민법 제187조)에 대한 예시

상속의 경우를 생각해 보자.

(1) 갑이 사망하였다면 갑의 상속인인 배우자 및 그 자녀들에게 갑이 사망하는 순간 상속순위에 따른 물권변동, 즉 소유권이전이 발생한다.

(2) 이러한 민법 제187조에 따라 일상생활에서 피상속인이 사망하였더라도 상속등기를 하지 않고 있다가 몇 년 후에 상속등기를 하여도 소유권이전등기를 할 수 있다.

(3) 경매의 경우에도 민법 제187조에 따라 매수인이 매각대금을 모두 납부하면 그 소유권이전등기 여부와 관계없이 경매물건에 대한 소유권을 취득한다.

(4) 그러나 이러한 경우에도 그 부동산을 처분하기 위해서는 등기하여야 한다.

"법률행위", "공용징수", "민법 제187조에서의 판결"의 의미는?

(1) 법률행위

법률행위는 권리의 발생·변경·소멸, 즉 권리변동이라는 법률상의 결과(법률효과)를 발생시키는 원인중의 하나이다.

(2) 공용징수

공용징수는 국가나 공공단체가 공공사업이나 기타 공공의 목적을 위하여 개인의 특정한 재산권을 법률에 의거하여 강제로 취득하는 일 또는 그러한 제도를 말한다. 수용이 대표적인 예이다.

(3) 민법 제187조에서의 "판결"의 의미

판결의 확정으로 권리의 변동이 생기는 판결은 공유물분할판결(민법 제269조 제1항), 사해행위취소판결(민법 제406조), 상속재산분할판결(민법 제1013조 제2항) 등과 같은 형성판결(직접적으로 권리 또는 법률관계의 발생·변경·소멸을 내용으로 하는 판결)만이 해당한다(대판 1998. 7. 28. 96다50025).

제2절 등기부의 구성과 효력

1. 등기부의 편성

등기관이 법정절차에 따라 부동산의 표시와 권리관계를 전산정보처리조직에 의하여 작성하는 것을 등기라고 하며, 이렇게 작성된 등기정보 자료를 등기기록이라 하는데 일상생활에서는 통상적으로 '등기부'라고 한다.

등기부는 1개의 부동산 단위로 편성되는데(물적편성주의) 표제부, 갑구, 을구로 편성되어 있다.

1) 표제부

표제부는 부동산에 관한 표시 및 형상 등을 표시한다. 부동산의 지번 및 도로명주소 표시, 사용목적 · 면적 · 구조 및 부동산에 대한 변동사항과 기타사항과 전산이기 내역 등이 기재된다.

(1) 건물 · 토지등기부

건물의 표시에 관한 사항이 기재되며 표시번호란, 접수란, 소재지번 및 건물번호란, 건물내역란(주구조, 지붕, 층수, 주용도, 각 층별 면적), 등기원인 및 기타사항란으로 구성되어 있다.

(2) 집합건물등기부

집합건물의 표제부는 "1동 건물의 표제부"와 "전유부분 건물의 표제부"로 편성되어 있다.

1동 건물의 표제부는 '1동의 건물의 표시'(표시번호란, 접수란, 소재지번 · 건물명칭 및 번호란, 건물내역란, 등기원인 및 기타사항란)와 '대지권의 목적인 토지의 표시'(표시번호란, 소재지번란, 지목란, 면적란, 등기원인 및 기타사항란)으로 구성되어 있다.

전유부분건물의 표제부는 '전유부분 건물의 표시'(표시번호란, 접수란, 건물번호란, 건물내역란, 등기원인 및 기타사항란)와 '대지권의 표시'(표시번호란, 대지권의 종류란, 대지권의 비율란, 등기원인 및 기타사항란)으로 구성되어 있다.

"별도등기"는 집합건물등기부의 어느 부분에 기재되는가?

(1) 집합건물은 물리적으로 토지등기부를 작성할 수 없으므로 집합건물의 전유부분의 소유자의 대지사용권에 대한 내역이 집합건물등기부에 함께 기재된다.
(2) 특히 별도등기가 있는 경우에는 전유부분건물의 표제부 중 '대지권의 표시'의 등기원인 및 기타사항에 그 내역이 기재되며 경매에 참여하기 위해서는 집합건물등기부의 표제부를 정확하게 이해하는 것이 기본중의 기본이다.

2) 갑구

갑구는 소유권에 관한 사항이 기재되는데 순위번호란, 등기목적란, 접수란, 등기원인란, 권리자 및 기타사항란으로 구성되어 있다.

갑구에는 소유권보존등기(최초의 등기), 소유권이전등기, 압류등기, 가압류등기, 가등기, 경매개시결정등기, 환매등기 등 소유권과 관련된 등기가 기재된다.

입찰하기 전에는 반드시 경매물건의 부동산등기부를 먼저 살펴보아야 한다.

(1) 경매에서 갑구에 대한 검토사항으로는 경매개시결정등기를 기준으로 경매사건의 소유자와 일치하는지, 강제경매인지 임의경매인지, 강제경매라면 갑구의 가압류권자가 집행권원을 취득하여 본압류를 한 것인지 아니면 별도의 채권자가 경매를 신청하였는지 등을 검토하여야 한다.
(2) 임의경매라면 을구의 담보권자 중 누가 경매신청 채권자인지를 파악하여 입찰자에게 필요한 정보를 취득하여야 한다.
(3) 이러한 점을 종합하여 경매물건의 등기부상의 모든 권리에 대하여 날짜순으로 정리한 다음 상호관계가 어떠한지를 종합적으로 살펴보고, 등기부상에 나타나지 않는 권리 등은 매각물건명세서를 통하여 파악한 다음 등기부상의 권리에 어떠한 영향을 미치는지 여부를 판단하여야 한다.

3) 을구

을구에는 소유권 이외의 권리에 관한 사항이 기재되는데 순위번호란, 등기목적란, 접수란, 등기원인란, 권리자 및 기타사항란으로 편성되어 있다.

용익물권(지상권, 지역권, 전세권)의 설정등기, 담보물권[질권, (근)저당권]의 설정등기, 주택임차권등기명령에 의한 임차권등기와 위 권리에 대한 변경등기 등이 기재된다.

경매에서는 "선순위" 등기의 파악이 무엇보다 중요하다.

(1) 경매에서 '선순위'는 말소기준권리보다 빠르다는 것을 의미하는데, 을구의 최초 등기가 근저당권인 경우에는 그 등기접수일(접수일이 근저당권설정일이며, 근저당권설정계약일은 등기원인일이 된다)과 채권최고액, 전세권설정등기인 경우에는 그 전세권설정등기일(접수일)을 파악하는 것이 무엇보다 중요하다.

(2) 최초의 근저당권 및 전세권은 *말소기준권리가 되는 경우가 대부분이고, 그 근저당권 또는 전세권의 접수일을 기준으로 선순위 권리가 존재하는지 여부 등을 파악하여야 한다.

(3) 또한 갑구의 소유권등기 이외의 가압류・가처분등기를 파악하여 그 접수일과 을구의 최초 등기의 접수일의 선후를 비교하여 선순위 등의 권리관계를 판단하여야 한다.

*** "말소기준권리"란 무엇인가?**

(1) 말소기준권리란 경매물건의 등기부에 표시되는 모든 권리뿐만 아니라 등기부에 표시되지 않는 권리(주택임대차, 법정지상권, 유치권 등)에 대한 매수인의 인수(부담) 여부를 결정하는 기준이 되는 권리를 말한다.

(2) 일반적으로 말소기준권리보다 앞서는 선순위 권리들은 매각이 되더라도 소멸하지 않으므로 매수인이 인수(부담)해야 하고, 말소기준권리보다 뒤지는 후순위 권리들은 매각으로 소멸(말소)한다.

(3) 말소기준권리는 매각으로 항상 소멸(말소)한다.

(4) 대표적인 말소기준권리는 근저당권설정등기, 경매개시결정등기, 가압류등기, 압류등기, 전세권설정등기 등이 있다.

[그림 1-1] 토지등기부-표제부

[토지] 부산광역시 동구 초량동 586-9

[표 제 부] (토지의 표시)					
표시번호	접수	소재지번	지목	면적	등기원인 및 기타사항
1 (전2)	1999년1월9일	부산광역시 동구 초량동 536-9	대	63.8㎡	부동산등기법 제177조의 6 제1항의 규정에 의하여 2000년5월10일 전산이기

[그림 1-2] 건물등기부-표제부

[건물] 부산광역시 동구 초량동 586-9 내제조표9360호

[표 제 부] (건물의 표시)				
표시번호	접수	소재지번 및 건물번호	건물내역	등기원인 및 기타사항
~~1~~ ~~(전2)~~	~~1999년1월9일~~	~~부산광역시 동구 초량동 536-9~~	~~조표제9360호~~ ~~목조 와즙 주택~~ ~~건평 16평2홉~~ ~~2계평 12평~~	~~도면편철장 제47책 제90장~~ 부동산등기법 제177조의 6 제1항의 규정에 의하여 2000년5월10일 전산이기
2		~~부산광역시 동구 초량동 536-9~~	~~조표제9360호~~ ~~목조 기와지붕~~ ~~2층 단독주택~~ ~~1층 53.55㎡~~ ~~2층 39.67㎡~~	~~면적단위 환산~~ ~~2002년8월21일 등기~~
3		부산광역시 동구 초량동 536-9 [도로명주소] 부산광역시 동구 대영로139번길 45	조표제9360호 목조 기와지붕 2층 단독주택 1층 53.55㎡ 2층 39.67㎡	도로명주소 2012년9월27일 등기

[그림 1-3] 집합건물등기부-표제부

[집합건물] 부산광역시 동구 좌천동 476-10 일신빌 제2층 제201호

[표 제 부] (1동의 건물의 표시)

표시번호	접수	소재지번,건물명칭 및 번호	건물내역	등기원인 및 기타사항
1	2012년6월4일	부산광역시 동구 좌천동 476-10 일신빌 [도로명주소] 부산광역시 동구 정공단로 24	철근콘크리트구조 스라브지붕 4층 공동주택 및 업무시설 1층 75.75㎡ 2층 129.27.㎡ 3층 129.27㎡ 4층 129.27㎡	

(대지권의 목적인 토지의 표시)

표시번호	소재지번	지목	면적	등기원인 및 기타사항
1	부산광역시 동구 좌천동 476-10	대	193㎡	2012년6월4일

[표 제 부] (전유부분의 건물의 표시)

표시번호	접수	건물번호	건물내역	등기원인 및 기타사항
1	2012년6월4일	제2층 제201호	철근콘크리트조 33.47㎡	

(대지권의 표시)

표시번호	대지권종류	대지권비율	등기원인 및 기타사항
1	1.소유권대지권	394.68분의 33.47	2012년5월23일 대지권 2012년6월4일 등기
2			별도등기 있음 1토지(을구 1번 근저당권설정등기) 2015년6월8일 등기

[그림 1-4] 등기부-갑구

[갑 구] (소유권에 관한 사항)				
순위번호	등기목적	접수	등기원인	권리자 및 기타사항
1	소유권보존	2012년6월4일 제32164호		공유자 지분 2분의 1 배동수 530101-******* 부산광역시 해운대구 삼어로 20번길 120-55(반여동) 지분2분의 1 신임영 470701-******* 부산광역시 연제구 과정로 330번길 44, 105동 300호(연산동,연산자이아파트)
2	공유자전원 지분전부 이전	2012년6월7일 제37284호	2012년5월2일 매매	소유자 김숙영 590201-******* 부산광역시 해운대구 마린시티1로 133, 102동 201호(우동,대우월드마크해운대) 매매목록 제2012-1088
3	소유권이전 청구권가등 기	2012년9월2일 제54712호	2012년9월1일 매매예약	가등기권자 김한울 651212-******* 서울특별시 종로구 사직동 21
4	가압류	2012년9월9일 제54895호	2012년9월4일 서울중앙지방 법원 가압류 결정(2012카단1 000)	청구금액 금100,000,000원 채권자 이겨례 751208-******* 부산광역시 부산진구 중앙대로 200(개금동)

[그림 1-5] 등기부-을구

[을 구]	(소유권 이외의 권리에 관한 사항)			
순위번호	등기목적	접수	등기원인	권리자 및 기타사항
~~1~~	~~근저당권설정~~	~~2012년6월5일 제33879호~~	~~2012년6월5일 추가설정계약~~	~~채권최고액 금268,000,000원~~ ~~채무자 배동수~~ ~~부산광역시 해운대구 삼어로 20번길 120-55(반여동)~~ ~~근저당권자 주식회사우리은행 110111-1111111 서울특별시 중구 회현1가 203 (해운대지점)~~ ~~공동담보목록 제2012-196호~~
~~1-1~~	~~1번근저당권변경~~	~~2012년7월6일 제39745호~~	~~2012년7월6일 계약인수~~	~~채무자 김숙영~~ ~~부산광역시 해운대구 마린시티1로 133, 102동 201호(우동,대우월드마크해운대)~~
2	근저당권설정	2016년1월8일 제1655호	2016년1월5일 설정계약	채권최고액 금300,000,000원 채무자 김인수 부산광역시 부산진구 신천대로203, 65, 103동 1302호(부암동 서명동문굿모닝힐) 근저당권자 주식회사우리은행 110111-1111111 서울특별시 중구 회현1가 203 (부전동지점) 공동담보목록 제2016-19호
3	1번근저당권설정등기말소	2016년1월8일 제1663호	2016년1월8일 해지	

2. 등기의 종류

1) 등기의 방법(형식)에 따른 분류

(1) 주등기

표제부의 표시번호란, 갑구 및 을구의 순위번란에 독립된 순위가 기재되는 등기이다. 등기는 원칙적으로 주등기의 형식으로 기재되며 독립등기라고도 한다([그림 1-5] 순위번호 1, 2가 주등기이다).

(2) 부기등기

주등기 또는 부기등기의 순위번호에 가지번호를 붙여 기재하는 등기이다.

부기등기의 순위는 주등기의 순위에 따르며, 부기등기 상호간의 순위는 부기등기의 순위에 따른다(부등법 제5조).

또한 한 개의 주등기에 수개의 부기등기를 할 수 있으며 부기등기에 다시 부기등기를 기재할 수도 있다(예를 들어 1-1에 대한 부기등기는 1-1-1, 1-1-2로 할 수 있다. 이러한 경우에는 1-1은 1-1-1 및 1-1-2에 대한 주등기이다([그림 1-5] 순위번호 1-1, 2-1이 주등기 1, 2에 대한 부기등기이다).

2) 등기의 내용에 따른 분류

(1) 기입등기

어떠한 등기원인에 의하여('매매', '근저당권설정계약' 등) 등기목적('소유권이전', '근저당권설정' 등)에 따른 사항을 등기부에 새로이 기입(기재)하는 등기이며, 통상적으로 등기라고 하면 기입등기를 말한다(소유권보존등기, 소유권이전등기, 전세권설절등기, 근저당권설정등기 등).

(2) 말소등기

현재의 어떠한 등기에 대한 실체관계가 더 이상 존재하지 않는 경우 그 당해 등기를 법률적으로 전부 소멸시키는 등기이다.

근저당권설정등기에 대하여 근저당권자에게 채권액을 모두 갚아 더 이상 근저당권설정등기가 존재해야 할 이유가 없는 경우, 그 근저당권을 소멸하기 위하여 근저당권말소등기를 하는 경우가 그 대표적인 예이다(근저당권말소등기, 매매계약의 무효에 따른 소유권이전등기말소등기 등).

(3) 변경등기

어떠한 등기가 실행된 후 그 등기된 사항과 다른 변경사유가 발생하여 등기와 실체관계가 일치하지 않는 경우 이를 바로 잡기 위한 등기이다(등기명의인이 개명하여 등기부의 성명을 변경하는 경우, 근저당권의 채권최고액의 변경에 따른 근저당권변경등기 등).

(4) 경정등기

어떠한 등기가 실행되었으나 등기된 사항이 착오 또는 누락 등으로 애초부터 등기와 실체관계가 일치하지 않는 경우 이를 바로잡기 위한 등기이다(등기명의인의 성명이나 주민등록번호 등을 애초부터 잘못 기재한 경우).

(5) 멸실등기

건물을 전부 철거하여 등기되어 있는 건물이 존재하지 않는 경우 건축물대장을 근거로 건물멸실등기를 하는 경우가 대표적이다.

(6) 말소회복등기

어떠한 등기가 정상적으로 실행되었으나 후에 그 등기가 어떠한 사유로 부적법하게 일부 또는 전부 말소된 경우 그 구등기를 회복하여 말소가 없었던 것과 같은 효력을 유지하기 위한 등기이다(저당권말소의 원인이 없었는데 부적법하게 저당권말소등기가 실행된 경우 이를 회복하기 위한 등기).

3. 등기의 효력

등기관에 의해 등기가 완료된 경우 그 등기의 효력발생에 대하여는 등기관이 등기를 교합한 순간이 아니라, 등기신청이 접수된 때로 소급하여 그 등기의 효력이 발생한다(부등법 제6조 제2항).

입찰자의 입장에서 등기가 실행됨으로서 구체적으로 어떠한 효력을 가지는가에 대한 이해는 권리분석을 위한 기초지식이 된다.

1) 권리변동적 효력

부동산에 대하여 법률행위로 인한 물권의 득실변경은 등기를 하여야 그 효력이 발생한다(민법 제186조). 즉 등기원인이 법률행위로 인한 것인 때에는 등기를 하여야만 비로소 권리가 변동되는 효력이 발생하는 것이다.

2) 순위확정적 효력

부동산에 대한 등기의 순위는 그 권리의 선후를 파악할 수 있는 매우 중요한 문제이다.

부동산등기법 제4조 제1항에서 "같은 부동산에 관하여 등기한 권리의 순위는 법률에 다른 규정이 없으면 등기한 순서에 따른다"고 하면서, 제2항에서는 "등기의 순서는 등기기록 중 같은 구에서 한 등기 상호간에는 순위번호에 따르고, 다른 구에서 한 등기 상호간에는 접수번호에 따른다"고 하고 있다. 이를 등기의 순위확정적 효력이라고 한다.

"등기의 순위"를 정하는 기준은 무엇인가?

(등기의 순위=권리의 순위)

(1) 주등기의 순위
① 등기의 접수일자순에 따른다(다만, 법률에 규정이 있는 경우에는 그 법률의 순위에 따른다).
② 접수일자가 같은 경우에는 같은 구(갑구끼리 또는 을구끼리)에서는 순위번호에 의하고, 다른 구(갑구와 을구끼리)에서는 접수번호에 의한다.

(2) 부기등기의 순위
① 주등기의 순위에 의한다.
② 부기등기 상호간의 순위는 그 선후에 따른다.

(3) 본등기의 순위
① 가등기에 기한 본등기가 실행된 경우 본등기의 순위는 가등기의 순위에 의한다(순위보전의 효력).
② 다만, 본등기의 효력은 본등기를 한 때 발생한다.

등기의 순위는 "등기의 순서"에만 의하는 것은 아니다.

(1) 주의하여야 할 점은 등기의 순위는 반드시 등기의 순서에만 따르는 것은 아니다.
(2) 다음과 같은 경우 을구의 임차권등기명령에 의한 임차권등기가 늦게 실행되었지만, 을구 1순위 근저당권설정등기보다 순위가 우선한다(확정일자가 1순위 근저당권설정일자 보다 빠르므로).

접수일자	등기권리자	등기된 권리	비 고
2015. 6. 2.(을구)	갑	근저당권	
2016. 7. 3.(을구)	을	임차권등기명령에 의한 주택임차권	확정일자 : 2000. 5. 2.

3) 가등기의 순위보전적 효력

가등기가 있는 부동산은 가등기에 기한 본등기로 인하여 그 순위의 변동이 있을 수 있으므로 그 부분에 한하여 순위확정적 효력이 적용될 수 없다.

가등기의 순위에 대하여 부동산등기법 제91조에서는 "가등기에 의한 본등기를 한 경우 본등기의 순위는 가등기의 순위에 따른다"고 하고 있다.

즉 본등기의 순위는 가등기의 순위를 그대로 유지하는 것이므로, 가등기 이후에 등기된 제3자의 권리에 관한 등기(중간처분의 등기)는 본등기의 내용과 저촉되는 경우에는 실효(말소)된다.

다만, 가등기에 기한 본등기를 한 경우 본등기에 따른 물권변동의 효력은 본등기를 한 때에 발생하는 것이지 가등기를 한 때로 소급하는 것은 아니다(대법원 1981. 5. 26. 선고 80다3117 판결).

4) 권리추정적 효력

어떠한 등기가 존재한다면 그 등기기록에 따른 법률관계가 실체법상으로도 존재하는 것으로 추정되는 효력이 등기의 권리추정적 효력이다.

등기의 권리추정적 효력에 관한 명문의 규정은 존재하지 않으나, 학설 및 판례는 이를 인정하고 있다(대법원 2000. 3. 10. 선고 99다65462 판결 등).

5) 등기의 공신력

어떠한 등기에 대하여 등기기록이 실제관계와 부합한다고 믿고 권리관계를 맺은 자가 실제로 그 등기가 실체관계와 부합하지 않는 경우에도 그 등기의 유효함을 주장할 수 있는지 여부가 등기의 공신력 문제이다.

즉 등기의 공신력의 인정 여부는 어떠한 부동산에 대한 진정한 권리자를 보호 할 것이냐(등기의 공신력 불인정), 거래의 안전을 보호 할 것이냐(등기의 공신력 인정)의 문제인 것이다.

우리의 등기제도는 등기의 공신력이 인정되지 않으므로 거래의 안전보다는 진정한 권리자를 보호 하는 등기제도가 운영되고 있으며, 등기관의 형식적 심사권이 인정되는 현실을 반영한 결과라고 할 수 있을 것이다.

이와 관련하여 등기의 공신력을 인정하기 위해서는 이로 인해 손해를 보는 진정한 권리자에 대한 구제방안이 마련되어야 할 것이다.

6) 후등기저지력

주로 용익물권에 적용되는 효력으로 어떠한 등기가 실체법상 무효라고 하더라도 현재 존재하는 등기가 말소되지 않는 한 현존하는 등기와 법률상·성질상 양립할 수 없는 등기를 실행할 수 없다는 것이 후등기저지력이다.

건물에 대한 전세권의 존속기간이 만료되었다고 하더라도 그 전세권등기가 말소되지 않는 한 후순위로 중복하여 같은 부분에 대한 전세권등기를 수리할 수 없는 것이다(2003. 10. 8. 부등 3402-547 질의회답).

제 2 장

경매절차 개관

02 경매절차 개관

부동산 경매는 채권자가 채무를 갚지 않는 채무자 소유의 부동산을 법원이라는 국가기관을 통하여 압류(경매개시결정기입등기)하고, 매각 절차(입찰)를 통해 현금화(매수인의 매각 대금 납부)한 다음, 그 현금화된 매각대금을 배당받는 민사집행 방법 중 부동산에 대한 집행이다.

우선적으로 채권자가 채무자의 부동산에 대하여 경매절차를 진행하기 위해서는 경매의 대상이 되는 매각 목적물이 채무자의 소유이어야 하는 것이 원칙이지만, 매각 목적물의 소유자가 다른 사람의 채무를 위하여 담보를 제공한 경우, 즉 물상대위권자가 되는 경우에는 그 물상대위권자의 부동산이 경매될 수 있다.

이와 같은 사정으로 매각 목적물에 대한 경매절차가 진행되는 경우 일반인들은 매각기일에 입찰을 통하여 매각절차에 참여하고, 정상적으로 매수인으로 결정되면 매각대금을 납부함으로써 경매물건을 취득할 수 있다.

경매와 대비하여 공매제도는 주체, 법적성격, 입찰방법 등 그 절차가 다른 점이 있으나, 경매와 마찬가지로 공매물건에 대한 권리분석이 선행되어야 하는 점은 같다.

경매와 공매의 차이점 중 매수인의 경·공매 물건에 대한 인도절차를 살펴보면, 경매는 매각대금을 납부하고 6개월 이내에 부동산인도명령이라는 절차로 간이하게 경매물건을 인도받을 수 있지만, 공매는 부동산인도명령처럼 간단하게 공매물건을 인도받을 수 있는 절차가 인정되지 아니하고 오로지 매수인이 협의하거나 소송절차 등을 통해야 한다는 점에서 일반인들의 접근에 어려운 점이 있다.

채무자가 빌려준 돈을 갚지 않을 때의 집행방법은?

갑이 을에게 돈을 빌려 주었는데 갚아야 할 법적 요건을 모두 충족하였음에도 을이 이를 갚지 않는 경우 갑의 민사집행 방법은 다음과 같다.

(1) 갑이 을에게 근저당권을 설정하였다면 그 근저당에 따른 임의경매를 신청하여 을의 부동산을 경매절차를 통해 매각하고 그 매각대금으로 그 근저당권의 순위에 따라 배당을 받을 수 있다.

(2) 갑이 차용증만을 작성하고 을에게 돈을 빌려준 경우에는 그 차용증을 근거로 민사소송을 제기하여 집행권원(확정된 판결문 등과 집행문)을 얻은 후, 을의 부동산에 대하여 강제경매를 통해 그 채권액에 대한 변제를 청구할 수 있다. 다만, 이러한 경우에는 갑은 일반채권에 의한 집행을 하는 것이므로 매각 목적물인 을의 부동산에 근저당권 등 다른 채권자들이 담보를 설정해 놓았다면 후순위 채권자가 될 수 있으므로, 금전을 대여할 때는 이러한 사정을 종합적으로 검토하여야 불측의 손해를 보지 않을 수 있다.

1. 강제경매와 임의경매

강제경매는 집행권원에 의하여 채무자의 일반재산에 대한 강제집행 절차이므로 강제경매는 반드시 *집행권원을 필요로 한다.

이와 대비하여 담보권 실행을 위한 경매는 실무상 임의경매라고 하며, 이러한 임의경매는 근저당권 또는 전세권 등이 설정되어 있는 특정한 부동산에 대한 물적책임을 지는 것이 특징이다.

즉 강제경매는 집행권원을 얻어 채무자의 일반재산 중 어느 것에나 채권액의 한도에서 경매신청을 할 수 있으나, 임의경매는 근저당권 또는 전세권 등이 설정되어 있는 부동산에 대해서 경매신청을 할 수 있다.

강제경매나 임의경매는 모두 금전채권에 대한 집행을 국가인 법원을 통하여 실행한다는 공통점이 있다.

입찰자의 입장에서는 강제경매와 임의경매를 굳이 구분하여 입찰할 필요는 없으며, 강제경매와 임의경매에 따라 매수인의 지위가 변동되는 것 또한 아니다.

"집행권원"이란 무엇인가?

(1) 집행권원이란 일정한 사법(私法)상의 이행청구권의 존재 및 범위를 표시함과 동시에 그 청구권에 집행력을 인정한 공정문서이다.
(2) 집행권원은 강제집행에서 반드시 필요한 것으로 민사집행법 기타 법률에 규정되어 있다.
(3) 확정된 종국판결, 가집행선고 있는 종국판결, 확정된 지급명령, 확정된 화해권고결정, 확정된 이행권고결정, 조정조서, 화해조서 등이 대표적인 집행권원이다.

2. 경매절차의 3단계

경매절차는 금전채권을 가지고 있는 채권자가 이를 갚지 않는 채무자의 부동산을 경매라는 강제집행을 통해 채권을 변제받고자 하는 민사집행절차이다.

이와 같은 금전채권에 따른 경매절차는 압류절차, 현금화절차, 배당절차라는 3단계를 거쳐 실행된다. 압류절차는 경매신청에 대하여 경매법원의 개시결정에 따른 경매개시결정기입등기를 하는 것이고, 현금화절차는 일반인들이 입찰에 참여할 수 있는 매각절차이며, 배당절차는 매수인이 납부한 매수보증금과 매각대금을 합산한 배당재단에 대하여 배당을 받을 수 있는 권리가 있는 채권자들에게 경매법원이 배당을 실시하는 절차이다.

강제경매를 중심으로 경매절차의 개관을 살펴보면 다음과 같다.

1) 압류절차

(1) 경매개시결정

부동산에 대한 경매신청서가 접수되면 경매법원은 신청서의 기재사항과 첨부서류에 대하여 강제경매개시결정 요건이 구비되어 있는지에 대하여 경매개시결정 당시를 기준으로 심사하여야 한다.

경매신청에 흠결사항이 있는 경우에는 보정을 명하여야 하고 만약, 보정을 통하여도 그 흠을 보정할 수 없는 것이 명백한 경우에는 경매법원의 결정으로 그 신청을 각하하여야 한다. 강제경매신청을 기각하거나 각하하는 결정에 대하여는 그 신청인이 민사집행법 제83조 제5항에 따라 즉시항고 할 수 있다.

경매법원은 경매신청이 그 요건에 충족되었다고 판단되면 경매신청 접수일로부터 2일 이내에 그 경매절차를 시작하기 위하여 압류하는 경매개시결정을 하여야 한다[부동산경매사건의 진행기간 등에 관한 예규(재민 91-5)].

경매개시결정에 따른 효력은 경매개시결정등기가 완료된 때 또는 그 결정이 채무자에게 송달된 때 중 빠른 시기에 압류의 효력이 발생한다.

"압류의 효력이 발생한다"는 것은 경매물건을 압류한다는 것으로 이와 같이 압류를 함으로써 경매물건에 대한 처분금지효(현재의 소유자가 임의로 처분할 수 없다는 효력으로 만약, 소유자가 경매물건을 처분하는 경우에는 경매신청채권자에게만 대항할 수 없다는 '개별상대효설'이 판례의 입장이다)가 발생하며, 경매신청인은 이러한 처분금지효에 위반하는 소유자의 처분행위가 있더라도 이에 저촉받지 아니하고 경매절차를 진행할 수 있다.

채무자에 대한 "경매개시결정 송달"은 경매절차의 유효요건이다.

(1) 경매개시결정의 고지(송달) 없는 경매절차는 무효이다.
경매개시결정은 비단 압류의 효력을 발생시키는 것일 뿐만 아니라 경매절차의 기초가 되는 재판이어서 그것이 당사자에게 고지되지 않으면 효력이 있다고 할 수 없고, 따라서 따로 압류의 효력이 발생하였는지 여부에 관계없이 경매개시결정의 고지 없이는 유효하게 경매절차를 속행할 수 없다(대법원 1991. 12. 16.자 91마239 결정).

(2) 채무자가 아닌 이해관계인도 채무자에 대한 송달의 흠을 매각허가결정에 대한 항고사유로 삼을 수 있다.
경매개시결정은 비단 압류의 효력을 발생시키는 것일 뿐만 아니라 경매절차의 기초가 되는 재판이어서 그것이 당사자에게 고지되지 않으면 효력이 있다고 할 수 없고, 따라서 따로 압류의 효력이 발생하였는지의 여부와 관계없이 채무자에 대한 경매개시결정의 고지 없이는 유효하게 경매절차를 속행할 수 없으므로, 채무자가 아닌 이해관계인으로서도 채무자에 대한 경매개시결정 송달의 흠결을 민사소송법 제642조 제2항, 제633조 제1호의 규정에 의하여 낙찰허가결정에 대한 항고사유로 삼을 수 있다(대법원 1997. 6. 10.자 97마814 결정).

(3) 경매개시결정의 송달 시기

통상적으로 경매개시결정에 따른 경매개시결정기입등기를 촉탁하고, 관할등기소에서 그 경매개시결정기입등기에 대한 등기완료통지서가 도착된 이후에 비로소 채권자 및 채무자에게 경매개시결정문을 송달하는 것이 실무례이다.

이러한 업무처리는 채권자에게 송달하여야 할 것을 착오로 채무자에게 동시에 송달함으로써 채무자가 소유권을 이전하는 등 집행을 면탈하기 위한 시도를 미연에 방지하고 이로 인해 발생하는 복잡한 문제 등을 사전에 예방하기 위한 것으로 보인다.

(4) 입장에 따른 대응 방안

자신이 어느 지위에 있느냐에 따라, 즉 채권자인지, 채무자인지, 이해관계인인지에 따라 채무자에 대한 경매개시결정문이 적법하게 송달되었는지 여부를 검토하여 자신에게 유리하게 경매절차가 진행될 수 있도록 활용하여야 할 것이다.

(2) 경매개시결정등기 촉탁

경매법원은 경매개시결정을 한 후 즉시 매각할 부동산의 소재지 관할 등기과(소)에 경매물건에 대하여 경매개시결정등기를 촉탁하여야 한다(민집법 제94조 제1항).

위와 같은 경매개시결정등기를 촉탁받은 관할 등기과(소)의 등기관은 법정절차에 따라 촉탁서를 심사한 후 적법한 경매개시결정에 대하여는 등기부의 갑구에 경매개시결정을 기재하여야 한다.

다만, 채무자의 미등기 부동산에 대해서도 경매절차가 진행될 수 있으며 이러한 경우 등기관은 부동산등기법 제66조 제1항의 규정에 따라 소유권보존등기를 직권으로 실행한 후 촉탁받은 경매개시결정등기를 실행하여야 한다.

경매개시결정등기는 경매물건에 대하여 압류가 되었다는 것을 공시함으로서 경매개시결정등기 이후에 그 소유권을 취득한 제3자는 경매신청인 또는 매수인에게 대항할 수 없도록 하기 위한 것이다.

[그림 2-1] 경매개시결정기입등기

[갑 구] (소유권에 관한 사항)				
순위번호	등기 목적	접수	등기원인	권리자 및 기타사항
1	소유권보존	1990년6월4일 제32164호		소유자 김영철 500101-******* 부산광역시 부산진구 중앙동 200-151
2	강제경매개시결정	2012년3월6일 제8976호	2012년3월5일 부산지방법원의 강제경매개시결정 (2012타경1000)	채권자 박영삼 728904-******* 부산광역시 해운대구 마린시티로 200, 49(우동)

※ 경매법원이 경매개시결정을 하여 관할 등기과(소)에 압류 촉탁을 하면 경매 목적물에 위와 같은 경매개시결정등기가 기재된다.

(3) 경매개시결정문의 송달

경매물건에 대한 압류는 채무자에게 경매개시결정이 송달된 때 또는 경매개시결정등기가 완료된 때에 발생하므로(민집법 제83조 제4항), 경매절차에서 채무자에 대한 경매개시결정문(정본) 송달은 상당히 중요한 문제이다.

경매개시결정문의 채무자에 대한 송달은 압류의 효력을 발생시킬 뿐만 아니라 매각절차 진행의 유효요건이 된다.

(4) 경매개시결정에 대한 이의

경매신청요건의 흠, 경매개시요건의 흠 등 경매개시결정에 관한 형식적인 절차상의 하자, 즉 경매신청방식의 적법 여부, 신청인의 적격 여부, 대리권의 존재 여부, 매각 목적 부동산 표시의 불일치, 집행력 있는 정본의 불일치, 집행채권의 기한 미도래 등의 사유가 있음에도 불구하고 경매개시결정이 이루어졌다면 채무자는 매각대금이 모두 완납될 때까지 경매개시결정에 대한 이의를 할 수 있다(민집법 제86조 제1항).

이의사유는 경매개시결정 전에 발생한 사유에 한하므로 경매개시결정 후에 발생한 매각절차상의 흠은 경매개시결정에 대한 이의사유로 할 수 없는 것이 원칙이다.

그런데 집행권원에 표시된 실체법상의 청구에 관한 존재 등이 변경되었는데도 채권자가 경매신청을 하여 집행을 하려고 한다면 이는 청구이의의 소송을 제기하여 다투어야 한다(민집법 제44조). 그 구체적인 예는 채무를 변제한 경우, 채무를 면제 받은 경우, 상계 등으로 채무가 소멸한 경우 등이라 할 것이다.

이러한 청구이의의 소는 변론이 종결된 뒤(변론 없이 판결한 경우에는 판결이 선고된 뒤)에 발생한 것이어야 한다(민집법 제44조 제2항).

2) 현금화절차

(1) 개요

경매개시결정 기입등기가 실행되어 압류절차가 완료되고 채무자에게 경매개시결정 정본을 송달하여 압류의 효력이 발생한 이후에는 현금화절차 진행을 위한 준비가 진행된다.

우선 배당요구종기를 정해야 하는데 등기완료 통지를 받은 날로부터 3일 안에 2월 후 3월 내에서 배당요구종기를 정하여 배당요구종기결정을 하고 이를 공고 · 고지하면서 채권자에게 배당요구종기 내에 채권신고를 할 것을 최고함과 아울러 공유자가 있는 경우에는 경매사실을 통지하여야 한다.

경매법원은 경매물건에 대하여 집행관에게 현황조사를, 감정인에게는 최저매각가격 결정을 위한 감정평가를 각각 명하여야 한다. 감정인으로부터 감정평가서가 도착하면 이를 기초로 최저매각가격을 정하여야 하며, 경매법원은 집행관 작성의 현황조사보고서와 경매기록을 검토하여 매각물건명세서를 작성하여야 한다.

이후 정상적인 절차가 진행되면 매각기일을 정하고 공고 · 통지를 거친 후 매각을 실시하는 등 현금화 절차를 진행하여야 한다.

(2) 현황조사

경매법원은 관할 등기과(소)로부터 경매개시결정등기 완료통지서가 접수되면 그 기입등기 여부를 확인한 후 집행관에게 매각 부동산의 현상, 점유관계, 차임 또는 보증금의 액수, 그 밖의 현황에 대하여 조사를 명하여야 한다(민집법 제85조 제1항).

집행관은 경매물건에 대한 부동산의 위치 및 형상, 부동산의 내부구조 및 사용용도, 부동산의 점유자와 점유권원과 같은 부동산의 현황 및 점유관계 부분, 임대차 목적물, 임차인, 보증금 및 임대차 기간 등 임대차 내용, 주민등록 전입 여부 및 그 일자, 확정일 여부 및 그 일자, 기타 현황 부분 등에 대하여 현황조사명령을 하여야 한다.

집행관이 작성한 현황조사 내용은 매각물건명서 및 감정평가서와 함께 대법원 법원경매정보(www.courtauction.go.kr)에 공고되어 이를 바탕으로 일반인들이 입찰하고 있으므로 그 작성에 있어서 법령에 정한 방식에 의하여야 하고 경매물건의 실제 현황을 정확히 반영하여 작성되어야 한다.

경매법원의 "주택임차인 등에 대한 권리신고" 통지는?

(1) 경매법원은 집행관의 현황조사서에 기재된 내용에 따라 주택임차인 또는 상가건물임차인 및 점유자 등에 대하여 권리신고를 하여 배당요구를 할 수 있도록 통지서를 보내야 한다.
(2) 집행관은 경매물건에 대한 현황조사를 할 때 현관 또는 출입문 등에 경매가 진행됨에 따른 권리신고 안내 등을 게시하는 등의 방법으로 임차인 등 사회적 약자가 그 권리를 실행하는데 장애가 되지 않도록 하고 있다.

(3) 감정평가 및 최저매각가격 결정

(가) 감정평가의 대상

경매법원은 최저매각가격을 정하기 위하여 감정인을 선정하여 경매물건에 대한 시가감정을 명하여야 한다. 경매법원의 감정평가명령을 받은 감정인은 2주 이내에 경매물건의 실지조사에 임하여 부동산의 위치, 형상, 주위의 상황,

건물의 구조, 자재 등 제반 사정을 참작하여 객관적이며 공정하고 타당성 있는 방법으로 감정평가서를 작성하여 경매법원에 제출하여야 한다.

감정평가의 대상은 감정평가명령에 특정하여 표시하여야 하며, 경매물건 및 매수인이 경매물건과 함께 취득할 부합물·종물 및 권리이다.

즉 매수인이 종국적으로 취득할 물적범위는 결국 압류의 효력이 미치는 범위와 일치하여야 하므로 경매물건 자체는 물론이고 천연과실 및 종물 등도 감정평가의 대상이 된다.

경매에서 "부합물" 및 "종물"이란?

(1) 부동산의 부합물은 당연히 감정평가의 대상이 된다. 토지의 부합물로 인정되어 평가의 대상이 되는 것은 정원수, 정원석, 석등, 입목에 관한 법률 및 *명인방법(明認方法)을 갖추지 아니한 수목, 교량, 도랑, 돌담, 도로의 포장, 주유소 땅속에 부설된 유류저장탱크 등이 그 대표적인 것이다(대법원 1976. 11. 24.자 76마275 결정; 대법원 1998. 10. 28.자 98마1817 결정; 대법원 1990. 1. 23.자 89다카21095 결정; 대법원 1998. 4. 24. 선고 97도3425 판결; 대법원 1964. 6. 23. 선고 64다120 판결; 대법원 1995. 6. 29. 선고 94다6345 판결).

(2) 압류의 효력은 종물에도 미치므로 당연히 종물도 감정평가의 대상이 된다. 종물은 주물의 상용에 이바지하는 관계에 있어야 하고, '주물의 상용에 이바지한다'함은 주물 그 자체의 경제적 효용을 다하게 하는 것을 말하는 것으로서 주물의 소유자나 이용자의 상용에 공여되고 있더라도 주물 그 자체의 효용과 직접 관계가 없는 물건은 종물이 아니다(대법원 1994. 6. 10. 선고 94다11606 판결; 대법원 1997. 10. 10. 선고 97다3750 판결).

(3) 동산인 종물은 보일러 시설, 지하수 펌프, 주유소의 주유기, 백화점 건물의 전화교환설비, 농지에 부속된 양수시설 등이 있다(대법원 1995. 6. 29. 선고 94다6345 판결; 대법원 1993. 8. 13. 선고 92다43142 판결).

(4) 부동산인 종물은 화장실, 목욕탕, 창고, 정화조 등이 있다(대법원 1993. 12. 10. 선고 93다42399 판결).

* "명인방법(明認方法)"이란?

(1) 지상물을 토지로부터 분리, 독립하여 거래하기 위한 공시방법이다.

(2) 토지의 구성부분인 지상물이 토지소유권으로부터 분리되어 타인에게 귀속되고 있다는 사실을 제3자가 명백하게 인식할 수 있게 하는 상당한 방법을 모두 일컫는다. 지상물은 건물과 입목(立木)만 등기의 대상이 되므로 그 밖의 지상물에 대하여는 등기가 아닌 다른 방법에 의한 공시가 필요하게 되고 이에 따라 명인방법이 발달하고 그 존재가 관습법으로서 인정된다.

(3) 명인방법은 수목(樹木), 미분리의 과실, 입도(立稻), 엽연초(葉煙草), 인삼 기타 농작물에 대하여 이용된다. 명인방법으로는 임야의 여러 곳에 나무껍질을 깎아서 소유자의 성명을 써두거나, 경계에 따라 일정한 간격을 두고 소유자의 성명을 써서 부착하거나, 전답의 주위를 둘러치고 소유자를 나타내는 표찰(標札)을 세우거나 하는 등의 방법이 이용된다.

(4) 명인방법은 전소유자나 거래의 과정은 표시하지 않아도 되고, 지상물이 독립된 거래의 대상이며 현재의 소유자가 누구인지를 나타내면 족하지만, 지상물이 특정되어야 하고 표시가 계속 유지되어져야만 한다(네이버 지식백과).

경매에서 "부합물 및 종물의 매각 방법"은?

경매절차에서 경매물건에 부합물 및 종물로 판단되는 물건이 있는 경우 이에 대한 매각 여부는 매수인의 입장에서는 상당히 중요한 문제이다. 그 절차를 살펴보면 다음과 같다.

(1) 부합물 및 종물은 보통 '제시외건물'로서 이를 경매물건에 포함하여 매각할 것인지, 제외하고 매각할 것인지 여부는 경매법원이 감정인이 작성한 감정평가서와 집행관이 작성한 현황조사보고서를 종합하여 판단한다.

(2) 감정인은 부합물 및 종물로 판단되는 물건에 대하여 감정가액을 정하여 평가하는 것이 일반적이고, 경매법원에서는 부합물 또는 종물로 평가한 물건을 제외하는 경우에는 그 평가금액을 제외한 금액으로, 포함하는 경우에는 그 평가금액을 포함한 금액으로 최저매각가격을 정하여 매각하고 있다.

(3) 부합물 및 종물을 포함하여 매각하는 경우는 매수인의 입장에서는 큰 위험요인은 없다. 다만 이러한 경우에도 독립된 건물로서의 의의가 있다고 판단된다면(경매법원에서 부합물 및 종물로 판단하여 매각하였지만 실제 현황은 독립된 건물로서 낙찰받은 후 독립된 건물로 존속시키기 위한 양성화의 의도로 입찰하는 경우) 그 제시외건물이 건축물대장이 작성되지 않았거나 미등기인 경우에는 건축물대장을 만들 수 있는지 여부와 보존등기를 할 수 있는지 여부에 대하여 살펴보아야 한다.

(4) 부합물 및 종물을 제외하고 매각하는 경우는 그 부합물 및 종물이 타인의 토지에 걸쳐 있다든지 또는 그 소유권을 특정하기 어려운 이유 등으로 제외되는 경우인데, 매수인으로서는 낙찰받았을 때 문제없이 인도를 받을 수 있는지, 경매물건에 대한 권리행사에 문제가 없는지 등을 충분히 검토하여야 한다.

(나) 최저매각가격결정

경매법원은 감정인에게 경매물건을 평가하게 하고 그 평가액을 참작하여 *최저매각가격을 정하여야 한다(민집법 제97조 제1항).

감정인에 의하여 위와 같이 작성된 감정평가서에 따라 최저매각가격이 정해지면 이는 이해관계인 전원의 합의에 의해서도 변경할 수 없는 법정매각조건이 되므로, 특별한 사정이 없는 한 감정인에 의하여 평가된 감정평가액을 최저매각가격으로 정하는 것이 실무례이다.

> **경매에서 "최저매각가격"이란?**
>
> (1) 최저매각가격이란 그 사건의 매각기일에서 당해 부동산을 그 가격보다 저가로 매각할 수 없고 그 액 또는 그 이상으로 매각함을 요하는 기준매각가격을 말한다. 최저매각가격은 경매에 있어 매각을 허가하는 최저의 가격으로 그 액에 미달하는 매수신고에 대하여는 매각허가가 되지 아니한다(대법원 1967. 9. 26.자 67마796 결정).
>
> (2) 이와 같이 최저매각가격을 채택하고 있는 이유는 부동산이 그 시세보다 훨씬 저가로 매각되면 이해관계인의 이익을 해치게 되므로 공정하고 타당한 가격을 유지하여 부당하게 저가로 매각되는 것을 방지함과 동시에 매수신고를 하려는 일반인에게 매수가격에 대한 기준을 제시함으로써 매각이 공정하게 이루어지도록 함에 있다(대법원 2003. 8. 21.자 2003마1353).

(4) 매각의 실시 및 매각결정 절차

경매법원은 현금화절차인 매각을 개시하기 위하여 집행관에게 경매기록을 교부하여 매각절차를 진행하고 있다.

매각은 경매법정에서 집행관이 그 절차를 진행하는데, 집행관은 기일입찰인 경우 개정 후 입찰에 응할 사람들에게 매각물건명세서, 현황조사보고서 및 감정평가서 등의 사본을 열람할 수 있게 하여야 한다.

사건번호, 채권자・채무자・소유자, 경매물건의 개요 및 최저매가가격을 부르고, 특별매각조건의 고지 등의 절차가 끝나면 경매법원이 정한 매각방법에 따라 매수가격을 신고하도록 최고하여야 한다(민집법 제112조).

입찰의 방법은 기간입찰, 기일입찰, 호가경매의 방법이 있는데 대부분의 법원에서는 기일입찰을 실시하고 있으며, 기일입찰의 경우에는 입찰표의 제출을 최고한 후 1시간이 지나지 아니하면 입찰을 마감하지 못한다[부동산등에 대한 경매절차 처리지침(재민 2004-3)].

입찰 당일 경매물건의 진행여부를 챙겨 보아야 하는 이유는?

(1) 입찰하는 당일에 주의하여야 할 점으로 매각공고된 경매물건 중 매각기일 전일 또는 당일에 취하 또는 정지되거나 매각기일이 변경되는 경우가 있는데, 이러한 경우에는 별도의 공고 없이 매각에서 제외되어 입찰을 할 수 없는 경우가 종종 발생한다.

(2) 그러므로 입찰자는 매각기일 당일에 경매법정 입구에 게시된 "경매(입찰)사건목록"을 검토하여 자신이 입찰하고자 하는 경매물건에 대하여 변동사항이 없는지 여부를 반드시 확인하여야 한다.

경매법원은 이해관계인의 매각허가에 대한 이의가 없거나 이의가 있었더라도 이의가 이유 없다고 인정되고 직권으로 매각불허가결정을 할 사유가 없다고 인정되면 매각결정기일에 최고가매수신고인에게 매각을 허가하는 결정을 선고에 의하여야 하는데(민집법 제126조 제1항), 선고한 때에 고지의 효력이 발생하고(민집규 제74조) 1주일 후에 확정되면 매수인이 된다.

최고가매수인이 예견하지 못한 추가 부담이 발생한 경우의 대처 방법은?

(1) 최고가매수인에게 예견하지 못한 사유로 추가 부담이 발생하는 경우에는 매각허가결정이 선고되기 전까지(매각허가결정이 선고되었다면 선고한 날로부터 1주일 이내에) 경매법원에 매각불허가 신청(사법보좌관의 처분에 대한 이의신청)을 하여야 한다.

(2) 경매법원이 매각물건명세서를 착오로 잘못 작성함에 따라 최고가매수인이 권리분석을 제대로 하지 못하였고 이로 인해 추가로 부담해야 할 부분이 발생하는 경우가 그 대표적인 예이며, 만약 이러한 경우에도 경매법원이 매각불허가결정을 하지 않고 그대로 매각허가결정을 하는 경우에는 선고한 날로부터 1주일 이내에 항고하여야 한다.

(3) 사법보좌관의 매각허부결정에 대한 이의신청이 접수되면, 사법보좌관은 자신의 처분에 대하여 잘못되었다고 판단하는 경우에는 '재도의 고안'으로서 자신의 처분

을 경정할 수 있지만, 정당하다고 판단하면 지체없이 판사에게 송부하여 항고의 절차를 밟게 하고 있다.

(4) 항고절차가 진행되는 경우에는 매각대금의 10분의 1에 해당하는 항고보증금을 납부하여야 하고(민집법 제130조 제3항), 항고장을 제출한 날로부터 10일 이내에 항고이유서를 원심법원에 제출하여야 한다(민집법 제15조 제3항).

(5) 항고보증금은, 채무자 및 소유자의 항고가 기각된 경우에는 전액 배당할 금액에 편입되므로 전액 돌려주지 않으며(민집법 제130조 제6항), 채무자 및 소유자 이외의 이해관계인 등의 항고가 기각된 경우에는 항고한 날로부터 항고기각이 확정된 날까지 매각대금에 대한 연 1할 5푼의 이율에 의한 금액은 배당할 금액에 편입되므로 그 금액을 제외한 나머지 금액만을 돌려준다(민집규 제75조).

3) 배당절차

최고가매수인 또는 *차순위매수인이 매각대금을 납부하면 경매물건에 대한 소유권이 이전되고, 경매법원은 그 매각대금을 배당재단으로 하여 채권자들에게 각 채권액에 대한 배당절차를 갖는다.

이와 같이 배당절차를 진행하는 것이 배당기일인데, 경매법원은 경매사건과 관련된 이해관계인 등에게 배당기일 통지를 하여 경매법원의 배당표 작성에 대하여 이의할 부분이 있으면 이의하도록 하고 있다.

"차순위매수신고인"이란?

(1) 배경

최고가매수신고인이 매각대금을 납부하지 아니하는 경우에 경매법원이 재매각 절차를 진행함에 따라 절차지연과 경매비용이 소모되는데, 이와 같이 재매각 절차를 거치지 아니하고도 당해 경매절차에서 매각절차를 종결할 수 있게 하는 제도이다.

(2) 요건

① 차순위매수신고를 하려는 입찰자의 매수신고액이 최고가매수신고액에서 그 보증액을 뺀 금액을 넘는 때에만 할 수 있다(민집법 제114조 제2항). [매수신고액>(최고가매수신고액-보증액)]

② 차순위매수신고에 해당하는 금액은 최저매각가격보다는 높아야 하지만 최고가매수신고 금액에 따라 달라질 수 있다.

(3) 차순위매수 신고

① 최고가매수신고인 외의 매수신고인은 매각기일이 끝날 때까지 집행관에게 최고가매수신고인이 대금지급기한까지 그 의무를 이행하지 아니하면 자기의 매수신고에 대하여 매각을 허가하여 달라는 취지의 신고를 할 수 있다(민집법 제114조 제1항). 이것이 '차순위매수신고'이다.

② 결국 차순위매수신고인이란 차순위매수신고의 요건을 충족한 매수신고인으로서 차순위매수신고를 한 사람이며, 이와 대비하여 입찰가격이 두 번째로 높은 사람인 '차순위입찰자'라 하더라도 차순위매수신고를 하지 않은 경우에는 차순위매수신고인이 될 수 없다.

채권자 중 누가 얼마를 배당받는지는 경매법원에서 적절한 배당절차를 통해 배분할 문제이나, 대항력 있는 주택임차인 및 상가건물임차인은 배당받지 못한 부분에 대하여 대항력을 행사할 수 있으므로, 입찰하기 전에는 이러한 부분에 대한 권리분석을 하여야 한다.

배당요구는 어떤 채권자에 의해서 개시된 경매절차에 참가하여 경매물건을 매각한 대금에서 변제를 받고자 하는 집행법상의 행위라고 할 수 있는데, 각 채권자들이 배당을 받기 위해서는 배당요구를 하지 않아도 당연히 배당에 참가할 수 있는 경우와 배당요구종기일까지 반드시 배당을 요구하여야 하는 경우가 있다.

채권자의 지위에 따라 배당요구 여부가 달라진다.

(1) 배당요구를 하지 않아도 당연히 배당을 받을 수 있는 채권자

① 이중경매신청인

② 첫 경매개시결정등기 전에 등기된 가압류권자

③ 첫 경매개시결정등기 전에 등기된 우선변제권자(저당권 · 전세권 · 임차권자 등)

④ 체납처분에 의한 압류권자, 종전 등기기록상의 권리자 등이다.

(2) 배당요구종기일까지 반드시 배당요구를 하여야만 배당받을 수 있는 채권자

① 집행력 있는 정본을 가진 채권자

② 첫 경매개시결정등기 후에 가압류를 한 채권자

③ 민법 · 상법, 그 밖의 법률에 의하여 우선변제권이 있는 채권자

④ 조세 기타 공과금 채권자

⑤ 대위변제 채권자

경매법원은 매수인이 매각대금을 다 납부하면 배당기일을 지정하여야 하고, 이해관계인과 배당을 요구한 채권자들에게 이를 통지하여야 한다(민집법 제146조 본문).

또한 배당표원안을 작성하여 채권자와 채무자에게 보여주기 위하여 배당기일 3일전에 법원에 비치하여야 하며(민집법 제149조 제1항), 이에 대하여 잘못 작성된 부분을 발견하거나 경정신청이 있는 때에는 배당표원안을 경정할 수 있다.

경매법원은 배당기일에 법정에서 미리 작성한 배당표원안을 배당기일에 출석한 이해관계인과 배당을 요구한 채권자들에게 보여주고 배당에 관한 의견을 들은 후 이에 대한 소명 및 증거조사를 거친 후 배당표원안을 추가 또는 정정하여 배당표를 완성하고 이를 확정하여야 한다(민집법 제149조 제2항, 제152조 제2항).

다만, 위와 같은 절차를 거친 후에도 배당표에 대하여 이의가 있으면 그 이의 있는 부분은 배당표가 확정되지 아니한다(민집법 제152조 제3항).

배당기일에 출석한 이해관계인과 배당을 요구한 채권자가 서로 합의한 때에는 이에 따라 배당표를 작성하여야 하며(민집법 제150조 제2항), 배당표에 대하여 출석한 이해관계인이나 배당요구권자가 이의를 하지 않아 그대로 확정된 경우에는 경매법원과 채권자 및 채무자 모두가 이에 기속된다.

배당이의한 배당액은 배당표가 확정되지 아니하였으므로 경매법원은 이를 배당할 수 없고, 배당이의에 대한 적법여부만을 심사한 후, 배당이의한 채권자 등에게 배당이의의 소를 제기하고 그 소제기증명원을 1주일 안에 경매법원에 제출할 것을 안내하고 배당절차를 종료하여야 한다.

배당이의한 채권자 등이 특히 주의하여야 할 점은 배당기일에 출석하여 배당이의를 하였다고 하더라도 1주일 안에 경매법원에 배당이의의 '소제기 증명원'을 제출하여야 한다는 점이다.

배당기일에 배당이의를 한 채권자 등은 반드시 1주일 안에 소제기증명원을 경매법원에 제출하여야 한다.

(1) 배당이의한 자가 배당기일로부터 1주일 안에 배당이의의 소제기증명원을 경매법원에 제출하지 아니하면(설령 배당이의의 소를 제기하였다고 하더라도), 경매법원은 배당표에 따라 배당이의한 배당액을 채권자에게 그대로 내어 주어야 한다.

(2) 배당이의한 자가 배당기일로부터 1주일 안에 배당이의에 대한 소제기증명원을 경매법원에 제출하면 경매법원은 배당이의한 금액을 민사집행법 제160조 제5호에 따라 공탁을 하여야 한다.

(3) 최종적으로는 배당이의의 소의 결과에 따라 공탁되어 있는 배당이의한 금액을 수령하는 사람이 달라진다.

〈표 2-1〉 **경매절차 개요도**

* 숫자는 민사집행법 조문임

▸ 경매신청(80, 264)	경매신청 기각·각하 ← 즉시항고(83⑤)
▸ 경매개시결정(83①)	경매개시결정에 대한 이의(86,265) → 결정 ← 즉시항고(86③): 매각대금납부시까지 침해방지를 위한 처분(83③): 매각대금납부시까지 집행정지·취소(49, 50, 266): 매각대금납부시까지 이중경매신청(87): 매각대금납부시까지
▸ 경매개시결정등기 촉탁(94)	
▸ 경매개시결정정본 송달(83④)	: 경매개시결정등기 완료 후
▸ 배당요구종기 결정·공고(84①②)	전세권자 등에 대한 고지(84②)
▸ 현황조사명령(85①), ▸ 감정평가명령·최저매각가격 결정(97)	멸실 등에 의한 취소(96) 무잉여로 인한 취소(102)
▸ 채권,조세,공과금신고 최고(84④)	채권자의 배당요구·권리신고, 국가 등 세금·공과금의 교부청구: 배당요구종기까지
▸ 배당요구종기	배당요구종기의 연기(84⑥)
▸ 물건명세서 작성·비치(105)	
▸ 매각기일, 매각결정기일의 지정·공고·통지(104)	
▸ 매각 실시(112~115) <입찰>	
▸ 매각결정기일(109)	매각허가에 대한 이의(120): 매각허가시까지
▸ 매각허부결정의 선고(126)	매각허부에 대한 즉시항고(129,130), 매각취소 신청(127) ← 매각불허가, 허가취소/매가허가결정 확정
▸ 대금지급기한 지정·통지·납부(142)	
▸ 대금납부	소유권이전등기촉탁(144), 부동산인도명령 신청(136①)
▸ 배당기일 지정·통지·최고(146)	배당표 작성·비치(149①): 배당기일 3일전까지
▸ 배당기일(146)	배당표 확정(149②): 배당실시 배당에 대한 이의(151): 배당이의의소 제기(154)

〈표 2-2〉 **부동산경매사건의 진행기간**

종 류	기산일	기 간
경매신청서 접수		접수 당일
미등기건물 조사명령	신청일부터	3일 안 (조사기간은 2주)
경매개시결정 및 등기촉탁	접수일부터	2일 안
채무자에 대한 개시결정 송달	임의경매: 개시결정일부터 강제경매: 등기필증 접수일부터	3일 안
현황조사 명령	임의경매: 개시결정일부터 강제경매: 등기필증 접수일부터	3일 안 (조사기간은 2주)
감정평가 명령	임의경매: 개시결정일부터 강제경매: 등기필증 접수일부터	3일 안 (조사기간은 2주)
배당요구종기 결정 배당요구종기 등의 공고·고지	등기필증 접수일부터	3일 안
배당요구종기	배당요구종기결정일부터	2월 후 3월 안
채권신고 최고	배당요구종기결정일부터	3일 안 (최고기간은 배당요구종기까지)
최초 매각기일·매각결정기일의 지정·공고(신문공고 의뢰) 이해관계인에 대한 통지	배당요구종기부터	1월 안
매각물건명세서의 작성, 그 사본 및 현황조사보고서·감정평가서 사본 비치		매각기일 1주 전까지
최초매각기일	공고일부터	2주 후 20일 안
새매각기일·새매각기일결정기일 또는 매각기일·재매각기일 결정기일의 지정·공고 이해관계인에 대한 통지	사유발생일부터	1주 안
새매각 또는 재매각기일	공고일부터	2주 후 20일 안
배당요구의 통지	배당요구일부터	3일 안

종 류	기산일	기 간
매각실시 - 기일입찰, 호가경매		매각기일
매각실시 - 기간입찰	입찰기일부터	2일 이상 1주 안
매각기일조서 및 보증금 등의 인도		매각당일까지 (은행마감 전)
매각결정기일	매각기일부터	1주 안
매각허부결정의 선고 (법정에서)		매각결정기일
차순위매수신고인에 대한 매각결정기일의 지정 이해관계인에의 통지	최초의 대금지급기한 후	3일 안
차순위매수신고인에 대한 매각결정기일	최초의 대금지급기한 후	2주 안
매각부동산 관리명령	신청일부터	2일 안
대금지급기한의 지정 및 통지	매각허가결정확정일 또는 상소법원으로부터 기록송부를 받은 날부터(즉시항고를 한 때)	3일 안
대금지급기한	매각허가결정확정일 또는 상소법원으로부터 기록송부를 받은 날부터(즉시항고를 한 때)	1월 안 (보통 3주)
매각부동산 인도명령	신청일부터	3일 안
배당기일의 지정·통지 채권계산서 제출의 최고	대금납부 후	3일 안
배당기일 (법정에서)	대금납부 후	4주 안
배당표의 작성 및 비치		배당기일 3일 전까지
배당표의 확정 및 배당실시		배당기일
배당조서의 작성	배당기일부터	3일 안
배당액의 공탁 또는 계좌입금	배당기일부터	10일 안
매수인 앞으로 소유권이전등기 등 촉탁	서류제출일부터	3일 안
기록 인계 (보존계)	배당액의 출급, 공탁 또는 계좌입금 완료 후	5일 안

제 3 장

말소기준권리

03 말소기준권리

경매절차에 관여하기 위해서는 권리분석이 우선되어야 하는데, 권리분석을 위해서는 등기부를 정확하게 볼 수 있는 능력 못지 않게 말소기준권리의 개념과 효력을 명확하게 이해하여야 한다.

경매절차에 영향을 미치는 권리는 다양하게 나타날 수 있다. 경매물건의 부동산등기부에 기재되어 있는 권리는 이를 직접 확인할 수 있으므로 큰 문제는 없다고 할 수 있으나, 경매에 영향을 미치면서 문제가 되는 것은 주로 등기부에 나타나지 않는 권리이다. 대표적인 것으로 유치권, 법정지상권, 주택임대차보호법상의 주택임차인 또는 상가건물임대차보호법상의 상가임차인 등이 있다.

그런데 이러한 권리들에 대한 소멸여부. 즉 매수인이 매각대금을 모두 납부하여 소유권을 취득하였지만 등기부상 말소 또는 인수되는 권리 외에 주택임대차보호법상의 주택임차인 등과 같이 보이지 않는 권리를 가진 제3자가 존재하는지 여부는 말소기준권리가 어떠한 위치(순위)에 있느냐에 따라 결정된다고 할 수 있다.

1. 의 의

말소기준권리란 매수인이 매각대금을 모두 납부하여 소유권을 이전받은 경우(경매의 경우에는 민법 제187조에 따라 매각대금을 모두 납부한 때 소유권이전등기 여부와 관계없이 경매물건의 소유권이 매수인에게 이전된다), 매수인이 등기부상의 권리 또는 특별법상의 권리를 인수 또는 소멸(말소)하는지 여부에 대한 기준이 되는 권리이다.

즉 경매물건상의 권리 중 매각(낙찰)으로 인해 소멸(말소)되거나 매수인에게 인수(부담)되는 여부를 결정짓는 기준이 되는 권리가 말소기준권리이다.

또한 말소기준권리는 오직 등기부상에 기재된 권리만이 그 자격이 될 수 있으므로, '말소기준권리'라는 용어는 '말소기준등기'라는 의미와 같이 생각하면 어려움이 없을 것이다.

경매에서의 말소기준권리를 정확히 파악하여야 하는 이유는?

경매절차에 입찰하여 어떠한 부동산을 낙찰받았다고 가정해보자.

(1) 매수인으로서는 낙찰받은 부동산 위에 존재하였던 부담이 되는 권리가 모두 말소되어 정리된 등기와 경매물건을 온전히 인도받기를 원할 것이다.

(2) 그런데 등기부상의 권리가 말소되지 않거나 경매물건에 대하여 임차인 등이 대항력을 주장하며 인도를 거부한다면 매수인은 상당히 곤란한 지경에 이르게 된다.

(3) 이와 같이 경매물건에 대한 등기의 권리관계를 정리하기 위한 기준이 되는 것이 말소기준권리인 것이다. 즉 말소기준권리 보다 선순위 권리는 등기부상의 권리이든 특별법상의 권리이든 매각으로 소멸(말소)되지 않는 것이므로 결국, 이는 그 전부를 매수인이 인수(부담)해야 한다.

(4) 그러므로 입찰자는 말소기준권리를 명확하게 이해하는 것이 권리분석의 첫 걸음이고, 그 말소기준권리보다 빠른 권리가 있는지 여부를 정확하게 판단한 다음에 경매절차에 참여하여야 한다.

2. 말소기준권리의 근거

1) 근거조항

말소기준권리에 대한 근거는 민사집행법 제91조이다. 즉 제91조 제2항에서 "매각부동산 위의 모든 저당권은 매각으로 소멸된다"고 하고, 제3항에서 "지상권·지역권·전세권 및 등기된 임차권은 저당권·압류채권·가압류채권에 대항할 수 없는 경우에는 매각으로 소멸된다"고 하고 있다.

또한 제4항에서 "제3항의 경우 외의 지상권·지역권·전세권 및 등기된 임차권은 매수인이 인수한다. 다만, 그 중 전세권의 경우에는 전세권자가 *제88조에 따라 배당요구를 하면 매각으로 소멸된다"고 하면서, 제5항에서 "매수인은 유치권자에게 그 유치권으로 담보하는 채권을 변제할 책임이 있다"고 하고 있다.

민사집행법 제88조(배당요구)

① 집행력 있는 정본을 가진 채권자, 경매개시결정이 등기된 뒤에 가압류를 한 채권자, 민법·상법, 그 밖의 법률에 의하여 우선변제청구권이 있는 채권자는 배당요구를 할 수 있다.
② 배당요구에 따라 매수인이 인수하여야 할 부담이 바뀌는 경우 배당요구를 한 채권자는 배당요구의 종기가 지난 뒤에 이를 철회하지 못한다.

2) 말소기준권리의 판단기준

등기부상의 권리만이 말소기준권리가 될 수 있다. 즉 말소기준권리는 공시가 되는 권리, 즉 등기부상 나타나 있는 권리만이 그 자격이 있다는 것이다.

그 이유는 공시되지 않는 권리가 말소기준권리가 된다면, 어떠한 부동산의 등기부에 공시된 권리를 파악하여 권리를 설정하는 권리자가 예상하지 못한 권리로 인해 불측의 손해를 볼 수 있기 때문이다.

왜냐하면 경매절차에서 매각허가결정이 확정되어 매수인이 정해지면 말소기준권리를 기준으로 선순위는 존재하고 후순위는 소멸(말소)되는데, 공시되지 않아 전혀 알 수 없는 권리를 기준으로 공시된 권리들이 말소된다면 법적안정성이 유지될 수 없기 때문이다.

그러므로 말소기준권리는 공시된 권리, 즉 경매물건의 등기부에 기재되어 있는 권리 중에 말소기준권리로서의 요건을 갖춘 권리만이 그 자격이 있는 것이다.

3. 말소기준권리가 될 수 있는 권리

1) 언제나 말소기준권리가 되는 권리

① (근)저당권등기
② 경매개시결정등기

등기부상의 권리 중 (근)저당권등기와 경매개시결정등기는 그 순위가 된다면 항상 말소기준권리가 되는 권리이다. 즉 (근)저당권등기 또는 경매개시결정등기가 경매물건의 등기부상 가장 빠른 경우에는 항상 말소기준권리가 된다는 의미이다. '가장 빠르다'는 것은 접수일자를 기준으로 (근)저당권등기 또는 경매개시결정등기보다 빠른 선순위의 등기가 없다는 뜻이다.

이는 (근)저당권등기 또는 경매개시결정등기가 가장 빠른 경우에는 배당을 요구하지 않는 등의 방법으로 말소기준권리가 될 수 있는 자격을 포기할 수 없다는 의미이기도 하다.

(근)저당권은 을구에 기재가 되고 경매개시결정등기는 갑구에 기재가 되는데, 각 권리의 선후는 등기 접수일자를 기준으로 한다.

(근)저당권등기 또는 경매개시결정등기가 말소기준권리가 되는 경우에는 그 등기는 물론이고 후순위 등기는 매각으로 모두 소멸(말소)된다.

2) 경우에 따라 말소기준권리가 될 수 있는 권리

① (가)압류등기
② *선순위가등기
③ 최선순위전세권등기

(1) 가압류등기

현재 소유자를 대상으로 한 가압류등기가 존재하는데 순위가 가장 빠른 경우에는 말소기준권리가 된다(압류등기도 준용된다).

그런데 만약 가압류가 가장 빠르지만 그 가압류가 전소유자를 대상으로 하는 경우에는 문제가 달라진다. 현재 소유자가 경매물건이 된 부동산을 이전받으면서 어떠한 사정으로 전소유자에 대한 가압류를 말소하지 못한 경우일 것이다.

이와 같이 전소유자를 대상으로 하는 가압류는 말소기준권리가 되지 못하는 것이 원칙이다. 현재 진행되는 경매는 현재의 소유자를 상대로 하는 것으로써 전소유자와는 관련이 없으므로 배당절차에도 참여할 수 없는 것이 원칙이기 때문이다.

실무상 전 소유자를 대상으로 한 가압류등기에 대한 처리방법은 두 가지이다. 첫째, 위 가압류를 매수인이 인수하는 것으로 경매절차를 진행하는 경우인데, 이러한 경우에는 전 소유자를 대상으로 한 가압류등기는 말소되지 않는다.

둘째, 당해 가압류등기에 해당하는 가압류 금액을 공탁한 후 말소시키는 방법에 대하여는 가압류의 효력이 소멸하므로 그 가압류등기는 말소된다고 하는 판례를 근거로 하고 있다(대법원 2007. 4. 13. 선고 2005다8682 판결). 이는 2003년부터 실무에서 적용하고 있는 방법으로 이러한 경우에는 말소기준권리가 될 수 있다고 보는 것이 지배적인 견해이다.

결국 전소유자에 대한 가압류에 대해서는 말소기준권리로 하여 그 가압류 금액을 공탁하고 말소하는 방법으로 처리하는 것이 실무례이다.

(2) 선순위가등기

가등기의 순위가 가장 빠른 경우 이를 선순위가등기라고 하는데, 경매법원에서는 선순위가등기가 존재하는 경우에는 그 가등기권자에게 '소유권이전청구권 보전을 위한 가등기'인지(소유권을 이전받기 위하여 가등기를 하였는지), '담보가등기'인지(어떠한 채권을 담보하기 위하여 가등기를 하였는지) 여부를 소명하도록 하고 있다.

경매절차에서의 "선순위"의 의미는?

(1) 경매절차에서 '선순위'라는 말은 말소기준권리보다 빠르다는 의미이다. 다만, 어떠한 권리 상호간에 보다 빠른 권리를 표현하는 경우에도 '선순위'라고 표현하기도 하는데, 경매절차상의 선순위의 본래적 의미라기보다는 상대적인 개념으로 보아야 할 것이다.

(2) '선순위'와 대비하여 '최선순위'라는 용어도 사용하는데 이는 가장 빠른 권리를 강조하기 위한 표현으로 보통 전세권이 가장 빠른 경우 '최선순위전세권'이라고 표현한다.

가등기권자가 담보가등기로 소명하면 그 선순위가등기를 저당권과 같이 취급하여 말소기준권리가 되며 배당절차에 참가할 수 있지만, 소유권이전청구권 보전을 위한 가등기로 소명된 경우에는 경매법원은 사실상 경매절차를 중지하는 것이 종래의 실무처리 방식이었으나, 대법원 결정(대법원 2003. 10. 6.자 2003마1438 결정)에 따라 매수인에게 "가등기에 따른 부담이 인수될 수 있다"는 취지를 매각물건명세서에 기재하여 진행하는 것이 현재의 실무 처리례이다.

부동산강제경매절차에서 선순위의 담보권이나 가압류가 없는 소유권이전등기청구권의 순위보전을 위한 가등기가 담보가등기인지 순위보전의 가등기인지 밝혀질 때까지 경매절차를 중지하여야 하는 것인지 여부(소극)

(1) 부동산의 강제경매절차에서 경매목적부동산이 낙찰된 때에도 소유권이전등기청구권의 순위보전을 위한 가등기는 그보다 선순위의 담보권이나 가압류가 없는 이상 담보목적의 가등기와는 달리 말소되지 아니한 채 낙찰인에게 인수되는 것인바,

(2) 권리신고가 되지 않아 담보가등기인지 순위보전의 가등기인지 알 수 없는 경우에도 그 가등기가 등기부상 최선순위이면 집행법원으로서는 일단 이를 순위보전을 위한 가등기로 보아 낙찰인에게 그 부담이 인수될 수 있다는 취지를 입찰물건명세서에 기재한 후 그에 기하여 경매절차를 진행하면 족한 것이지,

(3) 반드시 그 가등기가 담보가등기인지 순위보전의 가등기인지 밝혀질 때까지 경매절차를 중지하여야 하는 것은 아니다(대법원 2003. 10. 6. 자 2003마1438 결정).

강제경매절차에서 경락인이 부동산을 경락받아 대금을 완납하였으나 강제경매의 기초가 된 채무자 명의의 소유권이전등기가 원인무효이어서 강제경매절차가 무효로 된 경우, 경매 채권자의 배당금에 대한 부당이득반환청구의 가부(적극) 및 민법 제578조 제1항, 제2항에 규정된 담보책임의 인정 여부(소극)

(1) 경락인이 강제경매절차를 통하여 부동산을 경락받아 대금을 완납하고 그 앞으로 소유권이전등기까지 마쳤으나, 그 후 강제경매절차의 기초가 된 채무자 명의의 소유권이전등기가 원인무효의 등기이어서 경매 부동산에 대한 소유권을 취득하지 못하게 된 경우,
(2) 이와 같은 강제경매는 무효라고 할 것이므로 경락인은 경매 채권자에게 경매대금 중 그가 배당받은 금액에 대하여 일반 부당이득의 법리에 따라 반환을 청구할 수 있으나,
(3) 민법 제578조 제1항, 제2항에 따른 경매의 채무자나 채권자의 담보책임은 인정될 여지가 없다(대법원 2004. 6. 24, 선고 2003다59259 판결).

"선순위가등기"가 있는 경매물건에 대한 입찰은 주의하여야 한다.

선순위가등기가 기재되어 있는 경매물건에 대한 입찰은 주의하여야 할 것이다. 왜냐하면 선순위가등기권자가 본등기를 실행하면 경매절차가 복잡해질 수 있고, 매수인에 대하여 번거로운 법률문제를 제기하는 경우가 발생할 수 있기 때문이다.

이를 경매절차 진행 단계에 따라 살펴보면 다음과 같다.

(1) 경매절차 진행 중 본등기가 실행된 경우
  ① 매각대금 납부 전 : 매수인이 매각절차취소 신청을 하거나 경매법원이 직권으로 매각절차취소결정을 할 수 있다.
  ② 매각대금 납부 후 배당절차 종료 전 : 매수인은 경매에 의한 매매계약을 해제하고 납부한 매각대금의 반환을 청구할 수 있다(대법원 1997. 11. 11.자 96그64 결정).
(2) 경매절차가 완전히 종료된 후 본등기가 실행된 경우
  ① 경매절차가 모두 종료된 후 소유권이전청구권 보전을 위한 가등기가 실행된 경우에는 가등기권자가 소유자가 됨에 따라 매수인은 소유권을 잃는다.
  ② 이러한 경우 매수인이 구제받을 수 있는 방법은 별도의 부당이득반환청구소송을 제기하여 배당받은 채권자들로부터 매각대금에 해당하는 금액을 돌려받을 수 있을 것이다.
  ③ 그렇지만 배당받은 채권자들이 무자력인 경우에는 문제가 된다. 배당받은 채권자가 국가 및 지방자치단체, 금융기관 등인 경우에는 큰 문제가 없을 수 있으나, 개인인 경우 자력이 없다면 매각대금을 돌려받을 수 있는 방법은 없을 것이다.
  ④ 그러므로 입찰자의 입장에서는 소유권이전청구권 보전을 위한 가등기가 존재하는 경매물건은 보다 신중하게 접근하여야 할 것이다.

(3) 최선순위전세권등기

전세권이 최선순위인 경우 전세권자가 경매신청 또는 배당요구를 하였다면 당연히 말소기준권리가 되며, 배당요구를 하였으므로 배당여부와 관계없이 매각으로 인하여 소멸(말소)된다.

다만, 부동산 일부에 대하여 선순위전세권이 설정되어 있는 경우에는 나머지 부분에 대한 권리관계 등이 존재하므로 말소기준권리가 될 수 없다.

4. 말소기준권리를 파악하는 방법

말소기준권리는 매수인이 인수(부담)해야 할 권리의 기준이 되며, 매수인이 소유권을 취득한 후 경매물건에 대한 등기부상의 권리들을 말소(소멸)할 수 있는 기준이 되는 권리이다.

그렇다면 입찰자의 입장에서 어떻게 말소기준권리를 파악하여야 하는지에 대한 의문이 들 수 있는데 그 방법을 살펴보면 다음과 같다.

말소기준권리를 파악하기 위해서는 우선적으로 ① 경매물건의 등기부등본을 발급받아 등기부에 기재되어 있는 권리를 파악하고, ② 매각물건명세서에 기재되어 있는 말소기준권리를 파악하여야 한다.

먼저, 경매물건에 대한 등기부등본에 기재되어 있는 권리 파악은 갑구와 을구 중 접수일자가 가장 빠른 등기가 말소기준권리가 될 수 있을 것이다.

주의하여야 할 점은, 접수일자가 가장 빠른 권리가 말소기준권리가 되는 것이 일반적이지만, 앞에서 살펴본 바와 같이 전소유자의 가압류를 매수인이 인수하는 경우, 선순위가등기가 소유권이전청구권 보전을 위한 가등기로서 매수인이 인수하는 경우, 최선순위 전세권자가 배당요구를 하지 않은 경우 등 일정한 경우에는 말소기준권리가 될 수 없다.

다음으로 매각물건명세서에서 말소기준권리를 파악하는 방법은 아래 〈표 3-1〉 매각물건명세서의 상단 중간부분에 기재되어 있는 "최선순위설정"이 말소기준권리이다(2015. 7. 1. 근저당권).

〈표 3-1〉 **매각물건명세서**

사건	2016타경1234 부동산강제경매	매각물건 번호	1	작성 일자	2016. 3. 4.	담임법관 (사법보좌관)	김 사 법 ㊞
부동산 및 감정평가액 최저매각가격의 표시	별지 기재와 같음	**최선순위 설정**	2015. 7. 1. 근저당권			배당요구 종기	2016. 2. 20.

부동산의 점유자와 점유의 권원, 점유할 수 있는 기간, 차임 또는 보증금에 관한 관계인의 진술 및 임차인이 있는 경우 배당요구 여부와 그 일자, 전입신고일자 또는 사업자등록신청일자와 확정일자의 유무와 그 일자

점유자의 성 명	점유부분	점유의 권 원	임대차기간 (점유기간)	보증금	차임	전입신고 일자·사업자등록신청 일자	확정일자	배당요구 여부 (배당요구 일자)
황전유	전부	주택임차권	2015. 4. 2. ~ 2016. 4. 1.	1억	없음	2015. 4. 2.	2015. 4. 2.	2016. 2. 9.

〈비 고〉

※ 최선순위 설정일자보다 대항요건을 먼저 갖춘 주택·상가건물 임차인의 임차보증금은 매수인에게 인수되는 경우가 발생할 수 있고, 대항력과 우선변제권이 있는 주택·상가건물 임차인이 배당요구를 하였으나 보증금 전액에 관하여 배당을 받지 아니한 경우에는 배당 받지 못한 잔액이 매수인에게 인수되게 됨을 주의하시기 바랍니다.

등기된 부동산에 관한 권리 또는 가처분으로서 매각으로 그 효력이 소멸되지 아니하는 것

2015. 5. 2. 가등기, 2015. 5. 2. 가처분

매각에 따라 설정된 것으로 보는 지상권의 개요

법정지상권이 성립할 여지 있음

비고란

(1) 2016. 2. 25. 이유치로부터 금5천만원에 대하여 유치권신고 있으나 그 성립여부는 불분명함
(2) 이 사건 지상에는 분묘 1기가 존재하는바 분묘기지권 성립여부는 불분명함

민집 105, 268, 민집규 55, 194

※ 1. 매각목적물에서 제외되는 미등기건물 등이 있을 경우에는 그 취지를 명확히 기재한다.
2. 매각으로 소멸되는 가등기담보권, 가압류, 전세권의 등기일자가 최선순위저당권등기일자보다 빠른 경우에는 그 등기일자를 기재한다.

결국 말소기준권리 파악은 우선 경매물건에 대한 등기부등본을 살피는 것이 필요하지만, 최종적이고 확정적으로는 경매법원에서 작성한 매각물건명세서에 기재된 최선순위설정이 말소기준권리가 되는 것이다.

이와 같이 경매법원에서 말소기준권리에 대하여 공고하고 있지만, 입찰자 또한 말소기준권리가 무엇인지를 파악해 보아야 한다.

"말소기준권리"를 파악해야 하는 이유는?

입찰자가 입찰하기 전에 경매물건에 대한 말소기준권리를 정확히 파악하여야 하는 이유는 입찰자가 매수인으로 확정되었을 때 경매물건상의 권리들(등기부상의 권리와 같이 공시되는 권리뿐만 아니라 주택임대차보호법 등 특별법상의 권리 등과 같이 공시되지 않은 권리를 포함한 모든 권리) 중 매수인으로서 추가로 부담(인수)해야 할 권리가 있는지 여부를 파악하기 위해서이다.

다음의 <표 3-1> 매각물건명세서에 대한 설명은 다음과 같다.

(1) 말소기준권리는 2015. 7. 1. 근저당권이다.

(2) 주택임대차보호법상의 임차인 황점유는 대항력(주택의 점유와 주민등록)을 갖추고 있다[점유 및 주민등록일(2015. 4. 1.)이 말소기준권리보다 빠르므로].

(3) 주택임대차보호법상의 임차인 황점유가 확정일자 임차인으로서 보증금 1억을 진액 배당받지 못한다면 대항력을 행사할 수 있으므로, 배당받지 못한 나머지 임차보증금을 매수인이 추가로 부담하여야 한다.

* 다음의 〈표 3-1〉 물건명세서 중 하단 부분의 「등기된 부동산에 관한 권리 또는 가처분으로서 매각으로 그 효력이 소멸되지 아니하는 것」을 기재하는 란에는 "최선순위가등기, 최선순위가처분", 「매각에 따라 설정된 것으로 보는 지상권의 개요」란에는 "법정지상권", 「비고란」에는 "유치권" 또는 "분묘기지권" 등이 기재된다.

** 이와 같이 경매물건에 대한 입찰자의 입장에서의 권리분석은 철저히 부동산등기부등본과 경매법원이 작성한 매각물건명세서를 기준으로 하여야 한다. 특히 매각물건명세서의 내용을 정확하게 이해하는 것이 무엇보다 중요하다.

5. 매수인에게 인수되는 권리

말소기준권리에 따라 경매물건에 대한 권리 중 매수인이 항상 인수해야 하는 권리와 인수되지 않는 권리, 경우에 따라서 인수되는 권리 등을 살펴보면 다음과 같다.

1) 매수인에게 항상 인수되는 권리

① 법정지상권
② 유치권
③ 분묘기지권
④ 예고등기

경매물건이 매각되었더라도 법정지상권, 유치권, 분묘기지권, 예고등기 등은 항상 매수인에게 인수되는 권리이다.

이러한 법정지상권, 유치권, 분묘기지권, 예고등기는 배당여부와는 관련이 없다. 즉 배당을 요구할 수 있는 권리가 아니므로 배당을 요구할 수 없을 뿐만 아니라 배당을 할 수도 없다.

법정지상권, 유치권, 분묘기지권, 예고등기 등이 매각물건명세서에 기재되어 있는 경우, 그러한 권리가 진정한 권리인지 여부는 순전히 입찰자가 판단하여 입찰여부를 결정하여야 한다. 경매법원으로서는 법정지상권 등이 실체법적으로 성립하는지 여부에 대하여는 판단할 수 없기 때문이다.

법정지상권, 분묘기지권 등에 대하여는 판례 등에 따라 어느 정도 그 기준이 확립되었지만, 유치권은 그 존부에 대하여 다툼이 있는 경우에는 매수인이 유치권부존재소송을 하여야 하는 등 실무상 논란의 여지가 많은 권리이다.

예고등기는 현재에는 그 기입등기가 폐지되었지만 폐지이전에 예고등기가 기재되어 있는 상태로 경매되는 경우가 있으며, 말소기준권리보다 선순위 또는 후순위 여부를 따지지 않고 매수인이 인수해야 한다(대법원 2001. 3. 14.자 99마4849 결정).

"매각물건명세서"의 법적성질은?

(1) 입찰자가 반드시 알고 있어야 할 중요한 사항은 매각물건명세서는 경매법원에서 집행관 작성의 현황조사서, 감정인 작성의 감정평가서, 배당요구 종기까지 신고된 채권신고서 및 경매물건의 등기부등본 등을 반영하여 작성하였지만, 매각물건명세서는 법원의 인식을 기재한 서면에 불과하여 그 작성은 사실행위에 속하고 그에 관하여 매각조건이 결정되거나 실체법상의 권리관계에 영향을 미치는 것이 아니며

공신적 효력도 인정되지 않는다는 것이다(대법원 2000. 2. 16.자 98마2837 결정).

(2) 즉 경매법원에서 매각물건명세서를 작성하였지만 기재된 권리에 대한 실체법상의 권리관계가 존재하는지 여부에 대한 판단은 전혀 고려되지 않았다는 것이다.

(3) 결국 입찰자 스스로 매각물건명세서에 기재된 권리에 대하여 실제로 그러한 권리가 존재함으로써 매수인이 되었을 때 별도의 부담(인수)이 되는지 등에 대하여 판단하고 입찰여부를 결정하여야 한다.

(4) 입찰자는 법정지상권, 유치권, 분묘기지권은 항상 인수해야 하는 권리이므로, 그 실체를 정확히 파악한 후 입찰하는 것이 시간적 · 경제적 손실을 줄일 수 있을 것이다.

(5) 그렇지만 법정지상권, 유치권, 분묘기지권과 같은 권리들이 존재하는 경매물건은 최저매각가격이 저감될 것이고, 정확한 권리분석이 전제되어 권리의 유무를 정확히 판단할 수 있다면 수익을 창출할 수 있는 기회가 될 것은 분명한 사실이다.

2) 매수인에게 인수되지 않는 권리

① (근)저당권등기
② 말소기준권리 보다 후순위 권리
③ 저당권 · 압류채권 · 가압류채권에 대항할 수 없는 지상권 · 지역권 · 전세권 등기 및 등기된 임차권

(근)저당권등기는 매각이 되면 그 순위여부와 관계없이 무조건 소멸(말소)하는 권리이다. 즉 매수인이 등기권리자로서 소유권이전등기를 할 때 무조건 말소촉탁의 대상이 되는 등기이다.

즉 경매물건에 대한 등기부등본상의 모든 (근)저당권은 배당여부와 관계없이 매각으로 인하여 소멸하는 권리이다(민집법 제91조 제2항). 그러므로 입찰자는 (근)저당권에 대하여 인수(부담) 등에 대하여 고려할 필요가 없다.

말소기준권리 보다 뒤에 등기된 권리와 등기되지는 않았지만 매수인에게 대항할 수 없는 권리인 경우에도 매각으로 인하여 소멸(말소)된다. 말소기준권리 보다 후순위인 주택임대차보호법상의 임차인이 대표적인 예이다.

지상권 · 지역권 · 전세권등기 및 임차권등기가 저당권 · 압류채권 · 가압류채권 보다 후순위이므로 이에 대항 할 수 없다면 매각으로 소멸(말소)된다(민집법 제91조 3항).

3) 매수인에게 인수될 수 있는 권리

> ① 저당권·압류채권·가압류채권에 대항할 수 있는 지상권·지역권·전세권등기 및 등기된 임차권
> ② 대항력과 우선변제권을 가지고 있는 주택임대차보호법상의 임차인

지상권·지역권·전세권등기 및 임차권등기가 저당권등기, 압류등기, 가압류등기(대부분 말소기준권리일 것이다)에 대항할 수 있는 경우, 즉 선순위인 경우에는 매수인이 이를 인수해야 한다(민집법 제91조 제4항).

다만, 전세권의 경우에는 최선순위전세권자가 민사집행법 제88조에 따라 배당요구종기까지 배당요구를 하였다면 배당여부와 관계없이 소멸(말소)한다(민집법 제91조 제4항 단서). 최선순위전세권자가 경매를 신청한 경우에도 또한 같다.

"최선순위전세권자"가 경매를 신청할 수 있는 형태는?

(1) 최선순위전세권자는 전세권에 기하여 임의경매를 신청할 수 있는데, 이러한 경우에는 당연히 배당요구를 하였다고 보아야 한다.
(2) 그렇지만 최선순위전세권자는 반드시 임의경매만을 신청하여야 하는 것은 아니고, 전세권에 따른 전세보증금반환소송을 제기하여 집행권원을 취득한 후 그 집행권원에 기한 강제경매를 신청할 수도 있다.
(3) 최선순위전세권자의 강제경매 신청을 배당요구를 한 것과 같이 보아야 하는지에 대하여 논란의 여지가 있을 수 있으나, 결론적으로는 배당요구를 한 것으로 보아야 한다. 전세권자가 집행권원에 따른 지연이자 등을 추가로 받고자 하는 경우에 이용할 수 있는 방법이다.

대항력과 우선변제권을 가지고 있는 주택임대차보호법상의 임차인은 매수인에게 대항할 수 있으므로 배당요구를 하지 않고 매수인에게 전소유자와의 임대차 관계를 그대로 주장할 수도 있고, 우선변제권(확정일자)에 따라 매각대금으로부터 임차보증금을 배당받을 수 있는 권리를 선택적으로 행사할 수 있다(대법원 1997. 8. 29. 97다1195 판결).

그런데 주택임대차보호법상의 임차인이 위 권리 중 우선변제권을 행사하여 배당요구를 하였으나 전액 배당받지 못하였다면, 배당받지 못한 나머지 임차보증금에 대하여는 이를 모두 반환받을 때까지 임대차관계의 존속을 주장할 수 있으므로, 이러한 경우에는 매수인이 이를 인수하여야 한다(대법원 1997. 8. 22. 96다53628 판결).

그러므로 입찰자는 대항력(말소기준권리보다 주택의 점유와 주민등록이 빠른 경우)과 우선변제권(소액임차인 또는 확정일자)를 함께 갖추고 있는 임차인이 배당요구를 한 경매물건을 입찰하고자 하는 경우에는 그 임차인이 임차보증금을 전액 배당받을 수 있는지에 대한 권리분석이 반드시 필요하다.

이를 놓치면 임차인이 배당받지 못한 부분에 대하여는 고스란히 매수인이 부담하여야 하는 낭패를 볼 수 있으며, 이는 기초적이고 기본적인 부분임에도 경매실전에서 입찰자가 놓치기 쉬운 부분 중의 하나이다.

최선순위전세권자와 대항력을 갖춘 주택임대차보호법상의 임차인의 지위는?

(1) 대항력을 갖춘 주택임대차보호법상의 임차인(말소기준권리보다 주택의 인도와 주민등록이 빠른 임차인)이 임차보증금을 전액 배당받지 못한 경우에는 그 임차보증금을 모두 반환받을 때까지 임대차관계의 존속을 주장할 수 있으므로 매수인이 나머지 임차보증금을 인수(부담)하여야 한다.

(2) 최선순위전세권은 그러하지 아니하다. 즉 최선순위전세권자가 배당요구를 하였으나 전액을 배당받지 못하였다고 하더라도 최선순위전세권은 소멸(말소)된다.
최선순위전세권자의 입장에서는 전세금을 모두 받지 못하였으므로 전세금을 감액하는 전세권변경등기는 할 수 없는지에 대하여 의문을 가질 수 있으나, 최선순위전세권자가 배당요구를 한 경우에는 전세금의 배당여부와 관계없이 소멸(말소)된다.

(3) 그러므로 등기부상 최선순위전세권이 기재되어 있는 경매물건을 입찰할 때는 최선순위전세권자가 배당요구를 하였는지를 매각물건명세서를 통해 반드시 확인하여야 한다.

(4) 반면, 최선순위전세권자의 입장에서는 배당요구를 하였을 때 전세금을 전액 배당받을 수 있는지 여부를 경매기록을 열람하여 파악하여야 할 것이다.

제 **4** 장

주택임차인과 상가건물임차인

04 주택임차인과 상가건물임차인

임대차는 민법 제618조에서 “임대차는 당사자 일방이 상대방에게 목적물을 사용, 수익하게 할 것을 약정하고 상대방이 이에 대하여 차임을 지급할 것을 약정함으로써 그 효력이 생긴다”고 규정하고 있다.

그렇지만 경매에서 문제가 되는 것은 민법상의 임대차가 아니라 주택임대차보호법상의 주택임차인과 상가건물임대차보호법상의 상가건물임차인이다. 주택임대차보호법 또는 상가건물임대차보호법(이하, ‘주택임대차보호법 등’이라 한다)상의 임차인의 권리는 등기부에는 나타나지 않는 권리이다.

그래서 경매에 입찰하기 위해 권리분석을 하는 경우 주택임대차보호법 등의 임차인은 상당히 중요한 위치를 차지하게 되는 것이다.

주택임대차보호법 등은 경제적 약자인 주택임차인 및 상가건물임차인(이하, ‘주택임차인 등’이라 한다)의 권리를 보호하기 위하여 제정한 특별법으로 경매물건에 대한 등기부상의 권리에 우선적으로 작용하고 있으므로 그 개념과 주택임차인 등에 대한 정확한 이해가 필요하다.

주택임대차보호법 등은 이미 널리 알려져 있는 법령으로 이러한 법의 적용을 받는 주택임차인 등에 대한 권리분석을 너무 쉽게 생각한 나머지 의외의 낭패를 보는 입찰자가 종종 있다.

그렇지만 실제에 있어서도 주택임대차보호법 등의 완전한 이해와 권리분석은 그리 쉬운 문제는 아니다. 또한 주택임차인 등의 권리가 등기부상의 권리를 제한하고 권리의 순위를 바꿀 수 있는 힘이 있으므로 입찰자는 주택임대차보호법 등을 정확히 이해하여야 하고, 주택임차인 등의 권리가 경매사건에서 어떻게 작용되는지에 대하여 확실히 알아 두어야 한다.

주택임대차보호법 등의 임차인이 경매절차의 권리분석 등에 미치는 영향은 매우 중요하다. 그러므로 배당분석에 필요한 다른 권리와 달리 별도의 장으로 설명하고자 한다.

제1절 주택임차인의 권리

1. 의의

주택임대차보호법은 주거용 건물의 임대차에 관하여 민법에 대한 특례를 규정함으로써 국민 주거생활의 안정을 보장함을 목적으로 하고 있으며, 같은 법에 따른 주택임차인이란 같은 법에서 정하고 있는 요건을 구비한 주택임차인을 의미한다.

즉 주택임차인이 주택임대차보호법에서 정하고 있는 대항력, 확정일자 및 소액임차인 등의 해당 요건을 충족하는 경우에 한하여 주택임대차보호법이 적용된다는 것이다.

입찰자의 입장에서는 실제로 주택임대차보호법의 자세한 부분까지 알고 있을 필요는 없지만, 같은 법에 따른 주택임대차는 일상에서 흔히 접할 수 있으므로 기본적인 개념과 경매절차에 미치는 권리 위주로 살펴보고자 한다.

2. 주택임차인의 지위와 주거용 건물

1) 주택임차인의 지위

주택임대차보호법이 적용되는 주택임차인은 같은 법 제2조에서 정하고 있는 바와 같이 주거용 건물의 전부 또는 일부에 대하여 같은 법에서 정하고 있는 요건을 충족하는 있는 임차인이다.

임차인 본인은 물론이고 세대를 같이 하는 임차인의 배우자나 자녀 등의 가족도 주택임대차보호법의 적용을 받을 수 있는 임차인에 해당된다(대법원 2002. 3. 29. 선고 2001다84435 판결 등).

그러므로 처 또는 자녀가 먼저 전입하고 남편이 나중에 전입한 경우에는 처 또는 자녀가 점유하고 전입한 날의 다음 날 대항력이 발생한다.

또한 입주 및 주민등록을 마친 주택임차인이 가족의 주민등록은 그대로 둔 채 임차인만 주민등록을 일시 다른 곳으로 옮긴 경우에도 대항력은 그대로 유지된다(대법원 1996. 1. 26. 선고 95다30338 판결).

하나의 주택에 임차인이 2명 이상이고 이들이 그 주택에서 가정공동생활을 하는 경우에는 이들을 1명의 임차인으로 보아 이들의 각 보증금을 합산하여야 한다(주보법 시행령 제10조 제4항).

법인이 주택을 임대차하였는데 그 법인의 직원이 점유하면서 전입신고를 한 경우에는 대항력이 인정되지 아니한다(대법원 1997. 7. 11. 선고 96다7236 판결).

그렇지만 한국토지주택금융공사 또는 지방공사 등의 공기업이 국민주택기금을 재원으로 저소득층의 무주택자에게 주거생활 안정을 목적으로 전세임대주택을 지원하는 경우 또는 「중소기업기본법」 제2조에 따른 중소기업에 해당하는 법인이 소속 직원의 주거용으로 주택을 임차한 경우에는 그 입주자가 임대주택을 인도받고 전입신고를 마친 때에는 그 다음 날부터 대항력과 우선변제권이 인정될 수 있다(주보법 제3조 제2항, 제3항).

다만, 이러한 경우라 하더라도 법인은 주택임대차보호법 제8조 제1항이 적용되지 않으므로 법인에 대하여는 소액보증금의 최우선변제권은 인정되지 아니한다.

2) 주택임차인 겸 전세권자의 지위

주택을 임대차하면서 주택임대차보호법상의 대항요건(주택의 점유 + 주민등록)과 우선변제적 효력(소액임차인 또는 확정일자)를 확보하였지만 임대차보증금에 대한 안전장치로 전세권설정등기를 하는 경우가 있다.

그렇지만 전세권자로서 전세금에 대하여 우선변제를 받을 수 있는 권리와 주택임대차보호법상의 주택임차인으로서 우선변제를 받을 수 있는 권리는 적용되는 법령이 다를 뿐만 아니라 그 근거규정 및 성립요건을 각각 달리하고 있다.

그러므로 주택임대차보호법상의 주택임차인이 주택임대차의 권리를 강화할 목적으로 전세권을 설정한 경우, 그 주택의 경매로 인하여 전세권자로서 배당요구를 하였으나 일부에 대해서만 전세금을 배당받은 경우에는 나머지 전세금에 해당하는 보증금에 대하여는 주택임차인으로서 대항력을 행사할 수 있는 것이다(대법원 1993. 12. 24. 선고 93다39676 판결).

주택에 관하여 최선순위로 전세권설정등기를 마치고 등기부상 새로운 이해관계인이 없는 상태에서 전세권설정계약과 계약당사자, 계약목적물 및 보증금(전세금액) 등에 있어서 동일성이 인정되는 임대차계약을 체결하여 주택임대차보호법상 대항요건을 갖추었다면, 전세권자로서의 지위와 주택임대차보호법상 대항력을 갖춘 임차인으로서의 지위를 함께 가지게 된다.

이러한 경우 전세권과 더불어 주택임대차보호법상의 대항력을 갖추는 것은 자신의 지위를 강화하기 위한 것이지 원래 가졌던 권리를 포기하고 다른 권리로 대체하려는 것은 아니라는 점, 자신의 지위를 강화하기 위하여 설정한 전세권으로 인하여 오히려 주택임대차보호법상의 대항력이 소멸된다는 것은 부당하다는 점, 동일인이 같은 주택에 대하여 전세권과 대항력을 함께 가지므로 대항력으로 인하여 전세권 설정 당시 확보한 담보가치가 훼손되는 문제는 발생하지 않는다는 점 등을 고려하면, 최선순위 전세권자로서 배당요구를 하여 전세권이 매각으로 소멸되었다 하더라도 변제받지 못한 나머지 보증금에 기하여 대항력을 행사할 수 있고, 그 범위 내에서 임차주택의 매수인은 임대인의 지위를 승계한 것으로 보아야 한다(대법원 2010. 7. 26.자 2010마900 결정).

민사집행법 제91조 제3항은 "전세권은 저당권 · 압류채권 · 가압류채권에 대항할 수 없는 경우에는 매각으로 소멸된다"라고 규정하고, 같은 조 제4항은 "제3항의 경우 외의 전세권은 매수인이 인수한다. 다만, 전세권자가 배당요구를 하면 매각으로 소멸된다"라고 규정하고 있고, 이는 저당권 등에 대항할 수 없는 전세권과 달리 최선순위의 전세권은 오로지 전세권자의 배당요구에 의하여만 소멸되고, 전세권자가 배당요구를 하지 않는 한 매수인에게 인수되며, 반대로 배당요구를 하면 존속기간에 상관없이 소멸한다는 취지라고 할 것인 점, 주택임차인이 그 지위를 강화하고자 별도로 전세권설정등기를 마치더라도 주택임대차보호법상 임차인으로서 우선변제를 받을 수 있는 권리와 전세권자로서 우선변제를 받을 수 있는 권리는 근거규정 및 성립요건을 달리하는 별개의 권리라고 할 것인 점 등에 비추어 보면, 주택임대차보호법상 임차인으로서의 지위와 전세권자로서의 지위를 함께 가지고 있는 자가 그 중 임차인으로서의 지위에 기하여 경매법원에 배당요구를 하였다면 배당요구를 하지 아니한 전세권에 관하여는 배당요구가 있는 것으로 볼 수 없다(대법원 2010. 6. 24. 선고 2009다40790 판결)

주의하여야 할 점은 단독주택 등(집합건물이 아닌 건물과 그 대지)에 대한 전세권등기는 반드시 건물과 대지 모두에 대하여 전세권을 설정하여야 한다는 점이다.

실무에서 건물과 토지 중 한 곳에만 전세권설정등기가 되어 있어 그 건물 및 대지가 경매되는 경우 토지에 대한 전세금에 대한 배당을 받지 못하는 경우가 종종 있다.

그러므로 집합건물이 아닌 경우에는 반드시 건물과 그 대지에 대하여 각각 전세권등기를 설정하여야 한다. 특히 법무사 등 대리인에게 위임하는 경우에도 그 등기가 마쳐진 경우에는 토지등기부와 건물등기부를 모두 발급받아 전세권등기가 각각 설정되어 있는지를 반드시 살펴보아야 한다.

위와 같은 경우는 배당절차에서 전세권등기만이 적용되는 경우이며, 주택임대차보호법상의 우선변제권 등이 인정되는 경우에는 그에 따르면 될 것이다.

주택에 관하여 임대차계약을 체결한 임차인이 자신의 지위를 강화하기 위한 방편으로 따로 전세권설정등기를 한 경우 전세권설정계약서를 임대차계약서로 볼 수 있으며, 전세권설정계약서가 첨부된 등기필증에 찍힌 접수인을 주택임대차보호법 소정의 확정일자로 보아야 한다(대법원 2002. 11. 8. 선고 2001다51725 판결).

그렇지만 주택임차인이 그 지위를 강화하고자 별도로 전세권설정등기를 마쳤다고 하더라도 주택임차인이 주택임대차보호법 제3조 제1항의 대항요건(주택의 점유 + 주민등록)을 상실하였다면 이미 취득한 대항력 및 우선변제권은 상실한다(대법원 2007. 6. 28. 선고 2004다69741 판결).

3) 주거용 건물

주택임대차보호법이 적용되는 주택의 범위는 같은 법 제2조에서 "이 법은 주거용 건물(이하 "주택"이라 한다)의 전부 또는 일부의 임대차에 관하여 적용한다. 그 임차주택의 일부가 주거 외의 목적으로 사용되는 경우에도 또한 같다"고 규정하고 있다.

이러한 주거용 건물에 포함되는지 여부는 공부상의 표시에 따라 형식적으로 판단하는 것이 아니라 건물의 객관적인 용도, 실제 이용관계, 주변의 상황 등 제반사정에 따른 사실상의 용도를 기준으로 판단하여야 한다(대법원 1995. 3. 10. 선고 94다52522 판결).

미등기 건물 또는 사용승인을 받지 않은 주택이라 하더라도 주거용으로 사용되고 있으면 주택임대차보호법의 적용대상이 될 수 있다(대법원 2007. 6. 21. 선고 2004다26133 전합).

주택임대차보호법상의 주거용 건물인지에 대하여 판단하는 시점은 원칙적으로 임대차계약을 체결할 때이다(대법원 1986. 11. 21. 85다카1367).

3. 주택임차인의 권리

1) 대항력

주택임대차보호법상의 대항력은 주택임차인이 그 주택을 임대인 등으로부터 인도받아 점유하여야 함은 물론 주민등록(전입신고)까지 완료하여야 하는데, 대항력이 발생하는 시점은 점유와 주민등록을 완료한 다음 날 0시이다.

그러므로 대항력이 성립하기 위해서는 반드시 임차한 주택을 인도받아야 하고, 주민등록을 위한 전입신고를 마쳐야 한다.

이러한 주택의 인도와 주민등록은 주택임대차보호법상의 주택임차권의 대항요건일 뿐만 아니라 대항력의 존속요건이기도 하다(대법원 1989. 1. 17. 88다카143).

그러나 가장 주의하여야 할 것은, 주택임대차보호법 제3조 제1항에서 "임대차는 그 등기가 없는 경우에도 임차인이 주택의 인도와 주민등록을 마친 때에는 그 다음 날부터 제3자에 대하여 효력이 생긴다"고 하여 어느 때나 대항력이 발생하는 것처럼 생각할 수 있으나, 주택임대차보호법상의 대항력은 주택의 점유와 주민등록을 갖춘 경우에 언제나 발생하는 것이 아니라 말소기준권리 보다 먼저 대항력의 요건을 갖춘 경우에 한하여 그 효력이 있다는 점이다.

즉 주택임대차보호법상의 대항력이 발생하기 위해서는 주택의 인도와 주민등록을 할 때 그 주택에 저당권, 압류 또는 가압류, 담보가등기 등이 없어야 한다.

주택임차인을 판단하는 기준이 되는 대항력의 요건인 주택의 인도(점유)와 주민등록(전입신고)에 대하여 살펴보면 다음과 같다.

(1) 주택의 인도(점유)

주택의 인도란 주택에 대한 점유를 이전받는 것이며, 점유의 이전이란 주택임차인이 그 주택에 대한 지배를 사실상 이전받는 것을 말한다.

실생활에서 임차한 주택에 대하여 임대인으로부터 열쇠 또는 비밀번호를 받음으로써 임차주택에 대하여 사실상의 점유권을 행사할 수 있는 경우를 의미한다고 할 수 있다. 이러한 주택의 인도는 임차인의 무단점유 또는 불법에 의한 점유 등은 이에 해당하지 않는다.

그러나 점유보조자(아버지가 임대차계약을 하였으나 실제로는 대학생인 아들이 거주하는 경우 등) 또는 간접점유(임차인이 다시 임대차하여 전차인이 임차주택을 점유하는 경우 등)의 경우에는 주택임대차보호법의 적용이 적용된다.

임차인이 주택에 처, 자녀, 동생 등 가족과 함께 입주하고 본인의 주민등록은 사업상 다른 곳에 그대로 둔 채 동생을 세대주로 하고 처와 자녀를 동거가족으로 하여 전입신고한 경우, 유효한 주민등록이 된다(대법원 1988. 6. 14. 선고 87다카3093, 3094 판결).

주택임차인이 임차주택을 직접 점유하여 거주하지 않고 그곳에 주민등록을 하지 아니한 경우라 하더라도, 임대인의 승낙을 받아 적법하게 임차주택을 전대하고 그 전차인이 주택을 인도받아 자신의 주민등록을 마친 때에는, 이로써 당해 주택이 임대차의 목적이 되어 있다는 사실이 충분히 공시될 수 있으므로, 임차인은 주택임대차보호법에 정한 대항요건을 적법하게 갖추었다고 볼 것이다(대법원 2007. 11 .29. 선고 2005다64255 판결).

주택의 전대차가 그 당사자 사이뿐 아니라 임대인에 대하여도 주장할 수 있는 적법, 유효한 것이라고 평가되는 경우에는, 전차인이 임차인으로부터 주택을 인도받아 자신의 주민등록을 마치고 있다면 이로써 주택이 임대차의 목적이 되어 있다는 사실은 충분히 공시될 수 있고 또 이러한 경우 다른 공시방법도 있을 수 없으므로, 결국 임차인의 대항요건은 전차인의 직접 점유 및 주민등록으로써 적법, 유효하게 유지, 존속한다고 보아야 한다(대법원 2007. 11 .29. 선고 2005다64255 판결).

(2) 주민등록(전입신고)

주민등록에 관하여는 주택임대차보호법 제3조 제1항 후단에서 “전입신고를 한 때에 주민등록이 된 것으로 본다”고 하고 있다.

이러한 주민등록은 주민등록법상의 절차에 따라 적법하게 이루어져야 하는데, 대부분이 문제가 되는 것은 실제 거주하지 않으면서 전입신고만을 하는 경우이므로 실제로 거주하는지 여부가 그 쟁점이 될 것이다.

건축중인 주택의 임차인이 마친 주민등록이 보존등기 후 등기를 마친 저당권자에 대한 관계에서 임대차를 공시하는 효력이 있는지 여부의 판단 기준은 제3자의 입장에서 보아 사회통념상 그 주민등록으로 당해 주택에 임차인이 주소 또는 거소를 가진 자로 등록되어 있다고 인식할 수 있는지 여부에 따라 판단하여야 한다(대법원 2008. 2. 14. 선고 2007다33224 판결).

주택임대차보호법 제3조 제1항의 주민등록이 임대차를 공시하는 효력이 있는지 여부의 판단 기준은 주택임대차보호법 제3조 제1항에서 주택의 인도와 더불어 대항력의 요건으로 규정하고 있는 주민등록은 거래의 안전을 위하여 임차권의 존재를 제3자가 명백히 인식할 수 있게 하는 공시방법으로 마련된 것이라고 보아야 하므로, 주민등록이 어떤 임대차를 공시하는 효력이 있는지 여부는 일반사회 통념상 그 주민등록으로 당해 임대차 건물에 임차인이 주소 또는 거소를 가진 자로 등록되어 있다고 인식할 수 있는지 여부에 따라 결정하여야 한다(대법원 2009. 1. 30. 선고 2006다17850 판결).

외국인의 경우에는 출입국관리법 제88조의2 제2항에 "출입국관리법에 의한 외국인등록 및 체류지변경신고는 주민등록 및 전입신고에 갈음한다"고 하고 있으므로 이로써 대항력을 취득할 수 있다.

「재외동포의 출입국과 법적 지위에 관한 법률」에 따른 외국국적동포의 거소신고 또는 그 이전신고도 마찬가지이다(같은 법 제10조 제4항).

그렇지만 재외국민의 국내거소 신고는 주택임대차보호법상의 대항력이 없어 제3자로부터 보호를 받을 수 없다(서울고등법원 2014. 7. 8. 선고 2013나2027716 판결).

2) 소액임차인

소액임차인은 배당금액에서 주택임대차보호법상의 소액보증금을 최우선으로 변제받는다. 이는 소액임차인 보다 선순위권리자가 있는 경우라 하더라도 그 선순위권리자보다 우선하여 소액임차보증금을 우선적으로 변제받는다는 의미이다.

이와 같이 소액임차인이 우선변제를 받는 소액임차보증금은 2010. 7. 23.부터 압류금지채권에 해당한다(주보법 제8조). 그러나 상가건물임대차보호법상의 소액임차보증금은 압류금지채권에 해당하지 아니한다.

(1) 소액보증금의 최우선변제권

주택임대차보호법상의 소액임차인은 같은 법 제8조에 따라 보증금의 일정액을 다른 담보권자 등 보다 최우선적으로 변제받는다.

그러나 이와 같이 최우선적으로 변제받기 위해서는 주택에 대한 경매개시결정등기 전에 대항요건(주택의 인도+주민등록)을 갖추어야 한다. 이는 확정일자와 다른 점인데, 확정일자의 경우에는 경매개시결정등기 전후를 불문하고 확정일자를 받을 날을 기준으로 우선변제를 받을지 여부를 판단하는 것이다.

임대인 중 일부 공유지분에 대하여 경매가 진행중인 경우 공동임대인의 보증금반환채무는 성질상 불가분채무이므로(대법원 1998. 12. 8. 선고 98다43137 판결 등), 1인의 공유지분이 경매가 되는 경우 소액임차인에 해당하는지 여부는 임차보증금 전액을 기준으로 판단하여야 하는 것이고 공유지분에 해당하는 금액이 그 기준이 되는 것은 아니다.

소액보증금은 주택가액(매각대금에서 이자, 몰취한 매수보증금 등에서 집행비용을 제외한 실제 배당할 금액임; 대법원 2001. 4. 27. 선고 2001다8974 판결)의 2분의 1을 넘지 못한다(주보법 제8조 제3항).

소액전차인에게도 전대인(임차인)이 소액임차인인 경우에 한하여 우선변제권을 인정한다(재민 84-10, 문 9).

소액임차인도 반드시 배당요구종기일까지 배당요구를 하여야 배당을 받을 수 있는 채권자이다.

그러므로 배당요구를 하고 있지 않다가 후에 배당받은 채권자를 상대로 부당이득반환청구를 하는 것은 허용되지 않는다(대법원 2002. 1. 22. 선고 2001다70702 판결).

(2) 소액임차인의 판단 시점

주택임대차보호법상의 소액임차인에 해당하는지 여부에 대한 판단 시점은 매우 중요한 문제이다. 그 시점이 언제인가에 따라 최우선변제금액이 달라질 뿐만 아니라 소액임차인으로서의 자격도 문제가 될 수 있기 때문이다.

이와 관련하여 주택임대차보호법 부칙 및 같은 법 시행령 부칙 제4조에서는 "제10조 및 제11조의 개정규정은 이 영 시행 당시 존속중인 임대차계약에 대해서도 적용하되, 이 영 시행 전에 임차주택에 대하여 담보물권을 취득한 자에 대해서는 종전의 규정에 따른다"고 하고 있다.

이는 소액임차인에 해당하는지 여부는 담보물권 설정일자와 비교하여 그 담보물권설정 당시를 기준으로 하여 소액임차인인지 여부를 결정하여야 한다는 것이다. 이를 반대로 생각해보면 소액임차인을 판단하는 시점이 언제나 임대차계약서를 작성한 일자가 아니라는 점이다.

주택임대차보호법 시행령 제4조에서 '담보물권을 취득한 자'의 범위 또한 중요한 문제인데 (근)저당권자, 전세권자, (담보)가등기담보권자는 '담보물권을 취득한 자'에 포함되지만, 가압류권자 또는 조세채권자는 이에 포함되지 않는다.

확정일자부임차인이 '담보물권을 취득한 자'에 해당하는지에 대하여 견해가 나뉘고 있으나, 확정일자부임차인은 등기부에 공시가 되는 권리는 아니지만 채권이 물권화된 것으로 주택임대차보호법이라는 특별법에서 인정되는 담보권자와 유사한 지위를 취득하는 것이라는 판례를 근거로 담보물권을 취득한 자에 포함된다고 보는 것이 실무례이다.

또한 소액임차인의 판단 시점을 말소기준권리로 보아야 한다는 것은 올바른 표현이 아니며 특히, 가압류권자는 담보물권을 취득한 자에 포함되지 않는 점을 유념하여야 한다.

이와 같이 소액임차인의 판단 시점이 중요한 것은 주택임대차보호법 시행령의 시행일자에 따라 소액임차인인지의 여부가 결정되고, 소액임차보증금액에 따른 최우선변제금액이 달라지기 때문이다.

(3) 소액임차보증금

주택임대차보호법상의 소액임차인으로 인정되기 위해서는 그 보증금 총액이 소액임차보증금액 이하이어야 한다(월세는 그 액수를 불문하고 소액임차보증금액에 포함되지 않는다).

예를 들어 2015. 4. 2. 부산광역시에서 6,000만 원에 임대차계약을 체결하고 같은 날 주택을 인도받고 주민등록을 한 경우를 생각해 보자.

주택임대차보호법 시행령에 따른 "주택임대차보호법상의 소액임차인 및 우선변제금액(소액보증금 범위)"에 의하면, 2015. 4. 2. 부산광역시의 임대차보증금액의 한도는 6,000만 원이므로 소액임차인에 해당되고 최우선적으로 2,000만 원을 변제(배당)받을 수 있다.

그런데 만약 위 주택에 2008. 9. 2.에 근저당권(또는 전세권, (담보)가등기)가 설정되어 있다면, 소액임차인에 해당하는지에 대한 판단 기준이 2008. 9. 2.이 되므로(부산광역시는 소액임차보증금 5,000만 원, 최우선변제액 1,700만 원) 소액임차인에 해당하지 아니한다.

결론적으로 소액임차인의 판단은 우선적으로 소액임차보증금액 내의 임대차보증금이어야 하지만, 그 주택에 대하여 담보물권[(근)저당권, 전세권, 담보가등기 등]이 설정되어 있다면 그 담보물권설정일에 해당하는 소액임차보증금액 내의 임차보증금에 대해서만 소액임차인으로 인정될 수 있다.

이와 같이 임대차보증금액의 한도가 정해진 소액임차인의 특성은 주택임대차보호법상의 확정일자에는 적용이 없다. 또한 주택임대차보호법상의 확정일자에는 임대차보증금액의 한도가 없다는 점이 소액임차보증금과 다른 점이다.

이와 대비하여 상가건물임대차보호법은 대통령령으로 정하는 보증금액을 초과하는 임대차에는 적용하지 아니한다(상보법 제2조).

다만, 상가건물임대차보호법상의 대항력, 계약갱신요구 등, 계약갱신의 특례, 권리금 관련 규정 등은 대통령령이 정하는 보증금액을 초과하는 임대차에 대하여도 적용된다(상보법 제2조 제3항).

1989. 12. 30. 개정된 주택임대차보호법 시행 후 그에 기한 1990. 2. 19. 개정된 주택임대차보호법시행령이 시행되기 전에 근저당권이 설정된 경우, 소액임차인 해당 여부

(1) 구 주택임대차보호법(1989. 12. 30. 법률 제4188호로 개정되어 동일자부터 시행된 것) 부칙 제3항에 의하면 이 법 시행 전에 임대주택에 대하여 담보물권을 취득한 자에 대하여는 종전의 규정에 의한다고 규정하고 있어 위 법률 시행 후에 설정된 근저당권에 대하여는 위 법률의 규정에 따라 소액임차인에 해당하는지 여부를 가리는 것이 원칙이라 할 것이지만,

(2) 위 법률 시행 후 어떤 범위에서 소액임차인에게 우선변제권을 인정해 줄 것인가에 관하여 위 법률의 위임에 따른 구체적인 요건을 정한 새로운 대통령령이 아직 시행되기 전에 근저당권이 설정된 경우 다른 특별한 사정이 없는 한 구 주택임대차보호법시행령(1990. 2. 19. 대통령령 제12930호로 개정되기 전의 것)은 신법인 위 법률의 취지에 반하지 않는 범위 내에서 새로운 대통령령이 시행될 때까지 여전히 그 효력을 유지한다고 볼 것이고,

(3) 그 이후 1990. 2. 19.부터 시행된 구 주택임대차보호법시행령(1990. 2. 19. 대통령령 제12930호로 개정된 것)에서 아무런 경과규정을 둔 바 없다고 하여 같은 개정 시행령의 규정이 막바로 위 법률의 시행시점으로 소급하여 위와 같은 근저당권에 대하여 적용될 수는 없다(대법원 2002. 3. 29. 선고 2001다84824 판결).

주택임대차보호법 부칙 제3항 규정과 소액임차인의 관계

(1) 주택임대차보호법(1989. 12. 30. 법률 제4188호) 부칙 제3항에 의하면 이 법 시행 전에 임대주택에 대하여 담보물권을 취득한 자에 대하여는 종전의 규정에 의한다고 규정하고 있어,

(2) 현행법 시행 전에 부동산에 대하여 근저당권을 취득한 자에 대한 관계에 있어서는 구 주택임대차보호법에 의하여 소액임차인에 해당하는지 여부를 가려야 한다(대법원 1993. 9. 14. 선고 92다49539 판결).

〈표 4-1〉 주택임대차보호법상의 소액임차인 및 우선변제금액

시행일자	지 역	소액임차보증금액	최우선변제액
1984. 1. 1. ~ 1987. 11. 30.	특별시·직할시	300만원 이하	300만원
	기타지역	200만원 이하	200만원
1987. 12. 1. ~ 1990. 2. 18.	특별시·직할시	500만원 이하	500만원
	기타지역	400만원 이하	400만원
1990. 2. 19. ~ 1995. 10. 18.	특별시·직할시	2,000만원 이하	700만원
	기타지역	1,500만원 이하	500만원
1995. 10. 19. ~ 2001. 9. 14.	특별시·직할시	3,000만원 이하	1,200만원
	기타지역	2,000만원 이하	800만원
2001. 9. 15. ~ 2008. 8. 20.	과밀억제권역1)	4,000만원 이하	1,600만원
	광역시	3,500만원 이하	1,400만원
	기타지역	3,000만원 이하	1,200만원
2008. 8. 21. ~ 2010. 7. 25.	과밀억제권역	6,000만원 이하	2,000만원
	광역시	5,000만원 이하	1,700만원
	기타지역	4,000만원 이하	1,400만원
2010. 7. 26. ~ 2013. 12. 31.	서울특별시	7,500만원 이하	2,500만원
	과밀억제권역	6,500만원 이하	2,200만원
	광역시2), 안산시, 용인시, 김포시 및 광주시	5,500만원 이하	1,900만원
	기타지역	4,000만원 이하	1,400만원
2014. 1. 1. ~ 2016. 3. 30.	서울특별시	9,500만원 이하	3,200만원
	과밀억제권역	8,000만원 이하	2,700만원
	광역시, 안산시, 용인시, 김포시 및 광주시	6,000만원 이하	2,000만원
	기타지역	4,500만원 이하	1,500만원
2016. 3. 31. ~ 현 재	서울특별시	1억원 이하	3,400만원
	과밀억제권역	8,000만원 이하	2,700만원
	광역시, 세종특별자치시, 안산시, 용인시, 김포시 및 광주시	6,000만원 이하	2,000만원
	기타지역	5,000만원 이하	1,700만원

1) 인천광역시(강화군, 옹진군, 중구-운남동/운북동/운서동/중산동/남북동/덕교동/을왕동/무의동, 서구-대곡동/불노동/마전동/금곡동/오류동/왕길동/당하동/원당동, 연수구 송도매립지, 남동유치지역 제외)·수원시·의정부시·구리시·남양주시(호평동, 평내동, 금곡동, 알패동, 이패동, 삼패동, 가운동, 수석동, 지금동, 도농동에 한함)·하남시·성남시·안양시·과천시·의왕시·군포시·부천시·시흥시(반월특수지역 제외)·광명시·고양시

2) 과밀억제권역에 포함된 지역과 군지역은 제외한다(이후에도 같음).

3) 확정일자부임차인

주택임대차보호법상 확정일자를 부여받은 임차인은 부동산 담보권과 유사한 권리를 취득한다. 즉 임대차라는 채권이 확정일자를 받음으로 인하여 물권화되는 이른바 '채권의 물권화' 현상이 나타나는 것이다.

이러한 확정일자부임차인은 대항력과 마찬가지로 배당요구종기까지 그 효력을 유지하여야 하지만, 소액임차인이 경매개시결정 전에 대항요건을 갖추어야 하는 것과는 달리 경매개시결정 후에 대항요건을 갖추어도 그 효력은 인정된다.

소액임차인이 확정일자를 갖춘 경우와 같이 양 지위를 모두 갖춘 경우에는 우선변제는 각 순위에 따른다. 즉 먼저 소액임차인으로서 소액임차보증금을 우선배당받고 나머지 임차보증금에 대해서는 확정일자의 순위에 따라 배당받을 수 있다(대법원 2007. 11. 15. 선고 2007다45562 판결).

(1) 확정일자

확정일자란 어떠한 증서에 대하여 그 작성한 일자에 대한 증거가 될 수 있는 것으로 증서의 작성일에 대하여 확정된 일자를 증명한다고 할 수 있으나(민법 부칙 제3조), 그 문서가 진정으로 성립하였는지 여부 등 그 문서의 다툼에 대해서도 증명해 주는 제도는 아니다.

즉 확정일자를 부여 받았다는 것은 그 증서가 확정일자를 부여 받은 날짜에 작성되었다는 것을 증명한다고 할 수 있다.

확정일자의 개념

'확정일자'는 민법 부칙(1958. 2. 22.) 제3조 등 법령에 의하여 확정일자로 인정되는 일자를 말하는 것이고, 위 부칙 제3조 제4항은 "공정증서에 기입한 일자 또는 공무소에서 사문서에 어느 사항을 증명하고 기입한 일자"를 확정일자로 한다고 규정하고 있다(대법원 2011. 7. 14. 선고 2009다49469 판결).

주택임대차보호법상의 확정일자부임차인은 주택임대차 계약을 체결하면서 그 계약서에 확정일자의 요건을 갖춘 인증을 받은 주택임차인을 의미한다.

그러므로 주택임대차계약서에 공증기관에서 부여하는 확정일자를 받았다면 주택임대차보호법상의 확정일자부임차인의 요건을 갖추고 있는 것이다. 다만, 확정일자부임차인이 그 순위에 따라 우선변제권을 인정받기 위해서는 반드시 대항력을 갖추어야 하는 점을 유의하여야 한다.

(2) 확정일자를 부여받는 방법

확정일자는 주택임대차계약서 원본에 받아야 하는데, 그 방법은 여러 가지가 있다.

우선 공증인사무소, 변호사법에 따라 설립된 법무법인, 법무법인(유한), 법무조합(공증인법 제15조의2) 등의 공증기관에서 임대차계약서를 직접 공정증서로 작성하는 방법이 있다. 임대차계약서 자체를 공정증서로 작성하였으므로 별도로 확정일자를 받을 필요는 없다.

다음으로 사문서로 작성한 임대차계약서를 위 공증기관에서 확정일자를 부여하는 방법이 있다.

마지막으로 가장 많이 이용하는 방법으로 법원의 등기과(소) 또는 읍・면・동 주민센터에서 임대차계약서에 확정일자를 부여받는 방법이 있다. 확정일자 부여는 관할에 관한 규정이 없으므로 법원 및 등기소 어느 곳에서나 확정일자 부여가 가능하지만, 읍・면・동 주민센터의 경우에는 전입신고를 하는 경우에만 부여하는 경우가 있으므로 실무상 업무처리를 고려하여 확정일자를 부여받아야 할 것이다.

이에 반하여 상가건물임대차보호법상의 확정일자는 반드시 관할 세무서장에게 받아야 하므로 관할이 다른 세무서의 확정일자는 유효하지 않으므로 주의하여야 한다(상보법 제5조 제2항).

(3) 확정일자를 부여받아야 하는 시기 및 그 효력 발생시점

확정일자를 언제까지 부여받아야 하는 점에 대하여는 그 시기에 제한이 없다. 다만, 확정일자를 받는 시기가 늦으면 늦을수록 그 순위가 뒤지므로 빨리

부여받는 것이 임차보증금의 확보를 위해서는 좋을 것이다,

그렇지만 확정일자부임차인도 배당요구종기까지 배당을 요구하여야 하는 채권자이고 확정일자와 대항력을 배당요구종기까지 유지하여야 하므로, 최소한 배당요구종기까지는 확정일자를 부여받아야 하고 반드시 배당요구도 하여야 한다.

이러한 점은 첫 경매개시결정등기(압류의 효력 발생) 전에 반드시 대항요건을 갖추어야 하는 소액임차인의 우선변제적 효력과는 다르다는 것도 비교하여 알아둘 필요가 있다.

주택임대차보호법에 의하여 우선변제청구권이 인정되는 임대차보증금반환채권은 현행법상 배당요구가 필요한 배당요구채권에 해당한다(대법원 1998. 10. 13. 선고 98다12379 판결).

적법한 배당요구를 하지 아니한 경우에는 비록 실체법상 우선변제청구권이 있다 하더라도 경락대금으로부터 배당을 받을 수는 없을 것이므로, 이러한 배당요구채권자가 적법한 배당요구를 하지 아니하여 그를 배당에서 제외하는 것으로 배당표가 작성·확정되고 그 확정된 배당표에 따라 배당이 실시되었다면 그가 적법한 배당요구를 한 경우에 배당받을 수 있었던 금액 상당의 금원이 후순위채권자에게 배당되었다고 하여 이를 법률상 원인이 없는 것이라고 할 수 없으며, 주택임대차보호법에 의하여 우선변제청구권이 인정되는 소액임차인의 소액보증금반환채권은 현행법상 민사소송법 제605조 제1항에서 규정하는 배당요구가 필요한 배당요구채권에 해당한다(대법원 2002. 1. 22. 선고 2001다70702).

그렇다면 이러한 확정일자의 그 순위에 따른 우선변제적 효력이 언제 발생하는지에 대하여도 생각해 보아야 하는데, 결론적으로 확정일자부임차인의 순위에 따른 우선변제적 효력은 대항요건과 확정일자를 모두 갖춘 때에 발생한다.

그러므로 대항요건(주택의 인도+주민등록)과 같은 날 또는 대항요건을 갖추기 이전에 확정일자를 부여받은 경우에는 대항력이 발생하는 시점과 같이 주택의 인도와 주민등록을 모두 갖춘 다음 날 효력이 발생한다(대법원 1999. 3. 23. 선고 98다46938 판결).

이러한 점을 종합해보면 확정일자부임차인이든 소액임차인이든 대항력이 그 전제가 된다는 점을 알 수 있다.

4. 주택임차인에 대한 권리분석

1) 권리분석의 기본

경매에 입찰하기 위해서는 권리분석이 선행되어야 하는데 무엇보다도 주택임대차보호법상의 주택임차인에 대한 분석이 필수적이다.

주택임차인과 관련하여 여러 가지 쟁점이 있지만, 대부분 경매법원에서 이를 정리하여 매각물건명세서에 기재하여 공고하고 있으므로 입찰자는 매각물건명세서를 정확히 파악하는 것이 중요하다.

어찌되었든 매수인은 경매물건을 낙찰받아 인도받을 때 주택임차인의 권리로 인해 부담(인수)을 받지 않아야 하는 점에 대하여 살펴보는 것이 가장 중요하며, 그 부담으로 주택임차인이 대항력을 행사하는 경우가 가장 문제가 될 것이다.

주택임차인이 대항력을 행사하는 경우에는 결국 매수인이 임차보증금을 추가로 지급하고 경매 물건을 인도받아야 하기 때문이다.

2) 배당요구와 대항력의 관계

주택임차인에게는 소액임대차보증금에 대한 최우선변제권과 확정일자의 순위에 따른 우선변제권이 인정된다.

그런데 주택임대차보호법상의 주택임차인은 대항력(주택의 인도+주민등록)과 우선변제권(소액임차인 또는 확정일자부임차인으로서의 권리)을 함께 가지고 있는 경우에는 이를 선택적으로 자신에게 유리한 권리를 각각 행사할 수 있다.

즉 매수인에 대하여 임차보증금의 반환을 받을 때까지 임대차관계의 존속을 주장할 수도 있고(배당요구를 하지 않은 경우), 임차보증금을 경매대금으로부터 우선하여 그 순위에 따라 배당을 요구할 수도 있으며, 임차보증금이 전액 변제되지 않은 경우에는 돌려받지 못한 보증금에 대하여 대항력을 행사할 수도 있는 것이다.

주택임차인이 우선변제권 행사를 위하여 배당요구를 하였는데 배당결과 임차보증금이 전액 배당되지 않았다면, 주택임차인은 주택임대차보호법 제3조의5 단서의 규정에 따라 임차권은 소멸하지 않는 것이므로 주택임차인은 매수인에게 임대차를 주장할 수 있다(대법원 1986. 7. 22. 86다카466, 468, 469).

그런데 주택임차인이 배당요구를 하였다가 철회하는 경우 대항력은 유지되는지 여부가 문제가 될 수 있는데, 배당요구의 철회는 대항력에 영향을 미치지 못하므로 배당요구의 여부와 관계없이 대항력은 그대로 유지된다고 본다. 다만, 배당요구의 철회는 매수인이 인수해야 할 부담에 변경이 있는 중대한 사유이므로 배당요구의 철회는 반드시 배당요구종기 전까지 하여야 한다(민집법 제88조 제2항). 즉 배당요구종기가 지났다면 배당요구의 철회는 할 수 없다.

주택임차인이 매수인에게 대항할 수 있는 임차보증금 잔액의 범위 또한 실무에서 중요한 문제인데, 이는 다음과 같이 실제배당액기준설과 정액배당액기준설이 대립하고 있으나 판례는 정액배당액기준설을 취하고 있다.

주택임차인이 매수인에게 대항할 수 있는 임차보증금 잔액의 범위

사례) 주택임차보증금: 1억 원
배당 받아야 할 보증금: 6천만 원
실제배당 받은 보증금: 4천만 원

(1) 실제배당액기준설: 주택임차인은 매수인에게 실제 배당받은 금액 4천만 원을 공제한 나머지 6천만 원에 대하여 대항력을 행사할 수 있다는 의견이다.
(2) 정액배당액기준설(판례): 주택임차인은 배당순위에 따라 정당하게 배당받을 수 있었던 6천만 원을 공제한 4천만 원에 대하여 대항력을 행사할 수 있다는 의견이다.
(3) 그러므로 위 사례에 대하여 판례를 적용하면, 1억 원에서 정액배당액인 6천만 원을 공제한 나머지 4천만 원에 대하여 매수인에게 대항력을 행사할 수 있고(지급받을 수 있고), 실제 4천만 원만 배당받았으므로 그 차액인 2천만 원에 대해서는 후순위채권자 등 그 금액을 배당받은 사람들을 상대로 부당이득반환청구를 할 수 있는 것이다.

☆ 대항력과 우선변제권을 겸유하고 있는 임차인이 보증금 전액을 배당받지 못한 경우 경락인에게 대항할 수 있는 보증금 잔액의 범위는 보증금에서 올바른 배당순위에 따른 배당이 실시될 경우의 배당액을 공제한 나머지 금액이다(대법원 2001. 3. 23. 선고 2000다30165 판결).

제2절 상가건물임차인의 권리

1. 적용범위

상가건물임대차보호법은 경제적·사회적 약자인 상가건물의 임차인을 보호함으로써 경제생활의 안정을 도모할 목적으로 2001. 12. 29. 법률 제6542호로 제정되어 2002. 11. 1. 처음으로 시행되었다.

상가건물임대차보호법상의 상가임차인이란 상가건물(제3조 제1항에 따른 사업자등록의 대상이 되는 건물을 말한다)을 임대차(임대차 목적물의 주된 부분을 영업용으로 사용하는 경우를 포함한다)한 임차인을 말한다(상보법 제2조 제1항).

상가건물임대차보호법은 대통령령으로 정하는 보증금액을 초과하는 임대차에는 적용하지 아니한다(상보법 제2조).

그러나 위와 같은 규정에도 불구하고, 상가건물임대차보호법상의 대항력(상보법 제3조), 계약갱신요구 등(상보법 제10조 제1항, 제2항, 제3항 본문), 계약갱신의 특례(상보법 제10조의2), 권리금 관련 규정(상보법 제10조의3부터 10조의7까지), 차임연체와 해지(상보법 제10조의8), 표준계약서의 작성 등(상보법 제2조 제3항)에 대해서는 대통령령이 정하는 보증금액을 초과하는 임대차에 대하여도 적용된다(상보법 제2조 제3항).

이러한 규정은 2013. 8. 13. 신설되어, 2015. 5. 13. 개정되었으므로 상가건물임대차보호법상의 권리분석에서 특히 주의하여야 한다.

결국 상가건물임대차보호법에서 대통령령으로 정하는 보증금액을 초과하는 경우에 같은 법이 적용되지 않는 것은 우선변제권이라고 할 수 있다. 즉 소액임차인, 확정일자부임차인 등이 이에 해당할 것이다.

대통령령으로 정하는 보증금액을 산정할 때에는 보증금 외에 차임이 있을 경우 그 차임액은 금융기관의 대출금리 등을 감안하여 100/1을 곱하여 환산한 환산보증금을 기준으로 하여 정한다(상보법 2조 2항, 같은 법 시행령 2조 3항). 구체적으로 환산보증금을 구하는 공식은 {환산보증금 = 보증금 + (월세 × 100/1)}이다(상보법 제2조 제2항, 같은 법 시행령 제2조 제2항, 제3항). 예를 들어 보증금 3,000만 원에 월 100만 원의 차임을 지급하는 경우에는 보호대상 금액은 1억3,000만 원{3,000만 원 + (100만 원 × 100/1)}이 된다.

이와 같은 월세를 보증금으로 환산할 때 부가가치세를 포함하여야 하는지에 대하여 실무상 문제가 제기되었는데, 국세청은 2002. 10.경 부가가치세를 포함하여 한다는 지침을 시행하였다.

또한 대통령령으로 정하는 보증금액과 관련하여, 2008. 8. 21. ~ 2010. 7. 25. 및 2010. 7. 26. ~ 2013. 12. 31. 의 경우에는 "이 영 시행 당시 존속중인 상가건물임대차계약에 대해서는 종전의 규정에 따른다"고 하고 있으나, 2014. 1. 1. ~ 현재까지 적용되는 부분에 대해서는 "이 영 시행 후 체결되거나 갱신되는 상가건물임대차계약부터 적용한다"고 같은 영 부칙에서 규정하고 있다.

〈표 4-2〉 상가건물임대차보호법상의 대통령령이 정하는 보증금액의 범위

시행일자	지 역	보호대상	소액임차 보증금액	최우선 변제액
2002. 10. 14. ~ 2008. 8. 20.	서울특별시	2억4,000만원 이하	4,500만원 이하	1,350만원
	과밀억제권역	1억9,000만원 이하	3,900만원 이하	1,170만원
	광역시3)	1억5,000만원 이하	3,000만원 이하	900만원
	기타지역	1억4,000만원 이하	2,500만원 이하	750만원
2008. 8. 21. ~ 2010. 7. 25.	서울특별시	2억6,000만원 이하	4,500만원 이하	1,350만원
	과밀억제권역	2억1,000만원 이하	3,900만원 이하	1,170만원
	광역시	1억6,000만원 이하	3,000만원 이하	900만원
	기타지역	1억5,000만원 이하	2,500만원 이하	750만원
2010. 7. 26. ~ 2013. 12. 31.	서울특별시	3억원 이하	5,000만원 이하	1,500만원
	과밀억제권역	2억5,000만원 이하	4,500만원 이하	1,350만원
	광역시4), 안산시, 용인시, 김포시 및 광주시	1억8,000만원 이하	3,000만원 이하	900만원
	기타지역	1억5,000만원 이하	2,500만원 이하	750만원
2014. 1. 1. ~ 2015. 5. 12.	서울특별시	4억원 이하	6,500만원 이하	2,200만원
	과밀억제권역	3억원 이하	5,500만원 이하	1,900만원
	광역시, 안산시, 용인시, 김포시 및 광주시	2억4,000만원 이하	3,800만원 이하	1,300만원
	기타지역	1억8,000만원 이하	3,000만원 이하	1,000만원
2015. 5. 13.~	지역별 공통적용	대항력 상한 폐지, 권리금 인정 추가		

2. 상가건물임대차보호법상의 상가건물

1) 상가건물의 의의

상가건물임대차보호법의 적용이 되는 상가건물은 사업자등록의 대상이 되는 영업용 건물이 그 대상이 된다.

3) 군지역과 인천시 지역은 제외한다(이후에도 같음).
4) 과밀억제권역과 군지역은 제외한다(이후에도 같음).

영업용 건물인지 여부는 공부상의 표시가 아닌 건물의 현황 및 용도 등에 비추어 영업용으로 사용하느냐에 따라 실질적으로 판단하여야 한다(대판 2011. 7. 28. 2009다40967).

2) 구분건물에 대한 판단

상가건물임대차보호법의 적용이 되는 건물을 판단함에 있어 실무상 가장 문제가 되는 것이 구분건물이다.

구분건물을 각각 사용하는 경우에는 별 문제가 없지만, 여러 개의 구분건물을 임대인이 통합하여 하나의 상가로 개조하여 하나의 계약서로 상가건물임대차계약을 체결한 경우, 그 임차보증금을 산정할 때 공부상에 따라 여러 개의 구분건물로 보아야 하는지 아니면 하나의 상가로 보아 산정하여야 하는지 여부가 문제가 되는 경우가 있다.

이에 대하여는 견해가 나뉘고 있으나, 하나의 계약서에 따라 합계보증금을 기준으로 하여 상가건물임대차보호법의 범위 밖의 경우로 처리하는 것이 실무처리례이다.

이와는 다른 문제로 대형슈퍼마켓 또는 헬스장 등과 같이 구분건물의 소유자가 각각 다르고 계약도 개별적으로 이루어졌으나, 임차인이 그 건물을 통합하여 하나의 상가로 사용하는 경우에는 조세 회피의 목적이 없는 한 상가건물임대차보호법이 적용되어야 한다고 보는 예도 있다(서울중앙지방법원 2012. 11. 20. 선고 2012가단111096 판결).

3. 상가건물임차인의 권리

1) 대항력

상가임차인은 상가건물을 인도받고 사업자등록을 마친 다음 날부터 제3자에 상가건물임대차보호법상의 대항력을 취득한다(상보법 제3조 제1항).

또한 임차건물의 양수인 그 밖의 임대할 권리를 승계한 자는 임대인의 지위를 승계한 것으로 본다(상보법 제3조 제2항).

다만, 소유권이전등기청구권을 보전하기 위한 가등기가 경료된 후에 상가건물임대차보호법상 대항력을 취득한 임차인은 그 가등기에 기하여 본등기를 경료한 자에 대하여 임대차의 효력으로써 대항할 수 없다(대법원 2007. 6. 28. 선고 2007다25599 판결).

대항력이 발생하는 시기는 상가건물의 인도 및 사업자등록 신청일의 다음 날이다(상보법 제3조 제1항). 특히, 사업자등록과 관련하여 그 발급일이 아니라 신청일임을 유의하여야 할 것이고, 이러한 대항력은 주택임대차보호법에서와 같이 배당요구종기까지 유지되어야 한다(대법원 2006. 10. 13. 선고 2006다56299 판결).

(1) 상가건물의 인도(점유)

상가건물임대차보호법상의 대항력을 취득하려면 임차인은 우선적으로 상가건물을 인도받아야 한다. 이는 주택임대차보호법상의 임차인이 그 주택을 인도받아야 하는 것과 같다.

(2) 사업자등록

사업자등록이란 과세업무를 효율적으로 처리하고 납세의무자를 파악하기 위하여 납세의무자의 사업에 관한 일련의 사항을 사업장 관할 세무서의 사업자등록부에 등재하는 것을 말한다(부가가치세법, 법인세법, 소득세법에서 각각 규정하고 있다).

상가건물임대차보호법의 적용을 받으려면 관할 세무서에 사업자등록을 하여야 하는데, 이는 주택임대차보호법상의 주민등록이 그 요건이 되는 것과 유사하다.

상가건물임대차보호법 제3조 제1항에서 건물의 인도와 더불어 대항력의 요건으로 규정하고 있는 사업자등록은 거래의 안전을 위하여 임차권의 존재를 제3자가 명백히 인식할 수 있게 하는 공시방법으로서 마련된 것이므로, 사업자등록이 어떤 임대차를 공시하는 효력이 있는지 여부는 일반 사회통념상 그 사업자등록으로 당해 임대차건물에 사업장을 임차한 사업자가 존재하고 있다고 인식할 수 있는지 여부에 따라 판단하여야 한다(대법원 2008. 9. 25. 선고 2008다44238 판결).

2) 소액임차인

상가건물임대차보호법상의 소액임차인은 임차건물에 대한 경매개시결정등기(압류의 효력 발생) 전에 대항요건(상가건물의 인도+사업자등록)을 갖춘 경우에는 경매절차에서 건물가액(대지 가액 포함)의 2분의 1의 범위 내에서 보증금 중 일정액을 다른 권리자보다 우선하여 배당 받을 수 있다(〈표 4-2〉참조).

만약 소액임차인이 여러 사람인 경우에는 소액임차인 모두가 우선변제받을 보증금의 합산액이 건물가액(대지 가액 포함)의 2분의 1에 해당하는 금액을 임차보증금의 비율에 따라 안분배당하여 변제받는다(상보법 시행령 제7조 제2항, 제3항).

3) 확정일자부임차인

상가건물임대차보호법상의 대항력(상가건물의 인도+사업자등록)을 갖추고 관할 세무서장으로부터 임대차계약서에 확정일자를 받은 경우에는 그 순위에 따라 매각대금에서 후순위 권리자 기타 채권자보다 우선하여 그 보증금을 변제 받을 수 있다(상보법 제5조 제2항).

4. 상가건물임대차보호법 시행전의 담보권과의 관계

주택임대차보호법에서는 소액임차인에 해당하는지 여부에 대하여 담보물권설정일자와 비교하여 그 담보물권설정 당시를 기준으로 하여 소액임차인인지 여부를 결정하여야 한다고 하였다(주보법 부칙 및 같은 법 시행령 부칙 제4조 참조).

상가건물임대차보호법 부칙 제2항에서는 "이 법 시행 전에 이미 저당권이나 전세권 등 물권을 취득한 제3자에 대해서는 그 효력이 없다"고 규정하고 있으므로, 상가건물임차인은 같은 법 시행 전에 이미 저당권이나 전세권을 취득한 제3자가 있는 경우에는 우선변제권을 주장할 수 없다.

그러므로 상가건물임대차보호법상의 소액임차인에 해당하는지 여부는 담보물권 설정일자와 비교하여 그 담보물권설정 당시를 기준으로 하여 결정하여야 한다.

제 5 장

배당요구와 채권계산서의 제출

05 배당요구와 채권계산서의 제출

제1절 배당요구

1. 의의

배당요구란 다른 채권자가 신청한 경매절차에 채권자로서 참여하여 매각대금에서 변제를 받고자 하는 민사집행법상의 행위로서 다른 채권자의 강제집행절차에 편승한다는 특징이 있다.

배당요구는 주로 경매물건의 소유자 또는 채무자의 채권자로서 그 경매물건이 매각되는 경우에 배당요구라는 일정한 행위를 경매법원에 표시함으로서 배당절차에 참여할 수 있는 자격을 부여하는 민사집행법상의 행위이다.

그러므로 채권자의 지위에 따라 반드시 배당요구종기까지 배당을 신청해야 하는 채권자가 있고, 배당요구종기까지 배당요구를 하지 않더라도 배당을 받을 수 있는 채권자가 있다.

전자는 주로 경매물건의 등기부등본상 담보권자 또는 가압류권자 등으로 공시가 되어 있지 않아 경매법원이 알 수 없는 경우가 대부분이고, 후자는 경매물건의 등기부등본상 공시되어 있는 채권자 또는 경매신청 채권자 등이 해당된다고 할 수 있다.

배당요구와 대비하여 권리신고는 부동산 위의 권리자가 경매법원에 신고를 하고 그 권리를 증명하는 것으로, 권리신고를 하면 이해관계인이 되지만(민집법 제90조 제4호), 권리신고를 한 것만으로는 배당요구를 한 것이 아니며, 권리신고를 하였더라도 별도로 배당요구를 하여야 배당요구권자로서의 지위를 얻을 수 있다(민집법 제148조 제2호, 재민 84-10).

2. 당연히 배당받을 수 있는 채권자

> 제148조(배당받을 채권자의 범위) 배당받을 채권자는 다음 각호에 규정된 사람으로 한다.
> 1. 배당요구의 종기까지 경매신청을 한 압류채권자
> 2. 배당요구의 종기까지 배당요구를 한 채권자
> 3. 첫 경매개시결정등기전에 등기된 가압류채권자
> 4. 저당권 · 전세권, 그 밖의 우선변제청구권으로서 첫 경매개시결정등기전에 등기되었고 매각으로 소멸하는 것을 가진 채권자

당연히 배당받을 수 있는 채권자란 배당요구종기까지 배당요구를 한 경우는 물론이고 설령 배당요구를 하지 않았다고 하더라도 자기의 순위에 따라 배당을 받을 수 있는 자격을 얻는다는 의미이다.

이에는 이중경매신청인, 첫 경매개시결정등기 전에 등기된 가압류채권자, 첫 경매개시결정등기 전에 등기된 우선변제권자 등으로 다음과 같다.

1) 이중경매신청인

경매신청을 하여 경매절차가 진행되는 중이라도 그 경매부동산에 대한 다른 채권자는 별도로 경매를 신청할 수 있는데 이때 앞 사건을 선행사건이라 하고 뒤에 신청한 경매를 이중경매라고 한다.

이와 같이 이중경매를 선행사건의 배당요구종기까지 신청한 채권자는 별도로 배당요구를 하지 않아도 당연히 배당받을 수 있는 채권자가 된다(민집법 제148조 제1호).

2) 첫 경매개시결정등기 전에 등기된 가압류채권자

첫 경매개시결정등기 전에 가압류집행을 한 채권자, 즉 경매신청 이전에 가압류등기를 경료한 채권자는 배당요구종기까지 배당요구를 하지 않더라도 배당을 받을 수 있다(민집법 제148조 제3호).

그러므로 이와 같은 가압류채권자가 경매법원의 채권신고 기한까지 채권계산서를 제출하지 않았다고 하더라도 배당에서 제외할 수는 없다(대법원 2005. 9. 29. 선고 2005다34391 판결).

첫 경매개시결정등기 전에 등기된 가압류권자로부터 그 피보전권리를 양수한 채권양수인은 승계집행문을 부여받지 않았더라도 배당표가 확정되기 전까지 경매법원에 피보전권리를 양수하였음을 소명하여 가압류의 효력을 원용함으로써 가압류채권자의 승계인의 지위에서 배당받을 수 있다(대법원 2012. 4. 26. 선고 2010다94090 판결).

3) 첫 경매개시결정등기 전에 등기된 우선변제채권자

(1) 저당권자, 전세권자, 임차권자 등

경매개시결정이 등기되기 전에 경매물건에 담보권이나 최선순위가 아닌 용익물권은 매각되면 당연히 소멸(말소)하고(소멸주의, 민집법 제91조 제2항, 제3항, 제148조 제4호), 법률상 당연히 배당하는 것과 같은 효력이 있으므로(대법원 2009. 5. 4. 선고 2008다78880 판결), 별도로 배당요구가 필요하지 않다.

가등기권자가 담보가등기인 경우에는 그 내용 및 채권의 존부, 원인 및 수액을 법원에 신고하면 그 채권액을 배당받을 수 있지만, 담보가등기권자가 경매법원이 정한 기간 안에 채권신고를 하지 아니하면 매각대금을 배당을 받을 권리를 상실한다(대법원 2008. 9. 11. 선고 2007다25278 판결).

주의하여야 할 점으로 최선순위전세권은 실체법상 존속기간이 지났는지에 관계없이 전세권자가 배당요구를 하여야만 매각으로 소멸하므로(민집법 제91조 제4항 단서), 최선순위전세권은 첫 경매개시결정등기 전에 등기가 되어 있더라도 반드시 배당요구를 하여야만 배당을 받을 수 있으며, 배당요구를 하지 않은 경우에는 매수인이 전세금을 부담하여야 한다.

임차권등기명령에 의한 임차권등기가 첫 경매개시결정등기 전에 등기된 경우에는 민사집행법 제148조 제4호의 채권자에 준하여, 별도로 배당요구를 하지 않더라도 당연히 배당받을 채권자에 속한다고 보아야 한다(대법원 2005. 9. 15. 선고 2005다33039 판결).

(2) 체납처분에 의한 압류권자

첫 경매개시결정등기 전에 체납처분에 의한 압류등기가 된 경우에는 국세징수법에 의한 교부청구를 하지 않더라도 당연히 그 압류등기로써 배당요구와 같은 효력이 발생하므로 별도의 교부청구가 필요 없다(대법원 2002. 1. 25. 선고 2001다11055 판결).

그러나 첫 경매개시결정등기 후에 체납처분에 의한 압류등기를 하였다면 배당요구종기까지 반드시 교부청구를 하여야 하고(대법원 2001. 5. 8. 선고 2000다21154 판결), 이러한 점은 당해세에 관한 것이라도 마찬가지이다(대법원 2012. 5. 10. 선고 2011다44160 판결).

4) 재개발, 재건축사업에 따른 부동산의 종전 등기부의 권리자

도시정비사업 시행에 따라 토지 또는 건축물을 분양받아 소유권을 취득한 경우, 종전의 토지 또는 건축물에 설정된 지상권, 전세권, 저당권, 임차권, 가등기담보권, 가압류 등의 등기된 권리 및 주택임대차보호법 제3조 제1항의 대항력을 갖춘 임차권은 소유권을 이전받은 대지 또는 건축물에 그대로 설정된 것으로 본다(도시 및 주거환경정비법 제55조 제1항).

그러므로 도시정비사업에 따라 새로이 공급된 주택이나 대지가 매각부동산인 경우에는 그 등기기록에 종전의 부동산에 관한 부담의 등기가 그대로 존속하는 것으로 보아야 하므로(민법 제187조), 종전 등기부에 따라 배당요구를 하지 않아도 당연히 배당에 참가할 수 있는 채권자는 새로운 토지 및 건물에 대하여도 당연히 배당에 참가할 수 있는 채권자에 해당한다.

3. 배당요구를 하여야만 배당받을 수 있는 채권자

> 제88조(배당요구) ① 집행력 있는 정본을 가진 채권자, 경매개시결정이 등기된 뒤에 가압류를 한 채권자, 민법·상법, 그 밖의 법률에 의하여 우선변제청구권이 있는 채권자는 배당요구를 할 수 있다.
> ② 배당요구에 따라 매수인이 인수하여야 할 부담이 바뀌는 경우 배당요구를 한 채권자는 배당요구의 종기가 지난 뒤에 이를 철회하지 못한다.

앞에서 설명한 당연히 배당받을 수 있는 채권자 외에는 모두 배당요구종기까지 배당요구를 하여야 배당을 받을 수 있다. 이러한 채권자는 집행력 있는 정본을 가진 채권자, 경매개시결정이 등기된 뒤에 가압류를 한 채권자, 민법·상법, 그 밖에 법률에 의하여 우선변제청구권이 있는 채권자 등이다(민집법 제88조 제1항).

배당요구가 필요한 채권자는 배당요구의 종기까지 배당요구를 한 경우에 한하여 비로소 배당을 받을 수 있고, 적법한 배당요구를 하지 않은 경우에는 실체법상 우선변제권을 받을 수 있는 채권자라 하더라도 그 매각대금으로부터 배당을 받을 수 없으며, 배당요구종기까지 배당요구를 한 채권자라 하더라도 채권의 일부 금액만을 배당요구한 경우에는 배당요구종기 이후에는 나머지 채권을 추가하거나 확장할 수 없다(대법원 2008. 12. 24. 선고 2008다65242).

다만, 경매신청서 또는 배당요구종기 이전에 제출된 배당요구서에 배당기일까지의 이자 등의 지급을 구하는 취지가 기재되어 있다면 배당 대상에 포함된다(대법원 2011. 12. 8. 선고 2011다65396 판결).

1) 집행력 있는 정본을 가진 채권자

집행력 있는 정본을 가진 채권자는 배당요구종기까지 반드시 배당요구를 하여야만 순위에 따라 배당을 받을 수 있다.

배당요구를 할 때에는 집행력 있는 정본을 가지고 있는 자라도 배당요구서에 반드시 집행력 있는 정본을 붙일 필요는 없고 사본을 제출하여도 된다(민집규 제48조 제2항).

2) 첫 경매개시결정등기 후의 가압류채권자

첫 경매개시결정등기 전에 가압류를 한 채권자는 배당요구를 하지 않더라도 당연히 배당을 받을 수 있으나(민집법 제148조 제3호), 첫 경매개시결정등기 후에 매각 목적 부동산에 대하여 가압류를 한 채권자는 반드시 배당요구종기까지 배당요구를 하여야만 배당을 받을 수 있다. 첫 경매개시결정등기 후의 가압류권자는 압류의 효력으로 경매신청채권자에게 대항할 수 없고 경매법원도 가압류 사실을 알 수 없기 때문이다.

첫 경매개시결정등기란 현재 계속중인 경매사건 중 가장 먼저 경매개시결정이 등기된 사건을 의미한다. 그러므로 선행사건이 정지된 경우와 취하 또는 취소된 경우는 각각 달리 해석하여야 한다.

배당을 요구할 수 있는 가압류채권자라는 의미는 가압류 집행을 마친 경우를 의미한다. 그러므로 가압류 결정만을 받은 상태에서 그 가압류 결정문을 첨부하여 배당요구를 하였다고 하더라도 가압류 집행이 완료되지 않은 상태에서의 배당요구는 적법하다고 할 수 없다(대법원 2003. 8. 22. 선고 2003다27696 판결).

3) 민법 · 상법, 그 밖의 법률에 의하여 우선변제청구권이 있는 채권자

주택임대차보호법 또는 상가건물임대차보호법상의 임대차보증금채권, 근로기준법상의 임금채권 등이 이에 해당되며 이러한 경우에는 반드시 배당요구종기까지 배당요구를 해야만 배당을 받을 수 있다.

주택임대차보호법상의 대항력과 우선변제권을 모두 가지고 있는 임차인이 보증금을 반환받기 위하여 보증금반환청구 소송에서 집행권원을 얻어 임차주택을 직접 강제경매 신청한 경우에는 대항력과 우선변제권 중 우선변제권을 행사한 것으로 보아야 하고, 이러한 경우에는 별도로 배당요구를 하여야 하는 것은 아니다(대법원 2013. 11. 14. 선고 2013다27831 판결).

채권양수인이 우선변제권을 행사할 수 있는 주택임차인으로부터 임차보증금 반환채권을 양수한 경우에는 채권양수인이 주택임대차보호법상의 우선변제권을 행사할 수 있는 임차인에 해당한다고 할 수 없으므로, 채권양수인은 임차주택에 대한 경매절차에서 주택임대차보호법상의 임차보증금 우선변제권자의 지위에서 배당요구를 할 수는 없는 것이므로, 채권양수인으로서는 일반 금전채권자로서의 요건을 갖추어 배당요구를 하여야 한다(대법원 2010. 5. 27. 선고 2010다10276 판결).

한편, 임차인의 보증금반환채권을 금융기관이 양수한 경우에는 그 우선변제권을 승계하는 내용의 주택임대차보호법이 2013. 8. 13. 개정되었다는 점도 주목하여야 한다.

4) 조세 기타 공과금 채권자

조세 기타 공과금 채권은 일반채권과의 선후와 관계없이 어느 경우에나 배당요구종기까지 국세징수법상의 체납처분의 예에 따라 압류, 참가압류 또는 교부청구를 하여야만 배당받을 수 있다.

교부청구와 참가압류의 같은 점은 양자 모두 배당요구의 효력과 국세징수권의 소멸시효를 중단시키는 효력이 있다는 것이다.

교부청구와 참가압류가 다른 점은 교부청구는 피청구기관에게 압류해제 등의 사유가 있는 경우에는 당해 교부청구의 효력도 상실이 되게 되나, 참가압류는 등기·등록을 요하지 않는 재산의 경우에는 참가압류통지서가 송달된 때, 등기·등록을 요하는 재산인 경우에는 등기 또는 등록일로 소급하여 효력이 생긴다는 점이다.

아울러 교부청구는 일반적인 재산압류의 요건을 구비할 필요가 없으나, 참가압류는 당해 행위도 압류의 일종이므로 반드시 일반적인 압류의 요건을 갖추고 있어야 한다. 또한 교부청구는 당해 교부청구서를 송달하기만 하면 되지만, 참가압류는 등기·등록을 요하는 재산인 경우에는 반드시 등기·등록을 하여야만 참가압류서의 효력이 생기게 된다.

교부청구는 이미 선 체납처분 집행기관에 의하여 강제환가의 절차가 진행중인 상태에서 하는 체납처분이며, 반면 참가압류는 선 체납처분 집행기관에 의한 강제환가의 절차가 진행되기 전에 같이 압류에 참가하는 것을 의미하는 것이다.

5) 대위변제자의 배당요구

타인의 채권을 대위변제하였거나 또는 공동저당권자에 대한 이시배당의 결과 차순위 채권자가 대위하는 경우(민법 제368조 제2항), 원칙적으로 피대위자가 배당받기 위하여 배당요구가 필요한 경우에는 대위할 범위에 관하여 대위권자만이 배당요구해도 되고(대법원 2002. 12. 10. 선고 2002다48399 판결), 대위할 범위에 관하여 피대위자가 이미 배당요구하였거나 배당요구 없이도 당연히 배당받을 수 있는 경우에는 대위권자는 따로 배당요구하지 않아도 배당기일까지(배당표가 확정되기 전까지) 대위권자임을 소명하면 된다(대법원 2007. 9. 7. 선고 2005다70816 판결).

한편 대위변제자가 배당요구할 때는 피대위자의 배당요구의 자격 외에 변제자 대위에 관한 요건[① 대위변제사실, ② 임의대위의 경우 피대위자의 승낙(민법 제480조 제1항)]을 소명하여야 하고, 또한 피대위자가 집행력 있는 정본을 가진 자인 경우에는 승계집행문도 받아야 한다(대법원 2007. 4. 27. 선고 2005다64033 판결).

4. 배당요구의 방식과 효력 등

1) 배당요구의 방식

(1) 서면신청

배당요구는 채권(이자, 비용, 그 밖의 부대채권을 포함한다)의 원인과 액수를 적은 서면으로 하여야 하고(민집규 48조 1항), 말로 하는 신청은 허용되지 않는다.

종결처리된 종전 경매기록이 새로운 경매기록에 편의를 위하여 사실상 첨철된 경우 종전 경매절차에서의 배당요구를 새로운 경매절차에서의 배당요구로 볼 수 없다(대법원 1999. 4. 9. 선고 98다53240 판결).

배당요구서는 법원이 정한 배당요구의 종기까지 제출되어야 한다.

(2) 적어야 할 사항

배당요구를 할 경우 배당요구서에는 채권의 원인과 액수를 기재하여야 하며(민집규 48조 1항), 이 경우 채권의 원인은 채무자에 대하여 배당요구채권자가 가지는 원인채권을 특정할 수 있을 정도로 기재하면 충분하다.

집행력 있는 정본에 의하지 아니한 배당요구인 경우에는 채무자로 하여금 채권이 어느 것인가를 식별할 수 있을 정도로 그 채권의 원인에 관한 구체적인 표시가 필요하다.

원금은 배당요구서 제출 당시의 원금을 뜻한다.

이자는 배당기일까지의 이자가 포함되나, 다만 배당기일이 정해지지 아니하여 정확한 액수를 계산할 수 없는 경우에는 이자율로 표시하여도 된다.

비용이란 매각대금에서 우선변제받을 집행비용뿐만 아니라 우선변제가 인정되지는 아니하나 매각대금에서 변제받을 비용(예를 들어, 배당요구를 위하여 지출한 비용, 이중압류채권자의 경매신청비용 등)을 말하며 원칙으로 배당요구서를 제출할 당시의 금액을 적는다. 다만, 후술하는 채권계산서의 제출 시에는 우선변제권이 인정되는 집행비용을 따로 계산하여 제출하도록 하고 있으므로, 우선변제권이 인정되지 아니하는 비용은 부대채권으로 보아도 무방하다.

부대채권이란 지연손해배상채권, 소송비용액확정절차에 의하여 확정된 본안 소송비용 등을 말한다.

(3) 첨부서류(소명자료)

강제집행을 신청할 때는 신청서에 반드시 집행력 있는 정본을 붙여야 하지만, 배당요구를 할 때는 집행력 있는 정본을 소지한 자라도 배당요구서에 반드시 집행력 있는 정본을 붙일 필요는 없고 그 사본, 그 밖에 배당요구의 자격을 소명하는 서면을 붙이면 된다(민집규 48조 2항, 1항).

채권을 계산할 수 있는 구체적인 증빙서류까지 함께 제출할 필요는 없다(대법원 2001. 5. 8. 선고 2001다12393 판결).

2) 배당요구를 할 수 있는 때

배당요구할 수 있는 시기는 압류의 효력발생 이후부터 이다. 다만, 경매개시결정 후 압류효력발생 전에 배당요구가 있으면 압류효력발생 시에 배당요구의 효력이 발생할 수 있다.

배당요구의 종기는 첫 매각기일 이전으로서 경매법원이 정한 때, 즉 배당요구종기까지 이다(민집법 제84조 제1항).

이와 같이 배당요구의 종기는 집행법원이 정하는 것이므로 연기(민집법 제84조 제6항)되거나 새로 정한 경우(민집법 제87조 제3항)가 아니면, 첫 경매개시결정된 사건이 정지되거나 취소되어 뒤에 개시결정된 사건으로 진행되더라도 변함이 없다.

3) 배당요구할 수 있는 채권

(1) 집행채무자에 대한 채권일 것

배당요구는 채무자의 총재산으로부터 변제를 받고자 하는 의사표시이므로, 매각부동산이 집행채무자의 소유에 속하여야 한다.

그러므로 매각부동산의 전소유자에 대한 채권으로는 배당요구할 수 없다. 집행채무자에 대한 채권이라 할지라도 매각절차진행 중에 제3자에게 양도되어 소유권이전등기가 된 때에는 그 처분이 경매신청채권자와의 관계에서는 효력이 없으나 그 외의 자에 대하여는 유효하므로 양수인 명의로 이전등기가 된 시점 이후에는 배당요구 할 수 없다(재민 63-11, 대법원 1998. 11. 13. 선고 97다57337 판결).

그러나 위의 경우 양수인에 대한 채권자는 배당요구를 할 수 있다(대법원 2005. 7. 29. 선고 2003다40637 판결. 다만, 저축처분 범위 밖의 매각대금이 있는 경우에 한하여 그로부터 배당을 받을 수 있다).

(2) 이행기가 도래한 채권일 것

채무에 대하여 이행기가 정해진 때에는 그 시일이 지난 뒤에 강제집행을 개시할 수 있으므로(민집법 제40조 제1항), 이행기가 도래하여야 배당요구를 할 수 있다.

다만, 가압류는 기한이 도래하지 아니한 채권에 대하여도 할 수 있다(민집법 제276조 제2항).

4) 배당요구의 효력

배당요구는 배당요구서가 집행법원에 제출되면 배당요구의 요건이 구비되어 있는 한 채무자나 이해관계인에 대한 통지가 누락되었더라도 곧바로 효력이 발생한다.

배당요구권자는 매각대금으로부터 배당받을 권리가 있으며 그 외에 집행법원으로부터 배당기일통지를 받을 권리(민집법 제146조 본문), 배당기일에 출석하여 배당표에 대한 의견을 진술할 수 있는 권리(민집법 제151조)가 있다.

또한 배당요구함으로써 경매절차의 이해관계인이 된 경우에는(민집법 제90조 제1호) 다른 채권자로부터 배당요구가 있으면 법원으로부터 그 통지를 받고(민집법 제89조, 제88조 제1항), 매각기일에 출석할 수 있으며(민집법 제 116조 제2항), 배당요구의 종기까지 매각조건의 변경에 합의를 할 수 있고(민집법 제110조), 매각결정기일에 출석하여 매각허가에 관한 의견을 진술할 수 있으며(민집법 제120조), 또 매각허가여부의 결정에 대하여 손해를 볼 경우 즉시항고할 수 있는(민집법 제129조 제1항) 권리가 있다.

배당요구는 민법 168조 2호의 압류에 준하는 것으로서 시효중단의 효력이 있다(대법원 2009. 3. 26. 선고 2008다89880 판결).

5) 배당요구서를 제출하지 않은 경우의 효과

압류채권자나 배당요구가 필요한 채권자가 배당요구종기까지 배당요구하지 아니한 때에는 배당받을 수 없고, 압류채권자나 배당요구한 채권자도 경매신청 또는 배당요구 당시 채권의 일부금액으로 압류 또는 배당요구한 경우 배당요구의 종기 후에는 배당요구의 종기까지 배당요구하지 아니한 채권을 추가하거나 확장할 수 없다(대법원 2012. 5. 10. 선고 2011다44160 판결).

6) 배당요구의 철회

배당요구는 채권자가 자유롭게 철회할 수 있으나, 다만 배당요구에 따라 매수인이 인수하여야 할 부담이 바뀌는 경우 배당요구한 채권자는 배당요구종기가 지난 뒤에 이를 철회하지 못한다(민집법 제88조 제2항).

매수인이 인수하여야 할 부담이 바뀌는 경우에는 인수하여야 할 부담이 새로 생기는 경우와 부담이 증가하는 경우 모두를 포함한다. 전자는 최선순위의 전세권자나 대항력과 확정일자가 최선순위인 주택(또는 상가건물)의 임차인이 배당요구하여 매수인이 위 권리를 인수할 필요가 없었는데 배당요구를 철회함으로써 그 권리 자체를 그대로 인수하게 되는 경우를 들 수 있고, 후자는 최선순위의 대항력 있는 주택(또는 상가건물)임차인이 배당요구하였는데 확정일자를 받지 아니하여 배당절차에서 소액보증금만을 배당받고 나머지 보증금은 매수인이 인수할 것으로 예상되었으나 임차인이 배당요구를 철회함으로써 소액보증금까지 추가로 인수하게 되는 경우를 들 수 있다.

[양식] 배당요구통지서

○ ○ 지 방 법 원

배당요구통지서

귀하

사　건　20　타경　부동산강제(임의)경매
채 권 자
채 무 자
소 유 자

위 사건에 관하여 로부터 별지와 같이 배당요구가 있으므로 통지합니다.

20　.　.　.

법원사무관　(직인생략)

법 원 소재지		담 당	
		전 화	

제2절 채권계산서의 제출

1. 채권계산서 제출의 최고

경매법원의 법원사무관 등은 배당기일이 정하여진 때에는 각 채권자에게 채권의 원금·배당기일까지의 이자, 그 밖의 부대채권 및 집행비용을 적은 계산서를 1주 안에 경매법원에 제출할 것을 최고하여야 한다(민집규 제81조).

민사집행법 제148조 각 호의 배당받을 채권자가 정해졌다고 하더라도 배당표의 작성을 위해서는 사전에 채권에 관한 자료를 정리하여 그 작성을 위한 준비를 할 필요가 있는데, 압류채권자의 신청서, 배당요구채권자의 배당요구서(민집규 제48조), 등기사항증명서, 채권자가 제출한 채권신고서(민집법 제84조 제4항), 기타 집행기록에 첨부된 자료 등에 따라 계산하는 것이 실무례이다.

그러나 이들 자료는 절차의 초기 단계에서 제출된 것이므로 그 후에 이루어진 변제 등의 사정을 파악하기 위하여 위와 같이 채권자에 대하여 계산서를 제출하도록 최고하게 하는 것이다.

2. 채권계산서 제출 최고의 방식

채권을 신고하라는 경매법원의 최고는 민사집행규칙 제8조에 정한 바에 따른다. 최고는 적당한 방법으로 하면 되나 실무에서는 최고서를 채권자들에게 정형화된 채권계산서 양식을 함께 송달하고 있다.

최고서에는 채권의 원금·배당기일까지의 이자, 그 밖의 부대채권 및 집행비용을 적은 계산서를 최고서를 송달받은 날로부터 1주 안에 법원에 제출할 것을 최고하는 취지를 적는다.

한편 배당기일이 정해지면 채권계산서 제출 최고(민집규 제81조)뿐 아니라 배당기일통지(민집법 제146조 본문)도 하여야 한다.

[양식] **최 고 서**

○ ○ 지 방 법 원

최 고 서

귀하

사 건 20 타경 부동산강제(임의)경매
압류채권자
채 무 자

위 사건에 관하여 귀하가 청구하는 채권의 원금・배당기일까지의 이자, 그 밖의 부대채권 및 집행비용을 적은 계산서를 이 최고서를 송달받은 날부터 1주 안에 법원에 제출하시기 바랍니다.

20 . . .

법원사무관 (직인생략)

3. 채권계산서 제출 및 부제출의 효과

본조의 최고에 응하여 채권계산서를 제출하여도 이는 배당요구의 종기 후에 제출된 것이므로 독립된 배당요구의 효력이 생기는 것이 아니고, 배당받을 채권자의 채권에 관한 배당기일까지의 변동내용을 조사하여 현존 채권액을 확인하려는 의미밖에 없으므로, 이에 의하여 종전의 채권액을 확장할 수는 없고 단지 여기에 적힌 채권액이 종전의 채권액보다 감소된 액이라면 그 감소액을 기준으로 하여 배당표를 작성하여야 할 것이다.

한편, 최고에 전혀 응하지 아니한 채권자가 있는 경우의 효과에 관하여 민사집행법이나 민사집행규칙은 아무런 규정도 두고 있지 아니한바, 계산서의 제출은 배당표 작성의 준비행위에 지나지 않고, 계산서 제출의 유무에 [470] 따라 민법·상법, 그 밖의 법률에 의하여 정해지는 채권자의 권리가 좌우될 수는 없으므로, 이 경우에는 앞서 본 신청서 등의 자료 외에 집행력 있는 집행권원의 정본, 등기사항증명서 등 기록에 나타나 있는 자료에 기하여 계산하는 수밖에 없다.

특히 당연히 배당받는 민사집행법 148조 3호 및 4호의 채권자라도 배당요구의 종기까지 채권신고를 하지 아니한 때에는 후에 계산서를 제출하더라도 이들 채권자의 채권액은 제출된 계산서대로 인정할 것이 아니라 등기사항증명서 등 집행기록에 있는 서류와 증빙에 따라 계산하여야 하고, 이 경우 다시 채권액을 추가하여서는 안 된다(민집법 제84조 제5항).

다만, 이들 채권자가 배당요구의 종기까지 제출한 계산서의 금액이 집행기록에 있는 서류와 증빙에 따라 계산한 금액보다 적더라도 배당요구의 종기 후에 다시 증액된 계산서나 증빙을 제출한 경우에는 집행법원으로서는 특별한 사정이 없는 한 위 배당표작성 당시까지 제출된 계산서와 증빙에 의하여 배당받을 금액을 산정하여야 한다(대법원 2002. 11. 26. 선고 2001다36696 판결).

제 6 장

배당받을 수 있는 채권

06 배당받을 수 있는 채권

1. 의의

배당받을 수 있는 채권자는 민사집행법 제148조에 따라 배당요구의 종기까지 경매신청을 한 압류채권자, 배당요구의 종기까지 배당요구를 한 채권자, 첫 경매개시결정등기 전에 등기된 가압류채권자, 저당권 · 전세권, 그 밖의 우선변제청구권으로서 첫 경매개시결정등기 전에 등기되었고 매각으로 소멸하는 것을 가진 채권자 등이다.

이와 같이 배당받을 수 있는 채권자들이 가지고 있는 채권에 대하여 각각의 권리들의 특성 등을 살펴보면 다음과 같다.

2. 배당요구종기까지 경매신청을 한 압류채권자의 채권

이중경매신청이 배당요구종기까지 이루어진 때에는 압류의 효력이 배당요구의 종기 후에 발생하였다고 할지라도 배당받을 채권자로 취급된다. 그러나 이중경매신청을 선행사건의 배당요구종기 이후에 한 경우에는 그 이중경매신청인이 별도로 민사집행법 제148조 제2 · 3 · 4호에 해당하는 경우가 아니라면, 설령 이중경매신청이 받아들여진 경우에도 배당받을 수 없다.

여기서 배당요구의 종기는 첫 경매개시결정에 따른 압류의 효력이 생긴 때 정한 것(민집법 제84조 제1항)이나, 연기되었거나(민집법 제84조 제6항) 또는 이중경매신청이 있는데 먼저 경매개시결정을 한 경매신청이 취하되거나 그 절차가 취소되어 뒤의 경매개시결정에 따라 절차를 계속 진행하게 된 결과 민사집행법 제87조 제3항 전문에 의하여 새로이 배당요구의 종기를 정한 경우에는 가장 뒤에 도래한 것이 여기서 말하는 배당요구의 종기가 된다.

압류채권자가 배당받을 금액은 배당요구의 종기까지 적법하게 청구된 채권의 원금과 이자 및 집행비용임은 물론이다.

채권 중 일부만을 청구한 경우에 청구금액의 확장이 허용되지 않으며(대법원 1983. 10. 15.자 결정 83마393), 이 점은 담보권실행을 위한 경매의 경우에도 마찬가지이다(대법원 2011. 12. 8. 선고 2011다65396 판결).

이 경우 나머지 부분을 배당받는 방법은 강제경매의 경우와 담보권실행을 위한 경매의 경우가 다르다.

강제경매의 경우에는 채권의 일부를 청구금액으로 하여 경매신청을 한 후 나머지 채권에 대하여 배당을 받으려면 이중경매신청을 할 필요 없이 배당요구의 종기까지 배당요구를 하면 되고, 이때 배당요구는 청구채권을 확장한 채권계산서 제출에 의하여도 할 수 있다(대법원 1983. 10. 15.자 결정 83마393). 즉 채권의 일부는 압류채권으로, 일부는 배당요구채권으로 구분되어 모두 배당을 받게 되는 것이다.

반면에 담보권실행을 위한 경매의 경우에는 채권계산서에 피담보채권을 확장하는 방법으로 나머지 피담보채권액 전체를 청구할 수 없으므로 배당요구의 종기까지 이중압류를 하여야 한다.

압류채권자가 채권계산서를 제출하지 아니한 때에는 법원은 경매신청서에 표시된 청구금액을 기준으로 하여 배당한다. 경매신청서에 이자나 지연이자를 청구한다는 취지가 없는 경우에는 그 이율이 집행권원 등에 의하여 명백하더라도 그 청구권의 존부 및 기간이 명백하지 아니하므로 이를 계산하지 아니한다.

3. (근)저당권 · 가등기담보권의 피담보채권, 전세금반환채권

1) 저당권 · 근저당권의 피담보채권

(1) 저당권의 피담보채권

저당권이 우선변제를 받을 수 있는 범위는 원본, 이자, 위약금, 채무불이행으로 인한 손해배상, 저당권의 실행비용이다(민법 360조 본문).

저당권에 의하여 담보되는 원본(원금)의 액과 변제기는 등기하여야 하고, 이자를 발생하게 하는 특약이 있는 때에는 이율, 발생기, 지급시기를 등기하여야 한다(부등법 제75조 제1항 제4호). 만약 이자의 약정여부, 이율에 관하여 등기가 없으면 제3자(후순위권자, 제3취득자 등)에게 대항할 수 없다.

다만, 이자의 약정에 관하여서만 등기가 있고 이율에 관하여 등기가 없으면 법정이율인 연 5%의 범위 내에서만 우선변제를 받을 수 있다(민법 제379조).

이자채권은 등기되어 있는 한 변제기 내의 것은 저당권에 의하여 무제한 담보되므로 변제기 내의 이자 전액은 매각대금으로부터 우선변제받을 수 있다.

지연손해금, 즉 이행기일 후의 지연배상은 원본의 이행기일을 경과한 후의 1년분에 한하여 우선변제를 받을 수 있다(민법 제360조 단서).

지연손해금은 원본채무의 불이행으로 법률상 당연히 발생하므로 그 특약이나 등기가 없더라도 법정이율의 범위 내에서는 당연히 청구할 수 있다.

약정이자에 관한 등기가 있으면 그 이율에 의하여 지연손해금이 당연히 발생한다.

위약금의 등기에 관하여는 아무런 규정이 없으나 위약금의 특약이 있는 경우에는 그것이 손해배상액의 예정이든 아니든 등기를 하여야만 저당권에 의하여 담보된다고 해석할 것이다.

(2) 근저당권의 피담보채권

(가) 피담보채권의 범위

근저당권이 담보하는 채권의 범위는 등기된 채권최고액을 한도로 하여 그 결산기에 현실적으로 존재하는 채권액의 전부에 미치되 이자와 채무불이행으로 인한 손해배상 및 위약금도 채권최고액에 포함되나, 근저당권의 실행비용(경매비용)은 채권최고액에 포함되지 아니한다(대법원 2001. 11. 27. 선고 2001다47986 판결).

근저당권의 피담보채무액 중 지연이자는 근저당권의 채권최고액의 한도 내에서 그 전액이 담보되는 것이고, 민법 제360조 단서에 의하여 1년분으로 제한되는 것은 아니다(대법원 1999. 9. 3. 선고 99다19377 판결).

이자 등의 약정에 관한 등기가 없어도 이러한 약정이 있었다는 것을 근저당권자가 증명한 때에는 채권최고액의 범위 내에서 채권금액으로 인정할 수 있다.

채권최고액의 정함이 있는 근저당권의 채권 총액이 채권최고액을 초과하는 경우는 적어도 근저당권자와 채무자 겸 근저당권설정자와의 관계에서는 채권 전액의 변제가 있을 때까지 근저당권의 효력은 채권최고액과는 관계없이 잔존 채무에 여전히 미친다(대법원 2010. 7. 22. 2010다22774 등).

그러므로 민사집행법 제148조에 따라 배당받을 채권자나 제3취득자가 없다면 채권액이 채권최고액을 초과하는 경우에는 매각대금 중 그 채권최고액을 초과하는 금액이 있더라도 이는 근저당권설정자에게 반환할 것은 아니고, 근저당권자의 채권최고액을 초과하는 채무의 변제에 충당하여야 한다(대법원 2009. 2. 26. 선고 2008다4001 판결).

(나) 피담보채권의 확정

근저당권자가 그 피담보채무의 불이행을 이유로 경매신청한 때에는 그 경매신청 시에 근저당권은 확정되고, 그 이후에 발생하는 원금채권은 그 근저당권에 의하여 담보되지 않으며(대법원 1988. 10. 11. 선고 87다카545 판결), 경매신청 이후부터 근저당권은 부종성을 가지게 되어 보통의 저당권과 같은 취급을 받게 되는 것이므로 경매개시결정이 있은 후에 경매신청이 취하되었다고 하더라도 채무확정의 효과가 번복되는 것은 아니다(대법원 2002. 12. 6. 선고 2002다18954 판결).

근저당권자가 피담보채권 중 일부만을 청구금액으로 하여 경매신청을 한 경우에 그 나머지 부분에 대하여 배당기일까지 청구금액을 확장할 수 있다 하여도 이는 경매신청 시까지 이미 발생한 원금채권 및 그에 대한 경매신청 후의 지연손해금 채권에 대한 것이고, 경매신청 이후에 발생한 원금채권은 그 근저당권에 의하여 담보되지 아니한다(대법원 1991. 9. 10. 선고 91다17979 판결).

후순위근저당권자가 근저당권의 실행을 위하여 경매를 신청한 경우 선순위근저당권의 피담보채권은 그 근저당권이 소멸하는 때(매수인이 매각대금을 완납한 때)에 확정된다고 보아야 하므로, 그 채권이 매각대금 지급시까지 발생한 것이기만 하면 채권최고액 범위 내에서는 배당요구의 종기 이후라도 배당표가 작성될 때까지 채권계산서의 제출에 의하여 배당요구채권액을 확장할 수 있다(대법원 2002. 11. 26. 선고 2001다36696 판결)[다만, 근저당권설정계약에 다른 담보권자나 일반채권자로부터 경매신청이 있으면 당연히 그 근저당거래계약이 종료되어 결산기가 도래한다는 특약이 있으면 이러한 특약에 따른다].

(다) 근저당권자가 채권최고액을 초과하는 금액을 청구한 경우

근저당권설정자가 물상보증인이거나 또는 목적 부동산에 관하여 제3취득자가 생긴 경우에는 위 잔액은 근저당권설정자(물상보증인)나 제3취득자에게 교부되어야 한다(대법원 1974. 12. 10. 선고 74다998 결정).

그러나 근저당권설정자와 채무자가 동일하고 제3취득자가 없는 경우에는 매각대금 중 그 채권최고액을 초과하는 금액이 있다면 근저당권설정자에게 반환할 것은 아니고 근저당권자의 채권최고액을 초과하는 채무의 변제에 충당하여야 한다(대법원 2010. 7. 22. 선고 2010다22774 판결). 물론 그 전제로서 근저당권자가 경매신청서 또는 채권계산서에 의하여 그 초과액까지도 청구한 경우이어야만 한다.

(3) (근)저당권의 충당의 순서

매각대금으로써 저당권자가 가지는 원금, 이자, 위약금, 손해배상, 실행비용 등을 전부 만족시킬 수 없는 때에는 비용, 손해배상, 위약금, 이자, 원금의 순서로 충당한다(민법 제479조 1항).

임의경매절차에서 배당된 배당금이 담보권자가 가지는 피담보채권 전부를 소멸시키기에 부족한 경우에는 지정변제충당이나 합의변제충당은 허용될 수 없고 획일적으로 가장 공평타당한 충당방법인 민법 제477조 및 제479조의 규정에 의한 법정변제충당의 방법에 따라 충당하여야 한다(대법원 2010. 12. 23. 선고 2009다57460 판결).

(4) 전세권을 목적으로 한 저당권의 변제

전세권에 대하여 저당권이 설정되어 있는데 전세권이 존속기간만료로 종료된 경우, 전세금반환채권에 대한 제3자의 압류 등이 없는 한 전세권설정자는 전세권자에 대하여만 전세금반환의무를 부담한다(대법원 2008. 12. 24. 선고 2008다65396 판결)

전세권에 대하여 저당권이 설정된 경우 그 전세권이 기간만료로 종료되면 전세권을 목적으로 하는 저당권은 당연히 소멸된다(대법원 2008. 4. 10. 선고 2005다47663 판결).

저당권이 설정된 전세권의 존속기간이 만료된 경우에 저당권자는 민법 제370조, 제342조 및 민사집행법 제273조에 의하여 저당권의 목적물인 전세권에 갈음하여 존속하는 것으로 볼 수 있는 전세금반환채권에 대하여 압류 및 추심명령 또는 전부명령을 받는 등의 방법으로 권리를 행사하여 전세권설정자에 대해 전세금의 지급을 구할 수 있다(대법원 2008. 3. 13. 선고 2006다29372, 29389 판결).

2) 가등기담보권의 피담보채권

가등기담보권자는 목적 부동산에 대한 강제경매나 임의경매절차에 참가하여 우선변제를 받을 수 있고 이 경우에 순위는 가등기담보권을 저당권으로 보고 그 담보가등기가 된 때에 그 저당권의 설정등기가 행하여진 것으로 본다(가담법 제13조).

다만, 저당권과는 달리 가등기담보권의 경우에는 첫 경매개시결정등기 전에 등기된 것으로서 매각에 의하여 소멸되는 때에도 채권신고의 최고기간까지 채권신고를 한 경우에 한하여 배당받을 수 있는데(가담법 제16조 제2항 전문, 대법원 2008. 9. 11. 선고 2007다25278 판결).

가등기담보권자의 배당순위는 담보가등기가 된 때에 저당권의 설정등기가 행하여진 것으로 보아(가담법 제13조) 저당권의 배당순위를 정하는 것과 같은 판단을 하면 되지만, 권리신고를 하지 않아 담보가등기인지 일반가등기인지 알 수 없는 경우에는 일단 순위보전을 위한 가등기로 보아 처리한다.

3) 전세금

(1) 전세권의 소멸과 인수

지상권·지역권·전세권 및 등기된 임차권은 저당권·압류채권·가압류채권(이하에서는 '저당권 등'이라 한다)에 대항할 수 없는 것은 매각으로 소멸하고, 대항할 수 있는 것은 매수인이 인수하되 다만, 위의 용익권 중 전세권은 저당권 등에 대항할 수 있더라도 민사집행법 88조에 따라 배당요구를 하면 매각으로 소멸된다고 규정하였다(민집법 제91조 제3항, 제4항).

지상권이나 지역권은 존속기간이 만료되면 당연히 소멸하고 법정갱신제도가 없으나, 건물에 대한 전세권의 경우에는 법정갱신(민법 제312조 제4항, 대법원 2010. 3. 25. 선고 2009다35743 판결) 제도를 두고 있고, 또한 전세권이 소멸한 때에는 그 부동산 전부에 대하여 후순위권리자 기타 채권자보다 전세금의 우선변제를 받을 권리가 있다고 규정하고 있다(민법 제303조 제1항 후단).

최선순위의 전세권 중 경매절차가 종료될 때까지 존속기간이 만료되지 아니한 전세권은 물론이고, 최선순위의 전세권 중 첫 경매개시결정등기 전에 이미 존속기간이 만료되었거나 또는 매각절차 진행 중에 존속기간이 만료되었으나 전세금을 반환받지 못하고 있는 전세권도 제91조 제3항과 제4항이 규정하고 있는 저당권 등에 대항할 수 있는 전세권에 해당하는 것이다.

결론적으로 전세권이 언제 종료되었는지, 그리고 전세권의 목적물이 건물인지 토지인지에 상관없이 최선순위의 전세권은 오로지 전세권자의 배당요구에 의하여만 소멸되고, 전세권자가 배당요구를 하지 않는 한 전세권은 매수인에게 인수되며, 반대로 배당요구를 하면 존속기간이 언제이든지 상관없이 전세권은 소멸한다(대법원 2010. 6. 24. 선고 2009다40790 판결).

주택임대차보호법상 임차인으로서의 지위와 전세권자로서의 지위를 함께 가지고 있는 자가 그 중 임차인으로서의 지위에 기하여 경매법원에 배당요구를 하였다면 배당요구를 하지 아니한 전세권에 관하여는 배당요구가 있는 것으로 볼 수 없다(대법원 2010. 6. 24. 선고 2009다40790 판결). 따라서 전세권은 매각으로 소멸되지 않고 매수인에게 인수된다.

(2) 전세권과 전세금반환채권이 함께 양도된 경우

전세권설정등기를 마친 민법상 전세권은 그 성질상 용익물권적 성격과 담보물권적 성격을 겸비하는데, 전세권의 존속기간이 만료되면 전세권의 용익물권적 권능은 전세권설정등기의 말소 없이도 당연히 소멸하는 것이므로, 단지 전세금반환채권을 담보하는 담보물권적 권능의 범위 내에서 전세금의 반환 시까지 그 전세권설정등기의 효력이 존속한다.

이와 같이 본래의 용익물권적 권능이 소멸하고 담보물권적 권능만 남은 전세권에 대하여도 그 피담보채권인 전세금반환채권과 함께 제3자에게 양도할 수 있다.

다만, 이 경우에는 민법 450조 2항 소정의 확정일자 있는 증서에 의한 채권양도절차를 거치지 않는 한 전세금반환채권의 압류·전부 채권자 등 제3자에게 전세보증금반환채권의 양도사실로서 대항할 수 없다(대법원 2005. 3. 25. 선고 2003다35659 판결).

(3) 전세금이 분리양도된 경우

본래 전세권이 담보물권적 성격도 가지는 이상 부종성과 수반성이 있는 것이므로 전세권을 담보하는 전세금반환채권과 분리하여 양도하는 것은 허용되지 않는다고 할 것이나, 피담보채권의 처분이 있음에도 불구하고 담보물권의 처분이 따르지 않는 특별한 사정이 있는 경우에는 채권양수인은 담보물권이 없는 무담보의 채권을 양수한 것이 되고 채권의 처분에 따르지 않은 담보물권은 소멸한다(대법원 1999. 2. 5. 선고 97다33997 판결).

(4) 전세권을 목적으로 한 저당권이 설정된 경우

전세권이 기간만료로 종료된 경우 전세권은 전세권설정등기의 말소등기 없이도 당연히 소멸되고, 저당권의 목적물인 전세권이 소멸하면 저당권도 당연히 소멸한다.

전세권에 대한 저당권자는 민법 제370조, 제342조 및 민사집행법 제273조에 의하여 저당권의 목적물인 전세권에 갈음하여 존속하는 것으로 볼 수 있는 전세금반환채권에 대하여 압류 및 추심명령 또는 전부명령을 받거나 제3자가 전세금반환채권에 대하여 실시한 강제집행절차에서 배당요구를 하여야만 전세권설정자에 대하여 전세금의 지급을 구할 수 있다(대법원 2008. 3. 13. 선고 2006다29372, 29389 판결).

만약 그렇지 아니하면 전세권을 목적으로 한 저당권이 설정된 경우에도 전세권이 기간만료로 소멸되면 전세권설정자는 전세금반환채권에 대한 제3자의 압류 등이 없는 한 전세권자에 대하여만 전세금반환의무를 부담한다(대법원 1999. 9. 17. 선고 98다31301 판결).

실제로는 전세권설정계약이 없으면서도 임대차계약에 기한 임차보증금 반환채권을 담보할 목적으로 임차인과 임대인 사이의 합의에 따라 임차인 명의로 전세권설정등기를 경료한 후 그 전세권에 대하여 근저당권이 설정된 경우(설령 위 전세권설정계약만 놓고 보아 그것이 통정허위표시에 해당하여 무효라 하더라도), 위 전세권설정계약에 의하여 형성된 법률관계를 토대로 별개의 법률원인에 의하여 새로운 법률상 이해관계를 갖게 된 근저당권자에 대하여는 그와 같은 사정을 알고 있었던 경우에만 그 무효를 주장할 수 있다(대법원 2008. 3. 13. 선고 2006다29372, 29389 판결).

(5) 주택임대차보호법 또는 상가건물임대차보호법의 중첩적 적용

집합건물이 아닌 지상건물과 그 부지 중 건물에만 전세권설정등기를 한 경우라도 전세권자가 주택임대차보호법이나 상가건물임대차보호법상의 우선변제권의 요건을 갖춘 경우에는 그 부지의 매각대금에서도 배당을 받게 되는 경우가 있고, 나아가 전세권설정계약서에 날인된 등기소의 일부[491] 인도 확정일자로 보아야 하므로(대법원 2009. 1. 30. 선고 2007다68756 판결), 부지의 매각대금에 대한 배당순위도 전세권등기일자를 기준으로 판단하여야 하는 경우가 있을 수 있음을 유의하여야 한다.

4) 채권의 확정

저당권・전세권, 그 밖의 우선변제청구권으로서 첫 경매개시결정등기 전에 등기되었고 매각으로 소멸하는 것을 가진 채권자가 민사집행법 84조 4항에 따라 채권신고를 하지 아니한 때에는 그 채권자의 채권액은 등기사항증명서 등 집행기록에 있는 서류와 증빙에 따라 계산하며, 이 경우 다시 채권액을 추가하지 못한다(민집법 제84조 제5항, 대법원 2006. 9. 28. 선고 2004다68427 판결).

첫 경매개시결정등기 전에 등기된 근저당권자로서 압류채권자가 아닌 경우에는 채권최고액 범위 내에서는 배당요구의 종기 이후라도 채권계산서의 제출에 의하여 배당요구채권액을 확장할 수 있고(대법원 2002. 7. 12. 선고 2002다21868 판결), 그 채권이 매각대금 지급 시까지 발생한 것이기만 하면 배당요구의 종기 이후에 발생하였다 하더라도 마찬가지이다(대법원 2002. 7. 12. 선고 2002다21868 판결).

실무상 우선변제 받을 근저당권자(저당권자 포함)가 채권계산서를 제출하지 아니한 경우에는 등기기록에 적힌 채권최고액(저당권인 경우에는 그 채권액)을 현실의 채권액으로 보아 배당한다(대법원 2006. 9. 28. 선고 2004다68427 판결).

이자는 배당기일까지의 이자가 포함된다. 배당요구의 종기까지 제출된 계산서에 기재된 이자채권에 대한 이자로서 배당기일까지 발생한 이자는 배당에 포함될 수 있으나, 배당기일 이후에 발생한 이자는 배당에 포함될 여지가 없다(대판 2011. 7. 14. 2009다70555).

5) 담보권의 효력이 미치는 매각부동산의 범위

구분건물의 전유부분만에 관하여 저당권설정등기가 경료된 후에 대지권등기가 경료되면서 그 저당권설정등기는 전유부분만에 관한 것이라는 취지의 부기등기가 직권으로 경료되었다고 하더라도, 저당권자는 전체 매각대금 중 대지사용권에 대한 부분에 대하여도 다른 후순위채권자에 우선하여 변제받을 수 있다(대판 2001. 2. 9. 2000다62179).

집합건물의 전유부분에 대한 전세권자는 건물부분에 대하여만 전세권설정등기를 할 수 있고 대지사용권의 목적인 토지에 대하여는 전세권설정등기를 할 수 없어(등기선례 4-449 참조) 전세권은 건물만에 관한 것이라는 취지의 부기등기를 하게 되나, 전세권의 경우에도 대지사용권의 분리처분이 가능하도록 규약으로 정하는 등의 특별한 사정이 없는 한 전세권의 효력은 대지사용권에도 미치므로(대법원 2009. 1. 30. 선고 2008다67217 판결), 전세권자는 대지사용권의 매각대금 중에서도 배당받는다.

건물의 일부에 대한 전세권자는 전세권의 목적물이 아닌 나머지 건물부분에 대한 전세권에 기한 경매신청권은 없지만(대법원 2001. 7. 2.자 결정 2001마212), 배당에 관하여는 민법 303조에 따라 그 부동산 전부에 대하여 후순위권리자 기타 채권자보다 우선하게 된다.

4. 주택 및 상가건물의 임차보증금반환채권

1) 의의

주택 및 상가건물 임차권은 공시되지 않는 권리로서 경매에서의 권리분석 및 배당분석에서 매우 중요한 위치를 차지한다고 할 수 있어 기본적인 이해가 선행되어야 할 것이다.

이에 관하여는 제4장의 내용을 참조하도록 하고, 본 장에서는 배당과 관련한 추가 사항을 기술하도록 한다.

2) 우선변제권의 요건

경매절차에서 주택 및 상가건물임차인으로서 임차보증금에 대한 우선변제권은 임대차의 종료나 임차건물의 명도는 요건이 아니므로 임대차 기간이 존속하는 중에도 얼마든지 우선변제권을 행사하여 배당요구를 할 수 있다.

(1) 소액보증금 최우선변제권의 요건

㉮ 배당요구의 종기까지 배당요구를 하였을 것

㉯ 보증금 액수가 소액보증금에 해당할 것

㉰ 첫 경매개시결정등기 전에 대항요건(임차목적물의 점유 및 주택의 경우 주민등록, 상가건물의 경우 사업자등록의 신청)을 갖추었을 것

㉱ 배당요구의 종기까지 대항력을 유지할 것

㉲ 임차목적물에 관하여 소유권보존등기가 되어 있어야 하는 것은 아니다.

(2) 확정일자를 갖춘 임차보증금채권의 우선변제권의 요건

㉮ 배당요구의 종기까지 배당요구를 하였을 것

㉯ 배당요구의 종기까지 대항력을 유지할 것

㉰ 임대차계약서에 확정일자를 갖춰야 한다.

다만, 확정일자를 받는 시기에 대하여 소액보증금 최우선변제권의 경우와는 달리 첫 경매개시결정등기 이후에 갖추어도 된다는 것이 다수설이다.

(3) 임차권등기를 한 자의 우선변제권의 요건

㉮ 주택임대차보호법 3조의3 또는 상가건물 임대차보호법 6조에 따라 법원의 임차권등기명령에 의하여 등기되었거나 또는 민법 제621조의 규정에 의하여 등기된 임차권일 것(주보법 제3조의3 5항, 제3조의4 제1항, 상보법 제6조 제5항, 제7조 제1항)

㉯ 첫 경매개시결정등기 후에 등기된 임차인은 배당요구의 종기까지 배당요구를 하였을 것

임차권등기명령에 의하여 임차권등기를 한 임차인은 민사집행법 제148조 제4호에 정한 채권자에 준하여 별도로 배당요구를 하지 않아도 당연히 배당받을 채권자에 속한다(대법원 2005. 9. 15. 선고 2005다33039 판결).

3) 배당요구

첫 경매개시결정등기 전에 등기된 임차권 중 매각으로 소멸하는 임차권의 권리자는 민사집행법 제148조 제4호에 해당하므로 배당요구가 필요 없으나, 그 밖의 경우에는 배당요구종기까지 배당요구를 하여야 한다.

각 임차보증금반환채권자가 배당요구서(전산양식 A3440, A3441 참조)에 붙여야 하는 배당요구의 자격을 소명하는 서면은 주택 또는 상가건물임대차계약서, 주택은 전입신고된 주민등록등・초본, 상가건물은 사업자등록의 신청이 된 서면(사업자등록증이나 신청서면)이면 되고, 집행력 있는 정본이 필요한 것은 아니다. 임대차계약서는 보증금의 변동이 있는 경우에는 그 변동을 소명할 수 있는 모든 계약서를 제출하여야 하고, 확정일자가 있음을 주장하는 경우에는 확정일자가 있는 것을 제출하여야 한다.

임차목적물의 인도, 점유 사실은 집행관의 현황조사로 소명되므로 따로 소명할 필요가 없으나, 집행관의 현황조사보고서에 누락된 경우에는 따로 인도, 점유 사실을 소명하여야 할 것이다.

주택임대차보호법상의 대항력과 우선변제권을 모두 가지고 있는 임차인이 보증금을 반환받기 위하여 보증금반환청구 소송의 확정판결 등 집행권원을 얻어 임차주택에 대하여 스스로 강제경매를 신청하였다면 특별한 사정이 없는 한 대항력과 우선변제권 중 우선변제권을 선택하여 행사한 것으로 보아야 하고, 이 경우 우선변제권을 인정받기 위하여 배당요구종기까지 별도로 배당요구를 하여야 하는 것은 아니다.

따라서 이와 같이 우선변제권이 있는 임차인이 집행권원을 얻어 스스로 강제경매를 신청하는 방법으로 우선변제권을 행사하고, 그 경매절차에서 집행관의 현황조사 등을 통하여 경매신청채권자인 임차인의 우선변제권이 확인되고 그러한 내용이 현황조사보고서, 매각물건명세서 등에 기재된 상태에서 경매절차가 진행되어 매각이 이루어졌다면, 특별한 사정이 없는 한 경매신청채권자인 임차인은 배당절차에서 후순위권리자나 일반채권자보다 우선하여 배당받을 수 있다(대법원 2013. 11. 14. 선고 2013다27831 판결).

5. 근로자의 우선변제권

1) 근로기준법

근로기준법 제38조 제1항은 "임금, 재해보상금, 그 밖에 근로 관계로 인한 채권은 사용자의 총재산에 대하여 질권·저당권 또는 동산·채권 등의 담보에 관한 법률에 따른 담보권에 따라 담보된 채권 외에는 조세·공과금 및 다른 채권에 우선하여 변제되어야 한다. 다만, 질권·저당권 또는 동산·채권 등의 담보에 관한 법률에 따른 담보권에 우선하는 조세·공과금에 대하여는 그러하지 아니하다"고 규정하고, 2항은 "제1항에도 불구하고 다음 각 호의 어느 하나에 해당하는 채권은 사용자의 총재산에 대하여 「질권·저당권 또는 동산·채권 등의 담보에 관한 법률」에 따른 담보권에 따라 담보된 채권, 조세·공과금 및 다른 채권에 우선하여 변제되어야 한다. 1. 최종 3개월분의 임금, 2. 재해보상금"고 규정하고 있다.

2) 근로자퇴직급여 보장법

최종 3년간의 '퇴직급여 등'은 사용자의 총재산에 대하여 질권 또는 저당권에 의하여 담보된 채권, 조세·공과금 및 다른 채권에 우선하여 변제되어야 한다(같은 법 제12조 제2항).

다만, 같은 법 부칙 제9조는 퇴직금의 우선변제에 관하여 다음과 같은 경과규정을 두고 있다.

근로자퇴직급여 보장법 제12조 2항의 규정에 불구하고 1997. 12. 24. 전에 퇴직한 근로자의 경우에는 1989. 3. 29. 이후의 계속근로기간에 대한 퇴직금을 우선변제의 대상으로 한다(같은 법 부칙 제9조 제1항).

근로자퇴직급여 보장법 12조 2항의 규정에 불구하고 1997. 12. 24. 전에 채용된 근로자로서 1997. 12. 24. 이후에 퇴직하는 근로자의 경우에는 1989. 3. 29. 이후부터 1997. 12. 23.까지의 계속근로기간에 대한 퇴직금에 1997. 12. 24. 이후의 계속 근로기간에 대하여 발생하는 최종 3년간의 퇴직금을 합산 금액을 우선변제의 대상으로 한다(같은 법 부칙 제9조 제2항).

근로자퇴직급여 보장법 부칙 제9조 제1항 및 제2항의 규정에 의하여 우선변제의 대상이 되는 퇴직금은 계속근로기간 1년에 대하여 30일분의 평균임금으로 계산한 금액으로 한다(같은 법 부칙 제9조 제3항).

근로자퇴직급여 보장법 부칙 제9조 제1항 및 제2항의 규정에 의하여 우선변제의 대상이 되는 퇴직금은 250일분의 평균 임금을 초과할 수 없다(같은 법 부칙 제9조 제4항).

3) 배당요구의 자격을 소명하는 서면

판결 이유 중에 배당요구채권이 우선변제권 있는 임금채권이라는 판단이 있는 법원의 확정판결이나 고용노동부 지방노동관서가 발급한 체불금품확인원(고용노동부 훈령인 근로감독관집무규정 제28조 참조) 중 하나와 ① 사용자가 교부한 국민연금보험료원천공제계산서 또는 기여금 공제내역을 알 수 있는 급여명세서 등(국민연금법 제90조 제2항 참조), ② 원천징수의무자인 사업자로부터 교부받은 근로소득에 대한 원천징수영수증(소득세법 제143조 참조), ③ 국민건강보험공단이 발급한 국민연금보험료납부사실확인서(국민연금법 제88조 참조), ④ 국민건강보험공단이 발급한 국민건강보험료납부사실확인서(국민건강보험법 제69조 참조), ⑤ 고용노동부 지방노동관서가 발급한 고용보험피보험자격취득확인통지서(고용보험법 제17조 참조), ⑥ 위 ①항부터 ④항까지에 기재된 서면을 제출할 수 없는 부득이한 사정이 있는 때에는 사용자가 작성한 근로자명부(근로기준법 제41조 참조) 또는 임금대장(근로기준법 제48조 참조)의 사본(다만, 이 경우에는 사용자가 사업자등록을 하지 아니하는 등의 사유로 위 ①항부터 ④항까지 기재된 서면을 발급할 수 없다는 사실을 소명하는 자료도 함께 제출하여야 함) 중 하나를 소명자료로 첨부하여야 한다(재민 97-11, 1.항).

4) 최종 3월분의 임금

최종 3월분의 임금채권의 범위는 사용자의 도산 등 사업 폐지 시로부터 소급하여 3월 내에 퇴직한 근로자의 임금채권에 한정하여 보호하는 취지는 아니다(대법원 1997. 11. 14. 선고 97다32178 판결).

당해 임금채권에 대한 근로자의 배당요구 당시 근로자와 사용자와의 근로계약관계가 이미 종료되었다면 그 종료시부터 소급하여 3개월 사이에 지급사유가 발생한 임금 중 미지급분을 말한다(대법원 2008. 6. 26. 선고 2006다1930 판결).

예를 들어, 2009. 12. 1. 퇴직한 근로자가 11월 급여는 받고 10월, 9월, 8월분 급여를 받지 못하였다면 10월, 9월분 급여만 최우선변제를 받을 수 있다. 다만, 우선변제권이 인정되는 최종 3월분의 임금은 퇴직전 최종 3개월 사이에 지급사유가 발생한 임금채권 전액을 의미하는 것이 아니라, 최종 3개월간 근무한 부분의 임금채권을 말한다(대법원 2002. 3. 29. 선고 2001다83838 판결).

5) 최종 3년간의 퇴직금 등

최종 3년간의 퇴직금 등 우선변제권은 근로자퇴직급여 보장법 제12조 제2항에 규정되어 있고, 퇴직금의 우선변제에 관하여는 그 부칙 제9조에 별도의 경과규정이 있다.

6) 배당순위

최종 3월분의 임금, 재해보상금, 최종 3년간의 퇴직급여 등은 질권·저당권 등 담보권에 의하여 담보된 채권, 조세·공과금 및 일반채권보다는 선순위이나, 주택임대차보호법 및 상가건물임대차보호법에 의한 소액보증금채권과 동순위이다(재민 91-2).

임금・퇴직금 기타 근로관계로 인한 채권 중 일반 근로관계채권은 저당권등에 의하여 담보되는 채권보다는 후순위이고, 당해세를 포함한 조세・공과금 및 일반채권보다는 선순위이다(근로기준법 38조 1항 본문, 근로자퇴직급여 보장법 12조 1항 본문, 국세기 35조 1항 5호, 지방세기 99조 1항 5호).

임금 등에 대한 지연손해금에 대하여는 우선변제권을 인정할 수 없으므로, 임금채권자들이 집행력 있는 정본으로써 배당요구를 하는 경우에 원금만을 우선배당하고, 지연손해금은 일반채권자와 안분배당한다(대법원 2000. 2. 12.자 결정 99마5143).

우선변제권이 있는 임금채권을 대신 변제한 자(근로복지공단 등)는 채무자인 사용자에 대한 임금채권자로서 사용자의 총재산에 대한 강제집행절차나 임의경매절차가 개시된 경우에 배당요구의 종기까지 배당요구를 하여 그 배당절차에서 저당권의 피담보채권이나 일반채권보다 우선하여 변제받을 수 있다(대법원 1996. 2. 23. 선고 94다21160 판결).

다만, 근로자인 임금채권자가 우선특권에 기하여 배당요구의 종기까지 적법한 배당요구를 하였다면 대위권자는 배당요구의 종기까지 배당요구를 하지 아니하였다고 하더라도 배당표가 확정되기 전까지 그 임금채권자를 대위할 권리가 있음을 소명함으로써 임금채권자를 대위하여 배당에 참가할 수 있다(대법원 2007. 9. 7. 선고 2005다70816 판결).

6. 국세・지방세 채권

1) 압류 및 교부청구

국세 등의 교부청구는 과세관청이 이미 진행 중인 강제환가절차에 가입하여 체납된 조세의 배당을 구하는 것으로서 강제집행에서의 배당요구와 같은 성질의 것이다(대법원 2001. 11. 27. 선고 99다22311 판결).

조세채권자로서 첫 경매개시결정등기 전에 압류를 한 자는 민사집행법 제148조 제4호, 배당요구의 종기까지 새로 교부청구를 한 자는 같은 조 제2호에 해당되므로 첫 경매개시결정등기 전에 체납처분에 의한 압류등기가 마쳐져 있는 경우와는 달리 첫 경매개시결정등기 후에 체납처분에 의한 압류등기가 마쳐지게 된 경우에는 조세채권자인 국가로서는 경매법원에 배당요구종기까지 배당요구로써 교부청구를 하여야만 배당을 받을 수 있다(대법원 2002. 9. 27. 선고 2002다22212 판결).

2) 조세채권 우선의 원칙

국세, 지방세, 관세 및 그 가산금과 체납처분비는 다른 공과금 기타 채권에 우선하여 징수한다(국세기 제35조 제1항 본문, 지방세기 제99조 제1항 본문, 관세법 제3조).

조세와 저당권·전세권의 피담보채권(확정일자를 갖춘 임차인의 임차보증금반환채권도 마찬가지로 해석된다. 대법원 1992. 10. 13. 선고 92다30597 판결) 사이의 우선순위는 조세의 법정기일과 설정등기일(확정일자를 갖춘 임차인 또는 등기된 임차인의 우선변제권 발생일 포함)의 선후를 따져 정한다.

현행 세법은 조세 상호간의 우열에 관하여 아무런 규정을 두고 있지 않다. 따라서 국세와 지방세를 포함한 모든 조세채권은 원칙적으로 그 징수순위가 동일하다. 다만, 이에 대한 예외로서는 압류선착주의(국세기 제36조, 지방세기 제101조)와 담보부 조세의 우선원칙(국세기 제37조, 지방세기 제102조)이 있다.

압류선착주의는 국세 상호간, 지방세 상호간, 국세와 지방세 상호간에는 먼저 압류한 조세가 나중에 압류(참가압류)하거나 교부청구한 조세보다 우선한다는 원칙을 압류선착주의라고 한다(국세기 제36조, 지방세기 제101조).

주의할 점은 압류선착주의는 압류가 먼저 된 대로 우선한다는 것이 아니라 압류와 교부청구 사이에서는 압류가 우선한다는 점이다.

즉 1순위 압류, 2순위 압류, 3순위 압류가 있는 경우에 2, 3순위의 압류는 1순위 압류가 소멸되지 않는 한 참가압류로서 교부청구의 효력만이 있으므로(국세징수법 제57조, 제58조, 대법원 2007. 4. 12. 선고 2004다20326 판결), 1순위 압류는 우선권이 있으나, 2순위와 3순위는 서로 교부청구로서 동순위로 안분배당하여야 한다.

압류선착주의의 원칙은 부동산 자체에 대하여 부과된 조세와 가산금(당해세)에 대하여는 적용되지 않는다(대법원 2007. 5. 10. 선고 2007두2197 판결).

공과금(국민연금법상의 국민연금보험료, 산업재해보상보험법상의 산업재해보상보험료 등) 상호 간과 공과금과 조세 상호 간에는 압류선착주의가 준용되지 않는다(대법원 2008. 10. 23. 선고 2008다47732 판결).

3) 본세 · 가산금 · 가산세 · 체납처분비의 징수순위와 배당순위

가산금이란 국세 등을 납부기한까지 납부하지 아니한 때에 국세징수법 등에 의하여 고지세액에 가산하여 징수하는 금액(가산금)과 납부기한 경과 후 일정기한까지 납부하지 아니한 때에 그 금액에 다시 가산하여 징수하는 금액(중가산금)을 말한다(국세기 제2조 제5호, 지방세기 제2조 제1항 제24호).

조세채권에 관하여 조세의 본세와 가산금(국세기 제2조 제5호, 지방세기 제2조 제1항 제24호) 및 체납처분비 전부를 충당하기에 부족한 경우에는 체납처분비, 국세 또는 지방세, 가산금의 순으로 징수한다(국세징수법 제4조, 지방세기 제62조 제1항).

다만, 위 각 조항은 조세에 관한 충당의 순서를 정한 것에 불과하고, 다른 담보권과의 우열관계를 정한 것은 아니다. 따라서 가산금 채권과 저당권 등에 의하여 담보되는 채권의 우선관계도 역시 가산금 자체의 법정기일을 기준으로 결정하여야 한다(대법원 2003. 3. 11. 선고 2002다74374 판결).

가산세(국세기 2조 4호, 지방세기 2조 1항 23호)는 가산금과는 달리 납세의무자가 정당한 이유 없이 세법에 의한 신고의무, 보고의무, 징수의무를 이행하지 아니하거나 위반하는 경우에 그에 대한 행정벌적인 성격으로 부과되는 것으로 본세의 산출세액에 가산하여 본세의 명목으로 징수하는 것이다(대판 2002. 8. 23. 2002두66, 대판 2011. 2. 10. 2008두2330, 헌재 2007. 1. 17. 2006헌바3 등). 가산세도 가산금과 마찬가지로 본세의 법정기일이 아닌 가산세 자체의 법정기일을 기준으로 담보권과의 우선관계를 결정하여야 한다(대판 1998. 9. 8. 97다12037, 대판 2001. 4. 24. 2001다10076).

취득세의 신고납부의무 불이행으로 부과되는 가산세의 법정기일은 납세고지서의 발송일이다(대법원 2001. 4. 24. 선고 2001다10076 판결).

4) 당해세 우선의 원칙

당해세는 매각부동산 자체에 대하여 부과된 조세와 가산금으로서, 그 법정기일 전에 설정된 저당권 등으로 담보된 채권보다 우선하는데(국세기 제35조 제1항 제3호, 지방세기 제99조 제1항 제3호) 이를 당해세 우선의 원칙이라 한다.

당해세 우선의 원칙은 조세 상호 간에도 적용되기 때문에(대법원 2005. 11. 24. 선고 2005두9088 판결), 압류선착주의 원칙은 부동산 자체에 대하여 부과된 당해세와 그 가산금에 대하여는 적용되지 않는다(대법원 2007. 5. 10. 선고 2007두2197 판결).

2005. 1. 5.부터는 국세 중 상속세, 증여세, 종합부동산세가 당해세에 해당한다(국세기 제35조 제5항).

한편, 지방세기본법(2010. 3. 31. 제정, 2011. 1. 1. 시행) 제99조 제5항은 지방세 중 재산세 · 자동차세(자동차 소유에 대한 자동차세만 해당한다) · 지역자원시설세(특정부동산에 대한 지역자원시설세만 해당한다) 및 지방교육세(재산세와 자동차세에 부가되는 지방교육세만 해당한다)를 당해세로 규정하고 있다.

5) 당해세의 순위

당해세는 최우선순위의 임금채권과 소액임차인의 보증금채권을 제외하고는 어떠한 채권에 대하여도 우선한다.

7. 공과금채권

1) 의의

국세징수법 또는 지방세기본법 등에서 규정하는 체납처분의 예에 따라 징수할 수 있는 채권 중 국세, 관세, 임시수입부가세, 지방세와 이에 관계되는 가산금 및 체납처분비를 제외한 것을 공과금이라고 한다(국세기 제2조 제8호, 지방세기 제2조 제1항 제26호).

2) 공과금의 종류

① 고용보험 및 산업재해보상보험의 보험료징수 등에 관한 법률(제30조)상의 고용보험료 및 산업재해보상보험료, 국민건강보험법(제85조)상의 국민건강보험료, 국민연금법(제98조)상의 국민연금보험료
② 과태료와 국유재산법상의 사용료 · 대부료 · 변상금채권(국유재산법 제73조 제2항)

8. 재산형 · 과태료 등

① 벌금, 과료, 추징, 과태료, 소송비용, 비용배상 또는 가납의 재판은 검사의 명령에 의하여 집행한다(민집법 제60조 제1항, 형소법 제477조 제1항, 비송법 제249조 제1항, 질서위반행위규제법 제42조 제1항)
② 검사의 명령에 의하여 집행하는 위 각 채권도 배당요구의 종기까지 배당요구를 하여야 하는데, 배당요구의 자격을 소명하는 서면으로는 검사의 집행명령등본 또는 사본과 집행하여야 할 채권의 내용이 적힌 재판서의 등본 또는 사본을 제출하면 된다.
③ 배당순위
재산형이나 과태료에는 조세나 특별한 공과금과는 달리 우선배당에 관한 아무런 규정이 없으므로, 이들은 일반채권과 동순위로 배당받는다.

9. 집행력 있는 일반채권

집행력 있는 집행권원을 소지한 자의 채권 중 민사집행법 148조 1호의 배당요구의 종기까지 경매신청을 한 압류채권자의 채권에 해당하는 것 외에는 배당요구의 종기까지 배당요구를 하여야 한다.

이자(또는 지연이자)는 집행권원에 표시된 이율에 따라 계산한 것으로서 배당기일까지의 이자가 포함된다(대법원 2003. 8. 19. 선고 2003다23014 판결).

10. 가압류채권

1) 배당요구와 청구금액의 확정

가압류는 첫 경매개시결정등기 전에 등기된 것은 배당요구를 할 필요가 없지만, 첫 경매개시결정등기 후에 등기된 것은 배당요구종기까지 배당요구한 경우에 한하여 배당받을 수 있는 채권이다.

배당요구서에 붙여야 할 배당요구의 자격을 소명하는 서면은 가압류가 기입된 등기사항증명서, 가압류결정 등으로 등기기록에 가압류의 청구금액(피보전채권액)이 적혀 있고, 그 채권이 우선권 있는 채권이 아닌 경우에는 등기사항증명서만 제출하여도 되지만, 그렇지 아니한 경우에는 청구금액이나 우선권 있는 채권임을 소명하는 자료도 함께 제출하여야 한다.

한편, 가압류권자가 배당받을 금액은 가압류의 청구금액 범위 내에서 원금, 이자 및 비용이다.

경매법원의 법원사무관 등의 채권신고의 최고에 대한 신고를 하지 아니한 때에는 그 채권자의 채권액은 등기사항증명서 등 집행기록에 있는 서류와 증빙에 따라 계산하고, 이 경우 다시 채권액을 추가하지 못하는데(민집법 제84조 제5항), 실무에서는 가압류의 청구금액을 채권금액으로 보고 배당을 한다.

2) 가압류채권의 배당순위

가압류채권의 배당순위는 가압류에 의하여 보전된 피보전권리의 민법·상법, 그 밖의 법률에 의한 우선순위에 따른다. 그러므로 피보전권리가 우선변제권이 있으면 가압류채권도 우선변제를 받을 수 있다.

다만, 이는 가압류의 피보전권리가 우선변제권 있는 채권임이 소명된 경우에 한하고, 그렇지 아니한 경우에는 일반채권자로서만 배당받는데, 그 소명을 언제까지 하여야 하는가에 관하여, 판례는 배당표 확정시까지 우선변제권 있는 채권임을 소명하면 된다고 한다(대법원 2004. 7. 22. 선고 2002다52312 판결).

3) 가압류 후 담보권 설정 또는 소유권이 변동된 경우

(1) 개별상대효설

가압류 등기가 먼저 되고 나서 담보권설정등기가 마쳐진 경우에 가압류의 처분금지적 효력에 관하여, 처분행위 당사자 사이에서는 유효하지만 그 집행보전의 목적을 달성하는 데 필요한 범위 안에서 가압류채권자에 대한 관계에서 대항하지 못한다는 것을 상대효설이라 한다(판례).

상대효설은 절차상대효설와 개별상대효설로 나뉘는데, 판례의 입장인 개별상대효설은 압류 후의 저촉처분은 압류채권자와 그 처분 이전에 당해 집행절차에 참가한 채권자에게만 대항할 수 없을 뿐이고, 저촉처분 후에 당해 집행절차에 참가한 채권자에게는 대항할 수 있다는 견해이다.

가압류등기가 먼저 되고 나서 담보물권설정등기가 마쳐진 경우 가압류권자와 담보물권자는 평등하게 배당을 받는다(대법원 2008. 2. 28. 선고 2007다77446 판결).

가압류가 된 후 제3자 앞으로 소유권이 변동된 경우에 집행권원을 얻은 가압류채권자의 신청에 의하여 제3자의 소유권 취득 후 당해 부동산에 대하여 개시된 경매절차에서 가압류채무자에 대한 다른 채권자는 당해 부동산의 매각대금의 배당에 참가할 수 없으며, 나아가 집행채무자가 압류 후에 압류부동산을 제3자에게 양도하였다면 집행채무자에 대한 또 다른 채권자는 그 대상이 부존재하므로 다시 압류할 수 없고 배당요구도 할 수 없다(대법원 1998. 11. 13. 선고 97다57337 판결, 재민 63-11).

(2) 가압류집행 후 소유권의 변동이 있고, 가압류채권자가 경매를 신청한 경우

가압류 집행 후 가압류목적물의 소유권이 제3자에게 이전되었는데 가압류채권자가 집행권원을 얻어 제3취득자가 아닌 가압류채무자를 집행채무자로 하여 그 가압류를 본압류로 이전하는 강제집행을 실행한 경우, 그 강제집행은 가압류의 처분금지적 효력이 미치는 객관적 범위인 가압류결정 당시의 청구금액의 한도 안에서는 집행채무자인 가압류채무자의 책임재산에 대한 강제집행절차이므로 제3취득자에 대한 채권자는 당해 가압류목적물의 매각대금 중 가압류의 처분금지적 효력이 미치는 범위의 금액에 대하여는 배당에 참가할 수 없다(대법원 2006. 11. 24. 선고 2006다35223 판결).

그러나 가압류 청구금액을 초과하는 부분은 제3취득자의 재산에 대한 매각절차라 할 것이므로, 제3취득자에 대한 채권자는 그 매각절차에서 제3취득자의 재산 매각대금 부분으로부터 배당을 받을 수 있다(대법원 2005. 7. 29. 선고 2003다40637 판결).

(3) 가압류집행 후 소유권의 변동이 있고, 현 소유자의 채권자가 경매를 신청한 경우

제3취득자의 채권자가 신청한 경매절차에서 매각 및 매수인이 취득하게 되는 대상은 가압류목적물 전체이지만, 가압류의 처분금지효가 미치는 매각대금 부분은 가압류채권자가 우선적인 권리를 행사할 수 있고 제3취득자의 채권자들은 이를 수인하여야 하므로, 전소유자에 대한 가압류채권자는 그 매각절차에서 당해 가압류목적물의 매각대금에서 가압류결정 당시의 청구금액을 한도로 하여 배당을 받을 수 있다(대법원 2006. 11. 24. 선고 2006다35223 판결).

이러한 경우에는 매수인이 위 가압류등기의 부담을 인수하는 것을 전제로 매각절차를 진행시킨 경우가 아닌 한 전소유자의 가압류권자와 신소유자의 채권자에게 안분배당을 하는 것이 아니라, 전소유자의 가압류권자에게 '가압류의 청구금액 범위 내'에서 먼저 배당을 하고, 그 가압류는 말소촉탁의 대상이 된다(대법원 2007. 4. 13. 선고 2005다8682 판결).

11. 저당물의 제3취득자가 지출한 필요비·유익비 채권

저당권설정등기 후에 목적 부동산의 제3취득자가 그 부동산의 보존, 개량을 위하여 필요비 또는 유익비를 지출한 때에는 민법 제203조(점유자의 상환청구권)의 규정에 의하여 저당물의 매각대금에서 우선상환을 받을 수 있다(민법 제367조, 대판 2004. 10. 15. 선고 2004다36604 판결).

이러한 점은 저당권자의 신청에 의한 담보권실행을 위한 경매절차에서만 적용되는 것은 아니고, 저당부동산이 매각되는 이상 다른 채권자에 의하여 개시된 강제경매절차에서도 적용된다.

제3취득자의 범위와 관련해서는 민법 제367조가 규정하는 비용상환청구권은 저당목적물의 점유자가 그 회복자에 대하여 갖는 청구권으로서의 성질을 갖는 것이므로, 저당목적부동산에 대하여 지상권·전세권·대항력 있는 임차권 등을 취득한 자가 저당목적물의 제3취득자에 해당함은 이론이 없다.

다만, 물상보증인이나 이와 유사한 지위에 있는 자는 위 비용상환청구권을 행사할 수 없다(대법원 1959. 5. 14. 선고 4291민상302 판결). 물상보증인은 소유자로서 저당목적물을 점유하는 자이므로 그에게는 비용상환청구권을 행사할 회복자가 따로 존재하지 않기 때문이다.

12. 잉여금의 처리

배당받을 수 있는 각 채권자의 채권에 배당하고도 남은 잉여금이 있을 경우에는 소유자에게 지급하여야 하는 것이 원칙이다.

다만, 소유자의 잉여금채권이 다른 채권자에 의하여 압류·가압류된 경우에는 소유자에게 지급할 수 없다.

경매절차에 있어 근저당권설정자와 채무자가 동일한 경우, 민사집행법 제148조에 따라 배당받을 채권자나 제3취득자가 없는 한 근저당권자의 채권액이 근저당권의 채권최고액을 초과하는 경우에 매각대금 중 그 최고액을 초과하는 금액이 있더라도 이는 근저당권설정자에게 반환할 것은 아니고 근저당권자의 채권최고액을 초과하는 채무의 변제에 충당하여야 한다(대법원 2009. 2. 26. 선고 2008다4001 판결).

부동산 임의경매에서 경매개시결정등기 후에 소유권이전등기를 마쳐 권리를 취득한 자는 경매신청채권자에 대하여는 그 권리취득을 주장할 수 없으나, 그 밖에 위 경매개시결정등기 후에 집행에 참가한 자 등 제3자에 대하여는 유효하게 권리취득을 주장할 수 있으므로 매각대금 중 피담보채권 등에 충당되고 남은 잔액은 위 제3취득자에게 교부되어야 하여야 한다[제3취득자가 권리신고를 하지 않은 경우라 하더라도](대법원 1990. 4. 10. 선고 90다카2403 판결).

제 7 장

배당의 실시와 배당이의

07 배당의 실시와 배당이의

1. 배당기일의 지정 및 통지

1) 배당기일의 지정

매수인이 매각대금을 지급하면 법원은 배당에 관한 진술 및 배당을 실시할 기일을 정하여야 한다(민집법 제146조).

부동산경매사건의 진행기간 등에 관한 예규(재민 91-5)에 의하면 매수인이 매각대금을 지급하면 3일 안에 배당기일을 지정하되, 배당기일은 대금지급 후 4주 안의 날로 정하도록 되어 있다.

2) 배당기일의 통지

경매법원은 배당기일을 정하고 이해관계인과 배당을 요구한 채권자에게 이를 통지하여야 한다(민집법 제146조).

배당기일통지는 각 채권자와 채무자에 대하여 늦어도 배당기일 3일전에 도달될 수 있도록 하여야 한다. 왜냐하면 배당기일 3일전보다 뒤에 통지가 도달되면 민사집행법 149조 1항의 3일간의 배당표열람기간을 지킬 수 없기 때문이다.

이 통지를 받을 채권자에는 압류채권자뿐 아니라 민사집행법 제148조 각 호의 배당받을 채권자의 범위에 해당하는 채권자가 모두 포함되며, 청구이의의 소, 제3자이의의 소, 집행문부여에 대한 이의의 소의 피고로서 집행의 일시정지명령을 받은 채권자에게도 통지를 생략해서는 안 된다.

배당기일이 정해지면 배당기일통지(민집법 제146조)뿐 아니라 계산서 제출최고(민집규 제81조)도 하여야 하는데, 배당기일통지서에 채권계산서를 1주 안에 제출할 것을 최고하는 취지를 부기하여 송달하여도 된다.

[양식] **배당기일통지서**

○ ○ 지 방 법 원
배당기일통지서

귀하

사 건 20 타경 부동산강제(임의)경매
채 권 자
채 무 자
소 유 자

아래와 같이 배당기일이 지정되었음을 통지합니다.
배당기일 . . . . (세 호 법정)

20 . . .

법원사무관 (직인생략)

◇ 유 의 사 항 ◇

1. 채권자는 채권의 원금·배당기일까지의 이자, 그 밖의 부대채권 및 집행비용을 적은 계산서를 이 통지서를 받은 날부터 1주 안에 법원에 제출하시기 바랍니다. 채권계산서 양식은 아래와 같습니다.
2. 계산서에는 채권원인증서의 사본을 첨부하고, 채권원인증서의 원본은 배당요구서에 첨부한 경우가 아니면 배당당일에 제출하셔야 합니다(임차인은 아래 3. 참조).

3. 임차인이 배당금을 수령하려면 ①임대차계약서원본, ②주택임차인은 주민등록등본, 상가건물임차인은 등록사항등의 현황서등본 ③매수인의 인감이 날인된 임차목적물명도확인서, ④매수인의 인감증명서를 각 1통씩 배당당일에 제출하셔야 합니다(단, 배당요구종기까지 배당요구한 임차인에 한하여 배당받을 수 있습니다).
4. 대리인이 출석할 때에는 위임장 2통, 위임자의 인감증명서 2통, 법인인 경우 법인 등(초)본 2통, 기타 자격증명서면을 제출하셔야 합니다.
5. 배당기일통지서를 받은 이해관계인일지라도 법정배당순위에 따라서는 배당금이 없는 경우도 있습니다.
6. 채권자가 배당액을 입금할 예금계좌 및 채권자의 주민등록번호(법인인 경우 사업자등록번호)를 신고하면 그 예금계좌에 입금하여 드릴 수 있습니다. 이 경우 입금에 소요되는 수수료는 채권자 부담입니다.
7. 사건진행ARS는 지역번호 없이 1588-9100입니다. 바로 청취하기 위해서는 안내음성에 관계없이 '1'+'9'+[열람번호 000999 2001 013 3334]+'*'를 누르면 됩니다(광주 · 전남지역에서 타지역 사건 조회 : (02)530-1234).

<table>
<tr><td rowspan="2">법 원
소재지</td><td rowspan="2"></td><td>담 당</td><td></td></tr>
<tr><td>전 화</td><td></td></tr>
</table>

	채권원금	이 자 (20 . . .부터 20 . . .까지)	기 타 (비용, 부대채권)	합 계
채권계산서				

20 . . .

채권자 (날인 또는 서명) ☎ :

2. 배당표의 작성과 비치

1) 배당표원안의 작성

배당표원안이란 채권자들이 제출한 계산서와 기록을 기초로 하여 집행법원이 채권자들에 대한 배당액 그 밖에 배당실시를 위하여 필요한 일정사항을 적은 문서로서, 배당기일에 채권자들로 하여금 배당에 관한 의견을 진술시키는 기초가 되는 것이다.

배당표는 집행법원이 작성하는 것만으로 그대로 확정되는 것이 아니고 배당기일에 채권자들 사이에 합의가 성립하거나 이의가 없을 때 비로소 배당표로서 확정된다.

배당표는 민사집행규칙 81조의 계산서 제출기간이 지난 뒤에 작성한다. 각 채권자 중 최고서를 송달받은 날부터 1주의 제출기간이 가장 늦게 만료되는 채권자를 기준으로 그 다음 날부터 배당표원안을 작성할 수 있다.

배당표원안을 작성한 후라도 배당표원안에 적은 내용에 관하여 잘못된 계산 등 분명한 잘못이 있는 때에는 신청 또는 직권에 의하여 경정할 수 있다.

2) 배당표원안의 비치와 열람

경매법원은 배당기일에 출석한 이해관계인과 배당을 요구한 채권자를 심문하여 배당표를 확정하여야 하나(민집법 제149조 제2항), 그에 앞서 채권자와 채무자에게 보여주기 위하여 배당기일의 3일전에 배당표원안을 작성하여 법원에 비치하여야 한다(민집법 제149조 제1항, 재민 91-5).

배당표의 비치는 법원사무관 등의 사무실에 하면 된다. 배당표를 비치하지 아니하거나 배당표 비치기간을 준수하지 아니하면 배당기일 변경 또는 연기의 사유가 되지만 배당절차의 무효나 취소사유가 되지는 않는다.

비치된 배당표원안을 열람한 이해관계인 및 배당을 요구한 채권자들은 배당표원안에 적은 내용에 대하여 이의가 있을 경우에는 반드시 배당기일에 출석하여 이의를 진술하여야 하고 미리 서면으로 이의할 수 없다(민집법 제151조 제1항, 제3항).

다만, 채무자는 법원에 배당표원안이 비치된 이후 배당기일이 끝날 때까지 채권자의 채권 또는 그 채권의 순위에 대하여 서면으로도 이의할 수 있다(민집법 제151조 제2항).

3. 배당표의 기재 사항

민사집행법 150조 1항은 배당표에 매각대금, 각 채권자의 채권의 원금, 이자, 비용, 배당의 순위와 배당비율을 적도록 규정하고 있으나 재판사무에 관한 문서의 양식에 관한 예규(재일 2003-7)의 배당표양식에 의하면 배당표에는 위 사항 외에 배당법원의 표시, 사건번호, 배당할 금액, 매각부동산, 채권자의 이름, 배당순위와 이유, 배당액, 잔여액 등을 적도록 되어 있다.

본 장에서는 위 기재할 사항 중 보다 중시되는 배당할 금액, 집행비용, 배당순위에 대하여 설명하기로 한다.

[양식] **배당표**

○ ○ 지 방 법 원 배 당 표			
사 건 20 타경		부동산강제경매	
배 당 할 금 액		금	51,000,000
명세	매 각 대 금	금	45,500,000
	지연이자 및 절차비용	금	0
	전경매보증금	금	5,000,000
	매각대금이자	금	500,000
	항고보증금	금	0

집 행 비 용		금 1,500,000		
실제 배당할 금액		금 49,500,000		
매 각 부 동 산		서울 서초구 서초동 1234 대 100㎡ 및 위 지상 1층 건물 150㎡		
채 권 자		김갑동	종로구	국민은행
채권금액	원 금	16,000,000	1,000,000	10,000,000
	이 자	0	0	495,000
	비 용	0	0	5,000
	계	16,000,000	1,000,000	10,500,000
배 당 순 위		1	2	3
이 유		소액임차인	교부권자 (당해세)	근저당권자
채 권 최 고 액		16,000,000	1,000,000	10,000,000
배 당 액		16,000,000	1,000,000	10,000,000
잔 여 액		33,500,000	32,500,000	22,500,000
배 당 비 율		100.00%	100.00%	100.00%
공 탁 번 호 (공 탁 일)		금제 호 (20 . . .)	금제 호 (20 . . .)	금제 호 (20 . . .)
채 권 자		이을순	박병식	
채권금액	원 금	20,000,000	10,000,000	
	이 자	0	0	
	비 용	0	0	
	계	20,000,000	10,000,000	
배 당 순 위		4	4	
이 유		신청채권자 (확정판결)	가압류권자	
채 권 최 고 액		20,000,000	10,000,000	
배 당 액		15,000,000	7,500,000	
잔 여 액		7,500,000	0	
배 당 비 율		75.00%	75.00%	%
공 탁 번 호 (공 탁 일)		금제 호 (20 . . .)	금제 호 (20 . . .)	금제 호 (20 . . .)
20 . . . 판사(사법보좌관) ○ ○ ○				

1) 배당할 금액(민집법 제147조 제1항)

(1) 대금

매각대금을 말하는 것으로 매수신청의 보증으로 금전이 제공된 경우에 그 금전은 매각대금에 넣고(민집법 제142조 제3항), 매수신청의 보증으로 금전 외의 것이 제공된 경우로서 매수인이 매각대금 중 보증액을 뺀 나머지 금액만을 낸 때에는 법원이 보증을 현금화하여 그 비용을 뺀 금액을 보증액에 해당하는 매각대금 및 이에 대한 지연이자에 충당하는데(민집법 제142조 제4항), 이 중 매각대금에 충당된 것이 이에 속한다.

(2) 민사집행법 제138조 제3항 및 제142조 제4항의 경우에는 대금지급기한이 지난 뒤부터 대금의 지급·충당까지의 지연이자

재매각명령이 있은 후 전의 매수인이 매각대금과 지연이자 및 절차비용을 지급하여 재매각절차가 취소된 경우에(민집법 제138조 제3항) 대금지급기한이 지난 뒤부터 지급일까지의 기간 동안에 해당하는 매수인이 지급한 지연이자 및 매수신청의 보증으로 금전 외의 것이 제공된 경우로서 법원이 민사집행법 제142조 제4항에 따라 보증을 현금화하여 그 비용을 뺀 금액을 보증액에 해당하는 매각대금 및 이에 대한 지연이자에 충당할 경우(같은 법 제142조 제4항) 이자에 충당된 것이 여기에 해당한다.

(3) 민사집행법 제130조 제6항의 보증

채무자 및 소유자가 한 매각허가결정에 대한 항고가 기각 또는 각하되거나 항고가 취하된 때에는 항고인이 보증으로 제공한 금전이나 유가증권은 그 반환을 청구하지 못하고(민집법 제130조), 그 보증금은 배당할 금액에 산입된다(민집규 제80조 제1항).

(4) 민사집행법 130조 7항 본문의 보증 가운데 항고인이 돌려 줄 것을 요구하지 못하는 금액 또는 같은 조 7항 단서의 규정에 따라 항고인이 낸 금액

채무자 및 소유자 외의 사람이 한 매각허가결정에 대한 항고가 기각 또는 각하되거나 항고가 취하된 때에는 항고인이 보증으로 제공한 금전이나 유가증권을 현금화한 금액 가운데 항고를 한 날부터 항고기각 또는 각하결정이 확정된 날까지(항고가 취하된 경우에는 취하된 날까지)의 매각대금에 대한 연 2할(민집규 제75조)에 의한 금액(보증으로 제공한 금전이나 유가증권을 현금화한 금액을 한도로 한다)에 대하여는 돌려 줄 것을 요구할 수 없고(민집법 제130조 제7항, 제8항) 그 보증금은 배당할 금액에 산입된다.

(5) 민사집행법 138조 4항의 규정에 의하여 매수인이 돌려줄 것을 요구할 수 없는 보증

재매각이 실시된 경우에 전의 매수인이 제공한 매수신청의 보증은 반환을 청구하지 못하고(민집법 제138조 제4항) 그 보증은 배당할 금액에 산입된다.

(6) 민사집행법 제137조 제2항의 보증

차순위매수신고인에 대한 매각허가결정이 있는 경우 매수인이 매수신청의 보증으로 제공한 금전이나 유가증권 또는 은행 등과 지급보증위탁계약체결사실을 증명하는 문서를 현금화한 것도 배당할 금액에 산입된다.

(7) 위 각 금액에 대한 배당기일까지의 사이에 발생한 보관금이자

위 각 항목의 금원은 보관금이든 공탁금이든 별단예금으로 예탁하여 보관하므로 그에 대하여 예탁한 날부터 이자가 발생하는데(보관금규칙 제7조, 공탁법 제6조, 공탁금의 이자에 관한 규칙 제2조), 그 이자 중 배당기일까지의 이자에서 이자소득세를 원천징수한 잔액은 당연히 배당할 금액에 포함된다(법원보관금에 대하여는 재일 97-2).

2) 집행비용

강제집행에 필요한 비용은 채무자의 부담으로 하고 그 집행에 의하여 우선적으로 변상을 받는다(민집법 제53조 제1항). 집행비용은 집행권원 없이도 배당재단으로부터 각 채권액에 우선하여 배당받을 수 있다.

집행비용이란 각 채권자가 지출한 비용의 전부가 아니라 배당재단으로부터 우선변제를 받을 집행비용만을 의미하므로 이에 해당하는 것으로서는 당해 경매절차를 통하여 모든 채권자를 위하여 체당한 비용으로서의 성질을 띤 집행비용(공익비용)에 한하며, 집행비용에는 민사집행의 준비 및 실시를 위하여 필요한 비용이 포함된다(대법원 2011. 2. 10. 선고 2010다79565 판결).

가압류가 본압류로 이행된 경우의 가압류비용은 이에 포함된다(대법원 2006. 11. 24. 선고 2006다35223 판결).

배당요구를 하기 위하여 지출한 비용은 모든 채권자를 위하여 체당한 비용이 아니므로 여기서 말하는 집행비용에는 포함되지 아니하고, 그 채권자의 채권금액에 산입하여 배당하게 된다.

압류가 경합된 경우(이중경매를 신청한 경우)에 뒤의 경매신청에 소요된 비용(예를 들어, 경매신청서 서기료, 인지대, 제출비용 등)은 배당요구에 소요된 비용과 마찬가지로 우선변제를 받을 집행비용이 아니다. 그러나 선행의 경매절차가 취소, 취하됨으로 인하여 뒤의 경매신청에 기하여 경매절차가 진행된 때에는 뒤의 경매신청사건의 경매신청비용 이하 전 비용이 집행비용으로서 우선변제된다.

집행비용은 경매절차에서 직접 발생한 것에 한하므로 경매개시결정에 대한 이의사건이라든가 매각허가결정에 대한 항고사건을 위하여 지출한 비용은 포함되지 아니한다.

4. 배당 순위

1) 배당순위의 결정

각 채권자는 민법·상법, 그 밖의 법률에 의한 우선순위에 따라 배당순위가 정하여 진다(민집법 제145조 제2항).

배당순위는 번호로 표시하며 동일순위의 채권자가 수인인 때에는 같은 번호로 표시하며, 각 채권자의 배당순위는 다음과 같다.

(1) 매각재산에 조세채권의 법정기일 전에 설정된 저당권·전세권에 의하여 담보되는 채권이 있는 경우

① 제1순위 : 집행비용

② 제2순위 : 저당물의 제3취득자가 그 부동산의 보존·개량을 위하여 지출한 필요비·유익비(민법 제367조)

③ 제3순위 : 소액임차보증금채권(주보법 8조 1항, 상보법 14조 1항), 최종 3개월분 임금과 최종 3년간의 퇴직금 및 재해보상금(근로기준법 제38조 제2항, 근로자퇴직급여 보장법 제12조 제2항 단, 최종 3년간의 퇴직금은 1997. 12. 24. 개정된 근로기준법 부칙 제2조 제1항에 의하여 개정 근로기준법의 시행 전에 퇴직한 근로자의 경우에는 특칙이 있음을 주의, 근로자퇴직급여 보장법은 2005. 12. 1.부터 시행)

④ 제4순위 : 집행의 목적물에 대하여 부과된 국세, 지방세와 가산금(이른바 당해세. 국세기 제35조 제1항, 지방세기 제99조 1항)

⑤ 제5순위 : 국세 및 지방세의 법정기일 전에 설정등기된 저당권·전세권에 의하여 담보되는 채권(국세기 제35조 제1항, 지방세기 제99조 제1항)

⑥ 제6순위 : 근로기준법 38조 2항 및 근로자퇴직급여 보장법 제12조 제2항의 임금 등을 제외한 임금, 기타 근로관계로 인한 채권(근로기준법 제38조 제1항, 근로자퇴직급여보장법 제12조 제1항)

⑦ 제7순위 : 국세·지방세 및 이에 관한 체납처분비, 가산금 등의 징수금(국세기 35조 제1항, 지방세기 제99조 제1항)

⑧ 제8순위 : 국세 및 지방세의 다음 순위로 징수하는 공과금 중 납부기한이 저당권, 전세권 설정등기 후인 고용보험료 및 산업재해보상보험료, 국민건강보험료, 국민연금보험료 등

⑨ 제9순위 : 일반채권(일반채권자의 채권과 재산형 · 과태료 및 국유재산법상의 사용료 · 대부료 · 변상금채권)

(2) 매각재산에 조세채권의 법정기일 후에 설정된 저당권 · 전세권에 의하여 담보되는 채권이 있는 경우

① 제1, 2, 3순위 : 위와 같음

② 제4순위 : 조세 기타 이와 동순위의 징수금(당해세 포함)

③ 제5순위 : 조세 다음 순위의 공과금 중 납부기한이 저당권 · 전세권의 설정등기보다 앞서는 국민건강보험법상의 고용보험료 및 산업재해보상보험료, 건강보험료, 국민연금법상의 연금보험료

④ 제6순위 : 저당권 · 전세권에 의하여 담보되는 채권

⑤ 제7순위 : 임금 기타 근로관계로 인한 채권

⑥ 제8순위 : 국세 및 지방세의 다음 순위로 징수하는 공과금 중 납부기한이 저당권, 전세권 설정등기 후인 고용보험료 및 산업재해보상보험료, 국민건강보험료, 국민연금보험료 등

⑦ 제9순위 : 일반채권

(3) 매각재산에 저당권 등에 의하여 담보되는 채권이 없는 경우

① 제1, 2, 3순위 : 위와 같음

② 제4순위 : 임금 기타 근로관계로 인한 채권

③ 제5순위 : 조세 기타 이와 동순위의 징수금(당해세 포함)

④ 제6순위 : 조세 다음 순위의 공과금

⑤ 제7순위 : 일반채권(여기에 해당하는 채권도 가)항과 같다)

〈표 7-1〉 배당순위표

구 분	순위	권리의 내용
비용변제	1	○ 집행비용
	2	○ 필요비 · 유익비(민법 제367조)
최우선 변제	3	○ 소액임차보증금(주보법 제8조, 상보법 제14조) ○ 최우선 임금채권(최종 3개월분 임금, 최종 3년간 퇴직금, 재해보상금) ※ 경합하는 경우에는 동등한 순위로 채권으로 보아 배당
	4	○ 당해세
설정순 우선변제	5	○ 확정일자부 임차인의 보증금 ○ 당해세가 아닌 조세 · 가산세 · 가산금 ○ 담보물권에 의하여 담보된 채권
우선변제	6	○ 일반 임금채권
	7	○ 담보물권보다 늦은 국세, 지방세 및 이에 관한 체납처분비 · 가산세 · 가산금 등 징수금
	8	○ 공과금
보통변제	9	○ 일반채권

5. 배당 방법

1) 안분후흡수설

실제 배당을 하는 방법에 있어서 배당받을 채권자들 사이에 배당순위가 고정되지 아니하고 채권자들 사이에 우열관계가 상대에 따라 변동이 있는 경우에 문제가 된다.

이러한 경우 그에 관계된 각 채권자의 채권액에 비례하여 안분배당한 후(1단계), 각각 자신의 채권액 중 1단계에서 안분 받지 못한 금액(부족액)에 달할 때까지 자신의 후순위인 채권자의 안분액으로부터 흡수(2단계)하여 그 결과를 배당하여야 한다는 것이 안분후흡수설이며, 판례(대법원 1994. 11. 29. 선고 94마417 판결)와 실무가 이에 따르고 있다.

안분후흡수설의 경우 2단계로 후순위자의 안분배당액을 흡수할 때에 흡수할 금액은 자신의 채권액 중 1단계에서 안분배당 받지 못한 부족액과 1단계에서 후순위자에게 안분배당 된 금액을 각 한도로 하고, 또한 흡수는 각 흡수할 채권자마다 한번으로 종결시켜야 하고, 다시 위와 같은 절차를 반복하여서는 안된다.

이와 대비하여 각 채권자의 채권액에 비례하여 안분배당 한다는 안분배당설이 있다.

2) 배당순위의 모순저촉에 따른 특수흡수배당

다수의 채권자 중 등기기록에 기입된 순서가 ① 가압류(청구채권 400만 원), ② 근저당권(채권 200만 원), ③ 당해세 아닌 조세(300만 원)의 압류, ④ 가압류(청구채권 100만 원)의 등기가 순차로 되어 있고(편의상 조세의 법정기일을 압류한 날짜로 본다), 배당할 금액이 500만 원이라 하자.

이는 위에서 본 것과 같은 배당의 순환관계는 생기지 않는 대신 부분적으로 ① 가압류의 입장에서는 ② 근저당권과 ④ 가압류에 대한 관계에서는 평등한 반면, ③ 조세에 대한 관계에서는 후순위이고, 또한 ③ 조세의 입장에서는 ①, ④ 가압류보다는 선순위이나 ② 근저당보다는 후순위로서, 서로 상호 순위가 모순되는 관계에 있게 된다.

이러한 경우에도 각 채권자의 채권액을 기초로 먼저 안분배당한 후, 각 자기보다 후순위권리자의 배당액을 자기채권이 만족할 때까지 흡수시켜 배당하여야 한다(대법원 1994. 11. 29. 선고 94마417 판결).

위의 예에서, 먼저 각 청구채권의 비율에 따라 ①에게 200만 원(500×400÷1,000), ②에게 100만 원(500×200÷1,000), ③에게 150만 원(500×300÷1,000), ④에게 50만 원(500×100÷1,000)을 배당한 다음, ③, ④에 안분배당된 금액을 선순위 ②에게

②의 청구채권한도(200)에서 흡수시키고, ①은 ③에 대하여는 후순위로서 ③의 청구채권한도(300)에서 ①가압류를 흡수시키면 된다.

그런데 이때 세 가지 주의할 것이 있다. 첫 번째는 흡수의 순서에 관한 것으로서, ④에 안분배당된 것을 흡수할 권리자로 ②와 ③이 있는데 둘 사이에 ②가 선순위이므로 ②의 채권에 먼저 흡수하고 그 다음에 ③의 채권에 흡수하는 순서를 밟아야 한다는 것이다. 따라서 위의 예에서 ④에 대하여 안분배당된 것은 1차로 ②가 먼저 흡수하여야 한다.

두 번째는 흡수당하는 순서에 관한 것인데, 위의 경우 ②에 흡수당할 채권은 ③과 ④가 있는바, 이 ③, ④ 사이에서는 ④가 열후하므로 ④에 배당된 것을 먼저 흡수하고, 모자라는 한도에서 ③의 것을 흡수한다. 이때 ③, ④가 동순위일 경우에는 안분하여 흡수한다.

따라서 이에 따라 위의 예에 관하여 배당을 실시하면, ②는 ④의 배당액 50만 원을 먼저 흡수하고, 모자라는 50만 원(=청구금액 200만 원−1차안분액 100만 원−④흡수액 50만 원)을 ③으로부터 추가로 흡수하게 된다. 이로써 ②에 대한 배당금은 확정된다.

세 번째는 흡수의 한도에 관한 것으로서, 두 번째로 흡수하여야 할 ③의 흡수범위를 정하는데 있어서 ③이 1차로 안분배당받았다가 ②에 흡수당한 부분까지도 흡수할 수 있는가 하는 문제이다.

이에 관하여는, 흡수당한 부분은 일단 배당받은 것이므로 그 부분을 공제한 나머지만 흡수하여야 한다는 견해가 타당하다.

6. 배당기일의 실시 및 확정

경매법원은 미리 작성한 배당표원안을 배당기일에 출석한 이해관계인과 배당을 요구한 채권자에게 보여주고 그들을 심문하여 그 의견을 듣고 또 즉시 조사할 수 있는 증거를 조사한 다음 이에 기하여 배당표원안에 추가, 정정할 것이 있으면 추가, 정정하여 배당표를 완성・확정한다(민집법 제149조 제2항, 제152조 제2항).

다만, 배당표에 대하여 이의가 있으면 그 이의 있는 부분에 한하여 배당표는 확정되지 아니한다(민집법 제152조 제3항).

배당기일에 출석한 이해관계인과 배당을 요구한 채권자가 합의한 때에는 이에 따라 배당표를 작성하여야 한다(민집법 제150조 제2항).

배당표에 대하여 이해관계인이나 배당요구채권자의 이의가 없어 그대로 확정되면 법원 및 각 채권자와 채무자는 이에 기속된다.

7. 배당에 대한 이의

1) 배당이의를 할 수 있는 자

배당기일에 출석한 채무자 및 각 채권자는 배당표의 작성, 확정 및 실시와 다른 채권자의 채권 또는 그 채권의 순위에 대하여 자기와 이해관계 있는 부분에 대하여 이의할 수 있다(민집법 제151조 제1항, 제3항).

다만, 채무자는 민사집행법 제149조 제1항에 따라 법원에 배당표원안이 비치된 이후 배당기일이 끝날 때까지 서면으로 이의할 수 있다(민집법 제151조 제2항). 여기서 말하는 채무자란 임의경매에 관해서는 담보부동산의 소유자를 포함하는 개념이다.

이의를 할 수 있는 채권자에는 가압류채권자도 포함된다. 강제집행의 일시정지의 사유가 있는 채권자도 이의를 신청할 수 있다.

그렇지만 배당기일통지를 받고도 출석하지 아니한 채권자는 배당표와 같이 배당을 실시하는 데에 동의한 것으로 보게 되므로 그 채권자에 관한 한 배당표는 확정된다(민집법 153조).

이의는 채무자를 제외하고는 배당기일에 출석하여 진술할 것을 요한다. 따라서 채무자 외의 자가 기일 전에 미리 이의서면을 제출하였다 하더라도 그 자가 기일에 출석하지 아니하면 그 이의서면을 무시하고 배당을 실시할 것이다.

배당이의권자의 채권자가 채권자대위권(민법 제404조)에 기하여 배당이의를 할 수 있다는 것이 실무례이다.

이의를 위하여 반드시 이의권자 본인이 배당기일에 출석하여야 하는 것은 아니고, 대리인이 출석하여도 된다.

2) 배당이의의 효과

(1) 채무자가 배당이의를 한 경우

집행력 있는 집행권원의 정본을 가지지 아니한 채권자(가압류채권자를 제외한다)의 채권이나 부동산상의 담보권자의 채권에 대하여 이의를 한 경우에는 이의가 기일에 완결되지 아니하면 그 부분에 대하여는 배당의 실시가 일시 유보되고 이의를 한 채무자가 민사집행법 제154조에 의한 배당이의의 소를 제기하여야 하며, 집행법원에 소제기를 증명하면 그 부분의 배당액은 공탁된다.

집행력 있는 집행권원의 정본을 가진 채권자에 대하여 이의를 한 경우에는 채무자가 청구이의의 소(민집법 제44조)를 제기하고 또한 그 소에 관한 집행정지재판을 받아야 한다(민집법 제154조 제2항, 제3항).

채무자가 집행력 있는 집행권원의 정본을 가진 채권자에 대하여 청구이의의 소가 아니라 배당이의의 소를 제기한 것은 부적법하다(대법원 2011. 7. 28. 선고 2010다70018 판결).

집행력 있는 집행권원을 가진 채권자에 대하여 이의한 채무자는 배당기일부터 1주 이내에 청구이의의 소제기 사실 증명서류와 아울러 그 소에 기한 집행정지재판의 정본을 집행법원에 제출하여야 하고, 채무자가 그 중 어느 하나라도 제출하지 않으면 채권자에게 당초의 배당표대로 배당을 실시하여야 한다. 이러한 경우 채무자는 채권자를 상대로 부당이득반환 등을 구하는 방법으로 구제받을 수 있을 뿐이다.

(2) 채권자가 배당이의를 한 경우

배당이의가 배당기일에 완결되지 아니한 때에는 이의 있는 채권에 대한 배당의 실시가 일시 유보되고 이의채권자가 배당이의의 소를 제기하고 배당기일부터 1주 이내에 그 소제기를 법원에 증명하면 그 부분의 배당액은 공탁되나(민집법 제160조 제1항) 그 증명이 없이 이 기간이 지난 경우에는 이의에 불구하고 배당이 실시된다.

(3) 실체법상의 이의와 배당의 저지

적법한 실체법상의 이의가 있음에도 불구하고 이를 무시하고 배당을 실시하려고 하는 경우에는 집행에 관한 이의(민집법 제16조)를 제기하고 집행정지의 잠정처분을 받아 그 실시를 저지하는 수밖에 없고(다만, 집행기관과 집행에 관한 이의를 심리하는 법원이 동일하므로 집행정지의 잠정처분보다는 법원사무관 등에 대한 직무명령이 더 효과적일 것이다), 그러한 조치를 취하기 전에 배당이 실시된 경우에는 부당이득반환을 구하는 수밖에 없다.

3) 배당이의의 소제기 등의 증명

이의를 한 채권자나 채무자가 제출하여야 할 소제기의 증명은 수소법원의 소제기증명서, 변론기일통지서 등을 제출하는 방법으로 하면 된다.

1주의 법정기간은 법원이나 당사자가 연장할 수 없고 추후보완도 허용되지 않는다. 배당이의의 소가 소정 기간 내에 제기되었으나 그 소제기 증명서를 소정 기간 경과 후에 제출한 경우에는 배당을 실시해야 할 것이다.

한편 배당이의의 소제기 증명서뿐 아니라 소장 사본을 제출하도록 하여 이의 있는 금액 전부에 대하여 소가 제기되었는지를 조사하고 이의 있는 금액 중 제소되지 아니한 금액에 대하여는 배당을 실시하여야 한다.

소제기 증명을 하지 아니한 경우에는 이의가 취하된 것으로 보게 되므로(민집법 제154조 제3항), 법원은 유보되었던 배당을 실시하여야 한다.

4) 이의의 철회(취하)

이의를 한 채권자는 서면 또는 구술로 이의를 철회(취하)할 수 있다. 이의가 철회되면 이의에 의하여 유보되었던 배당을 실시하여야 한다.

제 8 장

배당사례 연습

08 배당사례 연습

1. 다수소액임차인 배당

■ 부산지방법원 7계 입찰일 : 2006-04-18 (10시)

사건번호	2004-78300	입찰일자	2006-04-18 10시		
물건번호	1	낙찰일자	2006-04-25 14시		
감정평가액	감 210,349,610 실세 210,349,610 토)8256만 건)1억2778만				
최저경매가	최저 107,699,000(51.2%)	종 별	근린및주택	유찰횟수	3
낙찰금액	낙 135,699,000 (64.5%)	다음입찰예정가	86,159,200 (41%)		

채권채무	소재지/특징	면적/구조	임대차 관계	입찰결과	등기부상의 권리관계
동래농협 *이영화 이영화 2005.01.05 임의경매 *미래감정	부산 연제구 연산동 1811-502 조표제주개92-364호 (철근콘크리트및벽돌조 슬레브지붕 보존 92.11.23) *최종이전:92.11.23 *주택:6가구 *부산여상북측인근 *주위단독주택및일부 다세대주택,근린시설등 형성 *주택및상가혼용지대 *제반주위환경보통 *차량접근가능 *시내버스정류장비교적 인근소재 *대중교통사정보통 *북하향경사지대 *장방형유사토지 *건부지 *동측폭약6~8m및남측 폭약3.5~4m내외도로접 *제3종일반주거지역 *주거환경개선구역 *상하수도시설 *위생설비보통 *유류난방 *1층:근린시설<미용원> 및주택 *2~4층:주택 *지하:근린시설<화실> 및보일러실등이용중	근린및주택 ------------- (4층) 대96(29평) 1층86.03(26평) 2층86.03(26평) 3층86.03(26평) 4층86.03(26평) 지하68.02 (20.5평)	4층>방3 2500만 신영옥 월 150,000 확정)02.11.26 배당)05.02.02 전세권설정 전세권자 ------------- 방2>점포1 4000만 김명원 전입)92.12.09 확정)97.01.08 배당)05.03.07 전세권설정 전세권자 ------------- 방2>전부 2300만 이정순 전입)93.11.29 확정)93.11.29 배당)05.04.18 ------------- 2층>방2 2500만 이갑연 전입)95.12.04 확정)99.03.17 배당)05.02.03 ------------- 3층>방2 1800만 김종환 전입)04.11.25 확정)04.11.25 배당)05.02.04 ------------- 배당종기일: 2005.04.18	2006.01.03유찰 2006.02.07유찰 2006.03.14유찰 2006.04.18낙찰 135,699,000 (64.5%) 응찰자수:11	저당92.12.03국민은행 3250만 전세97.01.08김명원 4000만 1층전부86.03㎡ 저당99.01.06동래농협 3500만 저당99.08.18동래농협 1400만 저당01.05.04성창기업 1000만 전세02.11.26신영옥 2500만 4층86.03㎡전부 압류03.08.19북부산(세) 가압05.03.29부산은행 100만

참고사항
*현장을 수차 방문하여 임대차관련 서류를 제출하지 않은 세대에 대하여 서류제출을 요청하는 통지서를 두고 왔으나 이갑연, 김종환 외는 서류를 제출하지 않고 있으며, 관할동사무소에 전세대등본 확인한바 위 임차인들과 소유자 외에 이정순(1993.11.29.자), 정용호(2002.11.27.자), 김명원(1992.12.9.자)이 전입되어 있음 *이정순:300만원 추가계약서 확정일자는 05.4.19.임

사진	구조도
	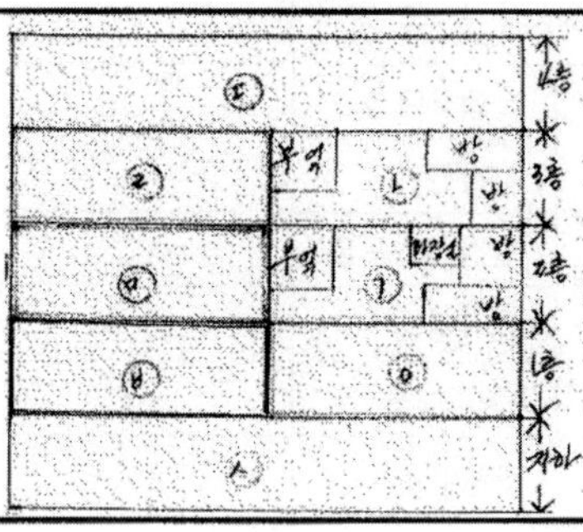

부산지방법원
배 당 표

사　　건　2004타경78300 부동산임의경매

배 당 할 금 액		금 135,910,996		
명세	매각대금	금 135,699,000		
	지연이자	금 0		
	전경매보증금	금 0		
	매각대금이자	금 211,996		
	항고보증금	금 0		
집행비용		금 2,517,290		
실제배당할금액		금 133,393,290		
매각 부동산		부산 연제구 연산동 1811-502 토지 및 건물		
채권자		이갑연	김종환	주식회사국민은행
채권금액	원금	25,000,000	18,000,000	10,274,445
	이자	0	0	1,281,683
	비용	0	0	0
	계	25,000,000	18,000,000	11,556,128
배당순위		1	1	2
이유		임차인 (소액)	임차인 (소액)	근저당권자
채권최고액		12,000,000	12,000,000	32,500,000
배당액		13,541,488	12,000,000	11,556,128
잔여액		119,852,218	107,852,218	96,296,090
배당비율		112.85%	100.00%	100.00%
공탁번호 (공탁일)		금제　호 (　.　.　.　)	금제　호 (　.　.　.　)	금제　호 (　.　.　.　)

채권자		이정순	부산연제구청장	김명원
채권금액	원금	23,000,000	1,788,230	40,000,000
	이자	0	0	0
	비용	0	0	0
	계	23,000,000	1,788,230	40.000,000
배당순위		3	5	6
이유		임차인(확정)	교부권자(당해세)	전세권자
채권최고액		20,000,000	1,296,090	40,000,000
배당액		20,000,000	1,296,090	40,000,000
잔여액		76,296,090	75,000,000	35,000,000
배당비율		100.00%	100.00%	100.00%
공탁번호 (공탁일)		금제 호 (. . .)	금제 호 (. . .)	금제 호 (. . .)
채권자		동래농업협동조합		
채권금액	원금	37,500,000		
	이자	13,454,970		
	비용	0		
	계	50,954,970		
배당순위		7		
이유		신청채권자(근저당권)		
채권최고액		35,000,000		
배당액		35,000,000		
잔여액		0		
배당비율		100.00%		
공탁번호 (공탁일)		금제 호 (. . .)	금제 호 (. . .)	금제 호 (. . .)
2006. 6. 22 판사				

2. 상가임차인 배당

부산지방법원 7계 입찰일 : 2006-04-18 (10시)

사건번호	2005-2768	입찰일자	2006-04-18 10시		
물건번호	1	낙찰일자	2006-04-25 14시		
감정평가액	548,438,960 548,438,960 토)5억1560만 건)3283만				
최저경매가	351,001,000(64%)	종별	근린시설	유찰횟수	2
낙찰금액	358,900,000 (65.4%)	다음입찰예정가	280,800,800 (51.2%)		

채권채무	소재지/특징	면적/구조	임대차 관계	입찰결과	등기부상의 권리관계
좌동(새) *윤혜경 윤혜경 2005.01.25 임의경매 *대일에셋	부산 중구 중앙동4가 48-2 위 동소 48-2 2호 조표종6091호 (철근콘크리트조슬래브 지붕) *최종이전:2002.12.27 <매매> (인근공시가:388만 결정가:400만) *반도빌딩북측인근 *부근도심내업무시설및근린생활시설혼재지대 *제반환경양호 *차량접근가능 *지하철1호선<중앙동>역및시내버스정류장인근소재 *교통사정편리 *인접지와등고평탄 *세로장방형토지 *상업용건부지 *동측폭약14~15m포장도로접 *일반상업지역 *고도지구<12m이상> *방화지구 *위생설비 *1층:점포 *2~4층:사무소구조임	근린시설 -------------- (4층) 대128.9(38.9평) 1층118.02(35.7평) 2층118.02(35.7평) 3층118.02(35.7평) 4층19.11(5.7평)	2층>일부 500만 정종훈 월 400,000 등록)98.01.12 배당)05.02.19 -------------- 1층>전부 1500만 김진태 월 1,000,000 등록)01.04.22 배당)05.02.19 -------------- 3층>일부 500만 일본여행 월 400,000 등록)04.09.30 배당)05.02.19 (주)부산일본여행기획 -------------- 배당종기일: 2005.05.03	2006.02.07유찰 2006.03.14유찰 2006.04.18낙찰 358.900.000 (65.4%) 응찰자수:2	저당03.12.12좌동(새) 3억6400만 저당04.06.17서옥희 1억2000만 가압05.01.20농협(중) 2865만 압류05.09.30부산중구

참고사항
*2층 사무실1칸(ㄷ)부분 및 3층 사무실1칸(ㅁ)부분 현재 공가임 *4층 창고부분 공동으로 사용함

사진	구조도
	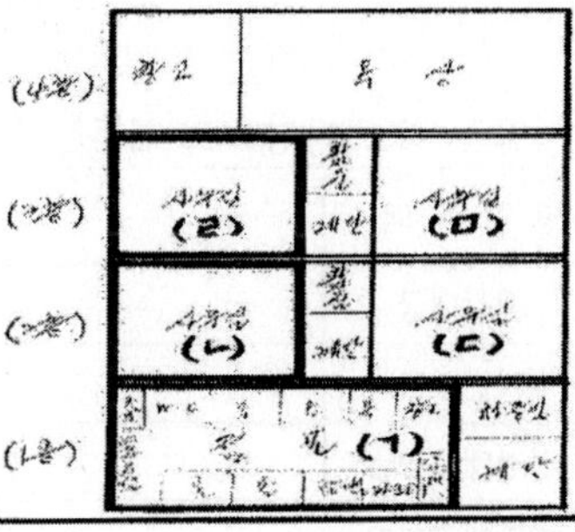

부산지방법원
배 당 표

사 건 2005타경2768 부동산임의경매

배 당 할 금 액		금 359,456,077		
명세	매각대금	금 358,900,000		
	지연이자	금 0		
	전경매보증금	금 0		
	매각대금이자	금 556,077		
	항고보증금	금 0		
집행비용		금 4,558,650		
실제배당할금액		금 354,897,427		
매각 부동산		부산 중구 중앙동4가 48-2 토지 및 건물		
채권자		좌동새마을금고		
채권금액	원금	280,000,000		
	이자	83,983,110		
	비용	0		
	계	363,983,110		
배당순위		1		
이유		채권자1		
채권최고액		364,000,000		
배당액		354,897,427		
잔여액		0		
배당비율		97.50%	%	%
공탁번호 (공탁일)		금제 호 (. . .)	금제 호 (. . .)	금제 호 (. . .)
2006. 6. 22 판사				

3. 상가임차인 배당

■ 부산지방법원 7계 입찰일 : 2006-01-03 (10시)

사건번호	2004-19202	입찰일자	2006-01-03 10시		
물건번호	1	낙찰일자	2006-01-10 14시		
감정평가액	1,302,148,800 1,302,148,800 토)11억1280만 건)1억7457만 제)1477만				
최저경매가	833,375,000(64%)	종별	근린시설	유찰횟수	2
낙찰금액	841,111,113 (64.6%)	다음입찰예정가	666,700,000 (51.2%)		

채권채무	소재지/특징	면적/구조	임대차 관계	입찰결과	등기부상의 권리관계
조흥은행 *김용철 김용철 2004.04.12 임의경매 *나라감정	부산 영도구 대교동1 가 139-1 위 동소 139-1 지상 조표영제11023호 (시멘트블록조슬래브 지붕) 위 동소 139-1 지상 조표영제13165호 위 동소 139-1 지상 조표영제2731호 (시멘트벽돌조기와지붕) ②위 동소 146-1 위 동소 146-1 지상 조표제1434호 (목조와가2계건) 위 동소 146-1 지상 조표제1434호 (시멘트벽돌조기와, 철근콘크리트조슬래브, 시멘트블록조슬래브 지붕,목조와가2계건) *최종이전:87.7.27 <매매> (*제시외건물포함) (*목록2및4건물은공부 면적과현황면적이현 저히상이함) (인근공시가:220만 결정가:①200만 ②230만) *중소기업은행영도지점 남동측직선거리약50m 지점위치	근린시설 ------------- (3층) 대457.5(138.3평) 1층100.59 (30.4평) 2층100.59 (30.4평) 3층100.59 (30.4평) 옥상12.73 (3.8평) 단층점포65.36 (19.7평) 2층주택 1층82.81(25평) 2층31.74(9.6평) 대86(26평) 2층영업소 1층18평4홉 2층13평8홉 내1층11.6평 2층8.7평 1동영업소 건평9평4홉5작 2계평7평9홉5작 제시외건물 139-1지상 2층여관30.5 (9.2평) 2층화장실겸욕실 4.1(1.2평) 단층창고7(2.1평) 지하보일러실 27.3(8.2평) 2층온실및다용 도실19(5.7평) 146-1지상 2층화장실겸 세면장4.8 (1.4평) 2층주방10.3 (3.1평)포함	식당> 500만 김동수 월 300,000 *현황조사 ------------- 1층>일부 500만 배순임 월 300,000 등록)99.09.01 배당)04.04.21 ------------- 2층>일부 700만 한태광 월 550,000 등록)03.07.19 확정)04.06.17 배당)04.04.21 중부산세무서 ------------- 여관> 5000만 김송자 월 2,500,000 전입)01.02.22 등록)99.02.06 확정)00.10.31 배당)04.04.20 여관 ------------- 배당종기일: 2004.07.21	2005.10.25유찰 2005.11.29유찰 2006.01.03낙찰 841,111,113 (64.6%) 응찰자수:1	저당02.03.08조흥은행 6억5000만 저당03.10.09자산공사 7억 가압03.12.29신용보증 2억7000만 가압04.01.07기술보증 3억 가압04.01.19서울보증 5000만 가압04.01.19조흥은행 4억5000만 가압04.02.19기업공단 1억7666만 압류04.08.23영도구 압류04.09.24중부산(세) 압류05.01.03영도구

	*주위각종점포및주택 등형성 *차량접근용이 *대중교통사정편리 *①부정형토지 *여관및주택부지로이용 *②제형토지 *②주상복합용부지로이용 *서측노폭약8m도로접 *일반상업지역 *방화지역 *고도지구<12m이상> *유류난방				

참고사항
*별지도면(가),(나)부분 소유자점유 *위 임차인 김도수는 배순임의 전전세권자이며 배순임의 진술에 의하면 김동수에게 전전세계약을 한후 다른곳으로 이사하여 타처에서 영업을 하고 있으며 전세금은 돌려받지 못한 상태라고 하였다

사진	구조도
	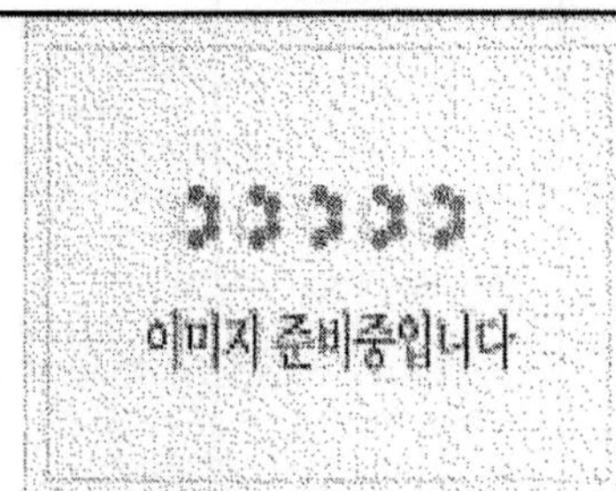

부산지방법원
배 당 표

사　　건　2004타경19202 부동산임의경매

배 당 할 금 액		금 842,728,002		
명세	매각대금	금 841,111.113		
	지연이자	금 0		
	전경매보증금	금 0		
	매각대금이자	금 1,616,889		
	항고보증금	금 0		
집행비용		금 7,787,740		
실제배당할금액		금 834,940,262		
매각 부동산		별지와 같음		
새권사		부산영도구청장	주식회사조흥은행	한국자산관리공사
채권금액	원금	11,005,300	824,951,370	0
	이자	0	349,282,735	275,438,447
	비용	0	0	0
	계	11,005,300	1,174,234,105	275,438,447
배당순위		1	2	3
이유		교부권자 (당해세)	신청채권자 (근저당권)	근저당권자
채권최고액		2,925,202	650,000,000	297,000,000
배당액		2,925,060	650,000,000	182,015,202
잔여액		832,015,202	182,015,202	0
배당비율		100.00%	100.00%	66.08%
공탁번호 (공탁일)		금제　호 (　.　.　.)	금제　호 (　.　.　.)	금제　호 (　.　.　.)
2006. 3. 17 판사				

<table>
<tr><td colspan="2">채 권 자</td><td>남구</td><td></td><td></td></tr>
<tr><td rowspan="4">채권금액</td><td>원 금</td><td>53,570</td><td></td><td></td></tr>
<tr><td>이 자</td><td>0</td><td></td><td></td></tr>
<tr><td>비 용</td><td>0</td><td></td><td></td></tr>
<tr><td>계</td><td>53,570</td><td></td><td></td></tr>
<tr><td colspan="2">배 당 순 위</td><td>3</td><td></td><td></td></tr>
<tr><td colspan="2">이 유</td><td>교부권자(당해)</td><td></td><td></td></tr>
<tr><td colspan="2">채 권 최 고 액</td><td>0</td><td></td><td></td></tr>
<tr><td colspan="2">배 당 액</td><td>53,570</td><td></td><td></td></tr>
<tr><td colspan="2">잔 여 액</td><td>0</td><td></td><td></td></tr>
<tr><td colspan="2">배 당 비 율</td><td>100.00%</td><td>%</td><td>%</td></tr>
<tr><td colspan="2">공 탁 번 호
(공 탁 일)</td><td>금제 호
(. .)</td><td>금제 호
(. .)</td><td>금제 호
(. .)</td></tr>
<tr><td colspan="5">2007. 10. 19.
사 법 보 좌 관</td></tr>
</table>

2-2

4. 근린상가 배당

■ 부산지방법원 4계 　　　　입찰일 : 2006-07-25 (10시)

사건번호	2004-70535	입찰일자	2006-07-25 10시		
물건번호	1	낙찰일자	2006-08-01 14시		
감정평가액	2,880,000,000 토)5억7600만 건)23억400만				
최저경매가	483,183,000(16.8%)	종별	25층근린	유찰횟수	8
낙찰금액	558,888,000 (19.4%)	다음입찰예정가	386,546,400 (13.4%)		

채권채무	소재지/특징	면적/구조	임대차 관계	입찰결과	등기부상의 권리관계
신우신협 *김언수외1 김언수 2004.12.10 임의경매 *미래감정	부산 사하구 신평동 84-9 한솔베스파트 1호동 상가지하층 1호 (보존 2001.4.27) *최종이전:2004.7.13 <매매> *사하소방서동측인근 *주변공동주택및공장, 각종근린생활등형성 *제반주위환경보통 *차량접근가능 *인근시내버스정류장 뷔치 *제반교통사정보통 *도시가스난방 *승강기설비 *불가마<보석,불>설비 *찜질방사우나<한솔건 강랜드>로이용중 *윤종용:위임차인으로 배당요구신청을한지경 희,손외순,조현숙,윤종 용은임대차관계불분명 함	25층근린 -------------- 대401.79 (121.5평) 건1100.7 (332.9평) (건축물대장상 515.06평형)	점포> 6000만 이오휘 등록)03.11.24 배당)04.12.07 남탕이용원 ----------- 점포> 5000만 이재우 등록)04.10.12 확정)04.10.12 배당)04.12.07 찜질방스넥코너 04.10.19.전세 권설정 ----------- 점포> 1000만 이미자 등록)04.12.07 확정)04.12.07 배당)04.12.08 찜질방내PC.안 마기 ----------- 점포> 4800만 배옥자 등록)04.12.14 확정)04.12.07 배당)04.12.14 찜질방내식당 ----------- 점포> 500만 조현숙 배당)04.12.08 미등재 여탕내매점 ----------- 여탕내> 1250만 손외순 배당)04.12.08 미등재 여탕내목욕관리 사 ----------- 여탕>	2005.10.18유찰 2005.11.22유찰 2005.12.27유찰 2006.01.31유찰 2006.03.07유찰 2006.04.11유찰 2006.05.16유찰 2006.06.20유찰 2006.07.25낙찰 558,888,000 (19.4%) 응찰자수:1	저당04.02.17수협(중) 15억6000만 저당04.07.13신우신협 5억6000만 전세04.10.19이재우 5000만 건물중18.5㎡ 압류04.11.18사하구 임의04.11.25수협(중) (2004-66987) 가압04.11.26이우수 4000만 가압05.03.15이한식 809만 압류05.06.03사하구 압류05.06.00사하구 압류05.06.17사하구 가압05.07.08도시가스 5426만 *신청채권액: 4억

			1250만 지경희 배당)04.12.08 미등재 여탕목욕관리사 ----------- 점포> 1억 윤종용 배당)04.12.24 남여까운 ----------- 배당종기일: 2005.04.14		

참고사항

사진	구조도
	한솔베스파트 1호동 상가지하층 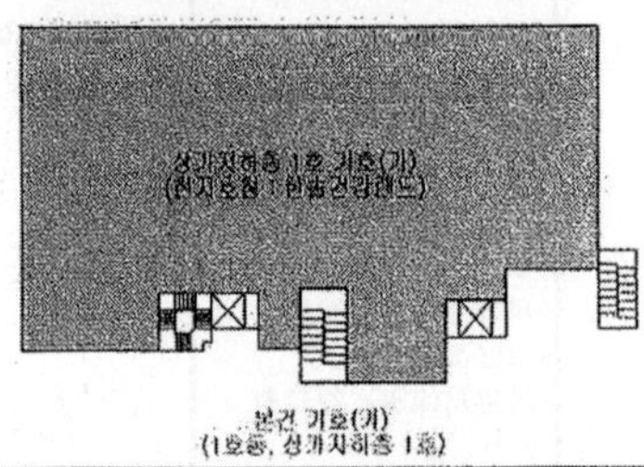

▪ 부산지방법원 4계 입찰일 : 2006-03-07 (10시)

사 건 번 호	2004-70535	입 찰 일 자	2006-03-07 10시		
물 건 번 호	2	낙 찰 일 자	2006-03-14 14시		
감 정 평 가 액	감 1,100,000,000 공시 1,100,000,000 토)2억2000만 건)8억8000만				
최 저 경 매 가	최 450,560,000(41%)	종 별	근린시설	유 찰 횟 수	4
낙 찰 금 액	낙 471,000,000 (42.8%)	다음입찰예정가	360,448,000 (32.8%)		

채권채무	소재지/특징	면적/구조	임대차 관계	입찰결과	등기부상의 권리관계
신우신협 *김언수외1 김언수 2004.12.10 임의경매 *미래감정 2004- 66987 2005-1383 (중복)	부산 사하구 감천동 12-108 영동힐타운 목욕장동 목욕장호 (보존 2003.7.28) *최종이전:2004.2.12 <매매> (*주식회사유일멀티하이테크로부터이사건목욕탕뮤렉스보일러에대한소유권권리신고가있으나신고인에게소유권이귀속되는지여부는불분명함) *감정평가서법원목록참고바람	근린시설 ------------ (지하3층) 대195.4039 (59.1평) 지하1층293.4895 (88.7평) 지하2층293.4894 (88.7평) (건축물대장상 284.87평형)	지하2층>일부 200만 최기봉 배당)04.12.16 목욕탕내이용실 ------------ 배당종기일: 2005.04.14	2005.10.18유찰 2005.11.22유찰 2005.12.27유찰 2006.01.31유찰 2006.03.07낙찰 471,000,000 (42.8%) 응찰자수:1	저당04.02.12양돈조합 8억4000만 저당04.03.23박영욱 1억5000만 저당04.06.29이종근 4500만 저당04.07.13신우신협 5억6000만 압류04.07.16사하구청 가압04.11.26이우수 4000만 압류05.01.14사하구 임의05.01.18양돈조합 (2005-1383) 가압05.03.15한솔입주자 809만

참고사항
*신평동 84-9번지: 임차인들에 의하면 목욕탕의 영업은 소유자가 하고 있다고 함 *감천동 12-108번지:지하1층,지하2층일부,지하3층(ㄴ)부분 소유자점유(목욕탕) *최기봉:사업자등록 없이 영업신고증으로 점유 영업하고 있음

사진	구조도
	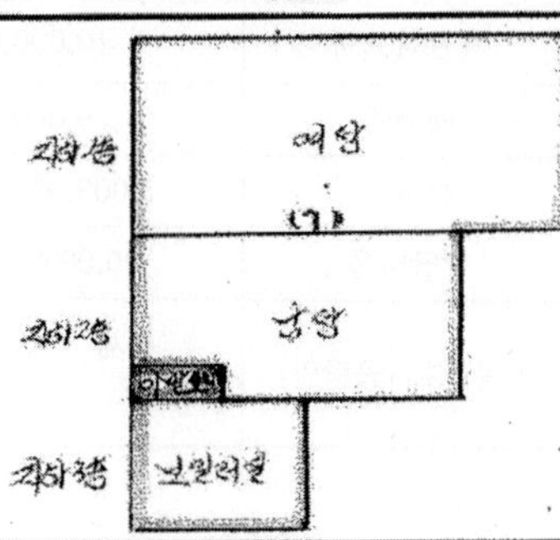

부산지방법원
배 당 표

사　　건　2004타경70535 부동산임의경매
　　　　　2055타경138, 2004타경66987 (중복)

배 당 할 금 액		금	1,034,527,690	
명세	매각대금	금	1,029,888,000	
	지연이자	금	0	
	전경매보증금	금	0	
	매각대금이자	금	4,639,690	
	항고보증금	금	0	
집행비용		금	16,520,600	
실제배당할금액		금	1,018,007,600	
매각 부동산		별지와 같음		
채권자		이미자	부산사하구청장	부산경남양돈협동조합
채권금액	원금	10,000,000	50,865,160	600,000,000
	이자	0	0	176,258,475
	비용	0	0	0
	계	10,000,000	50,865,160	776,258,475
배당순위		1	2	3
이유		상가임차인 (소액)	압류권자 (당해세등)	근저당권자
채권최고액		10,000,000	8,126,590	840,000,000
배당액		9,000,000	8,126,590	462,048,469
잔여액		1,009,007,090	1,000,880,500	538,832,031
배당비율		90.00%	100.00%	59.52%
공탁번호 (공탁일)		금제　호 (. . .)	금제　호 (. . .)	금제　호 (. . .)

<table>
<tr><td colspan="2">채권자</td><td>수산업협동조합중앙회</td><td></td><td></td></tr>
<tr><td rowspan="4">채
권
금
액</td><td>원금</td><td>1,129,747,389</td><td></td><td></td></tr>
<tr><td>이자</td><td>439,523,878</td><td></td><td></td></tr>
<tr><td>비용</td><td>0</td><td></td><td></td></tr>
<tr><td>계</td><td>1,569,271,267</td><td></td><td></td></tr>
<tr><td colspan="2">배당순위</td><td>4</td><td></td><td></td></tr>
<tr><td colspan="2">이유</td><td>근저당권자</td><td></td><td></td></tr>
<tr><td colspan="2">채권최고액</td><td>1,560,000,000</td><td></td><td></td></tr>
<tr><td colspan="2">배당액</td><td>538,832,031</td><td></td><td></td></tr>
<tr><td colspan="2">잔여액</td><td>0</td><td></td><td></td></tr>
<tr><td colspan="2">배당비율</td><td>34.54%</td><td>%</td><td>%</td></tr>
<tr><td colspan="2">공탁번호 (공탁일)</td><td>금제 호
(. . .)</td><td>금제 호
(. . .)</td><td>금제 호
(. . .)</td></tr>
<tr><td colspan="5">2006. 9. 26
편시</td></tr>
</table>

5. 증액된 임차보증금 배당

부산지방법원 7계 입찰일 : 2006-05-23 (10시)

사건번호	2005-12833	입찰일자	2006-05-23 10시		
물건번호	1	낙찰일자	2006-05-30 14시		
감정평가액	감 196,720,800 실제 196,720,800 토)1억3080만 건)6001만 제)590만				
최저경매가	최 125,902,000(64%)	종별	주택	유찰횟수	2
낙찰금액	낙 157,000,000 (79.8%)	다음입찰예정가	100,721,600 (51.2%)		

채권채무	소재지/특징	면적/구조	임대차 관계	입찰결과	등기부상의 권리관계
국민은행 *정재영 정재영 2005.03.24 임의경매 *새한감정	부산 연제구 연산동 489-41 조표제89-1813호 (철근콘크리트및벽돌 조슬래브지붕 보존 90.3.23) *최종이전:90.5.7 <매매> (*제시외건물포함) (인근공시가:90만 결정가:100만) *토현중학교서측인근 *주위간선도로후면단독 및다세대주택,일부 점포혼재 *남측대단위아파트단지 형성 *차량접근가능 *인근시내버스정류장 소재 *교통사정보통 *인근지와등고평탄 *사다리형토지 *동측노폭약8m내외 도로접 *준주거지역 *유류난방 *1층:일부주택,일부 점포 *2,3층:주택 *지하:창고 *일반건축물대장상건물 1,2층용도소매점,사무 실이니현황1층일부 주택,일부점포이며 <서로독립적인구조임> 2층은주택임	주택 ------------- (3층) 대130.8(39.5평) 1층76.84(23.2평) 2층76.84(23.2평) 3층66.57(20.1평) 지하29.80 (9평) 제시외건물 단층점포28.8 (8.7평) 2층다용도실 7.2(2.1평) 3층다용도실 10.4(3.1평) 포함	3층>방2 3500만 전용우 전입)99.07.02 확정)05.03.02 배당)05.03.29 ------------- 2층>방1 1500만 강미경 전입)05.03.04 확정)05.03.04 배당)05.03.29 ------------- 2층>방1 2000만 정희선 전입)05.03.04 확정)05.03.04 배당)05.03.29 ------------- 배당종기일: 2005.06.27	2006.03.14유찰 2006.04.18유찰 2006.05.23낙찰 157,000,000 (79.8%) 응찰자수:15	저당96.09.23국민은행 9100만 저당97.09.11국민은행 1억400만 가압05.01.20기술보증 4250만 가압05.01.28신용보증 2550만 가압05.03.03기업은행 470만 압류05.10.05동래(세) 압류05.11.11근로복지

참고사항
*2층방1칸(ㄴ) 및 1층전부 소유자점유 *위 임차인 전용우는 25,000,000원에 최초계약 후 2004.12.20.자로 금 35,000,000원에 재계약 하였음(부산지방법원등기과 2005.3.2.자 확정일자 1344호부여) *관할세무서에 사업자등록사항등의현황서 확인한바 등록된자 없다고함

사진	구조도
	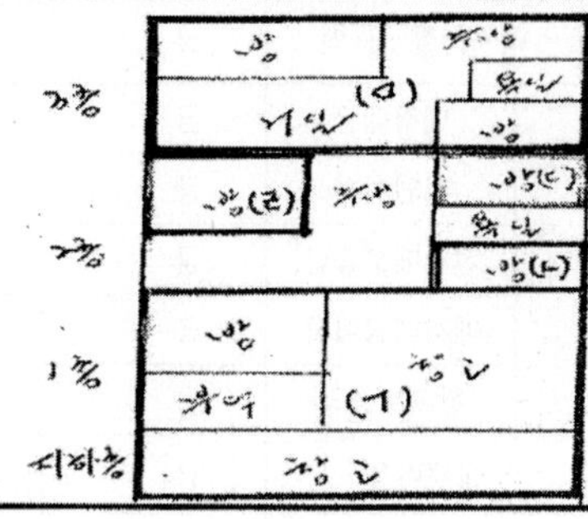

부산지방법원
배 당 표

사　　건　　2005타경12833 부동산임의경매

배 당 할 금 액		금	157,289,736	
명세	매각대금	금	157,000,000	
	지연이자	금	0	
	전경매보증금	금	0	
	매각대금이자	금	289,736	
	항고보증금	금	0	
집행비용		금	3,019,030	
실제배당할금액		금	154,270,706	
매각 부동산		부산 연제구 연ㅅ나동 489-41 토지 및 건물		
채권자		전용우	주식회사국민은행	
채권금액	원금	35,000,000	280,039,982	
	이자	0	73,679,461	
	비용	0	0	
	계	35,000,000	353,719,443	
배당순위		1	2	
이유		임차인 (소액)	신청채권자 (근저당권)	
채권최고액		12,000,000	195,000,000	
배당액		12,000,000	142,270,706	
잔여액		142,270,706	0	
배당비율		100.00%	72.96%	%
공탁번호 (공탁일)		금제　호 (　.　.　)	금제　호 (　.　.　)	금제　호 (　.　.　)
2006. 8. 3 판사				

6. 토지,건물의 전세권배당(근린주택)

제일부동산경제신문 http://www.jeilland.co.kr

동부지원 경매3계
사건번호 : 2006 타경 18131 물건번호 : 1

▪관심물건등록하기 ▪인쇄하기 ≪이전으로

지도보기	사진보기	건물등기부등본	토지등기부등본	감정평가서	매각물건명세서
현황조사서	임대차 조사서	부동산표시목록	사건진행 내역	기일내역	문서처리 내역

경매구분	/기일입찰	입찰일시	2007.04.16 10:00	감정시점	
물건종류	근린주택	채 권 자	신한은행	감정평가액	433,592,640
경매개시		채 무 자	서남진	최저입찰가	346,874,000 (80.0%)
배당종기	2006.12.27	소 유 자	서남진	입찰보증금	최저가의 10%
소 재 지	부산 수영구 광안동 115-1 ▪인근낙찰사례 ▪권리분석				

소재지의 특징	면적/감정평가	임대차관계	등기부상의 권리	진행내용
신부산교회북동측인근 주위일반주택및소규모공동주택,일부근린생활시설등형성 차량진입가능 버스(정)및지하철역근거리 교통사정보통 장방형토지 인접지와등고평탄 북측폭약6m,서측및동측폭약2m도로에각각접함 제2종일반주거지역 도시가스난방(4,5층)	대지 200.2(60.56평) 건물 근린생활시설 및 단독주택 1층 104.16(31.51평) 2층 115.2(34.85평) 3층 115.2(34.85평) 4층 97.2(29.4평) 5층 59.76(18.08평) 제시외 다용도실5.45평,다용도실5.48평,창고3.36평,주택부분1.39평 각,포함 공시지가 760,000 결 정 가 900,000 토지감정 180,180,000 건물감정 249,200,640 제시외감정 4,212,000 ★2006.9.25. 경일감정 보존등기일 2003.01.30	홍영숙1층 -현황조사 1층 점유자는 점유자가 홍영숙임을 정우근 진술. …… 정영숙(보) 40,000,000 3층 전부 - 전세권자(2005.03.25) 2006.10.18 자로 제출된 채권계산서의 전세권설정계약서에 의하면 전세권의 목적이 토지 전부 및 건물 3층임 …… 정우근 전입 2003.02.21 (보) 10,000,000 (월) 100,000 2층 -현황조사 현황조사서상 설계 및 인테리어 사무실임 …… 홍혜숙 전입 2003.02.21 확정 2004.03.02 배당 2006.10.31 (보) 50,000,000 5층전부 -3층 점유자는 폐문으로 만나지 못하였으나 관할세무서에 등록된 사항으로 조사함. -위 조사 목적물에 수차례 방문하였으나 폐문으로 임대차 여부는 조사하지 못하였고,문에 임대차 조사의 의의를 기재한 통지서를 꽂아놓고 왔으나 현재까지 연락조차 없음.	소유 2003.01.30 소멸 서남진 지분2분의1 근저 2003.02.19 말소 조흥은행 260,000,000 소유 2003.12.22 소멸 서남진 지분2분의1 전세 2005.03.25 소멸 정영숙 40,000,000 존속기간 2007.03.25까지 근저 2005.12.27 소멸 웰라코리아(유) 50,000,000 가압 2006.04.17 소멸 현대캐피탈 5,788,051 근저 2006.06.09 소멸 문영희 50,000,000 임의 2006.09.21 소멸 신한은행 신청청구액 229,055,048	433,592,640 ①유찰 2007.03.12 …… 346,874,000 ②낙찰 2007.04.16 (87.6%) 379,999,900

제일부동산경제신문 http://www.jeilland.co.kr

		김영배 전입 2005.04.06 (보) 40,000,000 (월) 200,000 3층 -현황조사 김정순 전입 2004.06.30 확정 2006.06.27 배당 2006.10.31 (보) 28,000,000 4층 전부		

참고사항	-1,2,3층:근린생활시설 -4,5층:주택

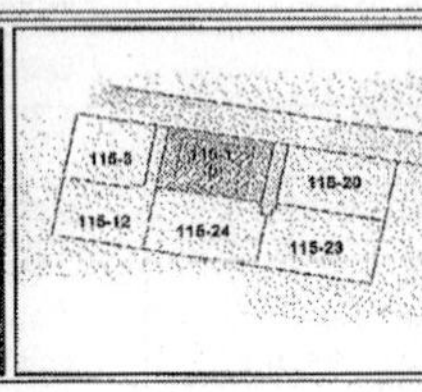

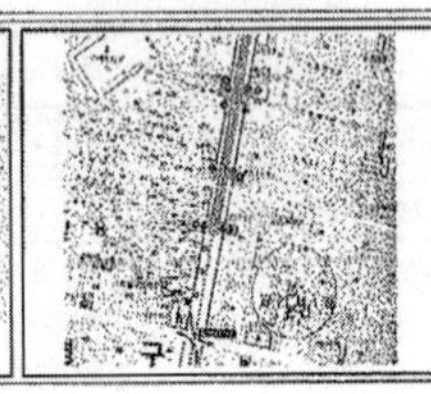

제일부동산경제신문 www.jeilland.co.kr	· 제일부동산경매신문(주)에서 제공되는 모든 정보는 기초자료로 이용하시고, 면책조건으로 제공되므로 반드시 법원의 서류와 공부서류원본을 열람하신 후 입찰하십시요. · 제일부동산경매신문(주)은 위의 분석결과에 대해 법적인 책임을 지지 않습니다.

부산지방법원
배 당 표

사　　건　2006타경18131 부동산임의경매

배 당 할 금 액		금 380,754,453		
명세	매각대금	금 379,999,900		
	지연이자	금 0		
	전경매보증금	금 0		
	매각대금이자	금 754,553		
	항고보증금	금 0		
집행비용		금 4,262,210		
실제배당할금액		금 376,492,243		
매각 부동산		부산 수영구 광안동 115-1 토지 및 건물		
채권자		김정순	수영구	주식회사신한은행
채권금액	원금	28,000,000	8,419,100	214.999.999
	이자	0	70,090	19.626.437
	비용	0	0	0
	계	28,000,000	8,489,190	264.626.436
배당순위		1	2	3
이유		임차인 (소액)	압류및교부권자	신청채권자(근저당)
채권최고액		0	0	260,000,000
배당액		14,000,000	1,628,090	260,000,000
잔여액		362,492,243	360,864,153	100,864,153
배당비율		50.00%	19.18%	100.00%
공탁번호 (공탁일)		금제　호 (　.　.　.)	금제　호 (　.　.　.)	금제　호 (　.　.　.)

<table>
<tr><td colspan="2">채권자</td><td>홍혜숙</td><td>정영숙</td><td>웰라코리아유한회사</td></tr>
<tr><td rowspan="4">채권금액</td><td>원금</td><td>50,000,000</td><td>0</td><td>0</td></tr>
<tr><td>이자</td><td>0</td><td>0</td><td>0</td></tr>
<tr><td>비용</td><td>0</td><td>0</td><td>0</td></tr>
<tr><td>계</td><td>50,000,000</td><td>0</td><td>0</td></tr>
<tr><td colspan="2">배당순위</td><td>4</td><td>5</td><td>7</td></tr>
<tr><td colspan="2">이유</td><td>임차인(확정)</td><td>전세권자</td><td>근저당권자</td></tr>
<tr><td colspan="2">채권최고액</td><td>0</td><td>40,000,000</td><td>50,000,000</td></tr>
<tr><td colspan="2">배당액</td><td>50,000,000</td><td>40,000,000</td><td>10,864,153</td></tr>
<tr><td colspan="2">잔여액</td><td>50,864,153</td><td>10,864,153</td><td>0</td></tr>
<tr><td colspan="2">배당비율</td><td>100.00%</td><td>100.00%</td><td>21.73%</td></tr>
<tr><td colspan="2">공탁번호 (공탁일)</td><td>금제 호
(. . .)</td><td>금제 호
(. . .)</td><td>금제 호
(. . .)</td></tr>
<tr><td colspan="5">2007. 7. 6
사법보좌관</td></tr>
</table>

7. 전차인 배당

제일부동산경제신문 http://www.jeilland.co.kr

동부지원 경매3계

사건번호 : 2006 타경 741 물건번호 : 1

• 관심물건등록하기 | • 인쇄하기 | ◀ 이전으로

지도보기	사진보기	건물등기부등본	토지등기부등본	감정평가서	매각물건명세서
현황조사서	임대차 조사서	부동산표시목록	사건진행 내역	기일내역	문서처리 내역

경매구분	/기일입찰	입찰일시	2007.03.12 10:00	감정시점	
물건종류	주택/다가구	채권자	조흥은행	감정평가액	126,840,460
경매개시		채무자	노영호	최저입찰가	64,942,000 (51.2%)
배당종기	2006.04.24	소유자	노영호	입찰보증금	최저가의 10%
소재지	부산 해운대구 재송동 1146-37 • 인근낙찰사례 • 권리분석				

소재지의 특징	면적/감정평가	임대차관계	등기부상의 권리	진행내용
부신지방법원동부지원북동측인근에위치 주위다소고지대로공동주택, 단독주택등형성된일반주택지대 소형차량접근가능하나불편 버스(정)인근소재 대중교통사정부통 남하향경사지에위치 세로장방형토지 동측으로폭약3m포장도로와 접함 제2종일반주거지역 유류보일러난방	대지 130.4(39.45평) 건물 단독주택 지하 49.05(14.84평) (1세대) 1층 77.2(23.35평) (2세대) 2층 63.84(19.31평) (1세대) 제시외 창고및보일러실 1.51 평,욕실0.57평,창고4.39평,창고1.09평 각,포함 공시지가 500,000 결 정 가 450,000 토지감정 58,680,000 건물감정 65,390,960 제시외감정 2,769,500 보존등기일 2000.10.13	강옥순 전입 2000.03.31 확정 2000.03.31 배당 2006.01.26 (보) 15,000,000 (월) 100,000 2층전부(방2칸) 박희일 전입 2000.11.01 확정 2000.11.01 배당 2006.01.26 (보) 25,000,000 1층일부(방2칸) -임차인 박경란은 임대인이 임차인 박희일로 되어 있다. 강매옥 전입 2003.12.02 --전입자 강매옥은 임대차 관계 없이 임차인 박희일의 임차부분에 야간에 와서 잠만 자고 있다고 임차인 박희일이 진술함. 임사문 전입 2005.09.07 확정 2000.10.23 배당 2006.01.26 (보) 15,000,000 지하층 전부(방3칸) 박정란 (전차인) 전입 2002.12.20 확정 2006.01.26 배당 2006.01.26 (보) 12,000,000 1층일부(방2칸)	소유 2000.10.13 소멸 노영호 가압 2002.07.04 말소 조흥은행 4,205,873 강제 2006.01.16 소멸 조흥은행 신청청구액 3,734,169	126,840,460 ①유찰 2006.11.27 101,472,000 ②유찰 2006.12.28 81,178,000 ③유찰 2007.02.05 64,942,000 ④낙찰 2007.03.12 (51.6%) 65,500,000

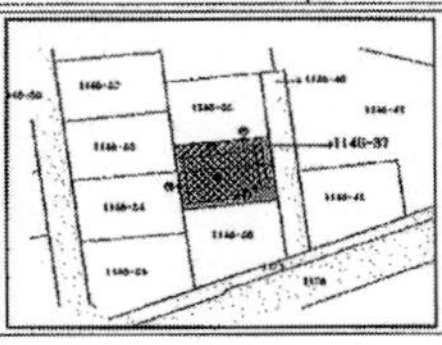
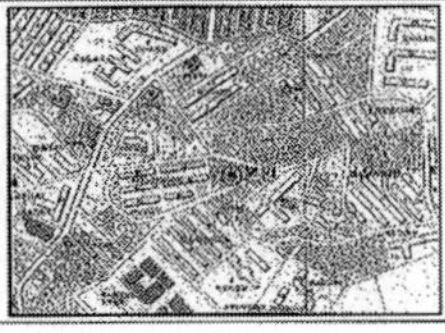

부산지방법원
배 당 표

사　　건　　2006타경741 부동산강제경매

배 당 할 금 액		금　65,661,162		
명세	매각대금	금　65,500,000		
	지연이자	금　0		
	전경매보증금	금　0		
	매각대금이자	금　161,162		
	항고보증금	금　0		
집행비용		금　1,698,270		
실제배당할금액		금　63,962,892		
매각 부동산		부산 해운대구 재송동 1146-37 토지 및 건물		
채권자		강옥순	박희일	임사문
채권금액	원금	15,000,000	25,000,000	15,000,000
	이자	0	0	0
	비용	0	0	0
	계	15,000,000	25,000,000	15,000,000
배당순위		1	1	1
이유		임차인	임차인	임차인
채권최고액		0	0	0
배당액		15,000,000	25,000,000	15,000,000
잔여액		48,962,892	23,962,892	8,962,892
배당비율		100.00%	100.00%	100.00%
공탁번호 (공탁일)		금제　호 (　.　.　.　)	금제　호 (　.　.　.　)	금제　호 (　.　.　.　)

채권자		해운대구	주식회사 신한은행	노영호
채권금액	원금	997,920	2,600,000	1,849,217
	이자	47,070	3,468,685	0
	비용	0	0	0
	계	1,044,990	6,068,685	1,849,217
배당순위		2	3	4
이유		압류및교부권자	신청채권자(판결)	잉여금
채권최고액		0	0	0
배당액		1,044,990	6,068,685	1,849,217
잔여액		7,917,902	1,849,217	0
배당비율		100.00%	100.00%	100.00%
공탁번호 (공탁일)		금제 호 (. . .)	금제 호 (. . .)	금제 호 (. . .)
2007. 6. 1. 사법보좌관				

8. 가장임차인 배당

제일부동산경제신문 http://www.jeilland.co.kr

동부지원 경매3계
사건번호 : 2006 타경 19110 물건번호 : 1

* 관심물건등록하기 | * 인쇄하기 | « 이전으로

지 도 보 기	사 진 보 기	건물등기부등본	토지등기부등본	감 정 평 가 서	매각물건명세서
현 황 조 사 서	임대차 조사서	부동산표시목록	사건진행 내역	기 일 내 역	문서처리 내역

경매구분	/기일입찰	입찰일시	2007.04.16 10:00	감정시점	
물건종류	아파트	채 권 자	하나은행	감정평가액	72,000,000
경매개시		채 무 자	김영혜	최저입찰가	57,600,000 (80.0%)
배당종기	2007.01.15	소 유 자	김영혜	입찰보증금	최저가의 10%
소 재 지	부산 남구 대연동 245 대우그린아파트 102동 23층 2305호 * 인근낙찰사례 * 권리분석				

소재지의 특징	면적/감정평가	임대차관계	등기부상의 권리	진행내용
황령산터널관리사무소북서측인근에위치 주위아파트단지로형성 차량진입가능 버스(정)인근위치 교통사정보통 도시가스난방	대지 18.26(5.52평) (20071㎡ 중 18260/20071000) 건물 59.99(18.15평) (26평형) 토지감정 21,600,000 건물감정 50.400,000 총 24층 / 23층 ★2006.10.10. 경일감정 보존등기일 1997.09.27	이병권 전입 2005.10.20 -현황조사 이병권은 주민등록 전입자로 임대차관계 미상 -위 조사 목적물에 수차례 방문하였으나 폐문으로 임대차 여부는 조사하지 못하였고,문에 임대차 조사의 의의를 기재한 통지서를 꽂아놓고 왔으나 현재까지 연락조차 없음. 신성훈 전입 2006.07.25 확정 2006.07.25 배당 2006.12.14 (보) 16,000,000 일부(방1)	소유 2002.04.19 소멸 김영혜 근저 2002.04.19 말소 하나은행 60,000,000 가압 2003.10.23 소멸 부산은행 4,632,579 가압 2004.10.14 소멸 해운대농협 15,634,627 임의 2006.10.09 소멸 하나은행 신청청구액 48,380,587	72,000,000 ①유찰 2007.03.12 57,600,000 ②낙찰 2007.04.16 (84.6%) 60,890,000

유사낙찰통계	· 최근 6개월 : 낙찰가율 94.5%, 낙찰건수 2건

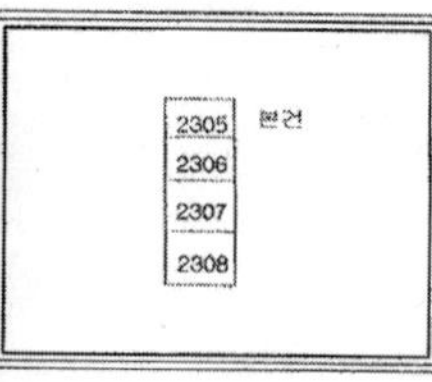

단지명	대우그린1차			건설회사	대우건설		
소재지	부산 남구 대연동 245			입주시기	1995.06.	관리사무실	051-621-3854
동수/세대수	4개동 / 691세대	층구성	18~24층	난방방식	개별난방	주차대수	

제일부동산경제신문 www.jeilland.co.kr

· 제일부동산경매신문(주)에서 제공되는 모든 정보는 기초자료로 이용하시고, 면책조건으로 제공되므로 반드시 법원의 서류와 공부서류원본을 열람하신 후 입찰하십시요.
· 제일부동산경매신문(주)은 위의 분석결과에 대해 법적인 책임을 지지 않습니다.

부산지방법원
배 당 표

사 건 2006타경19110 부동산임의경매

배 당 할 금 액		금	61,018,988	
명세	매각대금	금	60,890,000	
	지연이자	금	0	
	전경매보증금	금	0	
	매각대금이자	금	128,988	
	항고보증금	금	0	
집행비용		금	1,741,220	
실제배당할금액		금	59,277,768	
매각 부동산		부산 남구 대연동 245외 7 대우그린아파트 102동 2305호		
채권자		남구	주식회사 하나은행	주식회사 부산은행
채권금액	원금	349,920	46,700,000	2,132,579
	이자	15,480	8,711,176	1,959,230
	비용	0	0	0
	계	365,400	55,411,176	4,091,809
배당순위		1	2	3
이유		교부권자(당해)	신청채권자(근저당)	가압류권자
채권최고액		0	60,000,000	4,632,579
배당액		365,400	55,411,176	726,244
잔여액		58,912,368	3,501,192	2,774,948
배당비율		100.00%	100.00%	17.75%
공탁번호 (공탁일)		금제 호 (. . .)	금제 호 (. . .)	금제 호 (. . .)

채권자		해운대농업협동조합		
채권금액	원금	10,731,619		
	이자	6,656,566		
	비용	0		
	계	17,388,185		
배당순위		3		
이유		가압류권자		
채권최고액		15,634,627		
배당액		2,774,948		
잔여액		0		
배당비율		17.75%	%	%
공탁번호 (공탁일)		금제 호 (. . .)	금제 호 (. . .)	금제 호 (. . .)

2007. 7. 6.
사법보좌관

9. 가장임차인 배당

제일부동산경제신문 http://www.jeilland.co.kr

동부지원 경매3계

사건번호 : 2006 타경 22192 물건번호 : 1

▪관심물건등록하기 ▪인쇄하기 ◀이전으로

지 도 보 기	사 진 보 기	건물등기부등본	토지등기부등본	감 정 평 가 서	매각물건명세서
현 황 조 사 서	임대차 조사서	부동산표시목록	사건진행 내역	기 일 내 역	문서처리 내역

경매구분	/기일입찰	입찰일시	2007.09.03 10:00	감정시점	
물건종류	주택/디가구	채 권 자	주식회사부산은행	감정평가액	260,025,900
경매개시		채 무 자	영신테크 주식회사	최저입찰가	166,417,000 (64.0%)
배당종기	2007.03.05	소 유 자	황상일	입찰보증금	최저기의 10%
소 재 지	부산 남구 대연동 21-1 외1 ▪인근낙찰사례 ▪권리분석				

소재지의 특징	면적/감정평가	임대차관계	등기부상의 권리	진행내용
남천중학교북동측인근 주위공동주택및단독주택, 점포등으로형성 차량접근가능하나,불편 버스(정)인근소재 대중교통사정보통 가로장방형에유사한토지 인접지및인근도로와 등고평탄 21-8번지와함께21-2및 21-3 번지의출입에사용되는공용 도로로이용중 (21-5) 21-1번지토지상에출입하며, 인근지도로상태보통 (21-1) 남측폭약3m도로에접하며, 도로로서,북측21-8번지를 통함 (21-5) 준주거지역 도시가스난방	<21-1> 대지 205(62.01평) <21-1 조표제91-274호> 건물 단독주택(4가구용) 1층 115.89(35.06평) 2층 82.95(25.09평) <21-5> 대지 20(6.05평) (현황:도로) 제시외 차양0.82평,현관및 베란다0.82평 각,포함 공시지가 600,000 결 정 가 700,000(21-1) 250,000(21-5) 토지감정 148,500,000 건물감정 111,350,400 제시외감정 175,500 ★2006.12.1. 조선감정 보존등기일 1991.04.04	황상국 전입 1978.11.18 배당 2006.12.18 (보) 25,000,000 2층 전부 …… 조동철 전입 2005.10.07 -현황조사 …… 조신숙 전입 2005.10.07 배당 2006.12.21 (보) 15,000,000 일부(1층 방2) …… 임정선 전입 2005.10.07 배당 2007.02.09 (보) 10,000,000 (월) 50,000 일부(1층방2) …… 박순정 전입 2006.08.29 -현황조사 주민등록 전입자로서 임대차관계 불명 …… 황순정 전입 2006.08.29 -현황조사 …… 박정희 전입 2006.10.23 배당 2006.12.21 (보) 17,000,000 일부(1층방2) …… 이용진 전입 2006.10.31 배당 2006.12.21 (보) 15,000,000 일부(1층방2)	근저 1997.02.24 말소 부산은행 120,000,000 근저 2002.06.21 소멸 부산은행 90,000,000 소유 2005.08.03 소멸 황상일 압류 2006.08.07 소멸 부산진(세)	260,025,900 ①유찰 2007.06.25 …… 208,021,000 ②유찰 2007.07.30 …… 166,417,000 ③낙찰 2007.09.03 (65.4%) 170,010,000

유사낙찰통계	· 최근 12개월 : 낙찰가율 102.6%, 낙찰건수 1건

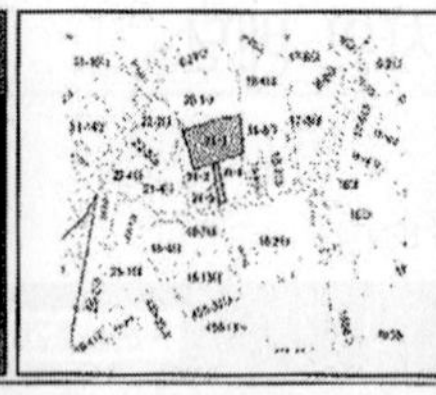

제일부동산경제신문 www.jeilland.co.kr	· 제일부동산경매신문(주)에서 제공되는 모든 정보는 기초자료로 이용하시고, 면책조건으로 제공되므로 반드시 법원의 서류와 공부서류원본을 열람하신 후 입찰하십시요. · 제일부동산경매신문(주)은 위의 분석결과에 대해 법적인 책임을 지지 않습니다.

부산지방법원 동부지원
배 당 표

사 건 2006타경22192 부동산임의경매

배 당 할 금 액		금 179,349,776
명세	매 각 대 금	금 170,010,000
	지 연 이 자	금 0
	전경매보증금	금 0
	매각대금이자	금 339,776
	항고보증금	금 0
집 행 비 용		금 3,383,250
실 제 배 당 할 금 액		금 166,966,526
매 각 부 동 산		부산 남구 대연동 21-1 대205㎡ 위지상건물 부산 남구 대연동 21-5 대20㎡

채 권 자		임정선	조선숙	주식회사부산은행
채권금액	원 금	10,000,000	15,000,000	133,831,765
	이 자	0	0	91,126,821
	비 용	0	0	0
	계	10,000,000	15,000,000	224,958,586
배 당 순 위		1	1	2
이 유		임차인(소액)	임차인(소액)	채권자(근저당)
채 권 최 고 액		10,000,000	14,000,000	210,000,000
배 당 액		10,000,000	14,000,000	142,966,526
잔 여 액		156,966,526	142,966,526	0
배 당 비 율		100.00%	100.00%	68.08%
공 탁 번 호 (공 탁 일)		금제 호 (. . .)	금제 호 (. . .)	금제 호 (. . .)

2007. 11. 23

사 법 보 자 관

10. 종전경매사건에서 배당받은 임차인

제일부동산경제신문 http://www.jeilland.co.kr

동부지원 경매3계
사건번호 : 2006 타경 22277 물건번호 : 1

▪ 관심물건등록하기 ▪ 인쇄하기 ◂ 이전으로

지 도 보 기	사 진 보 기	건물등기부등본		감 정 평 가 서	매각물건명세서
현 황 조 사 서	임대차 조사서	부동산표시목록	사건진행 내역	기 일 내 역	문서처리 내역

경매구분	/기일입찰	입찰일시	2007.09.03 10:00	감정시점	
물건종류	아파트	채 권 자	주식회사한국외환은행	감정평가액	78,000,000
경매개시		채 무 자	구영아	최저입찰가	49,920,000 (64.0%)
배당종기	2007.02.28	소 유 자	구영아	입찰보증금	최저가의 10%
소 재 지	부산 해운대구 반여동 692-6 신동타워 102동 11층 1109호 ▪ 인근낙찰사례 ▪ 권리분석				

소재지의 특징	면적/감정평가	임대차관계	등기부상의 권리	진행내용
주위소규모의공장,공동주택등으로형성된도시고속도로(번영로)주변지역 차량접근가능 시내및마을버스(정)인근 교통사정보통 부정형토지 주위와등고평탄 단지내가로망되어있음 개별도시가스난방	대지 23.96(7.25평) (7539㎡ 중 2396/753900) 건물 82.094(24.83평) (32평형) 토지감정 16,380,000 건물감정 61,620,000 총 18층 / 11층 ★2006.11.30. 하나글로벌감정 보존등기일 1993.04.19	강봉석 전입 1997.07.09 확정 2006.11.06 배당 2007.02.21 (보) 35,000,000 전부 -종전 경매 사건(2002타경 4691호)에서 대항력있는 임차인으로 1,200만원을 배당받았으며, 현재소유자와 임차보증금 3,500만원으로 2002.11.18.재계약함 -위 조사 목적물에 수차례 방문하였으나 폐문으로 임대차 여부는 조사하지 못하였고,문에 임대차 조사의 의의를 기재한 통지서를 꽂아놓고 왔으나 현재까지 연락조차 없음. -관할 동사무소에 전입자 열람한바 전입자 있음	소유 2002.10.04 소멸 구영아 근저 2002.10.04 말소 외환은행 57,600,000 압류 2005.01.13 소멸 수영(세) 압류 2005.01.21 소멸 국민건강보험 압류 2005.08.12 소멸 부산시수영구 임의 2006.11.23 소멸 외환은행 신청청구액 51,002,886	78,000,000 ①유찰 2007.04.16 62,400,000 ②유찰 2007.05.21 49,920,000 ③변경 2007.06.25 49,920,000 ④낙찰 2007.09.03 (81.8%) 63,810,000

참고사항	-동향,계단식
유사낙찰통계	· 최근 6개월 : 낙찰가율 99.1%, 낙찰건수 1건

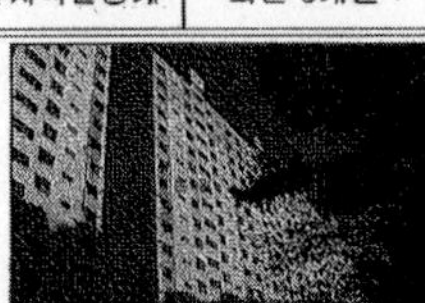

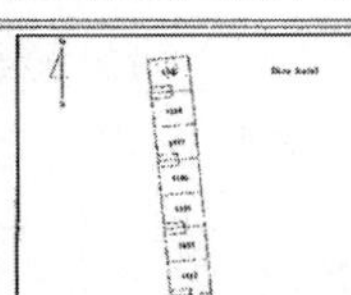

단지명	신동타워			건설회사			
소재지	부산 해운대구 반여동 692-6			입주시기	1993.04.	관리사무실	
동수/세대수	2개동 / 296세대	층구성	19~층	난방방식	개별난방	주차대수	

부산지방법원 동부지원
배 당 표

사 건 2006타경22277 부동산임의경매

배당할금액		금 63,943,267		
명세	매각대금	금 63,810,000		
	지연이자	금 0		
	전경매보증금	금 0		
	매각대금이자	금 133,267		
	항고보증금	금 0		
집행비용		금 1,829,410		
실제배당할 금액		금 62,113,857		
매각부동산		부산 해운대구 반여동 692-6 신동타워 102-1109호		
채권자		강봉석	해운대구	주식회사한국외한은행
채권금액	원금	35,000,000	119,410	40,000,000
	이자	0	0	11,807,827
	비용	0	0	0
	계	35,000,000	119,410	59,807,827
배당순위		1	2	3
이유		임차인(소액)	교부권자(당해)	채권자(근저당)
채권최고액		14,000,000	119,410	210,000,000
배당액		14,000,000	119,410	142,966,526
잔여액		48,113,857	47,994,447	0
배당비율		100.00%	100.00%	83.32%
공탁번호 (공탁일)		금제 호 (. .)	금제 호 (. .)	금제 호 (. .)

2007. 11. 23

사 법 보 자 관

11. 소액임차인 배당

제일부동산경제신문 http://www.jeilland.co.kr

동부지원 경매3계
사건번호 : 2006 타경 18933 물건번호 : 1

관심물건등록하기 | 인쇄하기 | 이전으로

지도보기 | 사진보기 | 건물등기부등본 | 감정평가서 | 매각물건명세서
현황조사서 | 임대차 조사서 | 부동산표시목록 | 사건진행 내역 | 기일내역 | 문서처리 내역

경매구분	/기일입찰	입찰일시	2007.05.21 10:00	감정시점	
물건종류	빌라/다세대/연립	채 권 자	동래농협	감정평가액	75,000,000
경매개시		채 무 자	임영미	최저입찰가	48,000,000 (64.0%)
배당종기	2007.01.15	소 유 자	임영미	입찰보증금	최저가의 10%
소 재 지	부산 수영구 망미동 459-4 태승빌라 4층 402호 인근낙찰사례 권리분석				

소재지의 특징	면적/감정평가	임대차관계	등기부상의 권리	진행내용
배산초등학교북동측인근 주위공동주택및단독주택등형성 차량진입가능 버스(정)인근위치 교통사정보통 도시지역 제2종일반주거지역 개별도시가스난방	대지 37.531(11.35평) (312.7 ㎡ 중 37531/312700) 건물 69.31(20.97평) (23.94평형) 토지감정 30,000,000 건물감정 45,000,000 총 4층 / 4층 ★2006.10.12. 조선감정 보존등기일 1996.11.14	김현수 · 전입 2006.07.27 확정 2006.07.28 배당 2006.10.16 (보) 18,000,000 402호전부	소유 2001.04.20 소멸 임영미 근저 2001.04.20 말소 동래농협 70,200,000 가압 2006.09.14 소멸 부산은행 8,960,695 임의 2006.10.02 소멸 동래농협 신청청구액 58,781,667	75,000,000 ①유찰 2007.03.12 60,000,000 ②유찰 2007.04.16 48,000,000 ③낙찰 2007.05.21 (68.7%) 51,490,000

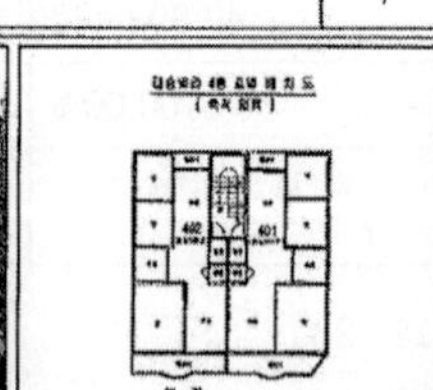
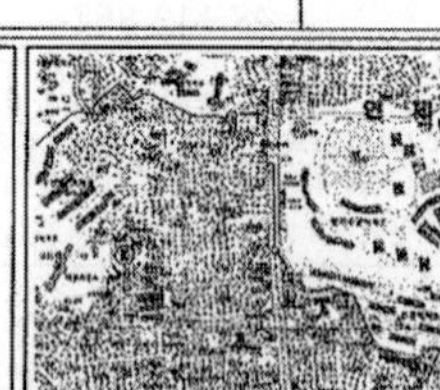

제일부동산경제신문 www.jeilland.co.kr

· 제일부동산경매신문(주)에서 제공되는 모든 정보는 기초자료로 이용하시고, 면책조건으로 제공되므로 반드시 법원의 서류와 공부서류원본을 열람하신 후 입찰하십시요.
· 제일부동산경매신문(주)은 위의 분석결과에 대해 법적인 책임을 지지 않습니다.

부산지방법원 동부지원
배 당 표

사　　건 2006타경18933 부동산임의경매

배당할금액		금 51,627,762		
명세	매각대금	금 51,490,000		
	지연이자	금 0		
	전경매보증금	금 0		
	매각대금이자	금 137,762		
	항고보증금	금 0		
집행비용		금 1,752,330		
실제배당할 금액		금 49,875,432		
매각부동산		부산 수영구 망미동 459-4 태승빌라 402호		
채권자		김 현 수	수 영 구	동래농업협동조합
채권금액	원금	12,000,000	79,880	56,910,057
	이자	0	0	11,745,454
	비용	0	0	0
	계	12,000,000	79,880	68,655,511
배당순위		1	2	3
이유		임차인(소액)	교부권자(당해)	채권자1
채권최고액		0	0	0
배당액		12,000,000	79,880	37,795,552
잔여액		37,875,432	79,880	37,795,552
배당비율		100,00%	100.00%	55.05%
공탁번호 (공탁일)		금제　호 (　.　.　.)	금제　호 (　.　.　.)	금제　호 (　.　.　.)

2007. 08. 13

사 법 보 자 관

12. 전세권자 배당

제일부동산경제신문 http://www.jeilland.co.kr

동부지원 경매3계
사건번호 : 2006 타경 21632 물건번호 : 1

• 관심물건등록하기 | • 인쇄하기 | ◀ 이전으로

지 도 보 기	사 진 보 기	건물등기부등본		감 정 평 가 서	매각물건명세서
현 황 조 사 서	임대차 조사서	부동산표시목록	사건진행 내역	기 일 내 역	문서처리 내역

경매구분	/기일입찰	입찰일시	2007.05.21 10:00	감정시점	
물건종류	아파트	채 권 자	국민은행	감정평가액	132,000,000
경매개시		채 무 자	김은숙	최저입찰가	105,600,000 (80.0%)
배당종기	2007.02.19	소 유 자	김은숙	입찰보증금	최저가의 10%
소 재 지	부산 기장군 기장읍 동부리 333 이진스카이빌아파트 101동 4층 408호 • 인근낙찰사례 • 권리분석				

소재지의 특징	면적/감정평가	임대차관계	등기부상의 권리	진행내용
기장초등학교북서측인근 주위빌리,단독주택,소규모점포,나지등형성 차량접근가능 버스(정)인근소재 교통사정보통 남동하향경사지대를 등고평탄하게조성 부정형토지 왕복2차선도로와접함 가스보일러난방설비	대지 40.79(12.34평) (7640.3 ㎡ 중 40.79/7640.3) 건물 84.96(25.7평) (36평형) 토지감정 27,720,000 건물감정 104,280,000 총 19층 / 4층 ★2006.11.20. 하나글로벌감정 보존등기일 2004.03.08	☞관할주민센터: 기장읍 ☎ 051-709-5111 김법홍배당 2006.12.13 (보) 90,000,000 전부 - 전세권설정(2004.12.24) 김기훈전입 2004.12.31 확정 2005.06.02 배당 2006.11.24 (보) 70,000,000 전부	소유 2004.06.25 소멸 김은숙 근저 2004.06.25 말소 국민은행 26,000,000 전세 2004.12.24 소멸 김법홍 90,000,000 존속기간2006.12.10까지 가압 2005.06.20 소멸 박진범 11,583,490 임의 2006.11.14 소멸 국민은행 신청청구액 20,993,518 압류 2007.02.07 소멸 부산시기장군	132,000,000 ①유찰 2007.04.16 105,600,000 ②낙찰 2007.05.21 (89.4%) 118,000,000

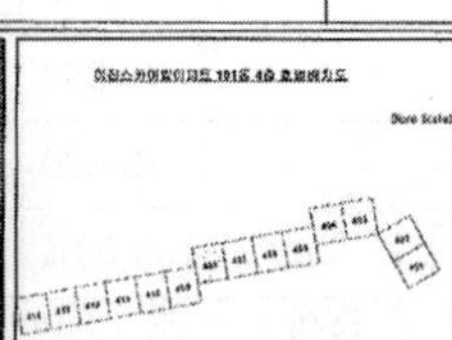
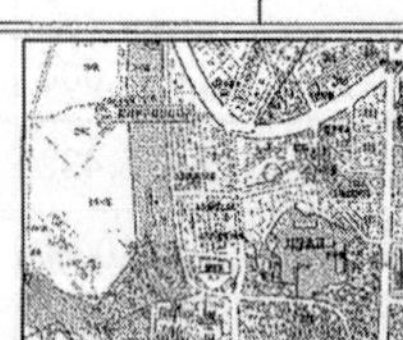

단지명	이진스카이빌			건설회사	이진종합건설		
소재지	부산 기장군 기장읍 동부리 333			입주시기	2004.01.10.	관리사무실	
동수/세대수	2개동 / 228세대	층구성	8~19층	난방방식	개별난방	주차대수	

부산지방법원 동부지원
배 당 표

사 건 2006타경21632 부동산임의경매

배당할금액	금 118,270,231		
명세 - 매각대금	금 118,000,000		
명세 - 지연이자	금 0		
명세 - 전경매보증금	금 0		
명세 - 매각대금이자	금 270,231		
명세 - 항고보증금	금 0		
집행비용	금 2,152,530		
실제배당할 금액	금 116,117,701		
매각부동산	부산 기장군 기장읍 동부리 333 이진스카이빌아파트 101-408호		
채권자	기장군	주식회사국민은행	김범흥
채권금액 - 원금	225,680	22,200,110	90,000,000
채권금액 - 이자	0	4,051,702	0
채권금액 - 비용	0	0	0
채권금액 - 계	225,680	26,251,812	90,000,000
배당순위	1	2	4
이유	교부권자	채권자	전세권자(건물)
채권최고액	0	26,000,000	0
배당액	225,980	26,000,000	89,892,021
잔여액	115,892,021	89,892,021	0
배당비율	100.00%	100.00%	99.88%
공탁번호 (공탁일)	금제 호 (. . .)	금제 호 (. . .)	금제 호 (. . .)

2007. 08. 13

사 법 보 자 관

13. 가장임차인 배당

제일부동산경제신문 http://www.jeilland.co.kr

동부지원 경매3계
사건번호 : 2006 타경 21809 물건번호 : 1

∘관심물건등록하기 ∘인쇄하기 ◂이전으로

지도보기 | 사진보기 | 건물등기부등본 | | 감정평가서 | 매각물건명세서
현황조사서 | 임대차 조사서 | 부동산표시목록 | 사건진행 내역 | 기일내역 | 문서처리 내역

경매구분	/기일입찰	입찰일시	2007.05.21 10:00	감정시점	
물건종류	아파트	채권자	부민상호저축은행	감정평가액	120,000,000
경매개시		채무자	정경화	최저입찰가	96,000,000 (80.0%)
배당종기	2007.02.26	소유자	정경화	입찰보증금	최저가의 10%
소재지	부산 남구 용당동 99-10 현대아이파크 104동 20층 2002호 ∘인근낙찰사례 ∘권리분석				

소재지의 특징	면적/감정평가	임대차관계	등기부상의 권리	진행내용
동명오거리남측인근위치 주위중소규모의공장,보세창고,공동주택등형성 차량접근가능 버스운행되는도로인근 교통사정보통 부정형토지 지세에따라평탄하게정지 단지내도로되어있음 개별도시가스난방설비	대지 35.866(10.85평) (28351 ㎡ 중 35.866/28351) 건물 77.4806(23.44평) (29평형) 토지감정 25,200,000 건물감정 94,800,000 총 25층 / 20층 ★2006.11.21 하나글로벌감정 보존등기일 2003.02.22	송영국 전입 2006.10.04 배당 2006.12.12 (보) 13,000,000 일부방1칸 -동사무소 전입세대 열람:김보영, 송영국 세대가 전입되어 있음.	소유 2003.02.28 소멸 정경화 근저 2004.06.01 말소 부민상호저축 124,000,000 근저 2005.03.07 소멸 김수현 11,000,000 가압 2005.04.27 소멸 강석진 3,715,950 압류 2006.02.09 소멸 국민건강보험 임의 2006.11.20 소멸 부민상호저축 신청청구액 95,000,000	120,000,000 ①유찰 2007.04.16 96,000,000 ②낙찰 2007.05.21 (85.5%) 102,560,000

참고사항	-남동향,계단식

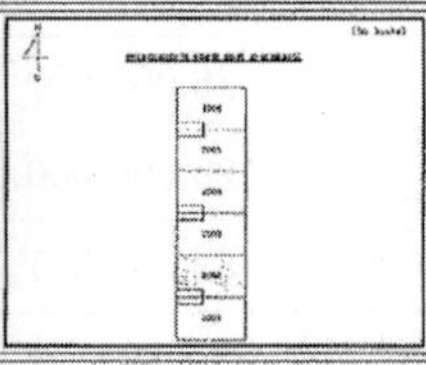

단지명	현대아이파크			건설회사	현대산업개발		
소재지	부산 남구 용당동 99-10			입주시기	2002.12.31.	관리사무실	
동수/세대수	7개동 / 748세대	층구성	25~25층	난방방식	개별난방	주차대수	

부산지방법원 동부지원
배 당 표

사 건 2006타경21809 부동산임의경매

배 당 할 금 액		금 102,791,322		
명세	매 각 대 금	금 102,560,000		
	지 연 이 자	금 0		
	전경매보증금	금 0		
	매각대금이자	금 231,322		
	항고보증금	금 0		
집 행 비 용		금 2,352,520		
실 제 배 당 할 금 액		금 100,438,802		
매 각 부 동 산		부산 남구 용당동 99-10 현대아이파크 104-2002호		
채 권 자		남구	국민건강보험공단부산 남부지사	주식회사부민상호 저축은행
채권금액	원 금	191,330	2,803,560	95,000,000
	이 자	0	0	18,957,311
	비 용	0	0	0,113,957,311
	계	191,330	2,803,560	3
배 당 순 위		1	2	3
이 유		교부권자	압류권자1	채권자
채 권 최 고 액		0	0	0
배 당 액		**189,730**	**31,630**	**100,217,442**
잔 여 액		100,249,072	100,217,442	0
배 당 비 율		99.76%	1.13%	87.94%
공 탁 번 호 (공 탁 일)		금제 호 (. . .)	금제 호 (. . .)	금제 호 (. . .)

2007. 08. 13

사 법 보 자 관

14. 상가환산보증금초과 임차인 배당배제

제일부동산경제신문 http://www.jeilland.co.kr

동부지원 경매3계
사건번호 : 2006 타경 15392 물건번호 : 1

▪ 관심물건등록하기 ▪ 인쇄하기 ◂ 이전으로

지 도 보 기	사 진 보 기	건물등기부등본		감 정 평 가 서	매각물건명세서
현 황 조 사 서	임대차 조사서	부동산표시목록	사건진행 내역	기 일 내 역	문서처리 내역

경매구분	/기일입찰	입찰일시	2007.05.21 10:00	감정시점	
물건종류	근린시설	채 권 자	경남은행	감정평가액	77,000,000
경매개시		채 무 자	홍근식	최저입찰가	39,424,000 (51.2%)
배당종기	2006.11.14	소 유 자	홍근식	입찰보증금	최저가의 10%
소 재 지	부산 수영구 민락동 15-11 수웅누리하우스텔 1층 103호 ▪ 인근낙찰사례 ▪ 권리분석				

소재지의 특징	면적/감정평가	임대차관계	등기부상의 권리	진행내용
민락초등학교남측약150m 지점에위치 주위단독주택및근린생활 시설등형성 차량출입가능 버스(정)도보로약3분거리 대중교통사정보통 부정형토지 서측및남동측으로각각폭 약6m포장도로와접함 도시지역 제2종일반주거지역 위생설비되어있음	대지 36.7057(11.1평) (373.6㎡ 중 367057/3736000) 건물 72.255(21.86평) (34.45평형) 토지감정 30,00,000 건물감정 46,200,000 총 5층 / 1층 ★2006.8.28. 삼일감정 보존등기일 1997.06.27	김명자 사업 2006.07.03 배당 2006.08.16 (보) 25,000,000 일부	소유 1998.07.03 소멸 홍근식 근저 2001.03.30 말소 경남은행 96,000,000 근저 2004.04.16 소멸 장영도 30,000,000 압류 2005.04.27 소멸 부산시사상구청 근저 2006.03.03 소멸 김기배 42,000,000 압류 2006.04.14 소멸 국민건강 가압 2006.06.21 소멸 현대캐피탈 4,323,775 가압 2006.06.30 소멸 신용보증 81,000,000 임의 2006.08.04 소멸 경남은행 신청청구액 66,443,424	77,000,000 ①유찰 2007.02.05 61,600,000 ②유찰 2007.03.12 49,280,000 ③유찰 2007.04.16 39,424,000 ④낙찰 2007.05.21 (54.7%) 42,100,000

참고사항	-근린생활시설(상호:(합) 한진전기공사)로서 사무실 로 이용중임

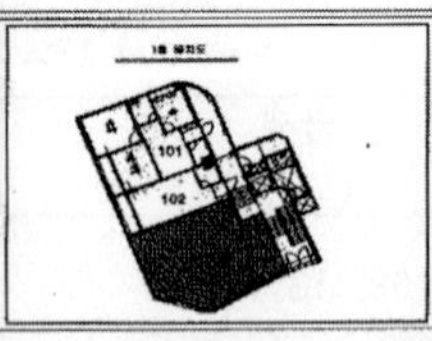

제일부동산경제신문 www.jeilland.co.kr

· 제일부동산경매신문(주)에서 제공되는 모든 정보는 기초자료로 이용하시고, 면책조건으로 제공되므로 반드시 법원의 서류와 공부서류원본을 열람하신 후 입찰하십시요.
· 제일부동산경매신문(주)은 위의 분석결과에 대해 법적인 책임을 지지 않습니다.

부산지방법원 동부지원
배 당 표

사　　건 2006타경15392 부동산임의경매

배 당 할 금 액		금 42,210,879		
명세	매 각 대 금	금 42,100,000		
	지 연 이 자	금 0		
	전경매보증금	금 0		
	매각대금이자	금 110,879		
	항고보증금	금 0		
집 행 비 용		금 1,769,530		
실 제 배 당 할 금 액		금 40,441,349		
매 각 부 동 산		부산 수영구 민락동 15-11 수웅누리하우스텔 1층 103호		
채 권 자		수영구	주식회사 경남은행	
채권금액	원 금	371,640	63,000,000	
	이 자	0	15,662,196	
	비 용	0	0	
	계	371,640	78,662,196	
배 당 순 위		1	2	
이 유		교부권자(당해)	채권자	
채 권 최 고 액		0	96,000,000	
배 당 액		**371,640**	**40,069,709**	
잔 여 액		40,069,709	0	
배 당 비 율		100.00%	50.94%	
공 탁 번 호 (공 탁 일)		금제　　호 (　 .　 .　 .)	금제　　호 (　 .　 .　 .)	금제　　호 (　 .　 .　 .)

2007. 8. 13

사 법 보 자 관

15. 상가환산보증금초과 임차인 배당배제

제일부동산경제신문 http://www.jeilland.co.kr

동부지원 경매3계

사건번호 : 2006 타경 6190 물건번호 : 2

• 관심물건등록하기 • 인쇄하기 ◀ 이전으로

지 도 보 기	사 진 보 기	건물등기부등본	[illegible]	감 정 평 가 서	매각물건명세서
현 황 조 사 서	임대차 조사서	부동산표시목록	사건진행 내역	기 일 내 역	문서처리 내역

경매구분	/기일입찰	입찰일시	2007.02.05 10:00	감정시점	
물건종류	근린시설	채 권 자	농협중앙회	감정평가액	244,000,000
경매개시		채 무 자	구영숙	최저입찰가	99,942,000 (41.0%)
배당종기	2006.07.05	소 유 자	구영숙	입찰보증금	최저가의 10%
소 재 지	부산 해운대구 좌동 1461-4 대하프라자 7층 706호 • 인근낙찰사례 • 권리분석				

소재지의 특징	면적/감정평가	임대차관계	등기부상의 권리	진행내용
좌1동사무소북동측약100m 지점에위치 주위근린생활시설및오피스텔,공동주택,상업나지등형성 차량진입가능 대중교통사정보통 버스(정)및지하철장산역도보로약4분거리 부정형토지 남서측으로왕복6차선,남동측 으로왕복2차선,북서측으로 편도1차선포장도로와접함 열병합방식에의한지역난방	대지 15.2318(4.61평) 건물 110.29(33.36평) (54.26평형) 토지감정 73,200,000원 건물감정 170,800,000원 총 13층 / 7층 보존등기일 2003.04.17	대광 사업 2004.07.26 기업 (보) 50,000,000 (월) 1,300,000 706호전부 - 현황조사 임대차계약서에는 보증금 20,000,000원에 월 900,000원임.전세권자인 (주)다우썸의 계열사	소유 2003.06.03 소멸 구영숙 근저 2003.06.03 말소 농협(중) 84,500,000 전세 2003.08.01 소멸 (주)다우썸 50,000,000 존속기간:2005.7.30.까지 근저 2005.08.11 소멸 송형근 150,000,000 가압 2005.10.20 소멸 신용보증기금 85,000,000 임의 2006.03.30 소멸 농협(중) 신청청구액 189,076,327	244,000,000 ①유찰 2006.09.18 195,200,000 ②유찰 2006.10.23 156,160,000 ③유찰 2006.11.27 124,928,000 ④유찰 2006.12.28 99,942,000 ⑤낙찰 2007.02.05 (41.4%) 101,100,000

참고사항	-(주)다우썸영남지사,(주)이 지창호 -2006-6435 중복사건

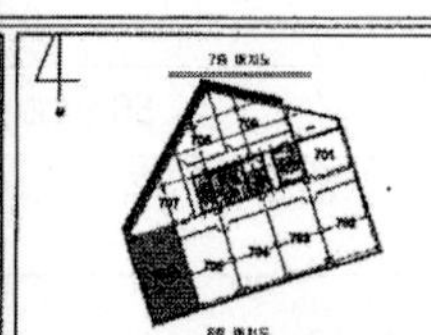

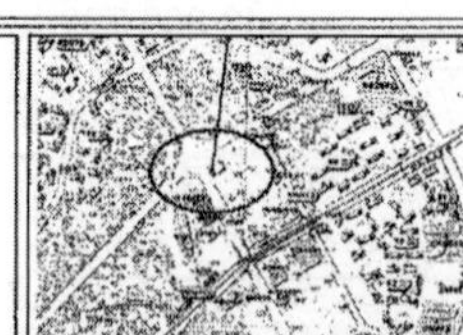

제일부동산경제신문 www.jeilland.co.kr	· 제일부동산경매신문(주)에서 제공되는 모든 정보는 기초자료로 이용하시고, 면책조건으로 제공되므로 반드시 법원의 서류와 공부서류원본을 열람하신 후 입찰하십시요. · 제일부동산경매신문(주)은 위의 분석결과에 대해 법적인 책임을 지지 않습니다.

▒ 제일부동산경제신문 http://www.jeilland.co.kr ▒

동부지원 경매3계

사건번호 : 2006 타경 6190 물건번호 : 1

▪관심물건등록하기 ▪인쇄하기 ◂이전으로

지 도 보 기	사 진 보 기	[illegible]	[illegible]	감 정 평 가 서	매각물건명세서
현 황 조 사 서	임대차 조사서	부동산표시목록	사건진행 내역	기 일 내 역	문서처리 내역

경매구분	/기일입찰	입찰일시	2007.02.05 10:00	감정시점	
물건종류	근린시설	채 권 자	농협중앙회	감정평가액	244,000,000
경매개시		채 무 자	구영숙	최저입찰가	99,942,000 (41.0%)
배당종기	2006.07.05	소 유 자	구영숙	입찰보증금	최저가의 10%
소 재 지	부산 해운대구 좌동 1461-4 대하프라자 8층 806호 ▪인근낙찰사례 ▪권리분석				

소재지의 특징	면적/감정평가	임대차관계	등기부상의 권리	진행내용
좌1동사무소북동측약100m 지점에위치 주위근린생활시설및오피스텔,공동주택,상업나지등형성 차량진입가능 대중교통시정보통 버스(정)및지하철장산역도보로약4분거리 무성형토지 남서측으로왕복6차선,남동측 으로왕복2차선,북서측으로편도1차선포장도로와접함 열병합방식에의한지역난방	대지 15.2318(4.61평) 건물 110.29(33.36평) (54.26평형) 토지감정 73,200,000원 건물감정 170,800,000원 총 13층 / 8층 보존등기일 2003.04.17	한영득 배당 2006.04.12 (보) 10,000,000 (월) 500,000 일부 - 임차인 한영득의 진술에 의하면 사업자등록없이 2005.10.10 으로 해운대교육청에 교습소설립 및 운영신고를 하였다고 함(806호는 임의로 칸 나누어 소유자와 함께 점유하고 있다 함) (주)일원건설 사업 2004.08.23 (보) 300,000 - 현황조사 황용택 사업 2006.02.20 (보) 200,000 (월) 50,000 성광건설 - 관할동사무소에 전입지 열람한 바 해당주소의 세대주 존재하지 않음. 관할 세무서 열람한 바 위와 같이 등록되어있으나 임차인 한영득에게 문의한 바 모른느 사람이라고 함 (주)강월건설 사업 2005.08.26 확정 2006.05.23 배당 2006.05.23 (보) 5,000,000 (월) 300,000 일부 -대표이사 정중호는 채무자겸 소유자의 남편	소유 2003.05.06 소멸 구영숙 근저 2003.05.06 말소 농협(중) 156,000,000 근저 2004.04.23 소멸 한국레미콘 외1 100,000,000 가압 2005.10.19 소멸 기술신보 85,000,000 가압 2005.10.20 소멸 신용보증기금 85,000,000 임의 2006.03.30 소멸 농협(중) 신청청구액 189,070,327	244,000,000 ①유찰 2006.09.18 195,200,000 ②유찰 2006.10.23 156,160,000 ③유찰 2006.11.27 124,928,000 ④유찰 2006.12.28 99,942,000 ⑤낙찰 2007.02.05 (52.0%) 126,760,000

참고사항	-프리임한영득영어전문교실 및 일반사무실 -2006-6435 중복사건

부산지방법원 동부지원
배 당 표

사 건 2006타경6190 부동산임의경매
2006타경6435, 2006타경6442(중복)

배 당 할 금 액		금 228,339,803		
명세	매 각 대 금	금 227,860,000		
	지 연 이 자	금 0		
	전경매보증금	금 0		
	매각대금이자	금 479,803		
	항고보증금	금 0		
집 행 비 용		금 4,778,803		
실 제 배 당 할 금 액		금 223,561,500		
매 각 부 동 산		부산 해운대구 좌동 1461-4 대하프라자 706호, 806호 (이법원2007가단10742호 배당이의 판결확정으로)		
채 권 자		농업협동조합중앙회	주식회사다우썸	
채권금액	원 금	185,000,000	50,000,000	
	이 자	35,182,250	0	
	비 용	0	0	
	계	220,182,250	50,000,000	
배 당 순 위		1	2	
이 유		신청채권자(근저당)	전세권자(706호)	
채 권 최 고 액		240,500,000	0	
배 당 액		**208,866,567**	**14,694,736**	
잔 여 액		14,694,736	0	
배 당 비 율		94.86%	29.39%	
공 탁 번 호 (공 탁 일)		금제 호 (. . .)	금제 호 (. . .)	금제 호 (. . .)

2007. 04.27
사 법 보 자 관

16. 가장임차인 배당배제

제일부동산경제신문 http://www.jeilland.co.kr

동부지원 경매3계
사건번호 : 2006 타경 20332 물건번호 : 1

▪관심물건등록하기 ▪인쇄하기 ◀이전으로

지도보기	사진보기	건물등기부등본		감정평가서	매각물건명세서
현황조사서	임대차 조사서	부동산표시목록	사건진행 내역	기일내역	문서처리 내역

경매구분	/기일입찰	입찰일시	2007.07.30 10:00	감정시점	
물건종류	빌라/다세대/연립	채권자	이원자	감정평가액	50,000,000
경매개시		채무자	손미자	최저입찰가	32,000,000 (64.0%)
배당종기	2007.02.06	소유자	손미자	입찰보증금	최저가의 10%
소재지	부산 남구 감만동 21-19 동성하이츠 3층 301호 ▪인근낙찰사례 ▪권리분석				

소재지의 특징	면적/감정평가	임대차관계	등기부상의 권리	진행내용
부산외국어대학교남동측 인근에위치 주위소평수의다세대주택및 기존주택지대로형성 차량출입불가능 버스(정)도보로약4분거리 대중교통사정보통 부정형토지 인접지와등고평탄 북동측폭약2m도로와접함 제3종일반주거지역 주거환경개선지구 개별LPG난방설비	대지 17.81㎡ (105㎡ 중 1781/10500) 건물 37.93㎡ (방2) 토지감정 25,000,000 건물감정 25,000,000 총 3층 / 3층 ★2006.11.29 삼일감정 보존등기일 2003.03.07	임금식 전입 2006.07.25 확정 2006.12.01 배당 2007.01.09 (보) 15,000,000 일부(방1) -목적물에 수차 방문하였으나 점유자 및 관계인을 만나지 못함. -동사무소 전입세대 열람:임금식 세대가 전입되어 있음.	근저 2003.03.07 말소 국민은행 26,000,000 소유 2003.04.24 소멸 손미자 가압 2006.08.07 소멸 이원자 15,500,000 강제 2006.10.30 소멸 이원자 신청청구액 18,640,342	50,000,000 ①유찰 2007.04.16 40,000,000 ②유찰 2007.05.21 32,000,000 ③변경 2007.06.25 32,000,000 ④낙찰 2007.07.30 (64.2%) 32,111,000

참고사항	-2007-13355(중복) -북동향,계단식

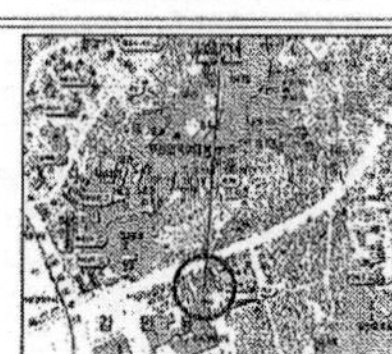

부산지방법원 동부지원
배 당 표

사 건 2006타경20332 부동산강제경매
2007타경13355(중복)

배 당 할 금 액		금 32,182,015		
명세	매 각 대 금	금 32,111,000		
	지 연 이 자	금 0		
	전경매보증금	금 0		
	매각대금이자	금 71,015		
	항고보증금	금 0		
집 행 비 용		금 1,487,470		
실 제 배 당 할 금 액		금 30,694,545		
매 각 부 동 산		부산 남구 감만동 21-19 동성하이츠 3층 301호		
채 권 자		이원자	주식회사국민은행	
채권금액	원 금	15,500,000	17,446,860	
	이 자	6,197,876	553,160	
	비 용	0	0	
	계	21,697,876	18,000,000	
배 당 순 위		1	1	
이 유		채권자(판결)	근저당권자(채권자)	
채 권 최 고 액		0	26,000,000	
배 당 액		**12,694,525**	**18,000,020**	
잔 여 액		18,000,000	0	
배 당 비 율		58.51%	100.00%	
공 탁 번 호 (공 탁 일)		금제 호 (. . .)	금제 호 (. . .)	금제 호 (. . .)

2007. 10. 19
사 법 보 자 관

17. 가장임차인 배당배제

제일부동산경제신문 http://www.jeilland.co.kr

동부지원 경매3계
사건번호 : 2007 타경 823 물건번호 : 1

• 관심물건등록하기 • 인쇄하기 ◂ 이전으로

지 도 보 기 | 사 진 보 기 | 건물등기부등본 | 토지등기부등본 | 감 정 평 가 서 | 매각물건명세서
현 황 조 사 서 | 임대차 조사서 | 부동산표시목록 | 사건진행 내역 | 기 일 내 역 | 문서처리 내역

경매구분	/기일입찰	입찰일시	2007.07.30 10:00	감정시점	
물건종류	아파트	채 권 자	주식회사 부민상호저축은행	감정평가액	235,000,000
경매개시		채 무 자	김영지	최저입찰가	188,000,000 (80.0%)
배당종기	2007.04.23	소 유 자	김영지	입찰보증금	최저가의 10%
소 재 지	부산 해운대구 좌동 1394 두산동국아파트 115동 19층 1902호 • 인근낙찰사례 • 권리분석				

소재지의 특징	면적/감정평가	임대차관계	등기부상의 권리	진행내용
양운고등학교북측인근 주위해운대신시가지내의본건아파트단지외LG아파트,대림아파트등으로형성 차량접근가능 버스(정)인근소재 교통사정보통 전반적으로남동향완경사지에위치한토지 북측으로해운대~송정간의우회도로(장산로)가소재하고있고,단지내가로망정비되어있으며,진입로상태보통 지역난방시설되어있음	대지 60.499(18.3평) (58904.7㎡ 중 60499/58904700) 건물 134.97(40.83평) (51평형) 토지감정 70,500,000 건물감정 164,500,000 총 27층 / 19층 ★2007.1.18. 극동감정 보존등기일 1997.01.13	김정용 전입 2005.12.07 배당 2007.02.20 (보) 18,000,000 (월) 200,000 일부(방2) -소유자의 모친 공연숙을 만나 임대차 관계등에 대하여 문의하였던바 일부분에 전입자 김정용이 임차인으로 점유상태라 하나 만날수 없어 본건취지를 기재한 통지서를 현장에 두었으나 서류제출 및 아무런 연락이 없음. -일부분에는 소유자의 가족이 점유상태임.	소유 2005.09.22 소멸 김영지 근저 2005.09.22 말소 부민상호저축 241,000,000 압류 2006.02.24 소멸 부산시해운대구 임의 2007.01.17 소멸 부민상호저축 신청청구액 185,000,000	235,000,000 ①유찰 2007.06.25 188,000,000 ②낙찰 2007.07.30 (87.4%) 205,275,000

유사낙찰통계	• 최근 6개월 : 낙찰가율 97.6%, 낙찰건수 1건

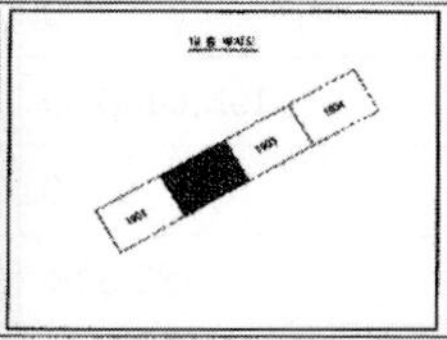

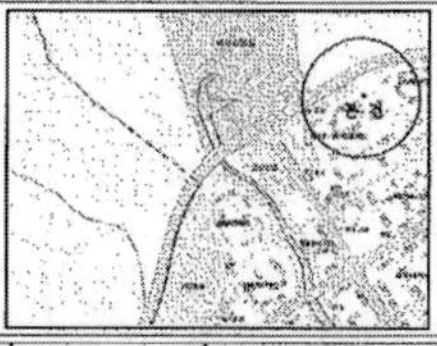

단지명	두산동국			건설회사	두산건설, 동국건설		
소재지	부산 해운대구 좌동 1394			입주시기	1996.12.	관리사무실	
동수/세대수	15개동 / 1422세대	층구성	16~27층	난방방식	중앙난방	주차대수	

부산지방법원 동부지원
배 당 표

사 건 2007타경823 부동산임의경매

배당할금액		금 205,682,745		
명세	매각대금	금 205,275,000		
	지연이자	금 0		
	전경매보증금	금 0		
	매각대금이자	금 407,745		
	항고보증금	금 0		
집행비용		금 3,297,510		
실제배당할 금 액		금 202,385,235		
매각부동산		부산 해운대구 좌동 1394 두산동국아파트 115동 1902		
채권자		해운대구	주식회사 부민상호 저축은행	
채권금액	원금	3,740,000	185,000,000	
	이자	0	35,210,801	
	비용	0	0	
	계	3,740,000	223,210,801	
배당순위		1	2	
이유		교부권자(법기)	채권자(근저당)	
채권최고액		0	0	
배당액		3,740,000	198,645,235	
잔여액		198,645,235	0	
배당비율		100.00%	88.99%	
공탁번호 (공탁일)		금제 호 (. . .)	금제 호 (. . .)	금제 호 (. . .)

2007. 10. 19

사 법 보 자 관

18. 후순위전세권자 배당

제일부동산경제신문 http://www.jeilland.co.kr

동부지원 경매3계
사건번호 : 2006 타경 109 물건번호 : 1

▪관심물건등록하기 ▪인쇄하기 ◂이전으로

지 도 보 기 | 사 진 보 기 | 건물등기부등본 | 토지등기부등본 | 감 정 평 가 서 | 매각물건명세서
현 황 조 사 서 | 임대차 조사서 | 부동산표시목록 | 사건진행 내역 | 기 일 내 역 | 문서처리 내역

경매구분	/기일입찰	입찰일시	2007.02.05 10:00	감정시점	
물건종류	근린시설	채 권 자	동래농협	감정평가액	2,609,348,820
경매개시		채 무 자	박정욱	최저입찰가	1,068,789,000 (41.0%)
배당종기	2006.04.10	소 유 자	박정욱	입찰보증금	최저가의 10%
소 재 지	부산 해운대구 중동 1038-4 외1필지 ▪인근낙찰사례 ▪권리분석				

소재지의 특징	면적/감정평가	임대차관계	등기부상의 권리	진행내용
한국콘도북동측인근에위치 주위각종숙박시설,음식점,단독주택등형성,해운대해수욕장인근의해안상가지대 주위환경보통 차량진입가능 버스(정)인근위치 교통사정보통 2필일단의부정형토지 북측으로폭약6m도로접함 일반상업지역 중심지미관지구 (미관지구내건축선지정) 방화지구 도시계획구역 (특별계획구역) 제1종지구단위계획구역 온천지구(해운대온천) LNG가스난방 (4~7층부분)	<1038-4> 대지 281(85평) <1038-6> 대지 218(65.94평) <1038-4 지상> 건물 숙박,근린생활시설,위락시설 1층 345.4(104.48평) (위락시설-바보트) 2층 345.4(104.48평) (위락시설-공실) 3층 345.4(104.48평) (위락시설-피아제) 4층 345.4(104.48평) 5층 345.4(104.48평) 6층 345.4(104.48평) 7층 296.86(89.8평) (4~7층 숙박시설-용궁모텔) 8층 296.86(89.8평) (근린생활-도시락전문점) 지하1층 354.98(107.38평) 지하2층 324.94(98.29평) (지하1,2층 주차장,발전기실,펌프실,보일러실) 공시지가 1,500,000 결 정 가 1,550,000 토지감정 773,450,000 건물감정 1,835,898,820 ★2006.1.10. 프라임감정	조덕심 . 전입 2003.06.03 배당 2006.01.13 (보) 400,000,000 (월) 10,000,000 4~7층 숙박시설 -전세권자임(2003.05.28 전세권설정등기 경료) … 허정학 사업 2004.06.07 (보) 10,000,000 (월) 900,000 8층전부 -위 임차인등 만날수 없어 세무서 등록사항 현황서를 참고하여 작성함. -목적물 지하 1,2층은 주차장으로 사용상태임. -관할 동사무소 세대열람한바 서영호가 전입등재되어 있으나 거주하지 않는다고 함 … 서용호 전입 2004.06.15 -현황조사 … 이수호 사업 2004.10.29 배당 2006.01.24 (보) 50,000,000 (월) 900,000 3층전부 … 노봉선 사업 2005.03.24 (보) 10,000,000 (월) 700,000 -현황조사 … 최혜선 사업 2004.10.22 확정 2006.01.13 배당 2006.04.10 (보) 50,000,000	근저 2003.05.21 말소 동래농협 3,010,000,000 전세 2003.05.28 소멸 조덕심 400,000,000 존속기간 2005.04.09일까지 압류 2004.02.14 소멸 부산해운대구 압류 2005.07.29 소멸 부산해운대구 임의 2006.01.04 소멸 동래농협 신청청구액 220,000,000 가압 2006.03.28 소멸 우리은행 100,000,000 가압 2006.03.28 소멸 우리은행 100,000,000	2,609,348,820 ①유찰 2006.07.10 … 2,087,479,000 ②유찰 2006.08.14 … 1,669,983,000 ③유찰 2006.09.18 … 1,335,986,000 ④유찰 2006.10.23 … 1,068,789,000 ⑤변경 2006.11.27 … 1,068,789,000 ⑥낙찰 2007.02.05 (61.3%) 1,600,000,000 …

부산지방법원 동부지원
배 당 표

사 건 2006타경109 부동산임의경매

배당할금액		금 1,603,585,239		
명세	매각대금	금 1,600,000,000		
	지연이자	금 0		
	전경매보증금	금 0		
	매각대금이자	금 3,585,239		
	항고보증금	금 0		
집행비용		금 13,149,590		
실제배당할 금액		금 1,590,435,649		
매각부동산		부산 해운대구 중동 1038-4,1038-6 각 토지 및 위 양지상 건물(대장번호:21286호)		
채권자		해운대구	동래농업협동조합	
채권금액	원금	75,016,840	2,180,000,000	
	이자	13,921,230	564,546,150	
	비용	0	0	
	계	88,938,070	2,744,546,150	
배당순위		1	2	
이유		압류및교부권자(당해)	신청채권자(근저당)	
채권최고액		0	3,010,000,000	
배당액		**39,446,330**	**1,550,989,319**	
잔여액		1,550,989,319	0	
배당비율		44.35%	56.51%	
공탁번호 (공탁일)		금제 호 (. . .)	금제 호 (. . .)	금제 호 (. . .)

2007. 04. 27

사 법 보 자 관

부산지방법원 동부지원
배 당 표

사 건 2007타경109 부동산임의경매

배당할금액		금 62,103,295		
명세	매각대금	금 61,980,000		
	지연이자	금 0		
	전경매보증금	금 0		
	매각대금이자	금 123,295		
	항고보증금	금 0		
집행비용		금 1,848,552		
실제배당할 금액		금 60,254,743		
매각부동산		부산 남구 문현동 238-233 대도라이프타운 101동 1202호		
채권자		남구	주식회사국민은행	
채권금액	원금	225,980	56,790,321	
	이자	0	14,916,311	
	비용	0	0	
	계	225,980	71,706,632	
배당순위		1	2	
이유		교부권자(당해)	채권자(근저당)	
채권최고액		0	73,900,000	
배당액		225,980	60,028,763	
잔여액		60,028,763	0	
배당비율		100.00%	88.71%	
공탁번호 (공탁일)		금제 호 (. . .)	금제 호 (. . .)	금제 호 (. . .)

2007. 10. 19

사 법 보 자 관

19. 가장임차인 배당배제

제일부동산경제신문 http://www.jeilland.co.kr

동부지원 경매3계
사건번호 : 2006 타경 23232 물건번호 : 1

▪관심물건등록하기 ▪인쇄하기 ◂이전으로

지도보기	사진보기	건물등기부등본		감정평가서	매각물건명세서
현황조사서	임대차 조사서	부동산표시목록	사건진행 내역	기일내역	문서처리 내역

경매구분	/기일입찰	입찰일시	2007.05.21 10:00	감정시점	
물건종류	아파트	채권자	고려상호저축은행	감정평가액	440,000,000
경매개시		채무자	박순점	최저입찰가	352,000,000 (80.0%)
배당종기	2007.03.19	소유자	박순점	입찰보증금	최저가의 10%
소재지	부산 수영구 민락동 108-1 부산민락푸르지오 107동 30층 3002호 ▪인근낙찰사례 ▪권리분석				

소재지의 특징	면적/감정평가	임대차관계	등기부상의 권리	진행내용
주위유사규모의아파트단지밀집한수영강변지역 차량접근가능 버스(정)인근소재 교통사정양호 부정형토지 2차선도로에서진입함 개별도시가스난방설비	대지 53.84(16.29평) (41235 ㎡ 중 53.84/41235) 건물 150.8(45.62평) (55평형) (방5) 토지감정 132,000,000 건물감정 308,000,000 총 31층 / 30층 ★2006.12.14. 부일감정 보존등기일 2003.09.01	김선향 전입 2006.09.06 확정 2006.09.12 배당 2006.12.20 (보) 16,000,000 일부(방1) 심영숙 전입 2006.10.17 확정 2006.10.17 배당 2006.12.19 (보) 16,000,000 (월) 100,000 일부방2	소유 2004.07.08 소멸 박순점 근저 2006.05.02 말소 고려상호저축 462,800,000 가압 2006.09.27 소멸 김용기 60,000,000 임의 2006.12.08 소멸 고려상호저축 신청청구액 364,191,240 압류 2007.03.09 소멸 국민건강보험	440,000,000 ①유찰 2007.04.16 352,000,000 ②낙찰 2007.05.21 (87.8%) 386,500,000

참고사항	-10개동 1082세대 -계단식

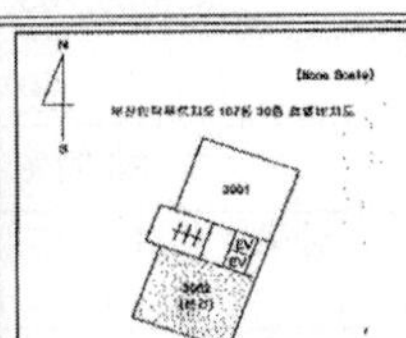

단지명	민락푸르지오			건설회사	대우건설		
소재지	부산 수영구 민락동 108-1			입주시기	2003.08.30.	관리사무실	051-754-4431
동수/세대수	10개동 / 1082세대	층구성	27~31층	난방방식	개별난방	주차대수	

제일부동산경제신문 www.jeilland.co.kr

- 제일부동산경매신문(주)에서 제공되는 모든 정보는 기초자료로 이용하시고, 면책조건으로 제공되므로 반드시 법원의 서류와 공부서류원본을 열람하신 후 입찰하십시요.
- 제일부동산경매신문(주)은 위의 분석결과에 대해 법적인 책임을 지지 않습니다.

부산지방법원 동부지원
배 당 표

사 건 2006타경23232 부동산임의경매

배 당 할 금 액		금 387,483,900		
명세	매 각 대 금	금 386,500,000		
	지 연 이 자	금 0		
	전경매보증금	금 0		
	매각대금이자	금 983,900		
	항고보증금	금 0		
집 행 비 용		금 4,682,850		
실 제 배 당 할 금 액		금 382,801,050		
매 각 부 동 산		부산 수영구 민락동 108-1 부산민락푸르지오 107-3002호		
채 권 자		주식회사고려상호 서축은행	수영구	
채권금액	원 금	356,000,000	411,940	
	이 자	64,306,471	0	
	비 용	0	0	
	계	420,306,471	411,940	
배 당 순 위		1	2	
이 유		채권자	교부권자	
채 권 최 고 액		462,800,000	0	
배 당 액		**382,717,422**	**83,628**	
잔 여 액		83,628	0	
배 당 비 율		91.06%	20.30%	
공 탁 번 호 (공 탁 일)		금제 호 (. . .)	금제 호 (. . .)	금제 호 (. . .)

2007. 08. 13

사 법 보 자 관

20. 대항력 있는 임차인

제일부동산경제신문 http://www.jeilland.co.kr

동부지원 경매3계

사건번호 : 2006 타경 13549 물건번호 : 1

▪관심물건등록하기 ▪인쇄하기 ◂이전으로

지 도 보 기 | 사 진 보 기 | 건물등기부등본 | 감 정 평 가 서 | 매각물건명세서

현 황 조 사 서 | 임대차 조사서 | 부동산표시목록 | 사건진행 내역 | 기 일 내 역 | 문서처리 내역

경매구분	/기일입찰	입찰일시	2007.04.16 10:00	감정시점	
물건종류	아파트	채 권 자	최용모	감정평가액	115,000,000
경매개시		채 무 자	곽종열	최저입찰가	73,600,000 (64.0%)
배당종기	2006.10.18	소 유 자	곽종열	입찰보증금	최저가의 10%
소 재 지	부산 남구 감만동 20-1 국제아파트 101동 22층 2203호 ▪인근낙찰사례 ▪권리분석				

소재지의 특징	면적/감정평가	임대차관계	등기부상의 권리	진행내용
감만중학교북서측인근 주위아파트단지및단지내상가,단독주택,로변소규모점포,학교(부산외대)등형성 차량접근가능 버스(정)인근소재 교통사정보통 개별도시가스난방	대지 24.029(7.27평) (8386 ㎡ 중 24029/9946000) 건물 82.55(24.97평) (32평형) (방3) 토지감정 24,150,000 건물감정 90,850,000 총 25층 / 22층 ★2006.7.31. 프라임감정 보존등기일 1996.12.06	감재근 전입 1997.03.08 배당 2006.08.11 (보) 50,000,000 전부(방3칸)	소유 1997.03.11 소멸 곽종열 근저 2000.01.31 말소 정치망수협 52,000,000 가압 2005.01.03 소멸 최용모 45,000,000 가압 2005.01.07 소멸 김영수 270,287,671 강제 2006.07.13 소멸 최용모 신청청구액 43,375,419	115,000,000 ①유찰 2007.02.05 92,000,000 ②유찰 2007.03.12 73,600,000 ③낙찰 2007.04.16 (70.3%) 80,899,000

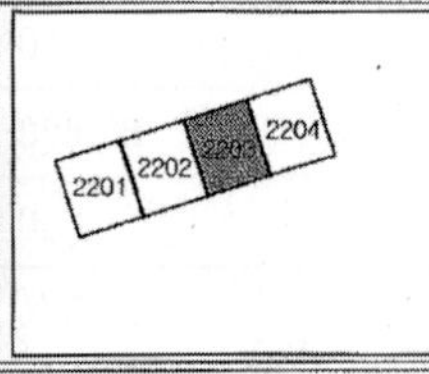

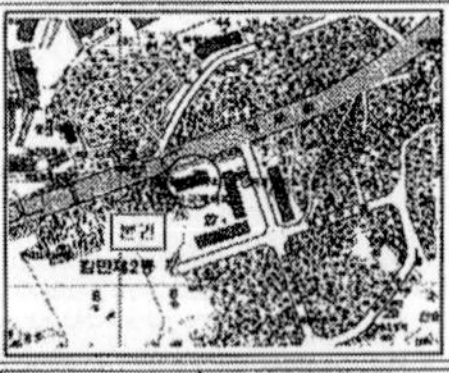

단지명	국제			건설회사	국제종합토건		
소재지	부산 남구 감만동 20-1			입주시기	1996.10.	관리사무실	051-634-3261
동수/세대수	3개동 / 452세대	층구성	19~25층	난방방식	개별난방	주차대수	

부산지방법원 동부지원
배 당 표

사 건 2006타경13549 부동산강제경매

배당할금액		금	81,010,177	
명세	매각대금	금	80,899,000	
	지연이자	금	0	
	전경매보증금	금	0	
	매각대금이자	금	111,177	
	항고보증금	금	0	
집행비용		금	2,243,220	
실제배당할 금액		금	78,766,957	
매각부동산		부산 남구 감만동 20-1외2 국제아파트 101동 2203호		
채권자		남구	경상남도정치망수산업협동조합	김영수
채권금액	원금	남구	10,000,000	225,277,404
	이자	1,950	1,057,377	43,564,533
	비용	0	0	0
	계	67,650	11,057,377	268,841,937
배당순위		1	2	3
이유		교부권자	근저당권자	배당요구권자
채권최고액		0	52,000,000	270,287,671
배당액		67,650	11,057,377	56,686,835
잔여액		78,699,307	67,641,930	10,955,095
배당비율		100.00%	100.00%	21.09%
공탁번호 (공탁일)		금제 호 (. .)	금제 호 (. .)	금제 호 (. .)

2-1

채권자		최용모		
채권금액	원금	43,375,419		
	이자	8,580,014		
	비용	0		
	계	51,955,433		
배당순위		3		
이유		신청채권자(판결)		
채권최고액		45,000,000		
배당액		10,955,095		
잔여액		0		
배당비율		24.34%	%	%
공탁번호 (공탁일)		금제 호 (. .)	금제 호 (. .)	금제 호 (. .)
2007. 6. 1. 사법보좌관				

2-2

21. 다수물건의 동시배당

제일부동산경제신문 http://www.jeilland.co.kr

동부지원 경매3계

사건번호 : 2006 타경 11055 물건번호 : 2 3 4 5 ▶

▪관심물건등록하기 ▪인쇄하기 ◀이전으로

지 도 보 기	사 진 보 기	건물등기부등본	토지등기부등본	감 정 평 가 서	매각물건명세서
현 황 조 사 서	임대차 조사서	부동산표시목록	사건진행 내역	기 일 내 역	문서처리 내역

경매구분	/기일입찰	입찰일시	2007.05.21 10:00	감정시점	
물건종류	빌라/다세대/연립	채 권 자	주)한국인삼공사	감정평가액	115,000,000
경매개시		채 무 자	고려홍삼판매(주)	최저입찰가	47,104,000 (41.0%)
배당종기	2006.09.20	소 유 자	이용찬	입찰보증금	최저가의 10%
소 재 지	부산 기장군 기장읍 대라리 84-3 해운빌라 1층 101호 ▪인근낙찰사례 ▪권리분석				

소재지의 특징	면적/감정평가	임대차관계	등기부상의 권리	진행내용
기장중교남서측인근 주위다세대주택,단독주택및 근린생활시설등형성 차량출입가능 버스(정)인근소재 교통시설보통 위생설비되어있음	대지 54.808(16.58평) (333㎡ 중 54808/333000) 건물 125.64(38.01평) (46.32평형) 토지감정 34,500,000 건물감정 80,5000,00 총 5층 / 1층 ★2006.6.29. 경일감정 보존등기일 2000.02.08	☞관할주민센터: 기장읍 ☎ 051-709-5111 미상 - 현황조사. - 1층 101호에서 엘지텔레콤이라는 상호로 일부를 사용하고 있는 성명미상의 남자는 동부부산 경남(조은뉴스)를 운영하고 있는 지인의 사무실을 봐주는 조건으로 사용하고 있음. 찬스대리운전은 야간에 연락처로 사용한다고 함. - 건물외부에 부착된 상로는 엘지텔레콤, 동부부산경남-조은뉴스, 찬스대리운전이라고 적혀있었음. - 관할 세무서에서 등록사항등의 현황에 대하여 열람한바 해당사항 없다고 함.	소유 2000.02.08 소멸 이용찬 근저 2000.03.16 말소 한국인삼공사 366,800,000 근저 2000.04.19 소멸 최숙희 외1 200,000,000 가압 2004.09.03 소멸 국민은행 31,602,071 가압 2004.10.06 소멸 국민은행 50,921,910 압류 2006.02.03 소멸 청주세무서 압류 2005.04.22 소멸 서울시용산구 압류 2006.02.24 소멸 영등포세무서 압류 2006.04.24 소멸 서울시영등포구청 임의 2006.06.19 소멸 한국인삼공사 신청청구액 366,800,000	115,000,000 ①유찰 2006.12.28 92,000,000 ②유찰 2007.02.05 73,600,000 ③유찰 2007.03.12 58,880,000 ④유찰 2007.04.16 47,104,000 ⑤낙찰 2007.05.21 (53.7%) 61,750,000

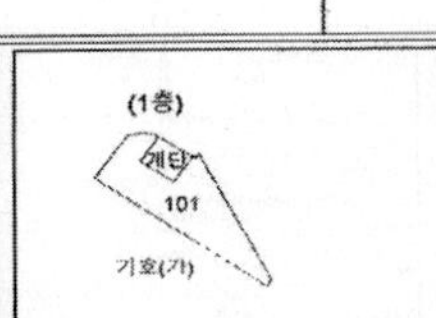

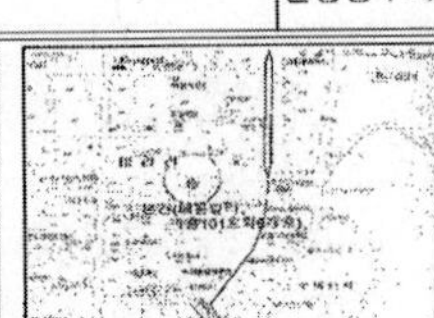

22. 소액임차인 적용 제외

제일부동산경제신문 http://www.jeilland.co.kr

동부지원 경매3계

사건번호 : 2006 타경 11055 물건번호 : 1 3 4 5 ▶ | ▪관심물건등록하기 | ▪인쇄하기 | ◂이전으로

지 도 보 기	사 진 보 기			감 정 평 가 서	매각물건명세서
현 황 조 사 서	임대차 조사서	부동산표시목록	사건진행 내역	기 일 내 역	문서처리 내역

경매구분	/기일입찰	입찰일시	2007.03.12 10:00	감정시점	
물건종류	빌리/다세대/연립	채 권 자	주)한국인삼공사	감정평가액	58,000,000
경매개시		채 무 자	고려홍삼판매(주)	최저입찰가	37,120,000 (64.0%)
배당종기	2006.09.20	소 유 자	이용찬	입찰보증금	최저가의 10%
소 재 지	부산 기장군 기장읍 대라리 84-3 해운빌라 2층 202호 ▪인근낙찰사례 ▪권리분석				

소재지의 특징	면적/감정평가	임대차관계	등기부상의 권리	진행내용
기장중교남서측인근 주위다세대주택,단독주택및 근린생활시설등형성 차량출입가능 버스(정)인근소재 교통사정보통 유류보일러난방	대지 34.707(10.5평) (333㎡ 중 34707/333000) 건물 73.16(22.13평) (29.34평형) 토지감정 23,200,000 건물감정 34,800,000 총 5층 / 2층 ★2006.6.29. 경일감정 보존등기일 2000.02.08	☞관할주민센터: 기장읍 ☎ 051-709-5111 손수정 전입 2002.11.06 확정 2004.04.08 배당 2006.06.27 (보) 28,000,000 (월) 50,000 전부	소유 2000.02.08 소멸 이용찬 근저 2000.03.16 말소 한국인삼공사 366,800,000 근저 2000.04.19 소멸 최숙희 외1 200,000,000 가압 2004.09.03 소멸 국민은행 31,602,071 가압 2004.10.06 소멸 국민은행 50,921,910 압류 2005.02.03 소멸 청주세무서 압류 2005.04.22 소멸 서울시용산구 압류 2006.02.24 소멸 영등포(세) 압류 2006.04.24 소멸 서울시영등포구청 임의 2006.06.19 소멸 한국인삼공사 신청청구액 366,800,000	58,000,000 ①유찰 2006.12.28 46,400,000 ②유찰 2007.02.05 37,120,000 ③낙찰 2007.03.12 (67.5%) 39,135,500

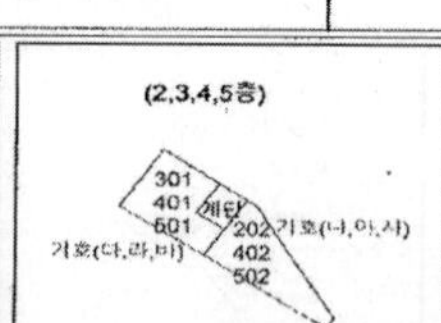

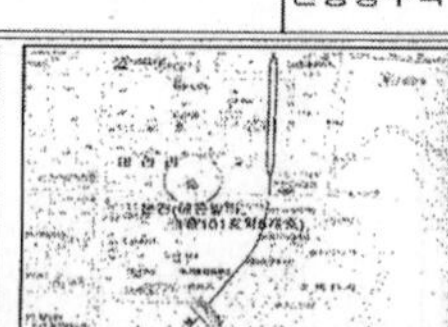

23. 대항력 및 확정일자부 임차인 배당

▒▒ 제일부동산경제신문 http://www.jeilland.co.kr ▒▒

동부지원 경매3계
사건번호 : 2006 타경 11055 물건번호 : 1 2 4 5 ▶

▪관심물건등록하기 ▪인쇄하기 ◀이전으로

지도보기 | 사진보기 | 감정평가서 | 매각물건명세서
현황조사서 | 임대차 조사서 | 부동산표시목록 | 사건진행 내역 | 기일내역 | 문서처리 내역

경매구분	/기일입찰	입찰일시	2007.04.16 10:00	감정시점	
물건종류	빌라/다세대/연립	채권자	주)한국인삼공사	감정평가액	58,000,000
경매개시		채무자	고려홍삼판매(주)	최저입찰가	29,696,000 (51.2%)
배당종기	2006.09.20	소유자	이용찬	입찰보증금	최저가의 10%
소재지	부산 기장군 기장읍 대라리 84-3 해운빌라 3층 301호 ▪인근낙찰사례 ▪권리분석				

소재지의 특징	면적/감정평가	임대차관계	등기부상의 권리	진행내용
기장중교남서측인근 주위다세대주택,단독주택및 근린생활시설등형성 차량출입가능 버스(정)인근소재 교통사정보통 유류보일러난방	대지 34.841(10.54평) (333㎡ 중 34841/333000) 건물 73.44(22.22평) (29.4평5형) 토지감정 23,200,000 건물감정 34,800,000 총 5층 / 3층 ★2006.6.29. 경일감정 보존등기일 2000.02.08	☞관할주민센터: 기장읍 ☎ 051-709-5111 인철식 전입 2000.03.09 확정 2000.03.09 배당 2006.06.27 (보) 32,000,000	소유 2000.02.08 소멸 이용찬 근저 2000.03.16 말소 한국인삼공사 366,800,000 가압 2004.11.18 소멸 국민은행 82,385,974 압류 2005.02.03 소멸 청주세무서 압류 2005.04.22 소멸 서울시용산구 압류 2006.02.24 소멸 영등포(세) 압류 2006.04.24 소멸 서울시영등포구청 임의 2006.06.19 소멸 한국인삼공사 신청청구액 366,800,000	58,000,000 ①유찰 2006.12.28 46,400,000 ②유찰 2007.02.05 37,120,000 ③유찰 2007.03.12 29,696,000 ④낙찰 2007.04.16 (64.8%) 37,610,000

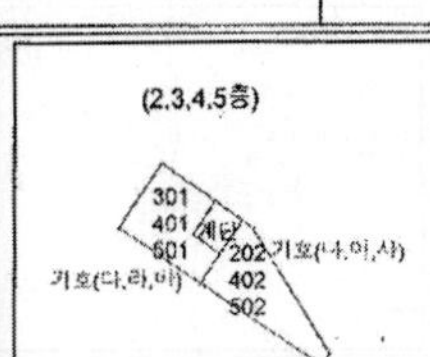

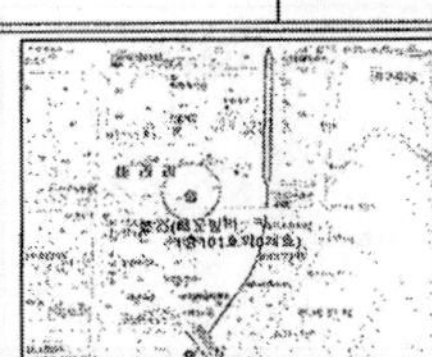

제일부동산경제신문 www.jeilland.co.kr

· 제일부동산경매신문(주)에서 제공되는 모든 정보는 기초자료로 이용하시고, 면책조건으로 제공되므로 반드시 법원의 서류와 공부서류원본을 열람하신 후 입찰하십시요.
· 제일부동산경매신문(주)은 위의 분석결과에 대해 법적인 책임을 지지 않습니다.

24. 재작성한 임차계약서 배당

제일부동산경제신문 http://www.jeilland.co.kr

동부지원 경매3계
사건번호 : 2006 타경 11055 물건번호 : 1 2 3 5

관심물건등록하기 · 인쇄하기 · 이전으로

지도보기 · 사진보기 · 감정평가서 · 매각물건명세서 · 현황조사서 · 임대차조사서 · 부동산표시목록 · 사건진행 내역 · 기일내역 · 문서처리 내역

경매구분	/기일입찰	입찰일시	2007.03.12 10:00	감정시점	
물건종류	빌라/다세대/연립	채 권 자	주)한국인삼공사	감정평가액	58,000,000
경매개시		채 무 자	고려홍삼판매(주)	최저입찰가	37,120,000 (64.0%)
배당종기	2006.09.20	소 유 자	이용찬	입찰보증금	최저가의 10%
소 재 지	부산 기장군 기장읍 대라리 84-3 해운빌라 4층 401호 · 인근낙찰사례 · 권리분석				

소재지의 특징	면적/감정평가	임대차관계	등기부상의 권리	진행내용
기장중교남서측인근 주위다세대주택,단독주택및 근린생활시설등형성 차량출입가능 버스(정)인근소재 교통사정보통 유류보일러난방	대지 34.841(10.54평) (333㎡ 중 34841/333000) 건물 73.44(22.22평) (29.4평5형) 토지감정 23,200,000 건물감정 34,800,000 총 5층 / 4층 ★2006.6.29. 경일감정 보존등기일 2000.02.08	☞관할주민센터: 기장읍 ☎ 051-709-5111 김용희 전입 2000.04.28 확정 2004.04.08 배당 2006.06.26 (보) 30,000,000 - 임대차계약서 원본을 분실하여 재작성하였으며 확정일자는 기장읍장 발행의 사본 (2004.04.08) 제출	소유 2000.02.08 소멸 이용찬 근저 2000.03.16 말소 한국인삼공사 366,800,000 가압 2004.11.18 소멸 국민은행 82,385,974 압류 2005.02.03 소멸 청주세무서 압류 2005.04.22 소멸 서울시용산구 압류 2006.02.24 소멸 영등포세무서 압류 2006.04.24 소멸 서울시영등포구청 임의 2006.06.19 소멸 한국인삼공사 신청청구액 366,800,000	58,000,000 ①유찰 2006.12.28 46,400,000 ②유찰 2007.02.05 37,120,000 ③낙찰 2007.03.12 (67.5%) 39,135,500

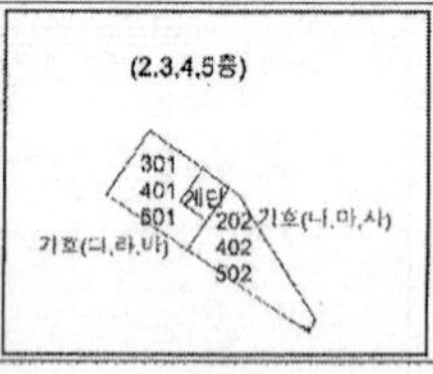

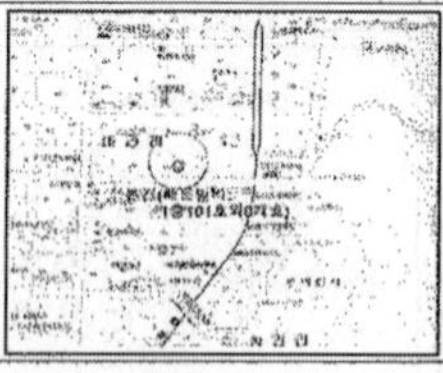

25. 다수임차인의 보증금 합산

제일부동산경제신문 http://www.jeilland.co.kr

동부지원 경매3계
사건번호 : 2006 타경 11055 물건번호 : 1 2 3 4

관심물건등록하기 | 인쇄하기 | 이전으로

지도보기 | 사진보기 | 감정평가서 | 매각물건명세서
현황조사서 | 임대차 조사서 | 부동산표시목록 | 사건진행 내역 | 기일내역 | 문서처리 내역

경매구분	/기일입찰	입찰일시	2007.03.12 10:00	감정시점	
물건종류	빌라/다세대/연립	채 권 자	주)한국인삼공사	감정평가액	58,000,000
경매개시		채 무 자	고려홍삼판매(주)	최저입찰가	37,120,000 (64.0%)
배당종기	2006.09.20	소 유 자	이용찬	입찰보증금	최저가의 10%
소 재 지	부산 기장군 기장읍 대라리 84-3 해운빌라 4층 402호 인근낙찰사례 권리분석				

소재지의 특징	면적/감정평가	임대차관계	등기부상의 권리	진행내용
기장중교남서측인근 주위다세대주택,단독주택및 근린생활시설등형성 차량출입가능 버스(정)인근소재 교통사정보통 유류보일러난방	대지 34.707(10.5평) (333㎡ 중 34707/333000) 건물 73.16(22.13평) (29.34평형) 토지감정 23,200,000 건물감정 34,800,000 총 5층 / 4층 ★2006.6.29. 경일감정 보존등기일 2000.02.08	☞관할주민센터: 기장읍 ☎ 051-709-5111 우동진 전입 2001.06.22 배당 2006.06.26 (보) 10,000,000 (월) 200,000	소유 2000.02.08 소멸 이용찬 근저 2000.03.16 말소 한국인삼공사 366,800,000 가압 2004.11.18 소멸 국민은행 82,385,974 압류 2005.02.03 소멸 청주세무서 압류 2005.04.22 소멸 서울시용산구 압류 2006.02.24 소멸 영등포세무서 압류 2006.04.24 소멸 서울시영등포구청 임의 2006.06.19 소멸 한국인삼공사 신청청구액 366,800,000	58,000,000 ①유찰 2006.12.28 46,400,000 ②유찰 2007.02.05 37,120,000 ③낙찰 2007.03.12 (66.1%) 38,355,500

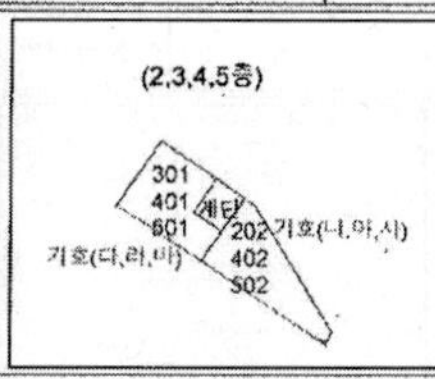

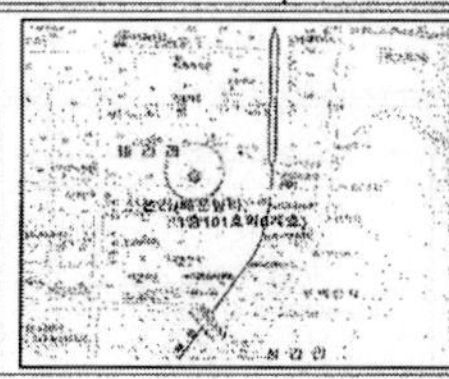

26. 전출한 임차인배당

제일부동산경제신문 http://www.jeilland.co.kr

동부지원 경매3계
사건번호 : 2006 타경 11055 물건번호 : 7

관심물건등록하기 | 인쇄하기 | 이전으로

지도보기	사진보기			감정평가서	매각물건명세서
현황조사서	임대차 조사서	부동산표시목록	사건진행 내역	기일내역	문서처리 내역

경매구분	/기일입찰	입찰일시	2007.03.12 10:00	감정시점	
물건종류	빌라/다세대/연립	채권자	주)한국인삼공사	감정평가액	57,000,000
경매개시		채무자	고려홍삼판매(주)	최저입찰가	36,480,000 (64.0%)
배당종기	2006.09.20	소유자	이용찬	입찰보증금	최저가의 10%
소재지	부산 기장군 기장읍 대라리 84-3 해운빌라 5층 501호 [인근낙찰사례] [권리분석]				

소재지의 특징	면적/감정평가	임대차관계	등기부상의 권리	진행내용
기장중교남서측인근 주위다세대주택,단독주택및 근린생활시설등형성 차량출입가능 버스(정)인근소재 교통사정보통 유류보일러난방	대지 34.841(10.54평) (333㎡ 중 34841/333000) 건물 73.44(22.22평) (29.4평5형) 토지감정 22,800,000 건물감정 34,200,000 총 5층 / 5층 ★2006.6.29. 경일감정 보존등기일 2000.02.08	☞관할주민센터: 기장읍 ☎ 051-709-5111 김대호 확정 2001.04.04 배당 2006.06.29 (보) 10,000,000 (월) 200,000 전부 - 2001.04.04 전입신고하였다가 2005.05.27 타처로 전출하였음 서재영 전입 2000.09.21 확정 2005.10.26 배당 2006.06.28 (보) 30,000,000 전부	소유 2000.02.08 소멸 이용찬 근저 2000.03.16 말소 한국인삼공사 366,800,000 근저 2000.04.19 소멸 최숙희 외1 200,000,000 가압 2004.09.03 소멸 국민은행 31,602,071 가압 2004.10.06 소멸 국민은행 50,921,910 압류 2005.02.03 소멸 청주세무서 압류 2005.04.22 소멸 서울시용산구 압류 2006.02.24 소멸 영등포세무서 압류 2006.04.24 소멸 서울시영등포구청 임의 2006.06.19 소멸 한국인삼공사 신청청구액 366,800,000	57,000,000 ①유찰 2006.12.28 45,600,000 ②유찰 2007.02.05 36,480,000 ③낙찰 2007.03.12 (66.9%) 38,135,500

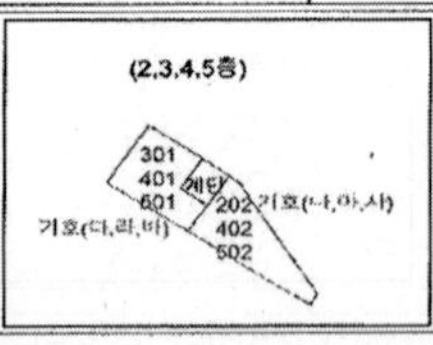

제일부동산경제신문 www.jeilland.co.kr

· 제일부동산경매신문(주)에서 제공되는 모든 정보는 기초자료로 이용하시고, 면책조건으로 제공되므로 반드시 법원의 서류와 공부서류원본을 열람하신 후 입찰하십시요.
· 제일부동산경매신문(주)은 위의 분석결과에 대해 법적인 책임을 지지 않습니다.

27. 전출한 임차인배당

제일부동산경제신문 http://www.jeilland.co.kr

동부지원 경매3계
사건번호 : 2006 타경 11055 물건번호 : ◀ 6

• 관심물건등록하기 • 인쇄하기 ◀ 이전으로

지 도 보 기	사 진 보 기			감 정 평 가 서	매각물건명세서
현 황 조 사 서	임대차 조사서	부동산표시목록	사건진행 내역	기 일 내 역	문서처리 내역

경매구분	/기일입찰	입찰일시	2007.03.12 10:00	감정시점	
물건종류	빌라/다세대/연립	채 권 자	주)한국인삼공사	감정평가액	57,000,000
경매개시		채 무 자	고려홍삼판매(주)	최저입찰가	36,480,000 (64.0%)
배당종기	2006.09.20	소 유 자	이용찬	입찰보증금	최저가의 10%
소 재 지	부산 기장군 기장읍 대라리 84-3 해운빌라 5층 502호 • 인근낙찰사례 • 권리분석				

소재지의 특징	면적/감정평가	임대차관계	등기부상의 권리	진행내용
기장중교남서측인근 주위다세대주택,단독주택및 근린생활시설등형성 차량출입가능 버스(정)인근소재 교통사정보통 유류보일러난방	대지 34.707(10.5평) (333㎡ 중 34707/333000) 건물 73.16(22.13평) (29.34평형) 토지감정 22,800,000 건물감정 34,200,000 총 5층 / 5층 ★2006.6.29. 경일감정 보존등기일 2000.02.08	☞관할주민센터: 기장읍 ☎ 051-709-5111 김대호 확정 2001.04.04 배당 2006.09.19 (보) 10,000,000 (월) 200,000 선부(방3) - 2001.04.04 전입하였다가 2005.05.27 전출	소유 2000.02.08 소멸 이용찬 근저 2000.03.16 말소 한국인삼공사 366,800,000 가압 2004.11.18 소멸 국민은행 82,385,974 압류 2005.02.03 소멸 청주세무서 압류 2005.04.22 소멸 서울시용산구 압류 2006.02.24 소멸 영등포(세) 압류 2006.04.24 소멸 서울시영등포구청 임의 2006.06.19 소멸 한국인삼공사 신청청구액 366,800,000	57,000,000 ①유찰 2006.12.28 45,600,000 ②유찰 2007.02.05 36,480,000 ③낙찰 2007.03.12 (65.5%) 37,355,500

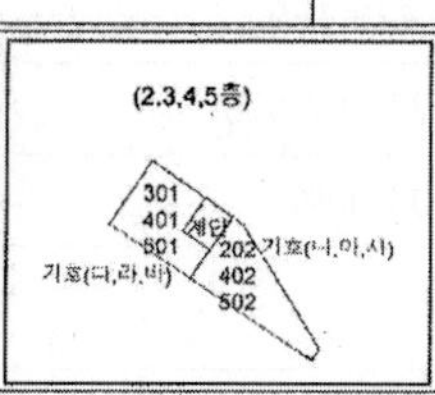

제일부동산경제신문
www.jeilland.co.kr

· 제일부동산경매신문(주)에서 제공되는 모든 정보는 기초자료로 이용하시고, 면책조건으로 제공되므로 반드시 법원의 서류와 공부서류원본을 열람하신 후 입찰하십시요.
· 제일부동산경매신문(주)은 위의 분석결과에 대해 법적인 책임을 지지 않습니다.

부산지방법원 동부지원
배 당 표

사 건 2006타경11055 부동산강제경매

배 당 할 금 액		금	292,857,675	
명세	매 각 대 금	금	291,477,500	
	지 연 이 자	금	0	
	전경매보증금	금	0	
	매각대금이자	금	1,380,175	
	항고보증금	금	0	
집 행 비 용		금	7,646,900	
실 제 배 당 할 금 액		금	285,210,775	
매 각 부 동 산		부산 기장군 기장읍 대리라 84-3 해운빌라 101,202,301,401,402,501,502호		
채 권 자		우동진	기장군	민철식
채권금액	원 금	10,000,000	2,423,180	32,000,000
	이 자	0	0	0
	비 용	0	0	0
	계	10,000,000	2,423,180	32,000,000
배 당 순 위		1	2	3
이 유		임차인(소액)	압류권자(당해)	임차인(확정)
채 권 최 고 액		8,000,000	0	32,000,000
배 당 액		8,000,000	2,423,180	32,000,000
잔 여 액		277,210,775	274,787,575	242,787,595
배 당 비 율		100.00%	100.00%	100.00%
공 탁 번 호 (공 탁 일)		금제 호 (. .)	금제 호 (. .)	금제 호 (. .)

2-1

채 권 자		주식회사 한국인삼공사		
채권금액	원 금	1,568,501,610		
	이 자	0		
	비 용	0		
	계	1,568,501,610		
배 당 순 위		4		
이 유		채권자		
채 권 최 고 액		366,800,000		
배 당 액		242,787,565		
잔 여 액		0		
배 당 비 율		66.19%	%	%
공 탁 번 호 (공 탁 일)		금제 호 (. .)	금제 호 (. .)	금제 호 (. .)

2007. 8 . 13.

사 법 보 좌 관

2-2

28. 전세권과 확정일자를 겸유한 임차인 배당

제일부동산경제신문 http://www.jeilland.co.kr

동부지원 경매3계
사건번호 : 2006 타경 11888 물건번호 : 1

관심물건등록하기 · 인쇄하기 · 이전으로

지도보기 | 사진보기 | 건물등기부등본 | 감정평가서 | 매각물건명세서
현황조사서 | 임대차 조사서 | 부동산표시목록 | 사건진행 내역 | 기일내역 | 문서처리 내역

경매구분	/기일입찰	입찰일시	2007.05.21 10:00	감정시점	
물건종류	빌라/다세대/연립	채 권 자	현대캐피탈(주)	감정평가액	52,000,000
경매개시		채 무 자	오성일	최저입찰가	33,280,000 (64.0%)
배당종기	2006.10.04	소 유 자	오성일	입찰보증금	최저가의 10%
소 재 지	부산 수영구 망미동 935-3 3층 304호 · 인근낙찰사례 · 권리분석				

소재지의 특징	면적/감정평가	임대차관계	등기부상의 권리	진행내용
로세베스토피아아파트북측 인근에위치 주위기존주거지대로주로 소규모공동주택및아파트, 단독주택등형성 인근까지차량접근가능 교통사정양호 개별도시가스난방	대지 41.62(12.59평) (514㎡ 중 41620/514000) 건물 57.12(17.28평) (21평형) (방3) 토지감정 26,000,000 건물감정 26,000,000 총 3층 / 3층 ★2006.7.7. 부일감정 보존등기일 1982.09.28	송묘숙전입 1998.02.19 확정 2001.03.15 배당 2006.08.01 (보) 30,000,000 전부 -전세권설정(2005.05.19) -관할 동사무소에서 전입세대 열람한바 해당주소의 세대주가 존재하지 않으나 망미동 937-33번지로 호수특정없이 전입되어 있는 송묘숙이 임차인이라 주장하며 서류를 제출하였음.	소유 1996.11.13 소멸 오성일 전세 2005.05.19 소멸 송묘숙 30,000,000 존속기간 2007.05.19까지 가압 2005.06.09 말소 현대캐피탈 10,939,875 강제 2006.06.28 소멸 현대캐피탈 신청청구액 8,424,946	52,000,000 ①유찰 2007.03.12 41,600,000 ②유찰 2007.04.16 33,280,000 ③낙찰 2007.05.21 (71.7%) 37,260,000 기한후납부

참고사항	-통칭:장미맨션 -총 12세대

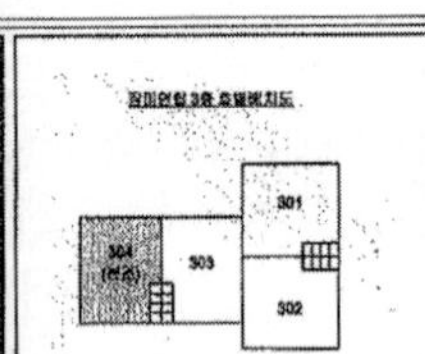

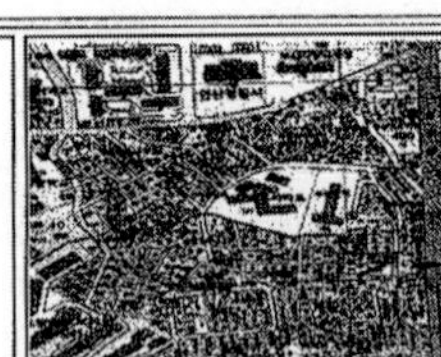

부산지방법원 동부지원
배 당 표

사 건 2006타경11888 부동산강제경매

배당할금액		금 37,394,923
명세	매각대금	금 37,260,000
	지연이자	금 55,778
	전경매보증금	금 0
	매각대금이자	금 79,145
	항고보증금	금 0
집행비용		금 1,251,710
실제배당할 금액		금 36,143,213
매각부동산		부산 수영구 망미동 935-3외3 3층 304호

채권자		수영구	송묘수	금정세무서
채권금액	원금	227,330	30,000,000	357,920
	이자	0	0	0
	비용	0	0	0
	계	227,330	30,000,000	357,920
배당순위		1	2	3
이유		교부권자(당해)	임차인(확정)	교부권자
채권최고액		0	30,000,000	0
배당액		227,330	30,000,000	357,920
잔여액		35,915,883	5,915,883	5,557,963
배당비율		100.00%	100.00%	100.00%
공탁번호 (공탁일)		금제 호 (. .)	금제 호 (. .)	금제 호 (. .)

2-1

채 권 자		현대캐피탈주식회사		
채권금액	원 금	8,258,849		
채권금액	이 자	675,555		
채권금액	비 용	0		
채권금액	계	8,934,404		
배 당 순 위		4		
이 유		채권자		
채 권 최 고 액		0		
배 당 액		5,557,963		
잔 여 액		0		
배 당 비 율		62.21%	%	%
공 탁 번 호 (공 탁 일)		금제 호 (. .)	금제 호 (. .)	금제 호 (. .)

2007. 8. 13.

사 법 보 좌 관

2-2

29. 확정일자부임차인 배당

제일부동산경제신문 http://www.jeilland.co.kr

동부지원 경매3계

사건번호 : 2006 타경 20042 물건번호 : 1

▪ 관심물건등록하기 ▪ 인쇄하기 ◂ 이전으로

지 도 보 기 | 사 진 보 기 | 건물등기부등본 | 감 정 평 가 서 | 매각물건명세서
현 황 조 사 서 | 임대차 조사서 | 부동산표시목록 | 사건진행 내역 | 기 일 내 역 | 문서처리 내역

경매구분	/기일입찰	입찰일시	2007.05.21 10:00	감정시점	
물건종류	빌라/다세대/연립	채 권 자	좌수영새마을금고	감정평가액	70,000,000
경매개시		채 무 자	배석주	최저입찰가	56,000,000 (80.0%)
배당종기	2007.01.29	소 유 자	배석주	입찰보증금	최저가의 10%
소 재 지	부산 수영구 망미동 204-10 5층 501호 ▪ 인근낙찰사례 ▪ 권리분석				

소재지의 특징	면적/감정평가	임대차관계	등기부상의 권리	진행내용
고려제강(주)남동측인근 주위중소규모의각종공장, 아파트단지및주택등형성 차량접근가능 버스(정)인근소재 대중교통사정보통 준공업지역 개별도시가스난방설비	대지 24.06(7.28평) (113.5㎡ 중 2406/11350) 건물 49.73(15.04평) (19.58평형) (방2) 토지감정 18,000,000 건물감정 52,000,000 총 5층 / 5층 ★2006.11.1. 한국감정원 보존등기일 2003.07.31	김진호 전입 2005.03.03 확정 2005.07.29 배당 2006.11.06 (보) 30,000,000 501호전부	소유 2003.08.21 소멸 배석주 근저 2003.11.18 말소 좌수영(새) 28,600,000 근저 2005.12.08 소멸 전희진 8,000,000 압류 2006.03.27 소멸 국민건강보험 임의 2006.10.26 소멸 좌수영(새) 신청청구액 23,183,613	70,000,000 ①유찰 2007.04.16 56,000,000 ②낙찰 2007.05.21 (86.8%) 60,777,000

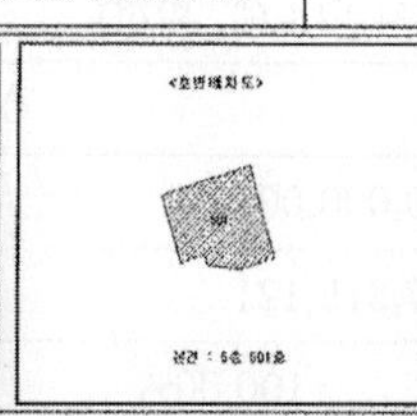
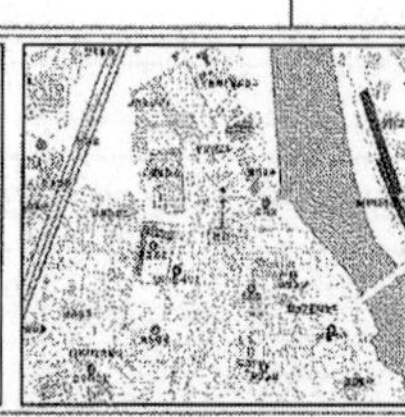

부산지방법원 동부지원
배 당 표

사 건 2006타경20042 부동산임의경매

배 당 할 금 액		금 60,916,481		
명세	매 각 대 금	금 60,777,000		
	지 연 이 자	금 0		
	전경매보증금	금 0		
	매각대금이자	금 139,481		
	항고보증금	금 0		
집 행 비 용		금 1,856,780		
실 제 배 당 할 금 액		금 59,059,701		
매 각 부 동 산		부산 수영구 망미동 204-10 5층 501호		
채 권 자		국민건강보험공단부산남부지사	김진호	수영구
채권금액	원 금	4,303,230	30,000,000	635,240
	이 자	0	0	0
	비 용	0	0	0
	계	4,303,230	30,000,000	635,240
배 당 순 위		1	1	1
이 유		압류권자	임차인(소액, 확정)	교부권자(당해, 법기)
채 권 최 고 액		0	0	0
배 당 액		1,744,580	30,000,000	232,250
잔 여 액		57,315,121	27,315,121	27,082,871
배 당 비 율		40.54%	100.00%	36.56%
공 탁 번 호 (공 탁 일)		금제 호 (. .)	금제 호 (. .)	금제 호 (. .)

2-1

채 권 자		전희진	좌수영 새마을금고	
채권금액	원 금	8,000,000	21,942,913	
	이 자	0	4,530,340	
	비 용	0	0	
	계	8,000,000	26,473,253	
배 당 순 위		1	1	
이 유		근저당권자	채권자	
채 권 최 고 액		0	0	
배 당 액		609,618	26,473,253	
잔 여 액		26,473,253	0	
배 당 비 율		7.62	100.00%	%
공 탁 번 호 (공 탁 일)		금제 호 (. .)	금제 호 (. .)	금제 호 (. .)
2007. 8. 13. 사 법 보 좌 관				

2 2

30. 매각대금 1/2 소액임차인 배당

제일부동산경제신문 http://www.jeilland.co.kr

동부지원 경매3계

사건번호 : 2006 타경 19905 물건번호 : 1

▪ 관심물건등록하기 ▪ 인쇄하기 ◂ 이전으로

지 도 보 기	사 진 보 기	건물등기부등본	토지등기부등본	감 정 평 가 서	매각물건명세서
현 황 조 사 서	임대차 조사서	부동산표시목록	사건진행 내역	기 일 내 역	문서처리 내역

경매구분	/기일입찰	입찰일시	2007:06.25 10:00	감정시점	
물건종류	주택/다가구	채 권 자	기술신용보증기금	감정평가액	122,012,000
경매개시		채 무 자	김상만	최저입찰가	78,088,000 (64.0%)
배당종기	2007.01.29	소 유 자	권근임	입찰보증금	최저가의 10%
소 재 지	부산 수영구 광안동 518-25 ▪ 인근낙찰사례 ▪ 권리분석				

소재지의 특징	면적/감정평가	임대차관계	등기부상의 권리	진행내용
수영여자중학교남동측인근 주위단독주택지대로서측 인근으로도시고속도로(번 영로)가통과함 소형차량접근가능 버스(정)도보로약4분정도 대중교통사정보통 인접지와등고평탄 부정형토지 동측폭약3m도로와접함 제2종일반주거지역 도로(접함) 개별유류보일러난방	대지 137.5(41.6평) <조표제88-699호> 건물 주택 1층 81.93(24.78평) 2층 67.53(20.43평) 제시외 주택일부1.5평,화장실및창고0.5평,현관2.4평,주택9.6평,창고0.6평,주택3.1평,보일러실및창고1.1평, LPG저장소0.2평,다용도실0.8평 각, 포함 공시지가 630,000 결 정 가 560,000 토지감정 77,000,000 건물감정 32,881,200 제시외감정 12,130,800 ★2006.11.14 삼일감정 보존등기일 1988.06.27	박정선 전입 2004.03.22 확정 2004.03.22 배당 2006.10.31 (보) 30,000,000 (월) 100,000 2층 전부 임원채 전입 2004.07.31 확정 2004.07.31 배당 2006.10.31 (보) 25,000,000 1층일부 -1층 일부분에 성명불상자의 가족이 거주하고 있으니 수차례 방문하였으나 점유관계인등 만날수 없어 본건의 취지를 기재한 통지서를 현장에 두었으나 아무런 연락이 없음 -1층 일부분에는 소유자의 가족이 거주상태라함. 반영애 전입 2004.06.28 확정 2005.12.26 배당 2006.10.31 (보) 15,000,000 1층일부	근저 2002.06.05 말소 국민은행 26,000,000 소유 2005.12.23 소멸 권근임 근저 2006.02.09 소멸 기술신용보증 100,000,000 임의 2006.10.23 소멸 기술신용보증 신청청구액 100,000,000	122,012,000 ①유찰 2007.04.16 97,610,000 ②유찰 2007.05.21 78,088,000 ③낙찰 2007.06.25 (72.5%) 88,400,000

참고사항	-본건 토지 및 인접필지 (518-5번지)상에 걸쳐 별동 의 제시외건물(현관2.4평, 주택9.6평,창고0.6평)이 소재, 정확한 경계확인은 전문적인 측량에 의하여야함 -1층:주택 2층:주택(방3,미니방1, 거실1,주방겸식당1, 욕실1)

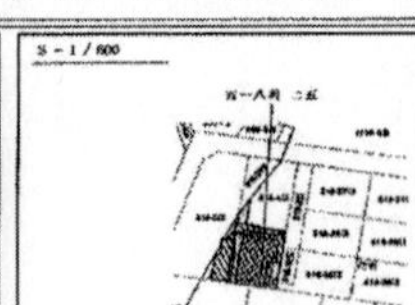

부산지방법원 동부지원
배 당 표

사 건 2006타경19905 부동산임의경매

배당할금액	금 88,589,984		
명세 - 매각대금	금 88,400,000		
명세 - 지연이자	금 0		
명세 - 전경매보증금	금 0		
명세 - 매각대금이자	금 189,984		
명세 - 항고보증금	금 0		
집행비용	금 2,525,080		
실제배당할 금액	금 86,064,904		
매각부동산	부산 수영구 광안동 518-25 및 위 지상건물		
채권자	박징신	반영애	임월채
채권금액 - 원금	30,000,000	15,000,000	25,000,000
채권금액 - 이자	0	0	0
채권금액 - 비용	0	0	0
채권금액 - 계	30,000,000	15,000,000	25,000,000
배당순위	1	1	1
이유	임차인(소액및확정)	임차인(소액)	임차인(소액및확정)
채권최고액	30,000,000	14,000,000	15,944,144
배당액	30,000,000	14,000,000	15,944,144
잔여액	56,064,904	42,064,904	26,120,760
배당비율	100.00%	100.00%	100.00%
공탁번호 (공탁일)	금제 호 (. .)	금제 호 (. .)	금제 호 (. .)

2-1

채 권 자		수영구	주식회사국민은행	
채권금액	원 금	120,760	43,912,853	
	이 자	0	8,914,941	
	비 용	0	0	
	계	120,760	52,827,794	
배 당 순 위		2	3	
이 유		교부권자(당해세)	근저당권자	
채 권 최 고 액		120,760	26,000,000	
배 당 액		120,760	26,000,000	
잔 여 액		26,000,000	0	
배 당 비 율		100.00%	100.00%	%
공 탁 번 호 (공 탁 일)		금제 호 (. .)	금제 호 (. .)	금제 호 (. .)
2007. 9. 14. 사 법 보 좌 관				

2-2

31. 상가임차인의 소액배당

제일부동산경제신문 http://www.jeilland.co.kr

동부지원 경매3계
사건번호 : 2006 타경 18247 물건번호 : 1

▪관심물건등록하기 ▪인쇄하기 ◂이전으로

지 도 보 기 | 사 진 보 기 | 건물등기부등본 | 토지등기부등본 | 감 정 평 가 서 | 매각물건명세서
현 황 조 사 서 | 임대차 조사서 | 부동산표시목록 | 사건진행 내역 | 기 일 내 역 | 문서처리 내역

경매구분	/기일입찰	입찰일시	2007.06.25 10:00	감정시점	
물건종류	근린시설	채 권 자	국민은행	감정평가액	155,205,400
경매개시		채 무 자	원종윤	최저입찰가	79,465,000 (51.2%)
배당종기	2006.12.27	소 유 자	원종윤 외2	입찰보증금	최저가의 10%
소 재 지	부산 해운대구 재송동 1144-3 ▪인근낙찰사례 ▪권리분석				

소재지의 특징	면적/감정평가	임대차관계	등기부상의 권리	진행내용
부산지방법원동부지원북서측인근에위치 주위부산지방법원동부지원, 부산지방검찰청동부지청, 기존주택및신성빌리지,송남맨션등의공동주택,점포등형성 차량진입가능 버스(정)인근위치 교통사정보통 남하향경사지대에위치 세장형유사토지 남동측으로폭약10m포장도로소재 제2종일반주거지역 급배수시설등되어있음	대지 120.8(36.54평) 건물 제2종근린생활시설 1층 69.9(21.14평) 2층 69.9(21.14평) 공시지가 600,000 결 정 가 830,000 토지감정 100,264,000 건물감정 54,941,400 ★2006.9.22. 극동감정 보존등기일 2003.08.06	장성 전입 2006.02.28 윤(이 확정 2006.02.28 노) 배당 2006.10.10 (보) 30,000,000 1,2층 전부 -위 조사 목적물에 수차례 방문하였으나 소유자 및 점유자 만나지 못하여 임대차 조사의 의의를 기재한 통지서를 현장에 두고왔으나 현재까지 연락조차 없음. -관할 동사무소에 전입자 열람한바 해당주소의 세대주가 존재하지 않음. 관할 세무소에 등록사항등의 현황서 열람한바 등록되어 있음	소유 2003.08.06 소멸 원종윤 근저 2003.08.06 말소 국민은행 117,000,000 근저 2003.08.06 소멸 국민은행 39,000,000 가압 2006.03.23 소멸 장승포농협 31,162,643 가압 2006.05.04 소멸 거제수협 21,145,205 임의 2006.09.20 소멸 국민은행 토지등기부(1144-3) 근저 2003.03.25 국민은행 117,000,000 신청청구액 134,029,593	155,205,400 ①유찰 2007.03.12 124,164,000 ②유찰 2007.04.16 99,331,000 ③유찰 2007.05.21 79,465,000 ④낙찰 2007.06.25 (58.8%) 91,327,000

참고사항	-삼무실(상호:(주)리노)

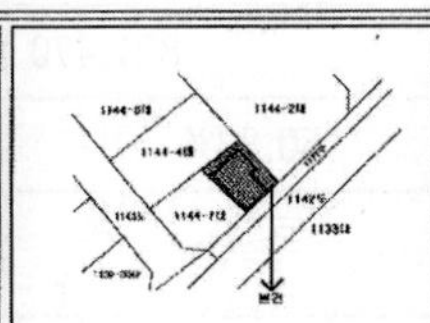

제일부동산경제신문 www.jeilland.co.kr

· 제일부동산경매신문(주)에서 제공되는 모든 정보는 기초자료로 이용하시고, 면책조건으로 제공되므로 반드시 법원의 서류와 공부서류원본을 열람하신 후 입찰하십시요.
· 제일부동산경매신문(주)은 위의 분석결과에 대해 법적인 책임을 지지 않습니다.

부산지방법원 동부지원
배 당 표

사 건 2006타경18247 부동산임의경매

배 당 할 금 액		금 91,503,733		
명세	매 각 대 금	금 91,327,000		
	지 연 이 자	금 0		
	전경매보증금	금 0		
	매각대금이자	금 176,733		
	항고보증금	금 0		
집 행 비 용		금 2,397,560		
실 제 배 당 할 금 액		금 89,106,173		
매 각 부 동 산		부산 해운대구 재송동 1144-3 토지 및 건물		
채 권 자		장성운(이노)	주식회사 국민은행	해운대구
채권금액	원 금	30,000,000	119,999,385	831,470
	이 자	0	36,539,890	0
	비 용	0	0	0
	계	30,000,000	156,539,275	831,470
배 당 순 위		1	1	2
이 유		임차인(상가)	채권자(근저당)	교부권자(당해세)
채 권 최 고 액		9,000,000	156,000,000	0
배 당 액		9,000,000	79,274,703	831,470
잔 여 액		80,106,173	831,470	0
배 당 비 율		100.00%	50.82%	100.00%
공 탁 번 호 (공 탁 일)		금제 호 (. .)	금제 호 (. .)	금제 호 (. .)
2007. 9. 14. 사 법 보 좌 관				

1-1

32. 임차권등기된 가장임차인의 배당

제일부동산경제신문 http://www.jeilland.co.kr

동부지원 경매3계
사건번호 : 2006 타경 18094 물건번호 : 1

• 관심물건등록하기 • 인쇄하기 ◀ 이전으로

지도보기 | 사진보기 | 건물등기부등본 | | 감정평가서 | 매각물건명세서
현황조사서 | 임대차 조사서 | 부동산표시목록 | 사건진행 내역 | 기일내역 | 문서처리 내역

경매구분	/기일입찰	입찰일시	2007.06.25 10:00	감정시점	
물건종류	아파트	채 권 자	기은구차유동화전문유한회사	감정평가액	138,000,000
경매개시		채 무 자	대영스틸 주식회사	최저입찰가	138,000,000 (100.0%)
배당종기	2006.12.21	소 유 자	임선자	입찰보증금	최저가의 10%
소 재 지	부산 해운대구 우동 936 롯데아파트 1동 13층 1304호 • 인근낙찰사례 • 권리분석				

소재지의 특징	면적/감정평가	임대차관계	등기부상의 권리	진행내용
해림초등학교동측인근 동백지하철역북측인근 주위반도보리빌아파트,그린빌라등의공동주택및기존주택,점포,임야등으로형성되어있으며,남측인근에동해남부선철도등소재 차량접근가능 버스(정)및동백전철역인근 대중교통사정보통 전반적으로남서하향경사지대에위치한토지 남서측소재출입로상태보통시되며,단지내가로망정비되어있고,남측동해남부선철도넘어서는동래~해운대간간선도로및지하철등소재 도시가스난방	대지 45.037(13.62평) (54182㎡ 중 45037/54182000) 건물 84.84(25.66평) (31평형) 토지감정 41,400,000 건물감정 96,600,000 총 14층 / 13층 ★2006.9.22. 극동감정 보존등기일 1993.09.14	최학순 전입 2006.08.21 확정 2006.08.21 배당 2006.10.23 (보) 15,000,000 일부(방1) -임차권자임 -동사무소 전입세대 열람한바 김인수, 최학순 세대가 전입되어 있음.	소유 1993.11.02 소멸 임선자 근저 2004.09.24 말소 기업은행 150,000,000 임차 2006.08.21 소멸 최학순 15,000,000 전입 2000.00.21 확정 2006.08.21 등기접수 2007.03.19 임의 2006.09.18 소멸 기업은행 신청청구액 150,000,000 가압 2006.09.27 소멸 신용보증기금 50,000,000 압류 2007.01.24 소멸 수영(세)	138,000,000 ①낙찰 2007.06.25 (102.3%) 141,113,000

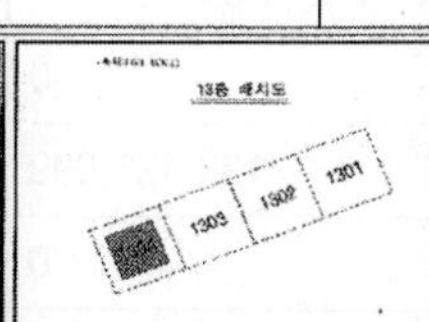

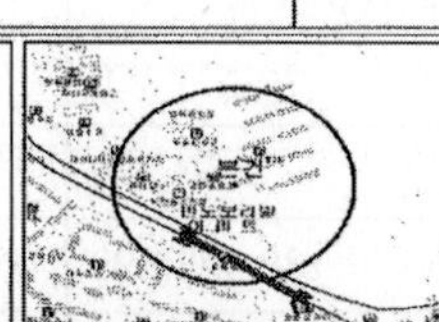

단지명	롯데			건설회사	롯데건설		
소재지	부산 해운대구 우동 938			입주시기	1992.00.	관리사무실	051-731-1122
동수/세대수	13개동 / 852세대	층구성	15~층	난방방식		주차대수	

부산지방법원 동부지원
배 당 표

사 건 2006타경18094 부동산임의경매

<table>
<tr><td colspan="2">배당할금액</td><td>금</td><td colspan="2">141,389,099</td></tr>
<tr><td rowspan="5">명세</td><td>매각대금</td><td>금</td><td colspan="2">141,113,000</td></tr>
<tr><td>지연이자</td><td>금</td><td colspan="2">0</td></tr>
<tr><td>전경매보증금</td><td>금</td><td colspan="2">0</td></tr>
<tr><td>매각대금이자</td><td>금</td><td colspan="2">276,099</td></tr>
<tr><td>항고보증금</td><td>금</td><td colspan="2">0</td></tr>
<tr><td colspan="2">집행비용</td><td>금</td><td colspan="2">2,812,130</td></tr>
<tr><td colspan="2">실제배당할 금액</td><td>금</td><td colspan="2">138,576,969</td></tr>
<tr><td colspan="2">매각부동산</td><td colspan="3">부산 해운대구 우동 936 5 롯데아파트 1동 1304호</td></tr>
<tr><td colspan="2">채권자</td><td>해운대구</td><td>기은구차유동화전문유한회사</td><td></td></tr>
<tr><td rowspan="4">채권금액</td><td>원금</td><td>153,270</td><td>215,605,177</td><td></td></tr>
<tr><td>이자</td><td>0</td><td>44,375,353</td><td></td></tr>
<tr><td>비용</td><td>0</td><td>0</td><td></td></tr>
<tr><td>계</td><td>153,270</td><td>259,980,530</td><td></td></tr>
<tr><td colspan="2">배당순위</td><td>1</td><td>2</td><td></td></tr>
<tr><td colspan="2">이유</td><td>교부권자(당해세)</td><td>채권자(근저당)</td><td></td></tr>
<tr><td colspan="2">채권최고액</td><td>0</td><td>0</td><td></td></tr>
<tr><td colspan="2">배당액</td><td>153,270</td><td>138,423,699</td><td></td></tr>
<tr><td colspan="2">잔여액</td><td>138,423,699</td><td>0</td><td></td></tr>
<tr><td colspan="2">배당비율</td><td>100.00%</td><td>53.24%</td><td>%</td></tr>
<tr><td colspan="2">공탁번호
(공탁일)</td><td>금제 호
(. .)</td><td>금제 호
(. .)</td><td>금제 호
(. .)</td></tr>
<tr><td colspan="5">2007. 9. 14.
사법보좌관</td></tr>
</table>

1-1

33. 가압류 안분배당, 재계약서 배당

제일부동산경제신문 http://www.jeilland.co.kr

동부지원 경매3계
사건번호 : 2006 타경 23836 물건번호 : 1

• 관심물건등록하기 | • 인쇄하기 | • 이전으로

지 도 보 기	사 진 보 기	건물등기부등본		감 정 평 가 서	매각물건명세서
현 황 조 사 서	임대차 조사서	부동산표시목록	사건진행 내역	기 일 내 역	문서처리 내역

경매구분	/기일입찰	입찰일시	2007.07.30 10:00	감정시점	
물건종류	아파트	채 권 자	신용보증기금	감정평가액	53,000,000
경매개시		채 무 자	이원우	최저입찰가	33,920,000 (64.0%)
배당종기	2007.03.26	소 유 자	이원우	입찰보증금	최저가의 10%
소 재 지	부산 해운대구 재송동 1038 재송시영아파트 19동 2층 202호 • 인근낙찰사례 • 권리분석				

소재지의 특징	면적/감정평가	임대차관계	등기부상의 권리	진행내용
신재초등학교북동측인근 주위아파트단지및로변점포, 단독주택등으로형성 차량접근가능 버스(정)인근소재 교통사정보통 개별도시가스난방	대지 30.54(9.24평) (6257.3 ㎡ 중 3054/625730) 건물 43.9(13.28평) (16평형) (방2) 토지감정 25,970,000 건물감정 27,030,000 총 5층 / 2층 ★2007.1.15. 프라임감정 보존등기일 1981.07.28	이성호 전입 2003.06.02 확정 2005.11.15 배당 2006.12.29 (보) 22,000,000 202호전부 - 2005.11.14 재계약	소유 2004.05.25 소멸 이원우 근저 2005.06.23 말소 사직2동(새) 21,000,000 가압 2006.02.06 소멸 서울보증보험 10,000,000 가압 2006.02.10 소멸 신용보증기금 134,300,000 가압 2006.02.17 소멸 기술신용보증 34,000,000 가압 2006.09.18 소멸 서울보증보험 9,404,277 강제 2006.12.18 소멸 신용보증기금 신청청구액 139,388,740	53,000,000 ①유찰 2007.05.21 42,400,000 ②유찰 2007.06.25 33,920,000 ③낙찰 2007.07.30 (77.1%) 40,850,000

참고사항	-현칭:80시영아파트
유사낙찰통계	• 최근 6개월 : 낙찰가율 95.7%, 낙찰건수 2건

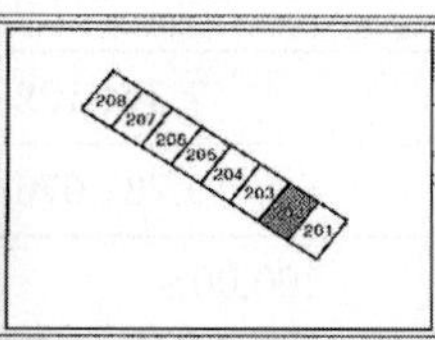

단지명	79재송시영			건설회사			
소재지	부산 해운대구 재송동 1030			입주시기	1980.2.	관리사무실	
동수/세대수	16개동 / 700세대	층구성	5~5층	난방방식	개별난방	주차대수	

부산지방법원 동부지원
배 당 표

사 건 2006타경23836 부동산강제경매

배 당 할 금 액		금 40,928,737		
명세	매 각 대 금	금 40,850,000		
	지 연 이 자	금 0		
	전경매보증금	금 0		
	매각대금이자	금 78,738		
	항고보증금	금 0		
집 행 비 용		금 1,803,480		
실 제 배 당 할 금 액		금 39,125,258		
매 각 부 동 산		부산 해운대구 재송동 1038 대 6257.3㎡(이원우지분 625730분의 3054) 위 지상 내 구분의 제 19동 202호 조표제 7788-10호 2층 43.90㎡		
채 권 자		이성호	사직2동새마을금고	기술신용보증기금
채권금액	원 금	22,000,000	7,320,76	35,032,100
	이 자	0	24,006	9,336,774
	비 용	0	0	0
	계	22,000,000	7,344,182	44,368,874
배 당 순 위		1	2	4
이 유		임차인(소액,확정)	근저당권자	가압류권자(판결)
채 권 최 고 액		22,000,000	0	0
배 당 액		22,000,000	7,344,182	1,762,712
잔 여 액		17,125,258	9,781,076	8,018,364
배 당 비 율		100.00%	100.00%	3.97%
공 탁 번 호 (공 탁 일)		금제 호 (. .)	금제 호 (. .)	금제 호 (. .)

2-1

채 권 자	서울보증보험주식회사	신용보증기금	
채권금액 원 금	18,731,000	139,388,740	
채권금액 이 자	5,584,180	38,124,678	
채권금액 비 용	0	0	
채권금액 계	24,315,180	177,513,418	
배 당 순 위	4	4	
이 유	배당요구권자(판결)	채권자(판결)	
채 권 최 고 액	0	0	
배 당 액	966,008	7,052,356	
잔 여 액	7,052,356	0	
배 당 비 율	3.97%	3.97%	%
공 탁 번 호 (공 탁 일)	금제 호 (. .)	금제 호 (. .)	금제 호 (. .)
2007. 10. 19. 사 법 보 좌 관			

2 2

34. 소액임차인 배당

제일부동산경제신문 http://www.jeilland.co.kr

동부지원 경매3계

사건번호 : 2006 타경 24464 물건번호 : 1

▪ 관심물건등록하기 ▪ 인쇄하기 ◀ 이전으로

지 도 보 기 | 사 진 보 기 | 건물등기부등본 | 감 정 평 가 서 | 매각물건명세서
현 황 조 사 서 | 임대차 조사서 | 부동산표시목록 | 사건진행 내역 | 기 일 내 역 | 문서처리 내역

경매구분	/기일입찰	입찰일시	2007.07.30 10:00	감정시점	
물건종류	아파트	채 권 자	남부산농업협동조합	감정평가액	135,000,000
경매개시		채 무 자	하정자	최저입찰가	86,400,000 (64.0%)
배당종기	2007.04.09	소 유 자	하정자	입찰보증금	최저가의 10%
소 재 지	부산 수영구 광안동 733-3 세종월드 2층 201호 ▪ 인근낙찰사례 ▪ 권리분석				

소재지의 특징	면적/감정평가	임대차관계	등기부상의 권리	진행내용
수영중학교북측약50m지점예위치 주위다세대주택및단독주택,학교등으로형성 차량출입가능 버스(정)및2호선광안전철역도보로약8분거리 대중교통사정보통 부정형토지 인접지와등고평탄 서측폭약6m포장도로접함 제2종일반주거지역 개별도시가스난방	대지 39.51(11.95평) (934.2㎡ 중 39.51/934.2) 건물 84.79(25.65평) (35.65평형) (방3,욕실2) 토지감정 54,000,000 건물감정 81,000,000 총 9층 / 2층 ★2007.1.26. 삼일감정 보존등기일 2004.04.12	박명철 전입 2006.09.01 확정 2006.09.01 배당 2007.02.05 (보) 20,000,000 전부 - 목적물에 수차 방문하였으나 점유자 및 관계인을 만나지 못함.	근저 2004.04.12 말소 남부산농협 117,000,000 소유 2004.11.19 소멸 하정자 근저 2004.12.21 소멸 공숙향 9,000,000 근저 2005.06.03 소멸 권정희 5,000,000 압류 2005.12.22 소멸 국민건강보험 임의 2006.12.28 소멸 남부산농협 신청청구액 92,842,569 압류 2007.01.08 소멸 부산시수영구 가압 2007.03.05 소멸 대운상호저축 2,000,000 압류 2007.04.19 소멸 부산시수영구청	135,000,000 ①유찰 2007.05.21 108,000,000 ②유찰 2007.06.25 86,400,000 ③낙찰 2007.07.30 (79.1%) 106,799,999

참고사항	-남서향,계단식
유사낙찰통계	・최근 6개월 : 낙찰가율 95.8%, 낙찰건수 1건

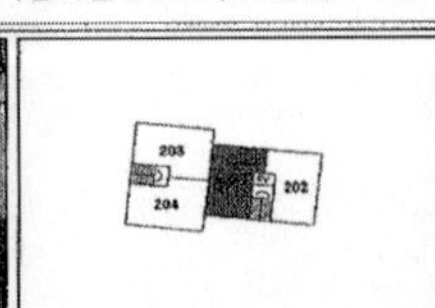

단지명				건설회사			
소재지				입주시기		관리사무실	
동수/세대수	개동 / 세대	총구성		난방방식		주차대수	

부산지방법원 동부지원
배 당 표

사 건 2006타경24464 부동산임의경매

배 당 할 금 액		금 107,005,373		
명세	매 각 대 금	금 106,799,999		
	지 연 이 자	금 0		
	전경매보증금	금 0		
	매각대금이자	금 205,374		
	항고보증금	금 0		
집 행 비 용		금 2,484,200		
실 제 배 당 할 금 액		금 104,521,173		
매 각 부 동 산		부산 수영구 광안동 733-2 세종월드 2층 201호		
채 권 자		박명철	수영구	국민건강보험공단부산남부지사
채권금액	원 금	14,000,000	309,220	54,014
	이 자	0	0	0
	비 용	0	0	0
	계	14,000,000	309,220	54,014
배 당 순 위		1	2	3
이 유		임차인(소액)	교부권자(당해)	압류권자
채 권 최 고 액		14,000,000	0	0
배 당 액		14,000,000	309,220	53,155
잔 여 액		90,521,173	90,211,953	90,158,798
배 당 비 율		100.00%	100.00%	98.41%
공 탁 번 호 (공 탁 일)		금제 호 (. .)	금제 호 (. .)	금제 호 (. .)

2-1

채권자		남부산농업협동조합		
채권금액	원금	83,079,497		
	이자	19,986,126		
	비용	0		
	계	103,065,623		
배당순위		3		
이유		채권자(근저당)		
채권최고액		117,000,000		
배당액		90,158,798		
잔여액		0		
배당비율		87.48%	%	%
공탁번호 (공탁일)		금제 호 (. .)	금제 호 (. .)	금제 호 (. .)
2007. 10. 19. 사법보좌관				

2-2

35. 다수 임차인의 배당배제, 가압류안분배당

제일부동산경제신문 http://www.jeilland.co.kr

동부지원 경매3계
사건번호 : 2007 타경 2683 물건번호 : 1

• 관심물건등록하기 • 인쇄하기 ◂ 이전으로

지 도 보 기	사 진 보 기	건물등기부등본		감 정 평 가 서	매각물건명세서
현 황 조 사 서	임대차 조사서	부동산표시목록	사건진행 내역	기 일 내 역	문서처리 내역

경매구분	/기일입찰	입찰일시	2007.09.03 10:00	감정시점	
물건종류	아파트	채 권 자	신용보증기금	감정평가액	100,000,000
경매개시		채 무 자	김복생	최저입찰가	80,000,000 (80.0%)
배당종기	2007.05.16	소 유 자	김복생	입찰보증금	최저가의 10%
소 재 지	부산 해운대구 좌동 1396 대림아파트 118동 1층 102호 • 인근낙찰사례 • 권리분석				

소재지의 특징	면적/감정평가	임대차관계	등기부상의 권리	진행내용
주위유사규모의아파트단지가밀집한해운대신시가지 차량접근원활 버스(정)및지하철역근거리 교통사정무난 장방형유사토지 2차선도로에서진입함 지역발전난방시설되어있음	대지 26.832㎡ (59189.4㎡ 중 26832/59189400) 건물 59.816㎡ (방3) 토지감정 30,000,000 건물감정 70,000,000 총 20층 / 1층 ★2007.2.21. 부일감정 보존등기일 1997.01.22	차치광 전입 2005.03.31 -현황조사 주민등록 전입자로서 임대차관계 불명 여상준 전입 2003.09.05 확정 2007.05.16 배당 2007.05.16 (보) 10,000,000 일부(1층방1) -주민등록 전입자로서 임대차관계 불명	소유 1997.01.23 소멸 김복생 근저 2003.07.16 말소 삼성화재해상 78,000,000 압류 2003.11.28 소멸 중부산(세) 가압 2003.12.22 소멸 신용보증기금 27,000,000 근저 2003.12.29 소멸 농협(중) 9,900,000 가압 2004.07.06 소멸 농협(중) 1,494,823 가압 2004.09.18 소멸 현대(캐) 7,093,495 가압 2005.06.03 소멸 농협(중) 2,743,831 강제 2007.02.09 소멸 신용보증기금 신청청구액 17,316,457	100,000,000 ①변경 2007.06.25 100,000,000 ②유찰 2007.07.30 80,000,000 ③낙찰 2007.09.03 (80.0%) 80,000,000

참고사항	-계단식 -총 19개동,1424세대
유사낙찰통계	• 최근 6개월 : 낙찰가율 97.6%, 낙찰건수 1건

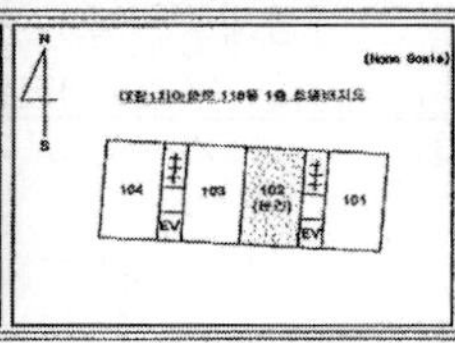

단지명	대림1차	건설회사	대림산업

부산지방법원 동부지원

배 당 표

사　　건　　2007타경2683 부동산강제경매

배 당 할 금 액		금 80,156,893		
명세	매 각 대 금	금 80,000,000		
	지 연 이 자	금 0		
	전경매보증금	금 0		
	매각대금이자	금 156,893		
	항고보증금	금 0		
집 행 비 용		금 1,855,110		
실 제 배 당 할 금 액		금 78,301,783		
매 각 부 동 산		부산 해운대구 좌동 1396 대림아파트 118동 102호		
채 권 자		해운대구	수영세무서	삼성화재해상보험주식회사
채권금액	원 금	124,230	88,050	60,000,000
	이 자	0	0	3,118,277
	비 용	0	0	0
	계	124,230	88,050	63,118,277
배 당 순 위		1	2	3
이 유		교부권자(당해,법기)	교부권자(법기)	근저당권자
채 권 최 고 액		124,230	88,050	78,000,000
배 당 액		124,230	88,050	63,118,277
잔 여 액		78,177,553	78,089,503	14,971,226
배 당 비 율		100.00%	100.00%	100.00%
공 탁 번 호 (공 탁 일)		금제　호 (　.　.　)	금제　호 (　.　.　)	금제　호 (　.　.　)

2-1

채 권 자		중부산세무서	국민건강보험공단해운대지사	농업협동조합중앙회
채권금액	원 금	365,160	1,088,034	9,900,000
	이 자	0	0	0
	비 용	0	0	0
	계	365,160	1,088,034	9,900,000
배 당 순 위		4	5	5
이 유		교부권자(법기)	교부권자(납기)	근저당권자
채 권 최 고 액		365,160	1,088,034	9,900,000
배 당 액		365,160	1,088,034	6,802,599
잔 여 액		0		6,715,433
배 당 비 율		100.00%	100.00%	68.71%
공 탁 번 호 (공 탁 일)		금제 호 (. .)	금제 호 (. .)	금제 호 (. .)
채 권 자		신용보증기금		
채권금액	원 금	17,018,077		
	이 자	7,794,44		
	비 용	0		
	계	24,812,821		
배 당 순 위		7		
이 유		채권자(판결)		
채 권 최 고 액		0		
배 당 액		6,715,433		
잔 여 액		0		
배 당 비 율		27.06%	%	%
공 탁 번 호 (공 탁 일)		금제 호 (. .)	금제 호 (. .)	금제 호 (. .)
2007. 11. 23. 사 법 보 좌 관				

2-2

부록 : 배당 분석

❑ 부록은 NCS 국가직무능력표준 통합포털사이트의 자료입니다.

대분류 / 10
영업판매

중분류 / 02
부동산

소분류 / 01
부동산컨설팅

세분류 / 03
부동산경·공매

학습모듈 / 08

08
배당 분석

LM1002010308_14v1

KRIVET 한국직업능력개발원 KAR 한국공인중개사협회 Korea Association of Realtors

교육부

부동산경·공매 학습모듈

01. 부동산 경·공매 신청

02. 부동산 경매의 매각절차 파악

03. 부동산 공매 진행절차 파악

04.매각 부동산 권리분석

05. 매각 부동산 가치분석

06. 소유권 이전등기절차 진행

07. 매각 부동산 인도절차 진행

08. 배당 분석

09. 권리구제 분석

10. 부실채권의 활용

NCS 학습모듈의 이해

※ 본 학습모듈은 「NCS 국가직무능력표준」 사이트(http://www.ncs.go.kr) 에서 확인 및 다운로드 할 수 있습니다.

(1) NCS 학습모듈이란?

- 국가직무능력표준(NCS: National Competency Standards)이란 산업현장에서 직무를 수행하기 위해 요구되는 지식·기술·소양 등의 내용을 국가가 산업부문별·수준별로 체계화한 것으로 산업현장의 직무를 성공적으로 수행하기 위해 필요한 능력(지식, 기술, 태도)을 국가적 차원에서 표준화한 것을 의미합니다.

- 국가직무능력표준(이하 NCS)이 현장의 '직무 요구서'라고 한다면, **NCS 학습모듈은 NCS의 능력단위를 교육훈련에서 학습할 수 있도록 구성한 '교수·학습 자료'입니다.** NCS 학습모듈은 구체적 직무를 학습할 수 있도록 이론 및 실습과 관련된 내용을 상세하게 제시하고 있습니다.

NCS 및 학습모듈 개발 절차

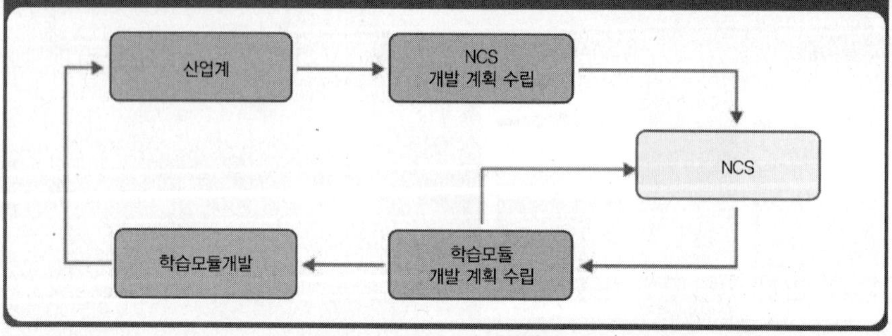

- **NCS 학습모듈은 다음과 같은 특징을 가지고 있습니다.**

  첫째, NCS 학습모듈은 산업계에서 요구하는 직무능력을 교육훈련 현장에 활용할 수 있도록 성취목표와 학습의 방향을 명확히 제시하는 가이드라인의 역할을 합니다.

  둘째, NCS 학습모듈은 특성화고, 마이스터고, 전문대학, 4년제 대학교의 교육기관 및 훈련기관, 직장교육기관 등에서 표준교재로 활용할 수 있으며 교육과정 개편 시에도 유용하게 참고할 수 있습니다.

● NCS와 NCS 학습모듈 간의 연결 체제를 살펴보면 아래 그림과 같습니다.

NCS와 NCS 학습모듈의 연결 체제

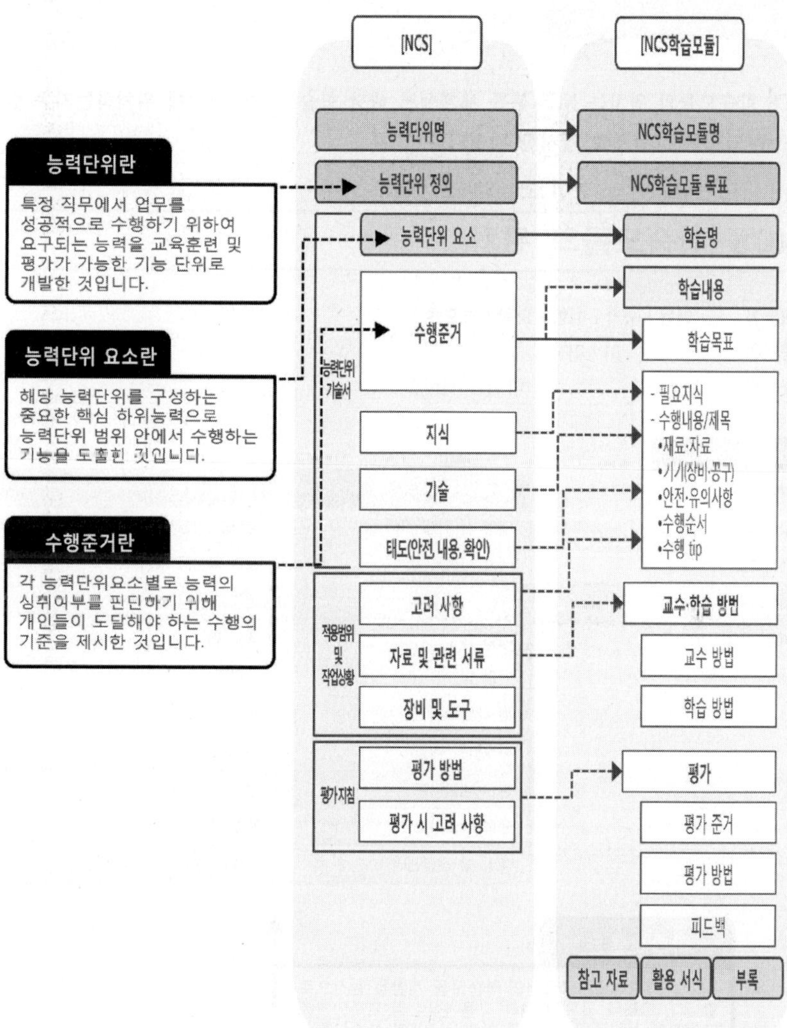

(2) NCS 학습모듈의 체계

● NCS 학습모듈은 1.학습모듈의 위치, 2.학습모듈의 개요, 3.학습모듈의 내용 체계, 4.참고 자료, 5.활용 서식/부록 으로 구성되어 있습니다.

1. NCS 학습모듈의 위치

● NCS 학습모듈의 위치는 NCS 분류 체계에서 해당 학습모듈이 어디에 위치하는지를 한 눈에 볼 수 있도록 그림으로 제시한 것입니다.

예시 : 이・미용 서비스 분야 중 네일미용 세분류

NCS-학습모듈의 위치

대분류	이용・숙박・여행・오락・스포츠
중분류	이・미용
소분류	이·미용 서비스

세분류
헤어미용
피부미용
메이크업
네일미용
이용

능력단위	학습모듈명
네일 샵 위생 서비스	네일숍 위생서비스
네일 화장물 제거	네일 화장물 제거
네일 기본 관리	네일 기본관리
네일 랩	네일 랩
네일 팁	네일 팁
젤 네일	젤 네일
아크릴릭 네일	아크릴 네일
평면 네일아트	평면 네일아트
융합 네일아트	융합 네일아트
네일 샵 운영관리	네일숍 운영관리

학습모듈은

NCS 능력단위 1개당 1개의 학습모듈 개발을 원칙으로 합니다. 그러나 필요에 따라 고용 단위 및 교과단위를 고려하여 능력단위 몇 개를 묶어서 1개의 학습모듈로 개발할 수 있으며, NCS 능력단위 1개를 여러 개의 학습모듈로 나누어 개발할 수도 있습니다.

2. NCS 학습모듈의 개요

구 성

- NCS 학습모듈 개요는 학습모듈이 포함하고 있는 내용을 개략적으로 설명한 것으로서 [학습모듈의 목표], [선수 학습], [학습모듈의 내용 체계], [핵심 용어]로 구성되어 있습니다.

학습모듈의 목표	해당 NCS 능력단위의 정의를 토대로 학습목표를 작성한 것입니다.
선수 학습	해당 학습모듈에 대한 효과적인 교수·학습을 위하여 사전에 이수해야 하는 학습모듈, 학습 내용, 관련 교과목 등을 기술한 것입니다.
학습모듈의 내용 체계	해당 NCS 능력단위요소가 학습모듈에서 구조화된 방식을 제시한 것입니다.
핵심 용어	해당 학습모듈의 학습 내용, 수행 내용, 설비·기자재 등 가운데 핵심적인 용어를 제시한 것입니다.

활 용 안 내

예시 : 네일미용 세분류의 '네일 기본관리' 학습모듈

네일 기본관리 학습모듈의 개요

학습모듈의 목표

고객의 네일 보호와 미적 요구 충족을 위하여 효과적인 네일 관리로 프리에지 형태 만들기, 큐티클 정리하기, 컬러링하기, 보습제 도포하기, 마무리를 할 수 있다.

선수학습

네일숍 위생서비스(LM1201010401_14V2)

학습모듈의 내용체계

학습	학습 내용	NCS 능력단위 요소 코드번호	NCS 능력단위 요소 요소 명칭
1. 프리에지 형태 만들기	1-1. 네일 파일에 대한 이해와 활용 1-2. 프리에지 형태 파일링	1201010403_12v2.1	프리엣지 모양 만들기
2. 큐티클 정리하기	2-1. 네일 기본관리 매뉴얼 이해 2-2. 큐티클 관리	1201010403_14v2.2	큐티클 정리하기
3. 컬러링하기	3-1. 컬러링 매뉴얼 이해 3-2. 컬러링 방법 선정과 작업 3-3. 젤 컬러링 작업	1201010403_14v2.3	컬러링
4. 보습제 도포하기	4-1. 보습제 선정과 도포 4-2. 각질제거	1201010403_14v2.4	보습제 바르기
5. 네일 기본관리 마무리하기	5-1. 유분기 제거 5-2. 네일 기본관리 마무리와 정리	1201010403_14v2.5	마무리하기

핵심 용어

프리에지, 니퍼, 퓨셔, 폴리시, 네일 파일, 스퀘어형, 스퀘어 오프형, 라운드형, 오발형, 포인트형

학습모듈의 목표는

학습자가 해당 학습모듈을 통해 성취해야 할 목표를 제시한 것으로, 교수자는 학습자가 학습모듈의 전체적인 내용흐름을 파악할 수 있도록 지도하는 것이 필요합니다.

선수 학습은

교수자나 학습자가 해당 모듈을 교수 또는 학습하기 이전에 이수해야 할 학습내용, 교과목, 핵심 단어 등을 표기한 것입니다. 따라서 교수자는 학습자가 개별 학습, 자기 주도 학습, 방과 후 활동 등 다양한 방법을 통해 이수할 수 있도록 지도하는 것이 필요합니다.

핵심 용어는

학습모듈을 통해 학습되고 평가되어야 할 주요 용어입니다. 또한 당해 모듈 또는 타 모듈에서도 핵심 용어를 사용하여 학습내용을 구성할 수 있으며, 「NCS 국가직무능력표준」 사이트(www.ncs.go.kr)에서 색인(찾아보기) 중 하나로 이용할 수 있습니다.

3. NCS 학습모듈의 내용 체계

구 성

● NCS 학습모듈의 내용은 크게 [학습], [학습 내용], [교수·학습 방법], [평가]로 구성되어 있습니다.

학습	해당 NCS 능력단위요소 명칭을 사용하여 제시한 것입니다. 학습은 크게 학습 내용, 교수·학습 방법, 평가로 구성되며 해당 NCS 능력단위의 능력단위 요소별 지식, 기술, 태도 등을 토대로 학습 내용을 제시한 것입니다.
학습 내용	학습 내용은 학습 목표, 필요 지식, 수행 내용으로 구성하였으며, 수행 내용은 재료·자료, 기기(장비·공구), 안전·유의 사항, 수행 순서, 수행 tip으로 구성한 것입니다. 학습모듈의 학습 내용은 업무의 표준화된 프로세스에 기반을 두고 실제 산업현장에서 이루어지는 업무활동을 다양한 방식으로 반영한 것입니다.
교수·학습 방법	학습 목표를 성취하기 위한 교수자와 학습자 간, 학습자와 학습자 간의 상호 작용이 활발하게 일어날 수 있도록 교수자의 활동 및 교수 전략, 학습자의 활동을 제시한 것입니다.
평가	평가는 해당 학습모듈의 학습 정도를 확인할 수 있는 평가 준거, 평가 방법, 평가 결과의 피드백 방법을 제시한 것입니다.

활 용 안 내

예시 : 네일미용 세분류의 '네일 기본관리' 학습모듈의 내용

학습 1	프리에지 형태 만들기(LM1201010403_14v2.1)
학습 2	큐티클 정리하기(LM1201010403_14v2.2)
학습 3	**컬러링하기(LM1201010403_14v2.3)**
학습 4	보습제 도포하기(LM1201010403_14v2.4)
학습 5	네일 기본관리 마무리하기(LM1201010403_14v2.5)

학습은
해당 NCS 능력단위요소 명칭을 사용하여 제시하였습니다. 학습은 일반교과의 '대단원'에 해당되며, 모듈을 구성하는 가장 큰 단위가 됩니다. 또한 완성된 직무를 수행하기 위한 가장 기존적인 단위로 사용할 수 있습니다.

3-1. 컬러링 매뉴얼 이해

학습내용은
요소 별 수행준거를 기준으로 제시하였습니다. 일반교과의 '중단원'에 해당합니다.

학습목표	• 고객의 요구에 따라 네일 폴리시 색상의 침착을 막기 위한 베이스코트를 아주 얇게 도포할 수 있다. • 작업 매뉴얼에 따라 네일 폴리시를 얼룩 없이 균일하게 도포할 수 있다. • 작업 매뉴얼에 따라 네일 폴리시 도포 후 컬러 보호와 광택 부여를 위한 톱코트를 바를 수 있다.

학습목표는
모듈 내의 학습내용을 이수했을 때 학습자가 보여줄 수 있는 행동수준을 의미합니다. 따라서 일반 수업시간의 과목목표로 활용할 수 있습니다.

필요 지식 /

[1] 컬러링 매뉴얼

컬러링 작업 전, 아세톤 또는 네일 폴리시 리무버를 사용하여 손톱표면과 큐티클 주변, 손톱 밑 부분까지 깨끗하게 유분기를 제거해야 한다. 컬러링의 순서는 Base coating 1회 → Polishing 2회 → 칼라수정 → Top coating 1회 → 최종수정의 순서로 한다. 베이스코트는 착색을 방지하고 발림성 향상을 위해 가장 먼저 도포하며 컬러링의 마지막에 컬러의 유지와 광택을 위해 톱코트를 도포한다. 네일 보강제(Nail Strengthner)를 바를 시에는 베이스코트를 도포하기 전에 사용한다.

필요지식은
해당 NCS의 지식을 토대로 해당 학습에 대한 이해와 성과를 높이기 위해 알아야 할 주요 지식을 제시하였습니다. 필요지식은 수행에 꼭 필요한 핵심 내용을 위주로 제시하여 교수자의 역할이 매우 중요하며, 이후 수행순서 내용과 연계하여 교수·학습으로 진행할 수 있습니다.

수행 내용 / 컬러링 매뉴얼 실습하기

재료 · 자료

- 컬러링 관련 네일 미용 자료들
- 정리바구니, 베이스코트, 네일 폴리시, 탑코트, 오렌지우드스틱, 탈지면, 폴리시리무버, 디스펜서 등

기기(장비 · 공구)

- 컴퓨터, 빔 프로젝터, 스크린 등

안전 · 유의사항

- 컬러링 재료들의 냄새를 직접적으로 맡지 않도록 유의한다.
- 컬러링 제품들이 대부분 유리병에 들어 있기 때문에 깨지지 않도록 각별히 조심한다.
- 컬러링 제품들은 상온에 마르기 때문에 개봉 후 뚜껑을 잘 닫도록 한다.

수행 순서

1 네일 폴리시를 바르게 잡는다.

1. 손바닥에 네일 폴리시를 놓고 약지 소지를 이용하여 네일 폴리시를 잡는다.
2. 폴리시를 쥔 손의 엄지와 검지로 고객의 작업손가락을 잡는다.
3. 폴리시를 쥔 손의 중지 손가락을 곧게 펴서 받침대가 되도록 한다.
4. 반대편 손으로 네일 폴리시의 뚜껑을 열고 소지 손가락을 펴서 네일 폴리시를 쥔 중지 손가락 위에 받쳐놓는다.
5. 다양한 형태의 폴리시를 잡아본다.

수행 tip

- 흰색이 많이 섞인 네일 폴리시의 경우는 붓의 각도를 높이 세워 빠르게 브러시 작업을 해야 붓 자국이 나지 않는다.
- 컬러링은 기본 2회 정도이나 컬러에 따른 도포량과 컬러감에 따라 1~3회 사이로 증감할 수 있다.

수행 내용은

모듈에 제시한 것 중 기술(Skill)을 습득하기 위한 실습과제로 활용할 수 있습니다.

재료·자료는

수행 내용을 수행하는데 필요한 재료 및 준비물로 실습 시 필요 준비물로 활용할 수 있습니다.

기기(장비·공구)는

수행 내용을 수행하는데 필요한 기본적인 장비 및 도구를 제시하였습니다. 제시된 기기 외에도 수행에 필요한 다양한 도구나 장비를 활용할 수 있습니다.

안전·유의사항은

수행 내용을 수행하는데 안전상 주의해야 할 점 및 유의사항을 제시하였습니다. 수행 시 유념해야 하며, NCS의 고려사항도 추가적으로 활용할 수 있습니다.

수행 순서는

실습과제의 진행 순서로 활용할 수 있습니다.

수행 tip은

수행 내용에서 수행의 수월성을 높일 수 있는 아이디어를 제시하였습니다. 따라서 수행tip은 지도상의 안전 및 유의사항 외에 전반적으로 적용되는 주안점 및 수행과제 목적에 대한 보충설명, 추가사항 등으로 활용할 수 있습니다.

학습3 교수·학습 방법

교수 방법

- 컬러링 제품의 성분과 칼라별 점도의 차이, 베이스코트와 톱코트의 역할, 폴리시 잡는 방법, 큐어링 시간 등의 내용을 화면 자료와 함께 설명한다.
- 서식지를 활용하여 네일 컬러링 방법을 그림으로 그려 보게 한 뒤, 다양한 컬러링의 매뉴얼을 그려서 숙지하도록 한다.
- 젤 컬러링 시 주의사항을 계속 숙지시키도록 하며, 큐어링 시간에 대해 작성하도록 한다.

학습 방법

- 컬러링을 위한 재료의 필요성과 사용방법을 숙지하고 컬러링 매뉴얼 과정에 맞추어 작업 내용을 이해한다.
- 컬러링의 다양성에 대한 용어를 숙지하고 진행과정에 맞추어 내용을 작업한다.
- 젤 컬러링 시 적합한 큐어링 시간을 선택해서 큐어링 해본다.

교수·학습 방법은

학습목표를 성취하는데 필요한 교수 방법과 학습 방법을 제시하였습니다.

교수 방법은

해당 학습활동에 필요한 학습내용, 학습내용과 관련된 학습자료명, 자료 형태, 수행내용의 진행 방식 등에 대하여 제시하였습니다. 또한 학습자의 수업참여도를 제고하기 위한 방법 및 수업진행상 유의사항 등도 제시하였습니다. 선수학습이 필요한 학습을 학습자가 숙지하였는지 교수자가 확인하는 과정으로 활용할 수도 있습니다.

학습 방법은

해당 학습활동에 필요한 학습자의 자기주도적 학습 방법을 제시하였습니다. 또한 학습자가 숙달해야 할 실기능력과 학습과정에서 주의해야 할 사항 등으로 제시하였습니다. 학습자가 학습을 이수하기 전에 반드시 숙지해야 할 기본 지식을 학습하였는지 스스로 확인하는 과정으로 활용할 수 있습니다.

학습3 평 가

평가는

해당 NCS 능력단위 평가방법과 평가 시 고려 사항을 준용하여 작성하였습니다. 교수자 및 학습자가 평가항목 별 성취수준을 확인하는데 활용할 수 있습니다.

평가 준거

- 평가자는 학습자가 학습 목표 및 평가 항목에 제시되어 있는 내용을 성공적으로 수행하였는지를 평가해야 한다.

- 평가자는 다음 사항을 평가해야 한다.

학습내용	평가항목	성취수준 상	성취수준 중	성취수준 하
컬러링 매뉴얼 이해	- 고객의 요구에 따라 네일 폴리시 색상의 침착을 막기 위한 베이스코트를 아주 얇게 도포할 수 있다.			
	- 작업 매뉴얼에 따라 네일 폴리시를 얼룩 없이 균일하게 도포할 수 있다.			
	- 작업 매뉴얼에 따라 네일 폴리시 도포 후 컬러 보호와 광택 부여를 위한 톱코트를 바를 수 있다.			

평가 준거는

학습자가 해당 학습을 어느 정도 성취하였는지를 평가하기 위한 기준을 제시하고 있습니다. 학습목표와 연계하여 단위수업 시간에 평가항목 별 성취수준을 평가하는데 활용할 수 있습니다.

평가 방법

- 작업장 평가

학습내용	평가항목	성취수준 상	성취수준 중	성취수준 하
컬러링 매뉴얼 이해	- 고객의 요구에 따라 네일 폴리시 색상의 침착을 막기 위한 베이스코트를 아주 얇게 도포할 수 있다.			
	- 작업 매뉴얼에 따라 네일 폴리시를 얼룩 없이 균일하게 도포할 수 있다.			
	- 작업 매뉴얼에 따라 네일 폴리시 도포 후 컬러 보호와 광택 부여를 위한 톱코트를 바를 수 있다.			

평가 방법은

NCS 능력단위의 평가방법을 준용하였으며, 평가 준거에 따른 평가방법을 2개 이상 제시하였습니다. 평가방법으로는 포트폴리오, 문제해결 시나리오, 서술형 시험, 논술형 시험, 사례연구, 평가자 체크리스트, 작업장 평가 등이 있으며, NCS의 능력단위 요소 별 수행 수준을 평가하는데 가장 적절한 방법을 선정하여 활용할 수 있습니다.

피 드 백

1. 작업장 평가
   - 작업 결과물을 확인하여 수정사항을 제시하고 수정 부분을 인지하도록 한다.

피드백은

평가 후에 학습자들에게 평가 결과를 피드백하여 부족한 부분을 알려주고, 학습 결과가 미진한 경우, 해당 부분을 다시 학습하여 학습목표를 달성하는 데 활용할 수 있습니다.

4. 참고 자료

참고자료

- 김미원(2011). 『Nail Study』. 서울: 사)한국네일지식서비스협회.
- 민방경(2015). 『미용사(네일)필기』. 서울: 예문사.
- 박은주(2014). 『네일미용』. 서울: 청담미디어.

참고자료는

해당 학습모듈의 필요지식에 대한 출처와 인용한 참고 자료 및 사이트를 제시하였습니다.

5. 활용 서식/부록

활용서식

프리에지 형태 실습지

1. 프리에지 형태의 이해

모 양	이 름	특 징
	( ) Square nail	-강한 느낌의 사각형태 -네일의 양끝 모서리 부분이 90° 사각의 형태이다. -( ) -발톱의 형태 활용 -내인성 발톱의 보정시에 적용

활용서식은

평가 서식, 실습시트 등 교수학습 시 활용 가능한 다양한 서식들로 구성하였습니다. 과제 진행에서 평가에 이르기까지 필요한 서식을 해당 학습모듈의 특성에 맞춰 개발하거나 기존의 양식을 활용하여 제시하였습니다

부록

네일 기본관리 도구와 재료 목록

목록	비고	준비
위생가운	흰색	작업자 착용
위생 마스크	흰색	작업자 착용
보호안경	투명한 렌즈 (안경으로 대체 가능)	작업자 착용
재료정리함	재질, 색상 무관	작업대

부록은

활용서식 이외에 교수학습과정에서 참고할 수 있는 자료가 있는 경우 제시하였습니다.

[NCS-학습모듈의 위치]

대분류	영업판매
중분류	부동산
소분류	부동산 컨설팅

세분류

- 부동산 개발
- 부동산 분양
- **부동산 경·공매**

능력단위 ('16.7. 이전)	능력단위 ('16.7. 고시)	학습모듈명
부동산 경·공매 신청	부동산 경·공매 신청	부동산 경·공매 신청
부동산 경매의 매각 절차 파악	부동산 경매 매각 절차 파악	부동산 경매의 매각 절차 파악
부동산 공매 진행 절차 파악	부동산 공매 진행절차 파악*	부동산 공매 진행 절차 파악
매각 부동산 권리 분석	매각 부동산 권리분석	매각 부동산 권리 분석
	매각 부동산 특수 권리분석	
매각 부동산 가치 분석	매각 부동산 가치 분석*	매각 부동산 가치 분석
소유권 이전 등기 절차 진행	소유권 이전 등기 절차 진행*	소유권 이전 등기 절차 진행
매각 부동산 인도 절차 진행	매각 부동산 인도 절차 진행*	매각 부동산 인도 절차 진행
배당 분석	배당 분석	**배당 분석**
	배당절차 진행	
권리구제 분석	권리구제 분석	권리구제 분석
	권리구제 소 제기	
부실채권의 활용	부실채권 활용	부실채권의 활용

NCS 학습모듈 개발진과의 협의를 통하여, 보완 세분류 일부 학습모듈(*표시)은 `16년 7월 고시 이전 NCS 능력단위를 반영하여 개발하였음. *표시는 `16년 7월 고시 전후 NCS 능력단위의 명칭은 동일하나 내용이 변경된 경우임.

차 례

배당분석 학습모듈의 개요

학습모듈의 목표

매각대금이 납부되면 집행법원이 배당기일을 지정하여 그 매각대금으로 민·상법 그 밖의 법률에 의한 우선순위에 따라 각 채권자들에게 안분비례의 방법으로 배당하고 잔액이 있으면 채무자에게 교부하는 절차를 파악할 수 있다.

선수학습

부동산경매의 매각절차 파악(1002010302_14v1), 매각부동산 권리분석(1002010304_14v1), 매각 부동산 인도절차 진행(1002010307_14v1), 「민사집행법」, 「주택임대차보호법」

학습모듈의 내용체계

학습	학습 내용	NCS 능력단위 요소	
		코드번호	요소 명칭
1. 배당요구제도 파악하기	1-1. 배당요구시기와 종기확인 1-2. 권리신고와 배당요구서 작성	1002010308_14∨1.1	배당요구제도 파악하기
2. 배당받을 채권자 범위 검토하기	2-1. 배당요구가 필요한 채권자와 필요 없는 채권자 파악 2-2. 조세 및 공과금채권자의 배당요구 2-3. 대위권자의 배당요구	1002010308_14∨1.2	배당받을 채권자 범위 검토하기
3. 배당의 순위 확인하기	3-1. 배당순위에 따른 배당표 작성 3-2. 순위배당과 흡수배당, 순환흡수배당의 분석	1002010308_14∨1.3	배당의 순위 확인하기
4. 배당절차 참여하기	4-1. 배당절차에서 기일지정과 이해관계인 등의 배당표열람 4-2. 배당표의 확정과 출급절차 및 배당액 공탁 방법 검토	1002010308_14∨1.4	배당절차 참여하기
5. 배당이의 절차 진행하기	5-1. 배당표원안에 관한 이의절차 파악 5-2. 배당이의의 소 또는 청구이의의 소장 작성	1002010308_14∨1.5	배당이의 절차 진행하기

핵심 용어

권리신고, 배당요구, 조세채권, 순위배당, 흡수배당, 배당표, 배당액 공탁, 배당이의

학습 1	**배당요구제도 파악하기 (LM1002010308_14v1.1)**
학습 2	배당받을 채권자 범위 검토하기(LM1002010308_14v1.2)
학습 3	배당의 순위 확인하기(LM1002010308_14v1.3)
학습 4	배당절차 참여하기(LM1002010308_14v1.4)
학습 5	배당이의 절차 진행하기(LM1002010308_14v1.5)

1-1. 배당요구시기와 종기확인

학습 목표	• 채권자는 다른 채권자에 의하여 개시된 집행절차에 참가하여 배당받을 수 있음을 확인할 수 있다. • 집행법원은 경매개시결정 후 배당요구 종기를 정하여 공고하고 있음을 파악할 수 있다.

필요 지식 /

1 배당의 이해

매각대금이 지급되면 법원은 배당절차를 밟아야 한다. 그리고 매각대금으로 배당에 참가한 모든 채권자를 만족하게 할 수 없는 때에는 법원은 민법·상법, 그 밖의 법률에 의한 우선순위에 따라 배당하여야 한다(민집 145조 1항, 2항).

1. 경매의 준비

(1) 경매준비단계

경매개시결정등기가 기입되고 채무자에게 경매개시결정 정본이 송달되면 압류의 효력이 발생한다. 법원은 이때 매각부동산의 현황조사를 명하고, 감정인으로 하여금 목적물을 평가하게 하여 최저매각가격을 정하게 된다.

또한 법원은 최저매각가격으로 우선채권자의 채권을 변제하고 남을 가망이 없게 될 경우에는 민사집행법 102조가 규정하는 바에 따라 매각절차를 취소한다. 즉, 남을 가망이 있으면 직권으로 매각기일과 매각결정기일을 지정, 공고, 통지하고 절차를 진행한다.

(2) 배당요구의 종기결정 및 공고

(가) 취지

경매개시결정에 따른 압류의 효력이 생긴 때에는 집행법원은 절차에 필요한 기간을 감안하여, 배당요구를 할 수 있는 종기를 첫 매각기일 이전으로 정한다(민집 84조 1항). 매수참가를 희망하는 사람이 매수신고 전에 권리의 인수여부를 판단할 수 있고 또한 법원으로서도 매각기일 전에 무잉여 여부를 판단할 수 있도록 함으로써, 매각절차의 불안정을 해소하기 위하여 배당요구의 종기를 정하도록 하고 있다.

(나) 종기의 결정 시기

배당요구 기간을 실질적으로 보장하기 위해서는 배당요구의 종기결정 및 공고를 조속히 시행할 필요가 있다. 따라서 배당요구의 종기결정 및 공고는 경매개시결정에 따른 압류의 효력이 생긴 때부터 1주 이내에 하여야 한다(민집 84조 3항). 통상적으로 경매개시결정과 동시에 미리 배당요구의 종기를 내부적으로 정해 놓은 다음 압류의 효력이 생긴 것을 확인한 뒤에 즉시 외부적으로 배당요구의 종기를 정하는 결정문을 작성한다. 그리고 이를 공고, 고지하고 채권자들에게 채권을 신고하도록 최고한다(민집 84조 2항, 4항). 부동산경매사건의 진행기간 등에 관한 예규상으로는 등기완료통지를 받은 날부터 3일 안에 하도록 규정하고 있다.

(다) 종기결정 시 고려할 사항

배당요구의 종기는 특별한 사정이 없는 한 배당요구결정일로부터 2월 이상 3월 이하의 범위 안에서 정하여야 하되, 감정평가와 현황조사가 완료되어 매각물건명세서가 작성될 수 있는 시점을 대략 계산하여 그 이후로 종기를 지정하면 된다. 실무에서는 배당요구의 종기는 통상 첫 매각기일의 1월 이내로 정하는 것이 보통이다.

(라) 공고 및 고지

1) 공 고

배당요구의 종기를 첫 매각기일 이전으로 제한함으로 인하여 채권자들의 배당절차 참여가 봉쇄되는 사태가 발생하는 것을 방지하고, 배당요구의 종기를 널리 알 수 있도록 하기 위하여, 법원은 배당요구의 종기가 정하여진 때에는 경매개시결정을 한 취지 및 배당요구의 종기를 공고하여야 하고, 그 공고는 경매개시결정에 따른 압류의 효력이 생긴 때부터 1주 이내에 하여야 한다(민집 84조 3항). 배당요구의 종기는 인터넷 법원경매공고란 또는 법원게시판에 게시하는 방법으로 공고한다(재민 2004-3).

2) 고 지

저당권·압류채권·가압류채권에 대항할 수 있는 최선순위 전세권은 매각으로 소멸되지 않고 매수인이 인수하지만, 전세권자가 민사집행법 88조에 따라 배당요구를 하면 매각으로 소멸된다(민집 93조 3항, 4항). 이처럼 최우선순위의 전세권자에게는 '매수인에 의한 전세권의 인수'와 '배당요구의 선택권'을 부여하고 그 전세권자에게는 배당요구의 종기를 고지하여 그 기간 안에 선택권을 행사할 수 있는 기회를 보장하고자, 법원은 배당요구의 종기를 공고하는 외에 최우선순위의 전세권자에게 이를 고지하여야 한다(민집 84조 2항).

(마) 배당요구종기의 연기

배당요구의 종기는 첫 매각기일 이전으로 정하여야 하지만 적어도 감정평가와 현황조사가 완료되어 매각물건명세서가 작성될 수 있게 된 시점 이후로 하여야 한다. 그러나 특별한 경우에는 감정평가나 현황조사가 예상보다 늦어지는 경우 또는 촉탁이나 통보과정에서 절차의 누락, 지연되는 경우, 절차상 하자로 인하여 다시 절차를 진행할 경우 등 지연사유가 발생할 수 있다. 이와 같은 특별한 사정이 있는 경우에는 법원은 배당요구의 종기를 연기할 수 있다(민집 84조 6항).

2 배당요구의 절차 및 시기와 종기

1. 배당절차

매각대금으로부터 변제받을 각 채권자의 채권을 만족시키기에 충분한 경우에는 집행법원은 각 채권자에게 그 채권액을 변제하고 잔액이 있으면 채무자에게 교부할 것이고, 변제받을 채권자들이 경합되어 있고 매각대금으로 채권자들의 채권을 만족시키기에 충분하지 아니한 경우에는 법원이 각 채권자들에게 민법·상법 그 밖의 법률에 의한 우선순위에 따라 매각대금을 배당하여야 한다.

따라서 이론상으로는 매각대금으로 각 채권자를 만족시킬 수 있는 경우에 실시하는 변제절차와 각 채권자를 만족시킬 수 없는 경우에 실시하는 변제절차가 서로 구별될 것이나, 어느 것이나 모두 넓은 의미에서는 배당절차라 할 것이다. 또한 민사집행법도 양자를 엄격히 구별하고 있지 아니하므로 실제로는 전자의 경우에도 후자의 경우와 똑같이 배당기일을 지정하고 배당표를 작성하여 실시한다.

2. 배당요구 시기와 종기

(1) 시기

배당요구할 수 있는 시기에 관하여는 특별한 규정이 없으나 압류의 효력발생 시(채무자에 대한 경매개시결정 송달 시와 경매개시결정등기 시 중 먼저 도래한 때. 민집 83조 4항) 이후라 할 것이다. 다만, 경매개시결정 후 압류효력발생 전에 배당요구가 있으면 압류효력발생 시에 배당요구의 효력이 발생한다 할 것이다.

경매신청권자가 경매신청서에 집행권원이 있는 채권과 집행권원이 없는 채권을 병기한 경우에 후자에 관하여는 배당요구한 취지라고 볼 것이므로(다만, 배당요구를 할 수 있는 요건을 갖춘 채권인 경우에 한한다) 압류의 효력발생 시에 후자에 관한 배당요구의 효력이 발생한다.

(2) 종기

배당요구의 종기는 첫 매각기일 이전으로서 집행법원이 정한 때이다(민집 84조 1항).

이와 같이 배당요구의 종기는 집행법원이 정하는 것이므로 연기(민집 84조 6항)되거나 새로 정한 경우(민집 87조 3항)가 아니면, 첫 경매개시결정 된 사건이 정지되거나 취소되어 뒤에 개시결정 된 사건으로 진행되더라도 변함이 없다.

3. 배당요구할 수 있는 채권

(1) 집행채무자에 대한 채권일 것

배당요구는 채무자의 총재산으로부터 변제를 받고자 하는 의사표시이므로 매각부동산이 집행채무자의 소유에 속하여야 한다.

따라서 매각부동산의 전 소유자에 대한 채권으로는 배당요구할 수 없다.

집행채무자에 대한 채권이라 할지라도 매각절차진행 중에 제3자에게 양도되어 소유권이전등기가 된 때에는 그 처분이 경매신청채권자와의 관계에서는 효력이 없으나 그 외의 자에 대해서는 유효하므로 양수인 명의로 이전등기가 된 시점 이후에는 배당요구 할 수 없다(재민 63-11, 대판 1998. 11. 13. 97다57337 참조). 그러나 위의 경우 양수인에 대한 채권자는 배당요구를 할 수 있다.

(2) 이행기가 도래한 채권일 것

집행을 받을 사람이 일정한 시일에 이르러야 그 채무를 이행하게 되어있는 때에는 그 시일이 지난 뒤에 강제집행을 개시할 수 있으므로(민집 40조 1항), 이행기가 도래하지 않은 채권은 배당요구할 수 없다. 다만, 가압류는 기한이 도래하지 아니한 채권에 대하여도 할 수 있다(민집 267조 2항). 한편, 경매개시결정등기 전에 가압류집행을 마친 채권자에 대하여는 그 배당액을 공탁하도록 되어 있으므로(민집 160조 1항 2호) 이행기가 도래하지 않은 채권으로 가압류를 한 경우에는 사실 상 이행기 도래 전의 채권으로 배당받는 셈이 된다.

수행 내용 1 / 집행절차 참가하기

재료 · 자료

- 「민사집행법」
- 「민사집행규칙」
- 법원실무제요
- 배당관련 법원양식
- 부동산등기부 등본
- 대한민국법원 법원경매정보(www.courtauction.go.kr)
- 대한민국 법원 인터넷등기소 등기열람 발급(www.iros.go.kr/iris/prt/RPRTAxSetup..)

기기(장비 · 공구)

- 컴퓨터
- 빔프로젝트

안전 · 유의 사항

- 각종 법률의 적용에 있어서 최신의 개정된 법률인지 여부를 검토 · 확인한다.
- 타인의 글, 그림 등을 사용함에 있어서 적절한 인용 및 표절여부를 검토한다.

수행 순서

1 채권자는 경매목적물의 부동산등기부 등본을 열람하여 경매의 개시결정일자와 경매사건번호를 확인한다.

법원이 경매개시결정을 하면 법원사무관 등은 즉시 그 사유를 등기부에 기입하도록 등기관에게 촉탁하여야 한다.(민집94조)

등기관은 제 1항의 촉탁에 따라 경매개시결정사유를 기입하여야 한다.

따라서 채권자는 경매목적물에 대한 부동산등기부를 열람하면 당해 부동산의 압류효력이 발생하는 근거가 되는 경매개시결정에 관한 사항을 확인할 수 있다. 또한 관할 법원과 임의경매, 강제경매 등의 경매종류와 경매신청 채권자에 관한 사항을 확인할 수 있다. 그리고 해당 경매의 사건번호를 확인할 수 있다.

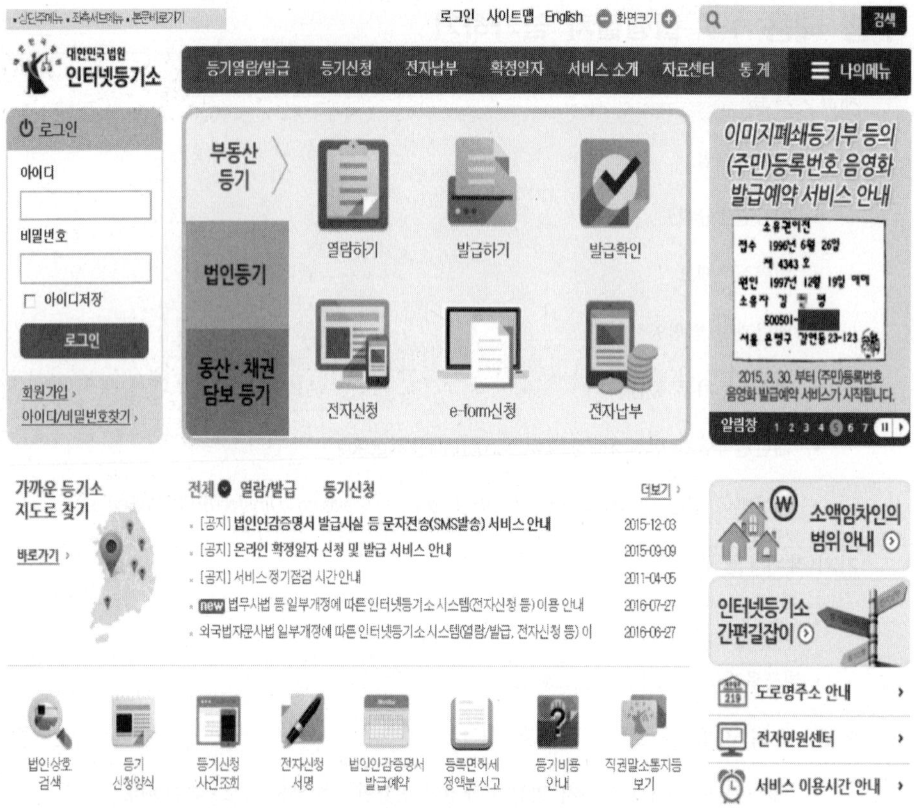

출 처 : 대한민국 법원 인터넷등기소.(http://www.iros.go.kr) 2016.09.12. 스크린 샷
[그림1-10] 대법원 인터넷등기소 등기부등본의 열람

등기사항전부증명서(말소사항 포함) - 토지

[토지] 강원도 고성군 토성면 인흥리 ▒▒ 고유번호 1444-1996-074143

【 표 제 부 】 (토지의 표시)

표시번호	접 수	소 재 지 번	지 목	면 적	등기원인 및 기타사항
1 (전 3)	1996년4월27일	강원도 고성군 토성면 인흥리 ▒▒	임야	9149㎡	
					부동산등기법 제177조의 6 제1항의 규정에 의하여 2002년 02월 14일 전산이기

【 갑 구 】 (소유권에 관한 사항)

순위번호	등 기 목 적	접 수	등 기 원 인	권 리 자 및 기 타 사 항
1 (전 1)	소유권보존	1988년3월29일 제2567호		소유자 ▒▒ 370528-******* 서울 성동구 하왕십리동 991-11 법률제3627호에 의하여 등기
2 (전 2)	합병한임야2433㎡에대한이기소유권보존	1988년3월29일 제2565호		소유자 ▒▒ 370528-******* 서울 성동구 하왕십리동 991-11 법률 제3627호에 의하여 등기
				합병으로 인하여 등기 제산140호에서 이기 접수 1996년4월27일 제2860호

[토지] 강원도 고성군 토성면 인흥리 ▒▒ 고유번호 1444-1996-074143

순위번호	등 기 목 적	접 수	등 기 원 인	권 리 자 및 기 타 사 항
3 (전 3)	합병한임야377㎡에대한이기소유권보존	1988년3월29일 제2569호		소유자 ▒▒ 370528-******* 서울 성동구 하왕십리동 ▒▒ 법률 제3627호에 의하여 등기
				합병으로 인하여 등기 제산140-2호에서 이기 접수 1996년4월27일 제2860호
				부동산등기법 제177조의 6 제1항의 규정에 의하여 1번 내지 3번 등기를 2002년 02월 14일 전산이기
4	압류	2012년9월14일 제8386호	2012년9월13일 압류(재산세1과-3913)	권리자 국 처분청 성동세무서
5	압류	2013년4월1일 제2985호	2013년3월29일 압류(38세금징수과-8072)	권리자 서울특별시
6	임의경매개시결정	2015년4월3일 제3238호	2015년4월3일 춘천지방법원 속초지원의 임의경매개시결정(2015 ▒▒	채권자 ▒▒ 조합 (변경전 등기부상 상호 : ▒▒ 조합) ▒▒ 강원 양양군 양양읍 남문로 ▒▒

[그림1-2] 부동산등기부등본의 열람

② 채권자는 배당에 참여할 수 있는 대상자인지 여부를 확인한다.

부동산경매의 절차에서 경매의 개시결정에 따른 압류의 효력이 생긴 이후에 법원은 매각부동산의 현황조사를 명하고, 감정인으로 하여금 목적물을 평가하게 하여 최저매각가격을 정한다. 그리고 배당요구의 종기를 정하고 이를 공고, 고지하고 채권자들에게 채권을 신고하도록 한다.

채권신고의 최고 상대방은 민사집행법제148조 소정의 채권자인 첫 경매개시결정 전에 등기된 가압류채권자, 저당권, 전세권, 그 밖의 우선변제청구권으로서 첫 경매개시결정등기 전에 등기되었고 매각으로 소멸하는 것을 가진 채권자가 그 대상이다.

또한, 조세 징수의 편의를 위해서 세무서, 부동산소재지의 시, 자치구, 군, 읍, 면이나 관세청, 국민건강보험공단 등에 채권신고를 최고하도록 하고 있다.

실무에서는 통상 배당요구 종기의 결정과 동시에 최고를 하는데, 법원게시판에 게시하여 공고하거나 법원경매정보 홈페이지에 공고한다.

출 처 : 대한민국 법원. 법원경매정보.(www.courtauction.go.kr) 2016.09.12. 스크린샷.
[그림 1-3] 경매정보의 확인

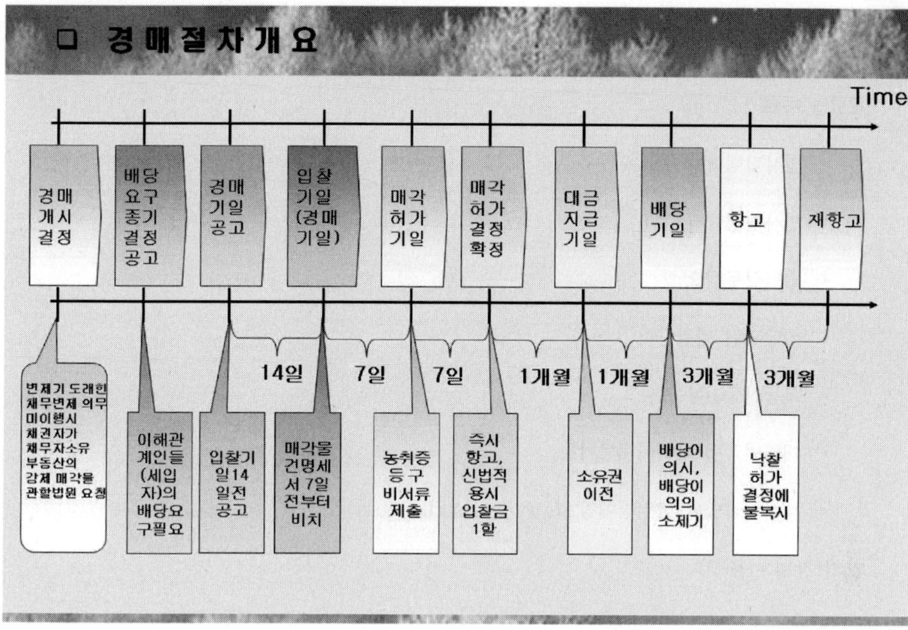

[그림 1-4] 경매절차 개요도

수행 tip

- 채권자가 배당받을 수 있음을 확인할 수 있는 매체는 법원경매정보의 인터넷 매체뿐만 아니라 각종 인터넷 정보제공업체의 홈페이지에서도 확인이 가능하다.
- 채권자는 직접 이해관계인으로서 법원의 해당 경매계를 방문하여 확인할 수 있다.

수행 내용 2 / 배당요구 종기 파악하기

재료 · 자료

- 「민사집행법」
- 「민사집행규칙」
- 법원실무제요
- 배당관련 법원양식
- 부동산등기부등본
- 대한민국법원 인터넷등기소
- 대한민국법원 법원경매정보(www.courtauction.go.kr)

기기(장비 · 공구)

- 컴퓨터
- 빔프로젝트

안전 · 유의 사항

- 각종 법률의 적용에 있어서 최신의 개정된 법률인지 여부를 검토 · 확인한다.
- 타인의 글, 그림 등을 사용함에 있어서 적절한 인용 및 표절여부를 검토한다.

수행 순서

1 집행법원이 배당요구종기를 정하여 공고한 사항을 확인한다.

경매개시결정에 따른 압류의 효력이 생긴 때에는 집행법원은 배당요구를 할 수 있는 종기를, 민집법 제84조에 근거하여 첫 매각기일 이전으로 정한다.

이것은 매수참가를 희망하는 사람이 경매입찰 전에 권리의 인수여부를 판단할 수 있도록 하기 위한 장치이다. 또한 법원으로서도 매각기일 이전에 경매신청자가 배당을 받을 잉여가 있는지 여부를 판단하기 위함이다.

배당요구의 종기를 첫 매각기일 이전으로 제한한다는 것은, 채권자들이 배당절차에 참여하는 것이 과거의 민사소송법에서 정한 기일보다 단축되는 점은 있으나 모든 경매참여자들에 있어서는 매각절차의 불안정을 해소한다는 커다란 장점을 지니고 있다.

따라서 법원은 배당요구의 종기를 널리 알리기 위하여 배당요구의 종기가 정하여진 때에는 경매개시결정 취지 및 배당요구의 종기를 공고하는데, 그 공고는 경매개시결정에 따른 압류의 효력이 생긴 때부터 1주일 이내에 하여야 한다.

② 배당요구의 시기와 종기를 파악한다

1. 배당요구의 시기

배당요구를 할 수 있는 때에 관하여는 법에 특별한 규정을 정한 바는 없으나 부동산경매 압류의 효력이 발생한 날짜(채무자에 대한 경매개시결정 송달시와 경매개시결정 기입등기시 중 먼저 도래한 시기) 이후라 할 것이다.

그러나 경매개시결정 후 압류의 효력 발생 전에 배당요구가 있으면 압류의 효력이 발생할 때에 효력이 발생한다고 볼 것이다.

2. 배당요구의 종기

배당요구 기간을 실질적으로 보장하기 위하여 배당요구의 종기결정 및 공고를 조속히 시행할 필요가 있는데, 배당요구의 종기결정 및 공고는 경매개시결정에 따른 압류의 효력이 생긴 때부터 1주 이내에 하여야 한다.

배당요구의 종기는 대략 배당요구 결정일로부터 2월 이상 3월 이하의 범위 안에서 정하여야 하는데, 감정평가사의 해당 부동산에 대한 감정평가와 집행관의 현황조사가 완료되어 매각물건명세서가 작성될 수 있는 기간을 계산하여 정한다.

실무에서는 배당요구의 종기를 통상 매각기일의 1월 이내의 날짜로 정하는 것이 보통이다.

법원사무관 등은 민집법 제148조 제3호 및 제4호의 채권자 및 조세, 그 밖의 공과금을 주관하는 공공기관에 대하여 채권의 유무, 그 원인 및 액수(원금·이자·비용, 그 밖의 부대채권을 포함한다)를 배당요구의 종기까지 법원에 신고하도록 최고하여야 한다.

배당요구의 종기에 대한 확인은 법원경매정보사이트 ->경매물건->물건상세검색으로 쉽게 파악할 수 있다. 이외에도 여러 경로의 경매정보 사이트에서도 확인이 가능하다.

물건상세검색

검색조건 법원 : 속초지원 | 사건번호 : 2015타경2169

물건기본정보

사건번호	2015타경2169	물건번호	1	물건종류	대지,임야,전답
감정평가액	158,724,000원	최저매각가격	77,775,000원	입찰방법	기일입찰
매각기일	2016.06.20 10:00 경매법정				
물건비고	연고 미상 분묘 소재 가능성 있으며, 이로 인한 분묘기지권 성립 여지 있음.				
목록1 소재지	(임야) 강원도 고성군 현내면 제진리 144-2				
담당	춘천지방법원 속초지원 | 경매2계 | 전화번호 : 639-7643,7642(구내:643,642)				

사건접수	2015.07.10	경매개시일	2015.07.10
배당요구종기	2015.09.30	청구금액	105,259,701원

전경도<2>
관련사진<3>

매각물건명세서 | 현황조사서 | 감정평가서 | 사건상세조회 | 관심물건등록

출 처 : 대한민국 법원. 법원경매정보.(www.courtauction.go.kr) 2016.09.12. 스크린샷.
[그림 1-5] 배당요구 종기의 확인

[그림 1-6] 배당요구 종기 확인

수행 tip

- 배당요구의 종기는 일반인들은 통상 매각기일로부터 2주 전에 알 수 있고, 이해관계인들은 그 이전에 법원으로부터 최고를 받은 시점부터 알 수 있다.

1-2. 권리신고와 배당요구서 작성

학습 목표	• 배당신청 시 배당요구와 권리신고는 별개의 제도임을 구별하여 진행할 수 있다.

필요 지식 /

1 권리신고

이해관계인이 자기 권리를 위해서 하는 것으로 권리신고를 하게 되면 이해관계인의 지위를 갖게 된다(법 90조 4항). 그러나 권리신고를 하였다 하여 당연히 배당되는 것이 아니고 별도로 배당요구 종기일까지 배당요구를 해야 한다(법 148조).

즉, 해당부동산 위의 권리자가 집행법원에 신고하여 그 권리를 증명하는 것을 말한다.

2 채권신고의 최고

1. 취지

법원사무관 등은 첫 경매개시결정 전에 등기된 가압류채권자(민집 148조 3호), 저당권·전세권, 그 밖의 우선변제청구권으로서 첫 경매개시결정등기 전에 등기되었고 매각으로 소멸하는 것을 가진 채권자(민집 148조 4호) 및 조세, 그 밖의 공과금을 주관하는 공공기관에 대하여 채권의 유무, 그 원인 및 액수를 배당요구의 종기까지 법원에 신고하도록 최고하여야 한다(민집 84조 4항).

이는 우선변세청구권 있는 채권의 유무와 그 금액에 관하여 신고를 받아 남을 가망(민집 91조, 102조 참조)이 있는지 여부를 확인함과 동시에 매각조건을 결정하고, 그들에게 배당요구(또는 교부청구)를 할 수 있는 기회를 부여하여 채권회수나 조세징수를 용이하게 하려함에 그 목적이 있다.

2. 최고의 상대방

(1) 민사집행법148조3호,4호 소정의 채권자

첫 경매개시결정등기 전에 등기된 가압류채권자(민집 148조 3호), 저당권·전세권, 그 밖의 우선변제청구권으로서 첫 경매개시결정등기 전에 등기되었고 매각으로 소멸하는 것을 가진 채권자(민집 148조 4호)가 그 대상이다. 첫 경매개시결정등기 전에 임차권등기를 마친 임차인에 대하여도 전세권자에 준하여 채권신고 최고서를 발송하여야 한다.

(2) 최고 대상 공무소

국세 등의 교부청구채권자는 민사집행법 88조 1항의 배당요구를 할 수 있는 채권자에 해당하므로 별도의 최고가 필요하지 않지만, 조세징수의 편의를 위하여 법은 특별히 채권신고를 최고하도록 규정하고 있다(민집 84조 4항). 위 최고를 받고 채권신고를 하지 않았다고 하여 배당요구를 할 수 없는 것은 아니다.

최고대상 공무소는 다음과 같다(재민 2004-3, 6조 4항).

- 세무서 : 경매할 부동산의 소유자의 주소지를 관할하는 세무서이다.
- 부동산소재지의 시(자치구가 없는 경우), 자치구, 군, 읍, 면
- 관세청 : 공장저당법상 저당권자의 신청에 의한 임의경매사건의 경우와 집행채무자(임의경매에서는 소유자)가 회사인 경우이다.
- 국민건강보험공단 : 경매할 부동산의 소유자의 주소지를 관할하는 국민건강보험공단이다.

(3) 최고의 방법과 시기

최고의 방법에는 제한이 없으므로 서면 이외에 말 또는 전화로도 가능할 것이나, 실무에서는 통상 서면(최고서)으로 하고 있다. 최고를 받을 채권자가 외국에 있거나 있는 곳이 분명하지 아니한 때에는 최고할 사항을 공고하면 된다. 이 경우 최고는 공고를 한 날부터 1주일이 지나면 효력이 생긴다(민집규 8조 3항). 실무에서는 통상 법원게시판에 게시하여 공고하거나 법원경매정보 홈페이지에 공고한다(민집규 11조 1항).

최고시기 및 통지기간에 관하여 법의 규정은 없으나, 배당요구의 종기결정일(민집 84조 3항)부터 적어도 3일 이내에 최고하여야 한다. 실무에서는 통상 배당요구종기의 결정과 동시에 최고를 하고 있다.

③ 배당요구

다른 채권자가 경매를 신청하였을 경우 그 부동산의 이해관계인이 경매절차에 참여하여 자기 채권을 변제받고자 하는 의사표시이다. 이와 같이 채권자의 채권만족 수단은 다른 채권자의 강제집행절차에 편승하여 배당요구를 하는 방법과 그 이외에 자신이 직접 경매신청을 하여 채권을 회수하는 방법이 있다.

1. 배당요구의 의의

배당요구란 다른 채권자에 의하여 개시된 집행절차에 참가하여 동일한 재산의 매각대금에서 변제를 받으려는 집행법상의 행위로서 다른 채권자의 강제집행 절차에 편승한다는 점에서 종속적인 것이다.

배당요구는 채권의 원인과 수액을 기재한 서면에 의하여 집행법원에 배당을 요구하는 취지가 표시되면 된다. 채권자가 경매목적 부동산에 관하여 경매개시결정 후에 가압류결정을 받은 다음 채권의 수액을 기재한 서면에 그 가압류결정을 첨부하여 경매법원에 제출하였다면 채권의 원인과 수액을 기재하여 배당을 요구하는 취지가 표시된 것으로 보아야하고, 그 서면의 제목이 권리신고라고 되어있다 하여 달리 볼 것이 아니다(대판 1999.2.9.. 98다53547).

국세징수법 56조의 규정에 따른 교부청구는 그 성질이 배당요구와 같고(대판 2001. 11. 27. 99다22311 등), 경매개시결정 전에 체납처분에 의한 압류등기(참가압류등기 포함)가 된 경우에는 교부청구(배당요구)를 한 효력이 있는 것으로 본다(대판 1997. 2. 14. 96다51585, 대판 2002. 1. 25. 2001다11055).

주택임대차보호법상 임차인으로서의 지위와 전세권자로서의 지위를 함께 가지고 있는 자가 그 중 임차인으로서의 지위에 기하여 경매법원에 배당요구를 하였다면, 배당요구를 하지 아니한 전세권에 관하여는 배당요구가 있는 것으로 볼 수 없다(대판 2010. 6. 24. 2009다40790).

배당요구와 대비되는 행위로서 권리신고가 있는데, 권리신고는 배당요구와 달리 부동산 위의 권리자가 집행법원에 신고를 하고 그 권리를 증명하는 것이며, 권리신고를 함으로써 이해관계인이 되지만(민집 90조 4호), 권리신고를 한 것만으로 당연히 배당을 받게 되는 것은 아니며 별도로 배당요구를 하여야 한다(민집 148조 2호 참조, 재민 84-10, 문 5항).

2. 배당요구의 방식

(1) 서면신청

배당요구는 채권(이자, 비용, 그 밖의 부대채권을 포함한다)의 원인과 액수를 적은 서면으로 하여야 하고(민집규 48조 1항), 말로 하는 신청은 허용되지 않는다. 종결처리된 종전 경매기록이 새로운 경매기록에 편의를 위하여 사실상 첨철된 경우 종전 경매절차에서의 배당요구로 볼 수 없다(대판 1999. 4. 9. 98다53240).

배당요구서는 법원이 정한 배당요구의 종기까지 제출되어야 한다.

주택임대차보호법에 의하여 우선변제청구권이 있는 소액임차인이 배당요구서를 배당요구종기 이전에 집행관 사무실에 제출하였다고 하더라도 그 배당요구서가 집행법원에 다시 제출되지 않는 한 이를 집행관 사무실에 제출한 것만으로는 아무런 효력이 발생하지 않는다(대판 2008. 6. 12. 2007다87306).

징수절차에 국세징수법이 적용되는 조세나 그 밖의 공과금채권의 채권자는 체납처분에 의한 압류등기, 교부청구, 또는 참가압류등기를 한 경우에 배당요구를 한 것으로 인정된다.

(2) 적어야 할 사항

배당요구를 할 경우 배당요구서에는 채권의 원인과 액수를 기재하여야 하며(민집규 48조 1항), 이 경우 채권의 원인은 채무자에 대하여 배당요구권자가 가지는 원인채권을 특정할 수 있을 정도로 기재하면 충분하다. 다만, 집행력 있는 정본에 의하지 아니한 배당요구인 경우에는 채무자로 하여금 채권이 어느 것인가를 식별할 수 있을 정도로 그 채권의 원인에 관한 구체적인 표시가 필요하다.

· 퇴직금은 본질적으로는 후불적 임금의 성질을 지닌 것이라는 점(대판 2007. 3. 30.

2004다8333 등 참조)을 고려할 때, 배당요구서에 채권의 원인을 '임금'이라고만 기재하였다고 하더라도 그 임금에 '퇴직금'도 포함되어 있을 수 있으므로 이를 신중하게 판단할 필요가 있다고 할 것이다.

· 조세의 경우에는 세목과 발생시기를 구분하여 적어야 한다. 그 밖의 국세징수법의 적용을 받는 공과금의 경우에도 같다.

· 원금은 배당요구서 제출 당시의 원금을 뜻한다.

· 이자는 배당기일까지의 이자가 포함된다. 다만, 배당기일이 정해지지 아니하여 정확한 액수를 계산할 수 없는 경우에는 이자율로 표시하여도 된다.

· 비용이란 매각대금에서 우선 변제 받을 집행비용뿐만 아니라 우선변제가 인정되지는 아니하나 매각대금에서 변제받을 비용(예컨대, 배당요구를 위하여 지출한 비용, 이중압류채권자의 경매신청비용 등)을 말하며, 원칙적으로 배당요구서를 제출할 당시의 금액을 적는다. 다만, 채권계산서의 제출 시에는 우선변제권이 인정되는 집행비용을 따로 계산하여 제출하도록 하고 있으므로, 우선변제권이 인정되지 아니하는 비용은 부대채권으로 보아도 무방하다.

· 부대채권이란 지연손해배상채권, 소송비용액확정절차에 의하여 확정된 본안소송비용 등을 뜻한다.

(3) 첨부서류

강제집행을 신청할 때는 신청서에 반드시 집행력있는 정본을 붙여야 하지만, 배당요구를 할 때는 집행력있는 정본을 소지한 자라도 배당요구서에 반드시 집행력있는 정본을 붙일 필요가 없다. 그 사본이나 그 밖에 배당요구의 자격을 소명하는 서면을 붙이면 된다(민집규 48조 1항, 2항). 채권을 계산할 수 있는 구체적인 증빙서류까지 함께 제출할 필요는 없다(대판 2001. 5. 8. 2001다12393).

원래의 임대차계약서와 따로 작성된 전세권설정계약서의 동일성이 인정되는 경우 그 임차인이 우선변제권 있는 임대차보증금반환채권에 터 잡아 배당요구를하면서 그 배당요구신청서에 '확정일자 없음'이라고 기재하고 그 신청서에 확정일자 없는 원래의 임대차계약서를 첨부하였다고 하더라도 경매법원 또는 이해관계인들로서는 그 임차인에게 확정일자 있는 임대차에 관한 계약증서가 있다는 사정을 쉽게 알 수 있으므로 그러한 배당요구는 적법하다(대판 2009. 1. 30. 2007다68756).

3. 배당요구채권자의 권리 및 배당요구 철회

(1) 배당요구 채권자의 권리와 배당요구 시 소멸시효 중단의 효력

배당요구 채권자는 경매절차에서 이해관계인이 되고 매각대금으로부터 채권의 우선순위에 따라 배당을 받을 권리, 배당기일을 통지받을 권리, 배당기일에 출석하여 배당표에 대한 의견을 진술할 수 있는 권리 등을 가지고 있다.

집행정본을 가진 채권자가 한 배당요구는 민법 제168조 제2호의 압류에 준하는 것으로서 배당요구에 관련된 채권에 관하여 소멸시효를 중단하는 효력이 생긴다.

(2) 배당요구의 철회

배당요구는 채권자가 자유롭게 철회할 수 있으나 다만, 배당요구에 따라 매수인이 인수해야 할 부담이 바뀌는 경우 배당요구를 한 채권자는 배당요구의 종기가 지난 뒤에 이를 철회하자 못한다(법 88조 2항). 매수인이 인수해야 할 부담이 바뀌는 경우는 인수해야 할 부담이 새로 생기는 경우와 부담이 증가하는 경우 모두가 포함된다.

예컨대, 전자는 최선순위전세권자나 최선순위의 대항력을 갖춘 임차권자가 배당요구를 하여 매수인이 이러한 채권액을 인수할 필요는 없었으나 배당요구를 철회함에 따라서 매수인이 인수해야 되는 경우와 후자는 선순위의 배당요구를 갖춘 임차인이 배당요구하여 소액보증금 중 일정액을 우선 배당받고 나머지 보증금만을 매수인이 부담하면 되었는데 임차인이 배당요구를 철회함에 따라 소액보증금 중 일정액까지 추가로 매수인이 인수하게 되는 경우이다. 어느경우든 배당요구 종기가 지난 후에는 철회가 불가능하고 철회 하더라도 집행법원은 배당요구가 있는 것으로 취급하여 배당하고 필요한 경우 말소촉탁 또는 변경등기의 촉탁도 해야한다.

수행 내용 / 배당요구와 권리신고 구별하기

재료 · 자료

- 「민사집행법」
- 「민사집행규칙」
- 법원실무제요
- 배당관련 법원양식
- 대한민국법원 법원경매정보(www.courtauction.go.kr)

기기(장비 · 공구)

- 컴퓨터
- 빔프로젝트

안전 · 유의 사항

- 각종 법률의 적용에 있어서 최신의 개정된 법률인지 여부를 검토 · 확인한다.
- 타인의 글, 그림 등을 사용함에 있어서 적절한 인용 및 표절여부를 검토한다.

수행 순서

1 배당요구서를 제출한다.

1. 법원에 접수한다.

배당요구서가 제출되면 문서건명부에 등재하여 이를 접수하고 경매사건기록에 시간적 접수순서에 따라 가철하며 위 신청서에는 인지를 붙이지 아니한다(인지 10조 단서, 재민 91-1).

배당요구가 있으면 집행법원은 신청서에 적힌 내용과 첨부서류에 의하여 배당요구의 형식적 여건에 관하여 심사를 한다. 심사결과 배당요구의 요건을 갖추지 못하여 부적법한 경우, 보정이 가능한 경우에는 일단 보정을 명하고 보정되지 아니하면 각하를 한다.

배당요구를 각하한 결정에 대하여는 집행에 관한 이의를 할 수 있다(민집 16조). 각하결정을 따로 하지 않고 배당표에서 제외하는 방법으로 배당요구를 받아들이지 않은 경우에도 마찬가지이다.

2. 배당요구의 통지를 확인한다.

적법한 배당요구가 있는 때에는 법원은 그로부터 3일 이내에 직권으로 이해관계인에게 그 취지를 통지하여야 한다(민집 89조, 88조 1항, 재민 91-5). 다만, 국세 등의 교부청구가 있는 경우에도 통지를 요하는 가에 관하여는 다툼이 있으나 실무는 부정설에 따르고 있다(민집 90조 참조).

이해관계인이라 하더라도 배당절차와 이해관계가 없는 자, 예컨대, 매각에 의하여 소멸하지 아니하고 존속하는 용익권자 등에게는 통지를 하지 않아도 된다.

통지할 사항은 채권자 누구로부터 어떤 내용의 채권을 원인으로 얼마의 배당요구가 있었다거나 또는 이중경매신청이 있었다는 점이다.

권리신고 겸 배당요구신청서

사건번호　　　타경　　부동산강제(임의)경매
채 권 자
채 무 자
소 유 자

본인은 이 사건 경매절차에서 임대보증금을 우선변제받기 위하여 아래와 같이 권리신고 겸 배당요구를 하오니 매각대금에서 우선배당을 하여 주시기 바랍니다.

아　　　래

1. 계　약　일 :　　.　　.　　.
2. 계약당사자 : 임대인(소유자) ○　○　○
　　　　　　　임　차　인 ○　○　○
3. 임대차기간 :　　.　　.　　.부터　　.　　.　　.까지(　　년　간)
4. 임대보증금 : 전세　　　　　원
　　　　　　　보증금　　　　원에 월세
5. 임차 부분 : 전부(방　　칸), 일부(　　층　방　　칸)
　(※ 뒷면에 임차부분을 특정한 내부구조도를 그려주시기 바랍니다)
6. 주택인도일(입주한 날) :　　.　　.　　.
7. 주민등록전입신고일　:　　.　　.　　.
8. 확　정　일　자　유무 : □ 유(　　.　　.　　.), □ 무
9. 전세권(주택임차권)등기　유무 : □ 유(　　.　　.　　.), □ 무

[첨부서류]

1. 임대차계약서 사본　1통
2. 주민등록등본　　　1통

년　　월　　일

권리신고 겸 배당요구자　　　　　　　　(인)

연락처(☎)

지방법원　　　　　귀중

출 처 : 대한민국 법원. 법원경매정보.(www.courtauction.go.kr) 2016.09.12. 스크린샷.
[그림 1-7] 권리신고 겸 배당요구신청서 양식

배 당 요 구 신 청

사건번호

채 권 자

채 무 자

배당요구채권자

○시 ○구 ○동 ○번지

배당요구채권

1. 금 원정

○ ○ 법원 가단(합) ○ ○호 ○ ○청구사건의 집행력 있는 판결정본에 기한 채권 금 원의 변제금

1. 위 원금에 대한 년 ○ 월 ○ 일 이후 완제일까지 연 ○ 푼의 지연손해금

신 청 원 인

위 채권자 채무자 간의 귀원 타경 ○ ○ 호 부동산강제경매사건에 관하여 채권자는 채무자에 대하여 전기 집행력 있는 정본에 기한 채권을 가지고 있으므로 위 매각대금에 관하여 배당요구를 합니다.

년 월 일

위 배당요구채권자 (인)

연락처(☎)

지방법원 귀중

☞유의사항

실체법상 우선변제청구권이 있는 채권자, 집행력 있는 정본을 가진 채권자 및 경매신청의 등기 후 가압류한 채권자는 배당요구종기일까지 배당요구할 수 있으며, 배당요구는 채권의 원인과 수액을 기재한 서면으로 하여야 합니다.

출 처 : 대한민국 법원. 법원경매정보.(www.courtauction.go.kr) 2016.09.12. 스크린샷.
[그림 1-8] 배당요구신청서 양식

2 채권계산서를 제출한다.

1. 계산서 제출의 최고

민사집행법 84조 4항의 채권신고의 최고 외에, 배당기일이 정하여진 때에는 법원사무관 등은 각 채권자에 대하여, 채권의 원금 · 배당기일까지의 이자, 그 밖의 부대채권 및 집행비용을 적은 계산서를 1주 안에 법원에 제출할 것을 최고하여야 한다(민집규 81조)

2. 계산서 제출 최고의 방식

최고는 민사집행규칙 8조에 정한 바에 따른다. 따라서 최고는 적당한 방법으로 하면 되고 반드시 송달하여야 하는 것은 아니나, 실무에서는 최고서를 채권자들에게 송달하고 있다. 최고서에는 정형화된 채권계산서 양식을 함께 송달함으로써 채권자들의 채권계산서 제출을 쉽게하고 있다.

3. 계산서 제출의 최고를 받을 채권자

최고를 받을 채권자는 민사집행법 148조 각 호의 배당받을 채권자의 범위와 같다. 집행정지를 받은 채권자에게도 최고를 하여야 한다. 법원사무관 등은 집행기록에 의하여 배당에 참가할 채권자를 조사한 다음 이들 모두에게 최고하여야 한다.

배당에 참가할 수 있는 채권자는 최고를 기다리지 않고 스스로 계산서를 제출할 수도 있다.

4. 계산서의 방식 및 제출시기

(1) 계산서의 방식

계산서에 적어야 할 사항은 채권의 원금·배당기일까지의 이자, 그밖의 부대채권 및 집행비용으로서, 이는 배당표에 적어야 할 사항과 동일하다(민집 150조 1항).

원금은 채권신고서 제출 당시의 원금액 중 변제 등으로 인하여 소멸된 것이 있으면 그만큼 감축할 수 있을 뿐, 배당요구의 종기까지 적법하게 추가배당요구를 한 경우가 아니면 채권신고서 제출 당시의 원금액을 초과하지 못한다.

(2) 계산서의 제출시기

최고를 받은 채권자는 1주 안에 계산서를 제출하여야 한다. 다만, 1주는 훈시적인 규정이고, 1주가 지난 후에 제출된 계산서도 배당표를 작성하는데 도움이 되는 것은 마찬가지이므로, 무효 등의 문제는 생기지 아니한다.

채 권 계 산 서

사건번호
채권자
채무자

위 사건에 관하여 배당요구채권자○ ○ ○는 아래와 같이 채권계산서를 제출 합니다.

년 월 일

채권자(배당요구채권자) ○ ○ ○ (인)
연락처(☎)

○ ○ 지방법원 귀중

아 래

1. 원금 원정
(단 년 ○ 월 ○ 일자 대여금)
1. 이자 원정
(단 년 ○ 월 ○ 일부터 년 ○ 월 ○ 일까지의
연 ○푼의 이율에 의한 이자금)
1. 기타(집행비용 등 필요한 경우 기재)

합계 금 원정

☞ 유의사항

1) 집행법원의 제출최고에 의하여 제출하는 채권계산서에는 ① 채권의 원금, ② 이자, ③ 비용, ④ 기타 부대채권을 기재합니다.
2) 인지는 붙이지 않고 1통을 제출합니다.

출처 : 대한민국 법원. 법원경매정보.(www.courtauction.go.kr) 2016.09.12. 스크린샷.
[그림 1-9] 채권계산서 양식

[그림 1-10] 권리신고 및 배당요구서 작성

수행 tip

- 임차인의 경우에 있어서는 법원에 비치된 권리신고 겸 배당요구서의 양식(위의 그림)을 활용함으로서 권리신고와 배당요구를 따로 하는 불편함을 줄일 수 있다.
- 권리신고를 한 이해관계인은 경매절차의 전반에 걸쳐서 관여할 자격을 가지게 된다.

학습1 교수 · 학습 방법

교수 방법

- 부동산경매절차에 관한 사전지식이 요구된다. 따라서 수업 전에 도해식의 파워포인트 자료를 활용하여 기본적인 절차도를 이해하도록 한다.
- 민법 및 민사집행에 관한 지식의 전체를 간략하게 설명하도록 한다.
- 법원실무에 있어서 이론의 적용서인 법원실무제요의 활용을 통하여 학습의 효과를 제고한다.
- 배당에 관한 직접적인 사례를 들어서 현장감을 높이고 이해도를 향상시킨다.
- 다음 단계의 수업진행을 위하여 학습자의 수업이해도 파악을 점검하기에 적당한 시험 또는 과제물의 작성을 시행한다.

학습 방법

- 부동산경매의 절차 전반에 대하여 학습하고 정리한다.
- 배당의 이해를 위하여 부동산경매 집행절차에 대하여 세세히 살펴본다.
- 구 민사소송법과 신 민사집행법에서 배당요구의 차이점에 대하여 그 개정이유를 조사한다.
- 권리신고와 배당요구는 별개의 제도라는 것을 확인하기 위하여 법원의 판례를 면밀히 분석한다.
- 경매사건을 하나 특정하여, 배당요구의 종기일과 배당요구서에 대하여 조사한다.

학습1 평 가

평가 준거

- 평가자는 학습자가 학습 목표를 성공적으로 달성하였는지를 평가해야 한다.
- 평가자는 다음 사항을 평가해야 한다.

학습 내용	평가 항목	성취수준		
		상	중	하
배당요구시기와 종기확인	- 채권자는 다른 채권자에 의하여 개시된 집행절차에 참가하여 배당받을 수 있음을 확인할 수 있다.			
	- 집행법원은 경매개시결정 후 배당요구 종기를 정하여 공고하고 있음을 파악할 수 있다.			
권리신고와 배당요구서 작성	- 배당신청 시 배당요구와 권리신고는 별개의 제도임을 구별하여 진행할 수 있다.			

평가 방법

- 서술형시험

학습 내용	평가 항목	성취수준		
		상	중	하
배당요구시기와 종기확인	- 경매개시결정의 의미 및 효과 파악			
	- 배당받을 채권자의 범위 검토			
	- 배당요구 종기확인 방법 검토			
권리신고와 배당요구서 작성	- 권리신고와 배당요구의 차이점 구분			

• 사례연구

학습 내용	평가 항목	성취수준		
		상	중	하
배당요구시기와 종기확인	- 경매사건 하나를 특정하여 배당요구 시기와 종기확인			
권리신고와 배당요구서 작성	- 경매사건 하나를 특정하여 권리신고서와 배당요구서 작성			

• 평가자 질문

학습 내용	평가 항목	성취수준		
		상	중	하
배당요구시기와 종기확인	- 배당의 의미 이해			
	- 배당요구의 종기를 매각기일 전에 정하는 이유 검토			
권리신고와 배당요구서 작성	- 세입자의 경우 권리신고와 배당요구 구분			

• 구두발표

학습 내용	평가 항목	성취수준		
		상	중	하
배당요구시기와 종기확인	- 주어진 경매사건 자료를 보고 경매입찰자의 입장에서 확인하고 점검해야 할 사항 발표			
권리신고와 배당요구서 작성	- 배당요구에 관한 법원판례를 조사하고 권리신고와의 관계를 설명			

피드백

1. 서술형시험
   - 배당요구의 시기와 배당요구서의 내용에 대한 평가 결과 일정수준 이하라고 판단될 경우, 보충학습을 통하여 재평가를 실시한다.

2. 사례연구
   - 특별히 정한 사례에서 배당요구종기를 확인하고 권리신고와 배당요구의 차이점을 발표하게 하여 그 발표내용을 청취 후 현장 지도한다.

3. 평가자 질문
   - 배당의 의미와 배당요구 종기에 관한 주요개념에 대한 법률의 취지를 이해하고 있는지 여부를 평가한 후 피드백한다.

4. 구두발표
   - 세미나 형식으로 발표 후 학생들 상호 간 의견을 자유롭게 발표하고, 학생들 스스로 이에 관한 정리를 하게 한 후 수준을 평가하여 피드백한다.

2-1. 배당요구가 필요한 채권자와 필요없는 채권자 파악

학습 목표	• 「민사집행법」 제148조에 규정된 배당받을 채권자에 관하여 파악할 수 있다. • 주택 및 상가건물의 소액임차인과 대항요건과 확정일자를 갖춘 임차인이 배당받기 위한 요건에 관하여 검토할 수 있다.

필요 지식 /

1 배당받을 채권자

경매절차에서 배당받을 채권자는 다음과 같다(민집 148조).

1. 배당요구의 종기까지 경매신청을 한 압류채권자
2. 배당요구의 종기까지 배당요구를 한 채권자
3. 첫 경매개시결정등기 전에 등기된 가압류채권자
4. 저당권・전세권, 그 밖의 우선변제청구권으로서 첫 경매개시결정등기 전에 등기되었고 매각으로 소멸하는 것을 가진 채권자

2 배당요구를 하지 않아도 당연히 배당에 참가할 수 있는 자

1. 이중경매신청인

선행사건의 배당요구의 종기까지 이중경매신청을 한 채권자는 별도의 배당요구를 하지 않아도 배당을 받는다. 여기서 말하는 '경매신청'이란 '신청서 접수 시'를 의미한다.

2. 첫 경매개시결정등기 전에 등기된 가압류채권자

선행 첫 경매개시결정등기 전에 가압류집행을 한 채권자는 배당요구를 하지 않더라도 배당을 받는다(민집 148조 3호). 따라서 이에 해당하는 가압류채권자가 채권계산서를 제출

하지 않았다 하여 배당에서 제외하여서는 안된다.

첫 경매개시결정등기 전에 등기된 가압류채권자로부터 그 피보전권리를 양수한 채권양수인은 승계집행문을 부여받지 않더라도 배당표가 확정되기 전까지 경매법원에 피보전권리를 양수하였음을 소명하여 가압류의 효력을 원용함으로써 가압류채권자의 승계인 지위에서 배당받을 수 있다.

이미 사망한 사람을 채무자로 한 가압류신청은 부적법하고 그 신청에 따른 가압류결정이 있었다고 하여도 그 결정은 당연 무효로서 그 효력이 상속인에게 미치지 않으나, 보전처분은 서면심리에 의하여 이루어지므로 신청 당시 채무자가 생존해 있었다면 결정 당시는 사망했고 그 수계절차가 이루어지지 않았더라도 그 사망인을 상대로 한 가압류가 당연무효가 되는 것은 아니다.(대판 1993. 7. 27. 92다48017).

3. 첫 경매개시결정등기 전에 등기된 우선변제권자

(1) 저당권 · 전세권 · 임차권자 등

경매개시결정이 등기되기 전에 설정된 매각부동산 위의 권리 중 담보권이나 최선순위가 아닌 용익권(저당권 · 압류 · 가압류에 대항할 수 없는 것)은 매각으로 인하여 당연히 소멸(소멸주의, 민집 91조 2항, 3항, 148조 4호)하는 대신, 법률 상 당연히 배당요구한 것과 동일한 효력이 있으므로(대판 2009. 5. 14. 2008다78880), 별도의 배당요구가 없더라도 순위에 따라 배당받을 수 있다.

가등기담보 등에 관한 법률 16조는 소유권의 이전에 관한 가등기가 되어 있는 부동산에 대한 경매 등의 개시결정이 있는 경우 법원은 가등기권리자에 대하여 그 가등기가 담보가등기인 때에는 그 내용 및 채권의 존부 · 원인 및 수액을, 담보가등기가 아닌 경우에는 그 내용을 법원에 신고할 것을 상당한 기간을 정하여 최고하여야 하고(1항), 압류등기 전에 경료된 담보가등기권리가 매각에 의하여 소멸되는 때에는 1항의 채권신고를 한 경우에 한하여 그 채권자는 매각대금의 배당 또는 변제금의 교부를 받을 수 있다고 규정하고 있으므로(2항), 위 제2항에 해당하는 담보가등기권리자가 집행법원이 정한 기간 안에 채권신고를 하지 아니하면 매각대금의 배당을 받을 권리를 상실한다. (대판 2008. 9. 11 2007다25278).

저당권 · 압류 · 가압류에 대항할 수 있는 최선순위의 용익권 중 전세권은 실체법상 존속기간이 지났는지에 관계없이 그 권리자가 배당요구를 하여야만 매각으로 소멸하므로(민집 91조 4항 단서), 이에 해당하는 권리는 비록 첫 경매개시결정등기 전에 등기되어 있더라도 배당요구가 필요하다.

저당권 · 압류 · 가압류에 대항할 수 있는 최선순위의 용익권 중 주택이나 상가건물의 등기된 임차권의 경우에는, 전세권의 경우와 동일하게 배당요구를 하여야만 배당을 받을 수 있다는 견해와 배당요구가 없어도 당연히 배당을 받을 수 있다는 견해로 나뉘어 있다. 임차권등기명령에 의하여 임차권등기가 첫 경매개시결정등기 전에 등기된 경우, 민사집행법 148조 4호의 채권자에 준하여, 그 임차인은 별도로 배당요구를 하지 않아도 당연히 배당받을 채권자에 속하는 것으로 보아야 한다(대판 2005. 9. 15 2005다 33039).

(2) 체납처분에 의한 압류권자

첫 경매개시결정등기 전에 체납처분에 의한 압류등기가 된 경우에는 국세징수법 56조에 의한 교부청구를 하지 않더라도 당연히 그 등기로서 배당요구와 같은 효력이 발생하므로 별도의 교부청구를 하지 않아도 배당을 받을 수 있다.

그러나 첫 경매개시결정등기 후에 체납처분에 의한 압류등기(참가압류등기 포함)가 된 경우에는 집행법원에 배당요구의 종기까지 교부청구를 하여야 배당을 받을 수 있다. 그 조세채권이 당해세에 관한 것이라 하더라도 마찬가지이다.

체납자가 사망한 후 체납자 명의의 재산에 대하여 한 압류는 그 재산을 상속한 상속인에 대하여 한 것으로 본다(국세징수법 37조 2항).

4. 종전 등기기록 상의 권리자

주의할 것은 재개발, 재건축사업시행결과 공급된 부동산에 대하여 경매할 때 종전 부동산 등기기록에 기입되어 있던 부담등기의 권리자이다.

도시정비사업시행의 결과 토지 또는 건축물을 분양받아 소유권을 취득한 자가 보유하고 있던 종전의 토지 또는 건축물에 설정된 지상권 · 전세권 · 저당권 · 임차권 · 가등기담보권 · 가압류 등 등기된 권리 및 주택임대차보호법 3조 1항의 요건을 갖춘 임차권은 소유권을 이전받은 대지 또는 건축물에 설정된 것으로 본다(도시 및 주거환경정비법 55조 1항).

따라서 위 사업의 시행결과 새로이 공급된 주택이나 대지가 매각부동산인 경우에는 그 등기기록에 종전 부동산에 관한 부담내용이 이기되지 아니하였더라도 등기된 것과 동일하게 보아야 하므로(민 187조), 종전 부동산의 등기기록에 위와 같은 등기가 있는 경우에는 그 등기된 권리자도 배당요구하지 않아도 당연히 배당에 참가할 수 있는 채권자에 해당하는 것으로 보아야 한다.

3 배당요구를 하여야 배당을 받을 수 있는 자

배당요구를 하지 않아도 당연히 배당에 참가할 수 있는 자들 이외의 채권자들은 배당요구의 종기까지 배당요구를 하여야 배당받을 수 있다. 한편 배당요구할 수 있는 채권자는 집행력 있는 정본을 가진 채권자, 경매개시결정이 등기된 뒤에 가압류를 한 채권자, 민법 · 상법, 그 밖의 법률에 의하여 우선변제청구권이 있는 채권자에 한한다(민집 88조 1항).

배당요구가 필요한 채권자는 배당요구의 종기까지 배당요구를 한 경우에 한하여 비로소 배당을 받을 수 있고, 적법한 배당요구를 하지 아니한 경우에는 실체법 상 우선변제청구권이 잇는 채권자하 하더라도 그 매각대금으로부터 배당을 받을 수 없으며, 배당요구의 종기까지 배당요구한 채권자라 할지라도 채권의 일부 금액만을 배당요구한 경우 배당요구의 종기 이후에는 배당요구하지 아니한 채권을 추가하거나 확장할 수 없고(대판 2008. 12. 24. 2008다65242 등), 이는 추가로 배당요구를 하지 아니한 채권이 이자 등의 부대채권이라 하더라도 마찬가지이다. 다만, 경매신청서 또는 배당요구종기 이전에 제출된 배당요구서에 배당기일까지의 이자 등의 지급을 구하는 취지가 기재되어 있다면 배당대상에 포함된다(대판 2011. 12. 8. 2011다65396 참조).

이는 조세채권에 의한 교부청구를 하는 경우에도 동일하게 적용되므로, 그 조세채권이 법정기일에 관계없이 근저당권에 우선하는 당해세에 관한 것이라고 하더라도 배당요구의 종기까지 교부청구한 금액만을 배당받을 수 있을 뿐이다. 그리고 그 당해세에 대한 부대세의 일종인 가산금 및 중가산금의 경우에도 교부청구 이후 배당기일까지의 가산금 또는 중가산금을 포함하여 지급을 구하는 취지를 배당요구종기 이전에 명확히 밝히지 않았다면, 배당요구종기까지 교부청구를 한 금액에 한하여 배당받을 수 있다(대판 2012. 5. 10. 2011다44160).

1. 집행력 있는 정본을 가진 채권자

유체동산집행절차에서는 집행력 있는 정본을 가진 채권자는 자신이 별도의 강제집행을 신청하여야만 하고 배당요구를 할 수 없으나(민집 217조 참도), 부동산집행절차에서는 별도로 집행신청을 할 수도 있고, 배당요구를 할 수도 있다.

본조의 집행력 있는 정본과 민사집행법 28조 1항의 집행력 있는 정본은 개념 상 일치하는 것은 아니다. 즉, 민사집행법 28조 1항의 집행력 있는 정본은 집행권원의 종류에 관해 판결뿐만 아니라 민사집행법 56조 각 호의 집행권원이 모두 포함되고, 또한 집행권원에 표시된 급부의 내용이 주된 청구이든 대상청구이든 금전의 지급을 내용으로 하는 것이어야 하며, 강제집행에 집행문이 필요한 것은 집행문을 부여받아야 하지만 집행문이 필요 없는 지급명령이나 이행권고결정, 배상명령 등은 집행문이 없어도 된다.

재산형과 법원의 과태료 재판에 의하여 확정된 과태료 채권도 검사의 집행명령에 의하겨 독립된 강제집행이 가능하므로 여기에 포함된다. 따라서 이들 채권도 배당요구의 종기까지 배당요구를 하여야만 배당받을 수 있다.

배당요구를 할 때는 집행력 있는 정본을 소지한 자라도 배당요구서에 반드시 집행력 있는 정본을 발일 필요는 없고 그 사본을 붙이면 된다(민집규 48조 2항).

2. 첫 경매개시결정등기 후에 가압류를 한 채권자

첫 경매개시결정등기 후에 동일 부동산에 대하여 가압류를 한 채권자를 말한다.

가압류채권자 중 첫 경매개시결정등기 전에 가압류를 한 채권자는 배당요구를 하지 않더라도 당연히 배당받을 수 있으나(민집 148조 3호), 첫 경매개시결정등기 후에 가압류를 한 채권자는 경매신청인에게 대항할 수 없고 집행법원도 가압류사실을 알 수가 없으므로 배당요구의 종기까지 배당요구를 하여야만 배당받을 수 있다.

여기서의 배당요구를 할 수 있는 '가압류를 한 채권자'는 단순히 가압류결정을 받은 채권자는 포함되지 아니하고, 당해 매각부동산에 대하여 가압류 집행을 마친 가압류채권자를 가리키는 것이므로, 만일 가압류 집행 전에 미리 배당요구를 하였다면 그 배당요구는 부적법하고, 다만 그 후에 가압류집행이 됨으로써 배당요구의 하자가 치유된다고 할 것이나, 이 경우에도 가압류 집행은 배당요구의 종기까지는 이루어져야 한다(대판 2003. 8. 22. 2003다27696).

위와 같이 민사집행법 148조 3호가 가압류채권자 중 배당요구가 없어도 배당받게 되는 채권자를 첫 경매개시결정등기 전에 등기된 채권자로 제한하였는데, 이는 문언 상 이중경매개시결정이 있는 경우까지 포함하여 규정하고 있는 것이 명백하지만, 여기서 첫 경매개시결정등기란 현재 존속 중인 경매사건 중 가장 먼저 개시결정등기된 사건을 뜻한다.

따라서 이중경매개시결정이 있는데 먼저 개시결정 된 사건이 정지되었을 뿐인 경우에는, 먼저 개시결정 된 사건의 경매개시결정등기 후에 가압류집행을 한 채권자는, 설령 그 가압류등기가 뒤에 경매개시결정 된 사건의 경매개시결정등기보다 먼저 등기되었고, 또한 뒤에 개시된 경매사건에 따라 절차가 진행되더라도 배당요구의 종기까지 배당요구하지 아니하면 배당받을 수 없으나, 반면에 먼저 경매개시결정 된 사건이 취하 또는 취소되어 존재하지 않게 된 경우에는 뒤에 경매개시결정된 사건의 경매개시결정등기가 민사집행법 148조 3호의 첫 경매개시결정등기가 되므로 그 전에 가압류를 한 가압류채권자는 배당요구를 하지 않더라도 배당을 받을 수 있다.

3. 민법 · 상법, 그 밖의 법률에 의하여 우선변제청구권이 있는 채권자

여기서 말하는 우선변제청구권이 있는 채권자는 등기 여부에 따라 두가지가 있다.

(1) 등기안된 우선변제권자

등기 안 된 우선변제권자로서 주택임대차보호법이나 상가건물임대차보호법이 적용되는 임차권 중 등기 안된 임차권자의 임대차보증금채권(주임 3조의 2 2항, 8조, 상임 5도 2항, 14조), 임금채권(근로기준법 38조, 근로자퇴직급여 보장법 12조), 사용인의 우선변제권(상법 468조) 등과 같이 우선변제청구권은 인정되고 있으나 등기가 되어 있지 않기 때문에 배당요구하지 않으면 그 채권의 존부나 액수를 알 수 없는 채권을 가진 자이다.

여기에 해당하는 채권자들은 반드시 배당요구를 하여야만 배당받을 수 있다. 특히 주택이나 상가건물의 임차인이 이해관계인으로서 권리신고를 한 경우에도 이를 배당요구로는 볼 수 없으므로 다시 배당요구하여야 한다.(재민 84-10, 문 5.항).

주택임대차보호법 상의 대항력과 우선변제권을 모두 가지고 있는 임차인이 보증금을 반환받기 위하여 보증금반환청구 소송의 확정판결 등 집행권원을 얻어 임차주택에 대하여 스스로 강제경매를 신청하였다면 특별한 사정이 없는 한 대항력과 우선변제권 중 우선변제권을 선택하여 행사한 것으로 보아야 한다. 이 경우 우선변제권을 인정받기 위하여 배당요구의 종기까지 별도로 배당요구를 하여야 하는 것은 아니다. 배당요

구가 있는 것으로 간주되기 때문이다.

(2) 첫 경매개시결정등기 후에 등기된 채권자

저당권, 전세권, 등기된 임차권 등 등기는 되었으나 그 등기가 첫 경매개시결정등기 후에 되었기 때문에 민사집행법 148조 4호에 따라 당연히 배당받을 수 있는 채권자에 해당되지 아니하는 채권자이다.

이들 채권자가 민사집행법 88조 1항의 '민법 · 상법, 그 밖의 법률에 의하여 우선변제권이 있는 채권자' 에 해당하는지에 관하여 구민사소송법 하에서는 대립이 있었으나, 실무는 긍정설의 입자에서 처리하여 왔는데, 공정설에 의할 경우 민사집행법 148조 2호 및 4호의 해석상 배당요구가 있어야 배당받을 수 있다고 할 것이다.

그리고 민사집행법 148조 3호가 등기된 우선변제청구권으로서 매각으로 소멸하는 권리 중 배당요구가 없어도 배당받게 되는 채권자를 첫 경매개시결정등기 전에 등기된 채권자로 제한하였는데, 이것도 문언 상 이중경매개시결정이 있는 경우까지 포함하여 규정하고 있는 것이 명백하며, 따라서 여기서 첫 경매개시결정등기란 현재 존속 중인 경매사건 중 가장 먼저 개시결정등기된 사건을 뜻하는 것은 가압류등기의 경우와 같다.

따라서 이중경매개시결정이 있는데 먼저 경매개시결정 된 사건이 정지되었을 뿐인 경우에는, 먼저 경매개시결정 된 사건의 경매개시결정등기 후에 위의 각 등기를 한 채권자는, 설령 그 등기가 뒤에 경매개시결정 된 사건의 경매개시결정등기보다 먼저 등기되었고, 또한 뒤에 경매개시결정 된 사건에 따라 절차가 진행되더라도 배당요구의 종기까지 배당요구하지 아니하면 배당받을 수 없으나, 반면에 먼저 경매개시결정된 사건의 경매개시결정등기가 민사집행법 148조 4호의 첫 경매개시결정등기가 되므로 그 전에 등기를 한 채권자는 배당요구를 하지 않더라도 배당을 받을 수 있다.

판례는 채권양수인이 우선변제권을 행사할 수 있는 주택임차인으로부터 임차보증금반환채권을 양수한 경우, 임차권과 분리된 임차보증금반환채권만을 양수한 이상 그 채권양수인이 주택임대차보호법 상의 우선변제권을 행사할 수 있는 임차인에 해당한다고 볼 수 없으므로, 위 채권양수인은 임차주택에 대한 경매절차에서 주택임대차보호법 상의 임차보증금 우선변제권자의 지위에서 배다요구를 할 수 없고, 이는 채권양수인이 주택임차인으로부터 다른 채권에 대한 담보목적으로 임차보증금반환채권을 양수한 경우에도 마찬가지이며, 다만 이와 같은 경우에도 채권양수인이 일반 금전채권자로서의 요건을 갖추어 배당요구는 할 수 있다고 한다(대판 2010. 5. 27. 2010다10276).

한편, 2013. 8. 13. 임차인의 보증금반환채권을 양수한 금융기관 등이 그 우선변제권을 승계하도록 하는 내용으로 주택임대차보호법이 일부 개정되어 위 판례를 둘러싼 논란의 일정 부분이 입법적으로 해결되었다(주임 3조의 2 7항, 8항, 9항).

4 주택 및 상가건물의 소액임차인과 대항요건과 확정일자를 갖춘 임차인이 배당받기 위한 요건

1. 대항요건

주택임차인이 임차주택을 인도받고 주민등록까지 마치면 그 다음날부터 그 주택의 소유자가 제3자로 변경되더라도 그 제3자에 대하여 임차권을 가지고서 대항할 수 있게 된다. 이와 같이 대항할 수 있는 힘을 주택임차인의 대항력이라 한다. 다시 말해서 임차보증금 전액을 반환받을 때까지 주택임차인이 새로운 매수인에 대하여 집을 비워 줄 필요가 없다는 것을 의미한다. 다만, 부동산경매에 있어서 대항요건(주택인도, 주민등록)을 갖추기 전에 등기기록 상 선순위의 권리(근저당권, 가압류, 압류 등)가 있었다면 주택이 매각된 경우 그 매수인에게 대항할 수 없다.

2. 주택 및 상가건물의 임차보증금반환

(1) 주택임대차보호법 및 상가건물 임대차보호법의 적용범위

주택임차인은 주택임대차보호법의 적용을 받는 데 있어 임차보증금의 상한에 제한이 없지만, 상가건물의 경우에는 그 상한에 제한이 있어, 임차보증금이 상가건물임대차보호법상의 상한을 넘는 경우에는 처음부터 위 법의 적용대상이 아니다.

(2) 우선변제권의 발생 요건

주택임차인의 임차보증금 우선변제권(주임 3조의2 2항, 8조 1항)이나 상가건물임차인의 임차보증금 우선변제권(상임 5조 2항, 14조 1항)은 그 요건이나 효력이 대동소이하고, 다만 임차한 건물이 주거용건물인지 상가건물인지, 보호대상인 임차보증금의 상한이 있는지 여부 및 법인(국민주택기금을 재원으로 하여 저소득층 무주택자에게 주거생활 안정을 목적으로 전세임대주택을 지원하는 법인 등은 예외적으로 주택임대차보호법의 적용대상임, 주임 3조 2항, 3항 참조)도 적용대상인지에 차이가 있을 뿐이다.

(3) 배당요구

첫 경매개시결정등기 전에 등기된 임차권 중 매각으로 소멸하는 임차권의 권리자는 민사집행법 148조 4호에 해당하므로 배당요구가 필요 없으나, 그 밖의 경우에는 배당요구의 종기까지 배당요구를 하여야 한다.

각 임차보증금반환채권자가 배당요구서(전산양식 A3440, A3441 참조)에 붙여야 하는 배당요구의 자격을 소명하는 서면은 주택 또는 상가건물임대차계약서, 주택은 전입신고 된 주민등록등·초본, 상가건물은 사업자등록의 신청이 된 서면(사업자등록증이나 신청서면)이면 되고, 집행력 있는 정본이 필요한 것은 아니다. 임대차계약서는 보증금의 변동이 있는 경우에는 그 변동을 소명할 수 있는 모든 계약서를 제출하여야 하고, 확정일자가 있음을 주장하는 경우에는 확정일자가 있는 것을 제출하여야 한다. 임차목적물의 인도, 점유 사실은 집행관의 현황조사로 소명되므로 따로 소명할 필요가 없으

나, 집행관의 현황조사보고서에 누락된 경우에는 따로 인도, 점유 사실을 소명하여야 할 것이다.

한편 주택의 임차인이 이해관계인으로서 권리신고를 한 경우에는 이를 배당요구로는 볼 수 없으므로 다시 배당요구를 하여야 한다(재민 84-10, 문 5.항). 상가건물의 임차인도 마찬가지로 해석할 것이다. 다만, 엄격한 의미의 배당요구가 없었더라도 임차인이 권리신고를 하면서 위에서 설명한 배당요구의 자격을 소명하는 데 필요한 서면을 모두 첨부한 경우에는 그 실질을 보아 배당요구를 한 것으로 보아야 할 경우가 있을 것이다.

주택임대차보호법상의 대항력과 우선변제권을 모두 가지고 있는 임차인이 보증금을 반환받기 위하여 보증금반환청구 소송의 확정판결 등 집행권원을 얻어 임차주택에 대하여 스스로 강제경매를 신청하였다면 특별한 사정이 없는 한 대항력과 우선변제권 중 우선변제권을 선택하여 행사한 것으로 보아야 하고, 이 경우 우선변제권을 인정받기 위하여 배당요구의 종기까지 별도로 배당요구를 하여야 하는 것은 아니다. 따라서 이와 같이 우선변제권이 있는 임차인이 집행권원을 얻어 스스로 강제경매를 신청하는 방법으로 우선변제권을 행사하고, 그 경매절차에서 집행관의 현황조사 등을 통하여 경매신청채권자인 임차인의 우선변제권이 확인되고 그러한 내용이 현황조사보고서, 매각물건명세서 등에 기재된 상태에서 경매절차가 진행되어 매각이 이루어졌다면, 특별한 사정이 없는 한 경매신청채권자인 임차인은 배당절차에서 후순위권리자나 일반채권자보다 우선하여 배당받을 수 있다(대판 2013. 11. 14. 2013다27831).

다만, 이렇게 되면 배당요구 절차 등에서 분명하게 드러나지 않은 우선변제권자의 등장으로 인하여 일반 채권자들이 피해를 입거나 매각조건이 불분명한 상태에서 경매로 저가에 매각되는 문제가 있으므로, 집행법원으로서는 사전에 석명권을 적절히 행사하여 매각조건을 분명하게 하여야 할 것이다.

수행 내용 / 배당받을 채권자 범위파악하기

재료 · 자료

- 「민사집행법」
- 「민사집행규칙」
- 법원실무제요
- 배당관련 법원양식
- 대한민국법원 법원경매정보(www.courtauction.go.kr)

기기(장비 · 공구)

- 컴퓨터
- 빔프로젝트

안전 · 유의 사항

- 각종 법률의 적용에 있어서 최신의 개정된 법률인지 여부를 검토 · 확인한다.
- 타인의 글, 그림 등을 사용함에 있어서 적절한 인용 및 표절여부를 검토한다.

수행 순서

1 배당받을 채권자를 파악한다.

배당받을 채권자의 권리의 종류별로 파악한다.

<표 2-1> 배당받을 채권자 권리 유형

권리의 종류	권리의 내 용
1. 배당요구의 종기까지 경매신청을 한 압류채권자의 채권	(1) 이중경매신청이 배당요구의 종기까지 이루어진 때에는 비록 그에 기한 압류의 효력이 배당요구의 종기 후에 발생하였다고 할지라도 배당받을 채권자로 취급된다. 그러나 이중경매신청을 선행사건의 배당요구의 종기 이후에 한 경우에는, 그 이중경매신청인이 별도로 민사집행법 148조 2, 3, 4호에 해당하는 경우가 아니라면, 설령 이중경매신청이 받아들여진 경우에도 배당받을 수 없다. (2) 이중경매신청을 하였으나 그 경매신청이 부적법하여 각하되는 등의 사유로 종국적으로 압류의 효력이 발생하지 아니한 경우에도 배당받을 채권자의 범위에 속하지는 않는다.

권리의 종류	권리의 내 용
2. (근)저당권 · 가등기담보권의 피담보채권, 전세금반환채권	(1) 저당권 · 근저당권의 피담보채권 (가) 저당권의 피담보채권 1) 피담보채권의 범위 저당권이 우선변제를 받을 수 있는 범위는 원본, 이자, 위약금, 채무불이행으로 인한 손해배상, 저당권의 실행비용이다(민 360조 본문). 저당권에 의하여 담보되는 원본(원금)의 액과 변제기는 등기하여야 하고, 이자를 발생하게 하는 특약이 있는 때에는 이율, 발생기, 지급시기를 등기하여야 한다(부등 75조 1항 4호). 만약 이자의 약정여부, 이율에 관하여 등기가 없으면 제3자(후순위권자, 제3취득자 등)에게 대항할 수 없다. 지연손해금, 즉 이행기일 후의 지연배상은 원본의 이행기일을 경과한 후의 1년분에 한하여 우선변제를 받을 수 있다(민 360조 단서). 2) 민법 360조의 제한범위 초과액을 청구한 경우의 처리 저당권자가 경매신청서 또는 채권계산서로써 민법 360조의 제한범위를 초과하는 지연손해금을 청구한 경우에 그 처리방법에 관하여는 경우를 나누어 생각하여야 한다. 목적부동산에 후순위권자(후순위 담보권자 · 후순위의 조세채권자 등)나 일반채권자의 배당요구가 없는 경우에는 저당권자는 매각대금으로부터 위 초과액까지도 변제받을 수 있다. (나) 근저당권의 피담보채권 1) 피담보채권의 범위 근저당권이 담보하는 채권의 범위는 등기된 채권최고액을 한도로 하여 그 결산기에 현실적으로 존재하는 채권액의 전부에 미치되 이자와 채무불이행으로 인한 손해배상 및 위약금도 채권최고액에 포함되므로, 원금과 이자, 지연손해금, 위약금 등을 합쳐 채권최고액의 범위 안에서만 근저당권의 효력이 미치며, 이를 초과하는 부분은 우선변제를 받지 못하나, 채권최고액은 당사자 사이의 계속적 거래관계에 생긴 채권 가운데 담보할 한도액을 말하는 것이므로 근저당권의 실행비용(경매비용)은 채권최고액에 포함되지 아니한다(대판 2001. 11. 27. 2001다47986. 따라서 채권계산서와 증빙서류에 의해 근저당권의 결산기에 확정된 총채권액이 최고액범위 내의 액수이면 그 액수를, 최고액을 초과하면 그 최고액을 채권금액으로 하여 배당표에 적는다. (다) 충당의 순서 매각대금으로써 저당권자가 가지는 원금, 이자, 위약금, 손해배상, 실행비용 등을 전부 만족시킬 수 없는 때에는 비용, 손해배상, 위약금, 이자, 원금의 순서로 충당한다(민 479조 1항).

② 배당요구가 필요한 채권자와 필요없는 채권자를 확인한다.

배당요구채권자는 경매절차에서 이해관계인이 되고 매각대금으로부터 채권의 우선순위에 따라 배당을 받을 권리와 배당기일을 통지받을 권리, 배당기일에 출석하여 배당표에 대한 의견을 진술할 수 있는 권리 등을 가지고 있다.

배당요구와 대비되는 행위로서 권리신고가 있는데, 권리신고는 배당요구와 달리 부동산위의 권리자가 집행법원에 신고를 하고 그 권리를 증명하는 것이다.

권리신고를 함으로써 이해관계인이 되지만(민집 90조 4호), 권리신고를 한 것만으로는 당연히 배당을 받게 되는 것이 아니며 별도로 배당요구를 하여야 한다(민집 148조 2호 참조, 재민 84-10, 문 5.항).

ㅇ ㅇ 지 방 법 원

배당요구통지서

귀하

사　건　20　타경　부동산강제(임의)경매
채 권 자
채 무 자
소 유 자

위 사건에 관하여　　　　　　로부터 별지와 같이 배당요구가 있으므로 통지합니다.

20　.　.　.

법원사무관　　　　　(직인생략)

법 원 소재지		담 당	
		전 화	

[그림 2-1] 배당요구통지서 양식

ㅇ ㅇ 지 방 법 원

최 고 서

귀하

사　건　20　타경　부동산강제(임의)경매
압류채권자
채　무　자

위 사건에 관하여 귀하가 청구하는 채권의 원금·배당기일까지의 이자, 그 밖의 부대채권 및 집행비용을 적은 계산서를 이 최고서를 송달받은 날부터 1주 안에 법원에 제출하시기 바랍니다.

20　.　.　.

법원사무관　　　　　(직인생략)

[그림 2-2] 계산서제출 양식

③ 주택 및 상가건물의 소액임차인과 대항요건과 확정일자를 갖춘 임차인이 배당받기 위한 요건을 알아본다.

<표 2-2> 임차인의 배당요건

임차인 구분	배당요건의 내용
1. 소액보증금 최우선변제권의 요건	(1) 배당요구의 종기까지 배당요구를 하였을 것 (2)보증금 액수가 소액보증금(주임령 11조, 상임령 6조 참조)에 해당할 것 (3)첫 경매개시결정등기 전에 대항요건을 갖췄을 것 (4)배당요구의 종기까지 대항력을 유지할 것
2. 확정일자를 갖춘 임차보증금채권의 우선변제권의 요건	배당요구의 종기까지 배당요구를 하였을 것,배당요구의 종기까지 대항력을 유지할 것 의 요건과 임대차계약서에 확정일자를 갖춰야 한다. 다만, 이 확정일자를 갖춘 임차인으로서 배당을 받는 경우에도 첫 경매개시결정등기 전에 대항요건을 갖춰야 하는가에 대하여는, 소액보증금 최우선변제권의 경우와는 달리 첫 경매개시결정등기 이후에 갖추어도 된다는 것이 다수설이다.
3. 임차권등기를 한 자의 우선변제권의 요건	주택임대차보호법 3조의3 또는 상가건물 임대차보호법 6조에 따라 법원의 임차권등기명령에 의하여 등기되었거나 또는 민법 621조의 규정에 의하여 등기된 임차권일 것 첫 경매개시결정등기 후에 등기된 임차인은 배당요구의 종기까지 배당요구를 하였을 것 등기된 임차권의 경우 법원의 임차권등기명령에 의하여 등기된 임차권인지 민법 621조의 규정에 의하여 등기된 임차권인지를 묻지 아니하고 등기된 때를 기준으로 담보권과 유사한 우선변제권을 취득한다. 임차권등기명령에 의하여 임차권등기를 한 임차인은 민사집행법 148조 4호에 정한 채권자에 준하여 별도로 배당요구를 하지 않아도 당연히 배당받을 채권자에 속한다(

수행 tip

- 배당요구가 필요한 채권자와 필요없는 채권자에 대하여는 세심한 주의를 가지고 파악하여야 한다.
- 대항요건과 확정일자에 관한 사항은 주택 및 상가임대차보호법의 내용을 숙지하여야 한다.

2-2. 조세 및 공과금채권자의 배당요구

학습 목표	•조세 기타 공과금채권자가 배당받기 위한 요건에 관하여 확인할 수 있다.

필요 지식 /

1 조세 기타 공과금채권

조세 기타 체납처분의 예에 따라 징수할 수 있는 공과금채권(과태료 중 법원의 과태료 개판을 거치지 아니하고 행정관청에 의하여 부과된 채 확정된 과태료 채권도 여기에 해당한다)에는 징수순위가 일반채권보다 앞서는 것과 그렇지 아니한 것이 있는데, 어느 것이나 이들 징수금이 미납된 경우 배당요구의 종기까지 국세징수법 상의 체납처분의 예에 의한 압류·참가압류 또는 교부청구를 하여야만 배당받을 수 있다.

2 국세·지방세 채권

1. 압류·교부청구

(1) 국세징수법 56조는 세무서장은 납세자가 강제집행을 받을 때에는 집행법원에 대하여 국세·가산금과 체납처분비의 교부를 청구하여야 한다고 규정하고 있고, 지방세기본법 98조에 의하여 지방세의 경우도 마찬가지이다.
이와 같은 국세 등의 교부청구는 과세관청이 이미 진행 중인 강제한가절차에 가입하여 체납된 조세의 배당을 구하는 것으로서 강제집행에서의 배당요구와 같은 성질의 것이다(대판 2001. 11. 27. 99다22311 등).

(2) 조세채권자로서 첫 경매개시결정등기 전에 압류를 한 자는 민사집행법 148조 4호에, 배당요구의 종기까지 새로 교부청구를 한 자는 같은 조 2호에 해당하는 바, 첫 경매개시결정등기 전에 체납처분에 희한 압류등기가 마쳐져 있는 경우와는 달리 첫 경매개기결정등기 후에 체납처분에 의한 압류등기가 마쳐지게 된 경우에는 조세채권자인 국가로서는 경매법원에 배당요구의 종기까지 배당요구로써 교부청구를하여야만 배당을 받을 수 있다(대판 2002. 9. 27. 2002다22212). 국세징수법56조, 지방세기본법 98조의 교부청구뿐 아니라 법원이 국세징수법 57조의 참가압류의 통지를 받은 경우에도 교부청구와 마찬가지로 배당요구의 효력이 인정된다.

(3) 첫 경매개시결정등기 전에 답류를 한 조세채권자는 압류드익로써 교부청구의 효력이 있으나, 그 경우에도 배당요구의 종기까지 교부청구나 그 세액을 알 수 있는 증

빙서류를 제출하지 아니한 때에는 압류등기를 집행기록에 나타난 증빙서류에 준하는 것으로 취급하여 압류등기촉탁서에 의한 체납액을 조사하여 배당할 수 있을 뿐이고, 그 후 배당 시까지의 사이에 비로소 교부청구된 세액은 그것이 실체법상의 다른 채권보다 우선하는 것인지 여부를 묻지 않고 배당할 수 없다(대판 1997. 2. 14. 96다51585). 다만, 이와 같은 경우에 비록 배당요구의 종기 이전에 체납세액의 신고가 있었다고 하더라도, 조세채권자는 그 후 배당표가 작성될 때까지는 이를 보정하는 증빙서류 등을 다시 제출하여 수정교부청구할 수 있다고 할 것이며, 집행법원으로서는 특별한 사정이 없는 한 위 배당요구의 종기 전의 신고금액을 초과하는 금액에 대하여도 위 압류등기상의 청구금액의 범위 내에서는 배당표 작성 당시까지 제출한 서류와 증빙 등에 의하여 조세채권자가 배당받을 체납세액을 산정하여야 한다(대판 2002. 1. 25. 2001다11055).

(4) 첫 경매개시결정등기 전에 압류를 하지 아니한 조세채권자는 배당요구의 종기까지 교부청구한 조세에 대하여만 배당받을 수 있다.

2. 조세채권 우선의 원칙

국세, 지방세, 관세 및 그 가산금과 체납처분비는 다른 공과금 기타 채권에 우선하여 징수한다(국세기 35조 1항 본문, 지방세기 99조 1항 본문, 관세법 3조).

(1) 저당권 · 전세권의 피담보채권과 조세의 우선관계

조세와 저당권 · 전세권의 피담보채권(확정일자를 갖춘 임차인의 임치보증금반환채권도 마찬가지로 해석된다. 대판 1992. 10. 13. 92다30597참조) 사이의 우선순위는 조세의 법정기일과 설정등기일(확정일자를 갖춘 임차인 또는 등기된 임차인의 우선변제권 발생일 포함)의선후를 따져 정한다.

저당권 등의 설정일과 조세의 법정기일이 같은 날인 경우의 우선순위에 관하여, 견해의 대립이 있으나, 국세기본법 35조 1항 3호(지방세기 99조 1항 3호도 같다)가 법정기일 전에 설정된 저당권 등을 조세우선권의 예외로서 인정하는 형식으로 규정하고 있어 그 문리해석 상 조세채권우선의 원칙으로 돌아가 조세채권이 우선한다고 보는 견해가 다수설이다.

(2) 압류와 법정기일의 소급효

국세나 지방세의법정기일은 각 조세의 종류마다 규정되어 있다.

다만, 국세의 경우 국세징수법 24조 2항에 의하여 확정 전 보전압류를 한 때에는 그 보전압류 이후 발생한 체납된 국세 및 가산금은 보전압류등기일을 법정기일로 본다.

지방세기본법 99조 1항 3호 마목도 국세기본법 35조 1항 3호 바목과 동일하게 규정하고 있으므로 국세에 관한 위 원칙이 그대로 지방세에 적용된다.

(3) 조세 상호간의 우열

현행 세법은 조세 상호간의 우열에 관하여 아무런 규정을 두고 있지 않다.

따라서 국세와 지방세를 포함한 모든 조세채권은 원칙적으로 그 징수순위가 동일하다. 다만, 이에 대한 예외로서는 압류선착주의(국세기 36조, 지방세기 101조)와 담보부 조세의 우선원칙(국세기 37조, 지방세기 102조)이 있다.

(가) 압류선착주의

국세 상호간, 지방세 상호간, 국세와 지방세 상호간에는 먼저 압류한 조세가 나중에 압류(참가압류)하거나 교부청구한 조세보다 우선한다는 원칙을 압류선착주의라고 한다(국세기 36조, 지방세기 101조).

부동산경매절차에서 관세의 교부청구를 하는 경우에는 그 부동산이 관세미납물품일 어지는 없고 당연히 국세징수의 예에 의하여 관세를 징수하는 경우(관세법 3조 2항)에 해당할 것이므로, 이 경우의 관세의 우선순위는 국세기본법에 의한 국세와 동순위로 한다.

압류선착주의는 조세가 체납처분절차를 통하여 징수되는 경우뿐만 아니라 민사집행법에 의한 절차를 통하여 징수되는 경우에도 적용되어야 한다는 입장이다(대판 2003. 7. 11. 2001다83777).

주의할 것은, 압류선착주의는 압류가 먼저 된대로 우선한다는 것이 아니라 압류와 교부청구 사이에서는 압류가 우선한다는 점이다. 1순위 압류, 2순위 압류, 3순위 압류가 있는 경우에 2,3순위의 압류는 1순위 압류가 소멸되지 않는 한 참가압류로서 교부청구의 효력만이 있으므로(국세징수법 57조, 58조, 대판 2007. 4. 12. 2004다20326), 1순위 압류는 우선권이 있으나, 2순위와 3순위는 서로 교부청구로서 동순위로 안분배당하여야 한다. 즉, 1,2,3순위 압류가 차례로 있을 때 압류선착주의라는 말은 1,2,3의 압류순서대로 우선권이 있다는 말이 아니라, 1순위 압류권자만이 진정한 압류권자로서 참가압류권자이자 교부청구권자에 불과한 2,3순위 압류권자에게 우선권이 있다는 의미이다.

압류선착주의의 원칙은 부동산 자체에 대하여 부과된 조세와 가산금(당해세)에 대하여는 적용되지 않는다.

압류선착주의는 조세채권 사이의 우선순위를 정하는데 적용할 수 있을뿐 조세채권과 공시를 수반하는 담보물권 사이의 우선순위를 정하는데 적용할 수는 없다. 따라서 공시를 수반하는 담보물권이 설정된 부동산에 관하여 담보물권 설정일 이전에 법정기일이 도래한 조세채권과 담보물권 설정일 이후에 법정기일이 도래한 조세채권에 기한 압류가 모두 이루어진 경우, 당해세를 제외한 조세채권과 담보물권 사이의 우선순위는 그 법정기일과 담보물권 설정일 선후에 의하여 결정하고, 이와 같은 순서에 의하여 매각대금을 배분한 후, 압류선착주의 에 따라 각 조세채권 사이의 우선순위를 결정하여야 할 것이다.

공과금(국민연금법상의 국민연금보험료, 산업재해보상보험법상의 산업재해보상보험료 등) 상호 간과 공과금과 조세 상호 간에는 압류선착주의가 준용되지 않는다.

(나) 납세담보

납세담보로 제공된 재산을 매각하였을 때에는 국세기본법 36조(압류에 의한 우선)에도 불구하고 피담보국세와 그에 대한 가산금 및 체납처분비는 압류 여부에 관계없이 매각대금 중에서 다른 국세·가산금·체납처분비에 우선하여 징수하며(국세기 37조), 이 점은 지방세에 대한 납세담보의 경우에도 마찬가지이다(지방세기 102조), 또한 납세담보로 제공된 재산에 관하여 경매가 실행된 경우에 이미 그 재산에 선순위 저당권·전세권 등이 설정되어 있으면, 담보재산이 납세의무자의 소유인 경우에는 조세채권의 법정기일이 담보권의 등기일자와 같거나 앞선 경우와 당해세의 경우에는 그 조세채권은 선순위의 담보권보다 항상 후순위이다.

수행 내용 / 조세채권자 배당요구하기

재료·자료

- 「민사집행법」
- 「민사집행규칙」
- 법원실무제요
- 국세기본법
- 지방세기본법
- 지방세법
- 국세징수법
- 국세징수법 시행령
- 배당관련 법원양식
- 대한민국법원 법원경매정보(www.courtauction.go.kr)

기기(장비·공구)

- 컴퓨터

• 빔프로젝트

안전 · 유의 사항

• 각종 법률의 적용에 있어서 최신의 개정된 법률인지 여부를 검토 · 확인한다.

• 타인의 글, 그림 등을 사용함에 있어서 적절한 인용 및 표절여부를 검토한다.

수행 순서

1 조세채권자의 배당요구에 대하여 알아본다.
다음과 같은 다양한 유형의 배당요구들을 파악한다.

【참고 사항】 조세채권자들의 배당요구

1. 당해세

(1) 국세 - 상속세, 증여세, 종합부동산세

(2) 지방세 - 재산세, 자동차세, 도시계획세

(3) 당해세(국세제외)는 1995.12.31 이전에 설정된 담보권에는 우선하지 못한다. 그리고 당해세를 제외한 조세 상호간의 우선순위는 압류선착주의와 법정기일의 순서에 의하여결정된다.

2. 압류가 되어있는 조세의 배당

조세채권도 배당요구종기일 이전에 교부청구를 한 경우에만 배당한다.

단, 배당요구종기일 이전에 압류등기가 있는 경우에는 교부청구가 없더라도 직권으로 조사하여 배당을 실시한다.

압류등기 당시 이미 발생한 체압액은 압류등기 촉탁서에 의한 체납액을 조사하여 배당할 수 있으며 배당요구종기일 이후에 교부청구하여도 배당을 실시한다. 압류등기 이후에 발생한 체납세액은 배당요구종기일까지 교부청구를 하여야 하며(압류만 있고 교부청구가 없는 경우 배당불가) 배당요구종기일 이후 배당할 때까지 비로소 교부청구된 세액은 배당할 수 없다.

3. 조세의 배당 예시

배당예시 - 안분 후 흡수배당과 안분 후 흡수의 특수한 배당

(1) 안분 후 흡수배당사례

배당금액 : 1,700만원

등기부 내역 : 갑 가압류 10.03.20 1억원, 을 근저당권 10.05.20 5,000만원, 병 당해세 아닌 조세 압류 10.06.20 2,000만원

배당순위 : 1차 안분배당액 갑 1,000만원, 을 500만원 병 200만원

2차 흡수배당 갑 배당없음, 을 1차배당액 + 병으로부터 흡수 = 700만원, 병 1차배당액 200만원 +갑으로부터 흡수 1,000만원 -을에 흡수당한 200만원 = 1,000만원

(2) 안분 후 흡수의 특수한 배당사례

배당금액 : 500만원

등기부 상 순서 내역 : 갑 가압류 400만원, 을 근저당권 200만원, 병 당해세 아닌 조세 압류 300만원, 정 가압류 100만원

배당순위 : 갑=을=정, 을>병, 정, 병 > 갑, 정 ⇨ 갑=을=병=정

1차 안분배당액 갑 200만원, 을 100만원, 병 150만원, 정 50만원

2차 흡수배당 흡수할 자는 을과 병

을 1차배당액 100만 + 정 50만, 병의 50만을 흡수 = 200만원, 병 1차배당액 150만원 +갑으로부터 흡수 150만 -을에 흡수당한 50만 = 250만원, 정은 1차배당액 50만에서 을에게 50만 흡수당하여 배당없음, 갑은 1차배당액 200만에서 갑에게 150만 흡수당하여 50만배당

(3) 안분 후 흡수의 특수한 배당에서 흡수순서와 한도

흡수하는 순서 : 흡수할 자가 여러명일때는 시간 상 선순위자부터 흡수

흡수당하는 순서 : 흡수당할 자가 여러명일때는 시간 상 후순위자부터 흡수당함

흡수의 한도 : 흡수당했던 자가 흡수할 때 흡수당한 부분을 공제한 나머지 부분만을 흡수해야 한다. (흡수당한 부분은 이미 배당받은 것으로 간주.)

수행 tip

- 조세 및 공과금 채권자는 안분과 흡수, 순환 등의 배당이 이루어지기 때문에 기본순서를 이해하고, 계산연습을 반복하여 훈련하는 노력이 필요함

2-3. 대위권자의 배당요구

학습 목표	• 대위권자도 대위권자로서 직접 배당요구를 하거나, 피대위자가 이미 배당요구를 한 경우에도 배당기일까지 대위권행사의 요건을 소명하여 배당받을 수 있음을 확인할 수 있다.

필요 지식 /

[1] 대위권자의 배당요구

타인의 채권을 대위변제하였거나 또는 공동저당권자에 대한 이시배당의 결과 차순위 채권자가 대위하는 경우(민 368조 2항)에 대위권자는 피대위자와는 별도로 배당요구를 하여야 하는가에 관하여는, 원칙적으로 피대위자가 배당받기 위하여 배당요구가 필요한 경우에는 대위할 범위에 관하여 대위권자만이 배당요구해도 되고(대판 2002. 12. 10. 2002다48399참조), 대위할 범위에 관하여 피대위자가 이미 배당요구하였거나 배당요구 없이도 당연히 배당받을 수 있는 경우에는 대위권자는 따로 배당요구하지 않아도 배당기일까지(배당표가 확정되기 전까지) 대위권자임을 소명하면 된다고 할 것이다.(대판 2007. 9. 7. 2005다70816 등).

한편 대위변제자가 배당요구할 때는 피대위자의 배당요구의 자격 외에 변제자 대위에 관한 요건, 즉 대위변제사실 뿐 아니라 임의대위의 경우 피대위자의 승낙(민 480조 1항) 등 대위권행사의 요건도 소명하여야 하고, 또한 피대위자가 집행력 있는 정본을 가진 자인 경우에는 그 정본에 승계집행문도 받아야 한다(대판 2007. 4. 27. 2005다64033).

[2] 대위변제자 상호간의 순위

수인이 시기를 달리하여 채권의 일부씩을 대위변제하고 근저당권 일부 이전의 부기등기를 각 경료한 경우 그들은 각 일부대위자로서 그 변제한 가액에 비례하여 근저당권을 준공유하고 있다고 보아야하고, 그 근저당권을 실행하여 배당할 때에는 다른 특별한 사정이 없는 한 각 변제채권액에 비례하여 안분배당하여야 하고 부기등기의 순서에 따라 배당해서는 단 된다.(대판 2011. 6. 10. 2011다9013).

변제자의 대위에 의한 저당권의 일부이전이 아닌 당사자 사이의 약정에 의한 임의적인 저당권 일부 이전의 경우 당사자 사이에 별도의 약정이 없으면 각 근저당권자의 채권최고액 범위내에서 실제채권액의 비율로 안분배당함이 실무이다. 처음부터 순위가 같은 근저당권이 여러 개 설정된 경우에도 같다.

③ 채권자와 대위변제자 간의 순위

채권의 일부에 관하여 대위변제가 있는 때에는 대위자는 그 변제한 가액에 비례하여 채권자와 함께 그 권리를 행사한다(민 483조 1항).

그러나 그 권리의 행사방법에 관하여는 견해가 나뉘는 바 대위자는 단독으로 대위한 권리를 행사할 수 없고 채권자가 그 권리를 행사하는 경우에만 채권자와 함께 그 권리를 행사할 수 있으며, 또 이 경우에는 변제에 관하여 채권자가 우선한다는 견해가 통설이다. 따라서 채권자와 일부 변제자 사이에 저당권의 단독 실행을 허용하는 약정은 가능하나, 이 경우에도 원리 채권자의 잔존 채권최고액 범위 내에서는 원래의 채권자의 권리가 우선한다. 예를 들어, 일천만원의 저당채권에 관하여 보증인이 4백만원을 변제한 경우에 채권자만이 경매를 신청할 수 있으며 배당을 할 때에도 채권자의 채권액에 우선적으로 충당을 하게 되므로 보증인은 배당을 받을 수 없게 된다.

한편, 피담보채권의 일부가 양도된 경우(전부명령에 의하여 전부된 경우를 포함)에는 대위변제의 경우와달리 그 채권상호간에 우선순위를 부여할 수 없으므로 채권액의 비율에 따라 평등배당 받는다는 것이 통설이다.

수행 내용 / 대위변제자의 배당요구하기

재료 · 자료

- 「민사집행법」
- 「민사집행규칙」
- 법원실무제요
- 배당관련 법원양식
- 대한민국법원 법원경매정보(www.courtauction.go.kr)

기기(장비 · 공구)

- 컴퓨터
- 빔프로젝트

안전 · 유의 사항

- 각종 법률의 적용에 있어서 최신의 개정된 법률인지 여부를 검토 · 확인한다.
- 타인의 글, 그림 등을 사용함에 있어서 적절한 인용 및 표절여부를 검토한다.

수행 순서

1 대위자의 단독 저당권 행사의 내용을 숙지한다.

대법원은 대위자가 단독으로 저당권을 행사할 수 있는가에 관하여는 아직 판시한바 없으나, 변제의 순위에 관하여는 본래의 채권자가 일부 대위변제자에 대하여 우선변제권을 가지고 있다고 판시하고 있다.

결국 변제할 정당한 이익이 있는 자가 채무자를 위하여 근저당권의 피담보채무의 일부를 대위변제한 경우에, 채권자는 대위변제자보다 우선변제권을 가진다 할 것이나, 다만 일부 대위변제자와 채권자 사이의 변제의 순위에 관하여 따로 약정(우선회수특약)을 한 경우에는 그 약정에 따라 변제의 순위가 정해진다.

[참고 사항] 대위자에 대한 배당

(1) 채권자와 일부 대위 변제자들 전부 사이에 변제의 순위나 배당금의 충당에 관하여 동일한 내용의 약정이 있으면 그들에게 그 약정의 내용에 따라 배당한다.

(2) 채권자와 어느 일부 대위변제자 사이에만 그와 같은 약정이 있는 경우에는 먼저 원칙적인 배당방법에 따라 채권자의 근저당권 채권최고액의 범위 내에서 채권자에게 그의 잔존 채권액을 우선 배당하고, 나머지 한도액을 일부 대위변제자들에게 각 대위변제액에 비례하여 안분 배당하는 방법으로 배당할 금액을 정한 다음, 약정의 당사자인 채권자와 일부 대위변제자 사이에서 그 약정 내용을 반영하여 배당액을 조정하는 방법으로 배당을 하여야 한다.

수행 tip

- 대위권 행사의 요건을 소명하여 배당받는 것에 대한 내용의 숙지가 필요함

학습2 교수 · 학습 방법

교수 방법

- 배당에 관한 사전지식이 요구된다. 따라서 수업 전에 민사집행법에 규정된 배당받을 채권자에 대한 기본적인 지식을 도해식의 표 자료를 활용하여 파악하도록 한다.
- 주택 및 상가임대차보호법의 이해를 통한 임차인의 배당권리를 설명하도록 한다.
- 법원실무에 있어서 이론의 적용서인 법원실무제요의 활용을 통하여 학습의 효과를 제고한다.
- 배당과 관련된 법률간 상호저촉관계를 파악하고, 조세의 배당에 관한 직접적인 사례를 들어서 현장감을 높이고 이해도를 향상시킨다.
- 대위변제자 등 부동산경매에서 정확한 의미를 이해하고 파악해야하는 법률 용어들에 대한 학습을 통하여 배당에 관하여 이해도를 제고하도록 한다.

학습 방법

- 부동산경매의 절차 전반에 대하여 복습하고 정리한다.
- 주택 및 상가건물임대차보호법의 내용을 확인하여 대항요건과 우선변제권에 대하여 정리한다.
- 배당의 이해를 위하여 부동산등기부 상 또는 부동산상의 권리자에 대하여 세세히 살펴본다.
- 조세의 배당요구는 일반배당과 다르다는 것을 확인하기 위하여 법원의 판례를 면밀히 분석한다.
- 경매배당사건을 하나 특정하여, 배당요구의 사례를 직접 경험하도록 한다.

학습2 평 가

평가 준거

- 평가자는 학습자가 학습 목표를 성공적으로 달성하였는지를 평가해야 한다.
- 평가자는 다음 사항을 평가해야 한다.

학습 내용	평가 항목	성취수준		
		상	중	하
배당요구가 필요한 채권자와 필요 없는 채권자 파악	- 민사집행법 제148조에 규정된 배당받을 채권자에 관하여 파악할 수 있다.			
	- 주택 및 상가건물의 소액임차인과 대항요건과 확정일자를 갖춘 임차인이 배당받기 위한 요건에 관하여 검토할 수 있다.			
조세 및 공과금채권자의 배당요구	- 조세 기타 공과금채권자가 배당받기 위한 요건에 관하여 확인할 수 있다.			
대위권자의 배당요구	- 대위변제자도 대위권자로서 직접 배당요구를 하거나, 피대위자가 이미 배당요구를 한 경우에도 배당기일까지 대위권행사의 요건을 소명하여 배당받을 수 있음을 확인할 수 있다.			

평가 방법

- 서술형시험

학습 내용	평가 항목	성취수준		
		상	중	하
배당요구가 필요한 채권자와 필요 없는 채권자 파악	- 배당요구가 필요한 채권자 파악			
	- 배당받을 채권자의 범위 검토			
	- 주택 상가임대차에 있어서 대항요건과 우선변제권 구분			
조세 및 공과금채권자의 배당요구	- 조세의 종류 이해			
	- 조세채권자가 배당받기 위한 조건 검토			
	- 조세채권자의 압류와 참가압류, 교부청구 구분			
대위권자의 배당요구	- 대위권행사의 요건 소명			

• 사례연구

학습 내용	평가 항목	성취수준 상	성취수준 중	성취수준 하
배당요구가 필요한 채권자와 필요없는 채권자	- 경매사건 하나를 특정하여 배당받을 채권자 범위 확인			
조세 및 공과금채권자의 배당요구	- 경매사건 하나를 특정하여 조세 기타 공과금채권자가 배당을 받을 수 있는 요건구비여부 확인			
대위권자의 배당요구	- 경매사건 하나를 특정하여 대위권자가 직접배당을 받을 수 있는 사례 확인			

• 평가자 질문

학습 내용	평가 항목	성취수준 상	성취수준 중	성취수준 하
배당요구가 필요한 채권자와 필요없는 채권자	- 배당받을 채권자의 범위 파악			
	- 배당요구 필요없는 채권자인 이유 이해			
	- 대항요건과 우선변제권 구분			
조세 및 공과금채권자의 배당요구	- 조세 공과금채권의 종류 파악			
	- 조세채권자의 참가압류 이해			
대위권자의 배당요구	- 대위권자란 어떤 의미인가 이해			

• 구두발표

학습 내용	평가 항목	성취수준 상	성취수준 중	성취수준 하
배당요구가 필요한 채권자와 필요없는 채권자	- 주어진 경매사건 자료를 보고 배당에서 제외되는 권리자들은 어떤 사람들인지 검토			
조세 및 공과금채권자의 배당요구	- 배당요구 시 압류 및 교부청구와 참가압류에 관한 설명과 배당순위에 대한 관계를 설명			
대위권자의 배당요구	- 대위권자의 배당요구 방식 검토			

피드백

1. 서술형시험
   - 권리자별 배당요구에 대하여 평가 후 틀린 문항에 대하여 설명하고, 일정수준 이하라고 판단될 경우, 보충학습을 실시하고 재평가를 실시할 수 있도록 피드백한다.

2. 사례연구
   - 실무적인 차원에서 경매사건 하나를 특정하여 배당받을 채권자 또는 조세공과금 채권자의 지위 등을 발표하고, 발표내용을 청취 후 현장 지도한다.

3. 평가자 질문
   - 배당받을 채권자의 범위, 조세공과금의 종류 등에 대한 법률의 취지 등을 파악하고 있는지 여부를 평가한 후 피드백한다.

4. 구두발표
   - 민사집행법 제148조와 주택 및 상가임대차보호법의 내용에 대하여, 발표자를 정하여 대표로 발표하게하고, 학생들 스스로 이에 관한 의견정리를 하게 한 후 수준을 평가하여 피드백한다.

3-1. 배당순위에 따른 배당표 작성

학습 목표	• 「민법」, 「상법」 그 밖의 법률에 의한 우선순위에 따른 배당순위를 파악할 수 있다. • 담보물권 등의 성립일이 조세채권의 법정기일 전·후인가에 따라 조세 등의 채권과 일반 임금채권의 배당순위가 달라짐을 구별할 수 있다.

필요 지식 /

1 배당순위

1. 배당순위의 결정

각 채권자는 민법·상법, 그 밖의 법률에 의한 우선순위에 따라 배당순위가 정하여 진다 (민집 145조 2항).

배당참가채권이 모두 일반채권자라면 채권발생의 선후에 불구하고 평등한 비율로 배당을 받게 되지만 민법·상법, 그 밖의 법률에 일반채권자에 우선하여 변제받을 수 있도록 규정되어 있는 채권이 있으면 이러한 채권에 관하여는 우선적으로 변제하여야 하므로 배당표에 각 채권의 배당순위를 표시하여야 한다.

배당순위는 번호로 표시하며 동일순위의 채권자가 수인인 때에는 같은 번호로 표시한다. 예를 들어, 당해세인 국세채권, 저당채권, 압류채권, 배당요구채권이 배당에 가입한 경우에는 국세채권에 대하여는 1로, 저당채권에 대하여는 2로, 나머지에 대하여는 3으로 표시한다.

[2] 조세채권의 법정기일 전·후에 따른 배당순위

1. 매각재산에 조세채권의 법정기일 전에 설정된 저당권·전세권에 의하여 담보되는 채권이 있는 경우

제1순위 : 집행비용

제2순위 : 저당물의 제3취득자가 그 부동산의 보존·개량을 위하여 지출한 필요비·유익비(민 367조)저당물에 관한 지상권, 전세권을 취득한 자만이 아니고 소유권을 취득한 자도 민법 367조 소정의 제3취득자에 해당한다(대판 2004. 10. 15. 2004다36604).

제3순위 : 소액임차보증금채권(주임 8조 1항, 주임령 10조, 11조, 상임 14조 1항, 상임령 6조, 7조, 국세기 35조 1항 4호, 지방세기 99조 1항 4호), 최종 3개월분 임금과 최종 3년간의 퇴직금 및 재해보상금(근로기준법 38조 2항, 근로자퇴직급여 보장법 12조 2항, 국세기 35조 1항 5호, 지방세기 99조 1항 5호. 단, 최종 3년간의 퇴직금은 1997. 12. 24. 개정된 근로기준법 부칙 2조 1항에 의하여 개정 근로기준법의 시행 전에 퇴직한 근로자의 경우에는 특칙이 있음을 주의, 근로자퇴직급여 보장법은 2005. 12. 1.부터 시행)이들 채권이 서로 경합하는 경우에는 동등한 순위의 채권으로 보아 배당한다(재민 91-2).

제4순위 : 집행의 목적물에 대하여 부과된 국세, 지방세와 가산금(이른바 당해세. 국세기 35조 1항 3호, 지방세기 99조 1항 3호)

제5순위 : 국세 및 지방세의 법정기일 전에 설정등기된 저당권·전세권에 의하여 담보되는 채권(국세기 35조 1항 3호, 지방세기 99조 1항 3호)확정일자를 갖춘 주택 또는 상가건물의 임차보증금반환채권(주임 3조의2 2항, 상임 5조 2항), 임차권등기된 주택 또는 상가건물의 임차보증금반환채권은 저당권부채권과 같은 성질의 채권으로 취급한다. 가등기담보 등에 관한 법률 16조 2항 전문에 해당하는 담보가등기권리자가 집행법원이 정한 기간 안에 채권신고를 한 경우도 같다. 다만, 임차권등기된 경우 그 등기 전에 대항요건과 확정일자를 모두 갖춘 경우에는 등기된 때가 아니라 위 요건을 모두 갖춘 때의 순위가 인정된다.

제6순위 : 근로기준법 38조 2항 및 근로자퇴직급여 보장법 12조 2항의 임금 등을 제외한 임금, 기타 근로관계로 인한 채권(근로기준법 38조 1항 본문, 근로자퇴직급여보장법 12조 1항 본문)

제7순위 : 국세·지방세 및 이에 관한 체납처분비, 가산금 등의 징수금(국세기 35조 1항 본문, 지방세기 99조 1항 본문)

제8순위 : 국세 및 지방세의 다음 순위로 징수하는 공과금 중 납부기한이 저당권, 전세권 설정등기 후인 고용보험료 및 산업재해보상보험료, 국민건강보험료, 국민연금보험료 등⑨

제9순위 : 일반채권(일반채권자의 채권과 재산형·과태료 및 국유재산법상의 사용료·대부료·변상금채권)

2. 매각재산에 조세채권의 법정기일 후에 설정된 저당권·전세권에 의하여 담보되는 채권이 있는 경우

제1, 2, 3순위 : 앞서 본 바와 같다.

제4순위 : 조세 기타 이와 동순위의 징수금(당해세 포함)

제5순위 : 조세 다음 순위의 공과금 중 납부기한이 저당권·전세권의 설정등기보다 앞서는 국민건강보험법상의 고용보험료 및 산업재해보상보험료, 건강보험료, 국민연금법상의 연금보험료

제6순위 : 저당권·전세권에 의하여 담보되는 채권

제7순위 : 임금 기타 근로관계로 인한 채권

제8순위 : 국세 및 지방세의 다음 순위로 징수하는 공과금 중 납부기한이 저당권, 전세권 설정등기 후인 고용보험료 및 산업재해보상보험료, 국민건강보험료, 국민연금보험료 등⑦

제9순위 : 일반채권(여기에 해당하는 채권은 가)항과 같다)

3. 매각재산에 저당권 등에 의하여 담보되는 채권이 없는 경우

제1, 2, 3순위 : 앞서 본 바와 같다.

제4순위 : 임금 기타 근로관계로 인한 채권

제5순위 : 조세 기타 이와 동순위의 징수금(당해세 포함)

제6순위 : 조세 다음 순위의 공과금

제7순위 : 일반채권(여기에 해당하는 채권도 가)항과 같다)

수행 내용 / 배당표 작성하기

재료·자료

- 「민사집행법」
- 「민사집행규칙」
- 법원실무제요
- 배당관련 법원양식
- 대한민국법원 법원경매정보(www.courtauction.go.kr)

기기(장비·공구)

- 컴퓨터

• 빔프로젝트

안전 · 유의 사항

• 각종 법률의 적용에 있어서 최신의 개정된 법률인지 여부를 검토 · 확인한다.

• 타인의 글, 그림 등을 사용함에 있어서 적절한 인용 및 표절여부를 검토한다.

수행 순서

1 배당표작성의 기본원리를 파악한다.

배당표작성에는 몇 가지 기본적인 원리들이 있고, 그 기본적인 원리를 파악하고 조금만 노력하면 그다지 어렵지 않게 배당표를 작성할 수 있다. 그리고 성공적인 법원 경매를 위해서는 수익분석이 필수이며, 수익분석을 위해서 가장 기본 사항이 바로 '배당표작성'이라는 것을 염두에 두어야 한다. 한편, 낙찰 후 부담해야 할 등기부상의 권리가 있는지, 인수할 임차인의 보증금이 있는지, 명도의 난이도 파악을 위하여, 입찰예정가 파악, 입찰시기를 정하기 위하여 배당표작성이 중요함을 인식하여야 한다.

1. 배당표작성의 3가지 기본원리

권리분석의 핵심인 배당표작성에서는 먼저 다음의 3가지 원리를 기본적으로 알아야 한다.

(1) 해당 부동산의 소재지 파악

즉, 서울소재 부동산인지, 수도권과밀억제권역인지, 광역시인지, 그리고 광역시라면 인천광역시인지, 인천광역시 군지역인지, 아니면 그 외 광역시인지, 그 외 광역시라면 시내인가 군지역인지, 아니면 그 밖의 기타지역인 지방 소재의 주택 또는 상가인지를 알아야 한다. 이를 통하여 소액임대차로 인한 최우선변제금액의 적용이 달라지기 때문이다.

(2) 임대차보호법의 적용대상 유무 파악

주택임대차보호법이나 상가건물임대차보호법의 보호대상이 되는 임차인이 있는 부동산인가? 즉, 주택인가? 상가건물인가? 아니면 보호법의 대상이 아닌 지방의 임야인가? 등을 파악해야 한다.

(3) 말소기준권리 파악해당 부동산의 소재지 파악

주택말소기준권리와 말소기준일이 언제인가를 파악하면 인수해야 하는 권리와 소멸되는 권리를 알 수 있고, 성공적인 배당표작성을 위한 기본 작업은 모두 끝난 것이다.

아울러 경매신청을 누가했는지, 임차인들이 배당요구를 했는지, 확정일자를 통한 우선변제의 지위에 있는 자가 누구인지 등을 면밀히 파악할 필요가 있다.

□ 배당 순위표

민법, 민사집행법, 주택임대차보호법, 상가건물임대차보호법, 근로기준법, 국세기본법 등에서 규정하고 있는 배당순위를 보면 다음과 같다.

배당순위	내 용	
0순위	경매집행비용	
1순위	비용상환청구권에 의한 필요비, 유익비	
2순위	임대차보호법상 소액임차인 근로기준법상 임금채권 중 일정 금액 (최종 3개월분 임금과 최종 3년간 퇴직금 및 재해보상금)	최우선 배당
3순위	집행목적물에 부과된 국세 및 지방세와 그 가산금(당해세)※국세 : 상속세, 증여세, 종합부동산세 지방세 : 재산세, 자동차세, 도시계획세, 지방교육세 등	
4순위	당해세를 제외한 조세채권[1], 저당권, 전세권, 담보가등기에 의하여 담보된 채권, 대항요건과 확정일자를 갖춘 임차인의 임차보증채권 ※ 배당순서는 법정기일, 요건구비여부, 등기기입일, 확정일자 선후에 따름	우선(순위) 배당
5순위	위 임금채권을 제외한 임금채권 및 퇴직금채권	
6순위	법정기일이 전세권, 저당권, 질권 설정일보다 늦은 국세, 가산금 또는 체납처분비,지방세 등 지방자치단체의 징수금	
7순위	의료보험법, 산업재해보상법 및 국민연금법에 의한 보험료 등 공과금.	
8순위	일반채권(일반가압류채권, 강제경매신청채권, 채무명의가 있는 채권 등)	

[그림 3-1] 배당의 순위

【참고 사항】 비용상환청구권, 당해세를 제외한 조세채권

(1) 임차권자, 제3취득자, 전세권자, 유치권자 등이 임차물 등의 보존에 관한 필요비 또는 유익비를 지출한 경우 그 비용의 상환을 청구할 수 있는 권리이다.

(2) 일반조세채권 간에는 납세담보된 조세채권 우선, 다음은 압류일자 순서대로 흡수배당한 후 교부청구 조세채권 간에는 같은 순위로 안분배당한다.(국세기본법 제36조, 제37조, 지방세법 제35조)

수행 tip

- 일반배당순위와 조세채권이 있을 때의 배당순위가 다를 수 있으므로 조세채권 유무를 항상 확인하도록 한다

3-2. 순위배당과 흡수배당, 순환흡수배당의 분석

학습 목표	• 순위배당과 안분 후 흡수배당, 배당순위의 모순저촉에 따른 흡수배당, 순환흡수배당에 관하여 검토할 수 있다.

필요 지식 /

1 순환배당 · 흡수배당의 문제

1. 안분 후 흡수설

배당받을 채권자들 사이에 배당순위가 고정되지 아니하고 채권자들 사이에 우열관계가 상대에 따라 변동이 있는 경우에, 그에 관계된 각 채권자의 채권액에 비례하여 안분배당 하여야 한다는 안분배당설과, 위와 같이 안분한 후(1단계), 각각 자신의 채권액 중 1단계에서 안분 받지 못한 금액(부족액)에 달할 때까지 자신의 후순위인 채권자의 안분액으로부터 흡수(2단계)하여 그 결과를 배당하여야 한다는 안분후흡수설이 있는데, 판례(대판 1992. 3. 27. 91다44407, 대결 1994. 11. 29. 94마417)와 실무는 안분후흡수설에 따르고 있다. 단, 안분후흡수설의 경우 2단계로 후순위자의 안분배당액을 흡수할 때에 흡수할 금액은 자신의 채권액 중 1단계에서 안분배당 받지 못한 부족액과 1단계에서 후순위자에게 안분배당된 금액을 각 한도로 하고, 또한 흡수는 각 흡수할 채권자마다 한번으로 종결시켜야 하고, 다시 위와 같은 절차를 반복하여서는 안 된다.

그런데 안분후흡수설에 의할 경우 자기가 배당요구한 채권이 많으면 많을수록 1차로 안분배당을 많이 받지만 그 배당액을 2차로 선순위 채권자에게 흡수당하고, 다시 후순위자의 배당액을 흡수할 경우에는 1차로 배당받은 금액을 제외한 나머지 부분만큼만 흡수하므로 결국 배당요구채권이 많으면 배당액이 적어지는 문제가 발생한다(아래 예에서 B의 경우가 그러하다). 그리하여 적어도 이러한 결과를 방지하고, 나아가 자신의 채권액이 많다는 것과 선순위 채권의 비중이 적고 후순위 채권이 크다는 것은 배당에서 당연히 유리한 사정이 되어야 하므로, 이를 배당에서 그대로 반영하기 위하여, 1차로 자기보다 후순위자의 채권을 가산한 금액을 기준으로 안분하여 배당하고, 다만 이러한 안분결과 본래의 자기채권을 초과하여 배당받은 부분은 다시 나머지 채권자들 사이에서 순위에 따라 배당하여야 한다는 가산 후 안분설이 제기되고 있다.

예를 들어, A의 채권은 1,000만 원, B의 채권 800만 원, C의 채권 200만 원이고, 배당재단은 1,000만 원이며, A는 B에 대하여, B는 C에 대하여, C는 A에 대하여 각 배당순위가 앞서는 경우 위 각 설에 의하여 배당을 해보면 다음표와 같다(단 가산후안분설의 경우 C에 대한 1차 안분액 300만 원 중 C의 본래 청구금액인 200만 원을 초과하는 100만 원은 A, B 중 순위가 앞서는 A에게 전액 배당한다).

<표 3-1> 안분흡수 후 배당표

	A의 배당액	B의 배당액	C의 배당액
안 분 설	(안분기준액 1,000만 원) 500만 원	(안분기준액 800만 원) 400만 원	(안분기준액 200만 원) 100만 원
안 분 후 흡 수 설	(안분기준액 1,000만 원) 800만 원	(안분기준액 800만 원) 100만 원	(안분기준액 200만 원) 100만 원
가 산 후 안 분 설	(안분기준액 1,800만 원) 550만 원	(안분기준액 1,000만 원) 250만 원	(안분기준액 1,200만 원) 200만 원

아래에서는 편의상 안분후흡수설에 따라 배당을 실시하여 본다.

2. 순환흡수배당

예를 들어, 배당재단이 5,000만 원인데, 당해세우선의 원칙이 규정된 이후로서 '서울특별시의 임차인의 소액보증금의 한도가 7,500만 원 이하의 임차인 중 2,500만 원 한도'로 인상된 2010. 7. 26. 전에 설정된 저당권자 甲의 채권이 6,000만 원, 조세채권자(당해세) 乙의 채권이 1,500만 원, 임차인 丙의 보증금채권이 7,500만 원인 경우(확정일자 없음), 甲, 乙의 각 채권과 丙의 2,500만 원의 소액보증금 채권간의 우선관계는 甲은 丙보다, 丙은 乙보다, 乙은 甲보다 우선하게 되어 끝없이 순환관계가 되풀이 된다.

이와 같은 경우의 배당방법은, 먼저 甲, 乙, 丙 3자를 평등하게 취급하여 각 채권액에 비례하여 甲에게는 3,000만 원, 乙에게는 750만 원, 丙에게는 1,250만 원으로 안분한 후(1단계), 저당권자 甲은 소액임차인 丙에 우선하므로 甲의 채권금액 중 1차로 배당받지 못한 3,000만 원을 한도로 丙의 배당액 1,250만 원을 흡수하고, 소액임차인 丙은 조세채권자 乙에 우선하므로 같은 방식으로 乙로부터 750만 원을 흡수하고, 조세채권자 乙은 저당권자 甲에 우선하므로 마찬가지의 방식으로 甲으로부터 750만 원을 흡수하고 각 위 흡수당한 부분은 甲, 乙, 丙 각자에게 1차로 배당된 금액에서 공제된다(제2단계). 따라서 결국 甲은 3,500만 원(=원래의 배당액 3,000만 원+丙으로부터 흡수한 1,250만 원−乙에게 흡수당한 750만 원), 乙은 750만 원(=원래의 배당액 750만 원−丙에게 흡수당한 750만 원+甲으로부터 흡수한 750만 원), 丙은 750만 원(=원래의 배당액 1,250만 원−甲에게 흡수당한 1,250만 원+乙로부터 흡수한 750만 원)을 각 배당받게 된다.

3. 안분흡수배당

위의 순수한 순환관계와는 달리 일부 동순위자가 있거나 특정 채권자에 대한 관계에서만 동순위로 인정되는 채권자가 있는 경우에도 배당의 방법은 동일하다.

① 가압류 후에 1번 저당권 및 2번 저당권이 설정되어 있던 중 위 1번 또는 2번 저당권자에 의하여 경매신청이 된 경우에 위 3자간의 배당순위는(단 가압류 후의 담보물권설정행위가 가압류의 처분금지적효력에 반하는 것이 아니어서 가압류권자와 담보물권자는 평등

하게 배당을 받는다는 판례의 견해에서 배당을 실시한다. 이하 같다), 가압류채권자와 각 저당권자는 동순위로서 각 채권액에 따라 안분배당을 받되 1번 저당권은 2번 저당권에 우선하므로 1번 저당권자는 2번 저당권자가 받을 배당액으로부터 자기의 채권액을 만족시킬 때까지 이를 흡수하여 변제를 받을 수 있다.

4. 배당순위의 모순저촉에 따른 특수흡수배당

다수의 채권자 중 등기기록에 기입된 순서가 ① 가압류(청구채권 400만 원), ② 근저당권(채권 200만 원), ③ 당해세 아닌 조세(300만 원)의 압류, ④ 가압류(청구채권 100만 원)의 등기가 순차로 되어 있고(편의상 조세의 법정기일을 압류한 날짜로 본다), 배당할 금액이 500만 원인 경우에는 위에서 본 것과 같은 배당의 순환관계는 생기지 않는 대신 부분적으로 ① 가압류의 입장에서는 ② 근저당권과 ④ 가압류에 대한 관계에서는 평등한 반면, ③ 조세에 대한 관계에서는 후순위이고, 또한 ③ 조세의 입장에서는 ①, ④ 가압류보다는 선순위이나 ② 근저당보다는 후순위로서, 서로 상호 순위가 모순되는 관계에 있게 된다.

이 경우에도, 각 채권자의 채권액을 기초로 먼저 안분배당한 후, 각 자기보다 후순위권리자의 배당액을 자기채권이 만족할 때까지 흡수시켜 배당하여야 한다(대결 1994. 11. 29. 94마417).

위의 예에서, 먼저 각 청구채권의 비율에 따라 ①에게 200만 원(500×4 00÷1,000), ②에게 100만 원(500×200÷1,000), ③에게 150만 원(500×300÷ 1,000), ④에게 50만 원(500×100÷1,000)을 배당한 다음, ③, ④에 안분배당된 금액을 선순위 ②에게 ②의 청구채권한도(200)에서 흡수시키고, ①은 ③에 대하여는 후순위로서 ③의 청구채권한도(300)에서 ① 가압류를 흡수시키면 된다.

그런데 이때 세 가지 주의할 것이 있다. 첫 번째는 흡수의 순서에 관한 것으로서, ④에 안분배당된 것을 흡수할 권리자로 ②와 ③이 있는데 둘 사이에 ②가 선순위이므로 ②의 채권에 먼저 흡수하고 그 다음에 ③의 채권에 흡수하는 순서를 밟아야 한다는 것이다. 따라서 위의 예에서 ④에 대하여 안분배당된 것은 1차로 ②가 먼저 흡수하여야 한다.

두 번째는 흡수당하는 순서에 관한 것인데, 위의 경우 ②에 흡수당할 채권은 ③과 ④가 있는바, 이 ③, ④ 사이에서는 ④가 열후하므로 ④에 배당된 것을 먼저 흡수하고, 모자라는 한도에서 ③의 것을 흡수한다. 이때 ③, ④가 동순위일 경우에는 안분하여 흡수한다.

따라서 이에 따라 위의 예에 관하여 배당을 실시하면, ②는 ④의 배당액 50만 원을 먼저 흡수하고, 모자라는 50만 원(=청구금액 200만 원-1차안분액 100만 원-④흡수액 50만 원)을 ③으로부터 추가로 흡수하게 된다. 이로써 ②에 대한 배당금은 확정된다.

세 번째는 흡수의 한도에 관한 것으로서, 두 번째로 흡수하여야 할 ③의 흡수범위를 정하는데 있어서 ③이 1차로 안분배당받았다가 ②에 흡수당한 부분까지도 흡수할 수 있는가 하는 문제이다.

이에 관하여는, 흡수당한 부분은 일단 배당받은 것이므로 그 부분을 공제한 나머지만 흡수하여야 한다는 견해와 흡수당한 부분도 흡수할 수 있다는 견해로 나뉘어져 있는데, 전자의 견해가 타당하다.

전자의 견해에서 배당을 하면, ③은 원래 채권(300만 원)에서 1차로 배당받은 금액(150만 원)을 공제한 150만 원만을 흡수할 수 있으므로 ①의 배당액 중 150만 원만 ③에게 흡수되고 50만 원이 남는다. 결국 ④에게는 배당금이 없고, ①에게 50만 원, ②에게 200만 원, ③에게 250만 원이 각 배당된다.

한편 위의 예에서 위 ②번이 가등기담보권자이거나 확정일자를 갖춘 임차권자인 경우 또는 선순위와 후순위 가압류채권이 동일인의 권리인 경우에도 마찬가지이다(대판 1992. 10. 13. 92다30597 참조). ①번은 강제경매신청채권자, ②번은 저당권자, ③번은 가압류권자(배당요구)인 경우도 위의 경우와 동일하다.

실무상으로는 이러한 안분흡수내용을 다음과 같은 표로 작성하여 활용한다.

<표 3-2> 배당순위 활용표

채권자	채권금액	안분금액	흡수한도	1차흡수		2차흡수		최 종 배당액
				내용	결과	내용	결과	
①	400	200			200	-150	50	50
②	200	100	100	+100	200		200	200
③	300	150	150	-50	100	+150	250	250
④	100	50		-50	0		0	0

수행 내용 / 안분흡수배당 연습하기

재료 · 자료

- 「민사집행법」
- 「민사집행규칙」
- 법원실무제요
- 배당관련 법원양식
- 대한민국법원 법원경매정보(www.courtauction.go.kr)

기기(장비 · 공구)

- 컴퓨터
- 빔프로젝트

안전 · 유의 사항

- 각종 법률의 적용에 있어서 최신의 개정된 법률인지 여부를 검토 · 확인한다.
- 타인의 글, 그림 등을 사용함에 있어서 적절한 인용 및 표절여부를 검토한다.

수행 순서

1 (안분)순환흡수배당의 배당사례를 알아본다.

예를 들어,배당순위가 충돌(A>B, B>C, C>A)할 때 순환흡수배당하는 방법에 대하여 알아본다. 배당순위가 순환관계란 A > B 이고, B > C 이고, C > A 인 관계로 배당순위가 고정되지 않고 채권자들 사이의 우열 관계가 상대에 따라 변동되므로, 흡수권자인 동시에 피흡수자가 되어 순환배당 절차를 진행하게 된다. 따라서 1차로 안분배당한 후 2차로 순환흡수배당 절차를 다음 영등포구 신길동 다세대주택을 가지고 풀어 보기로 한다.

2011타경OOOO • 서울남부지방법원 본원 • 매각기일 : 2011.12.05(月) (10:00) • 경매 3계(전화:02-2192-1333)

소재지	서울특별시 영등포구 신길동 456-97 외 1필지, 삼성쉐르빌 0층 OOO호		
물건종별	다세대(빌라)	감정가	380,000,000원
대지권	49.85㎡(15.08평)	최저가	(64%) 243,200,000원
건물면적	74.21㎡(22.449평)	보증금	(10%) 24,320,000원
매각물건	토지·건물 일괄매각	소유자	김정연
개시결정	2011-03-22	채무자	김정연
사건명	임의경매	채권자	미래신협

오늘조회: 1 2주누적: 0 2주평균: 0

구분	입찰기일	최저매각가격	결과
1차	2016-01-03	380,000,000원	유찰
2차	2016-02-04	304,000,000원	유찰
3차	2016-03-03	243,200,000원	

낙찰 : 285,000,000원
매각결정기일 : 2016. 03. 10.
대금납부기한 : 2016. 04. 10.

• 매각물건현황(감정원 : 진주감정평가 / 가격시점 : 2011.03.26 / 보존등기일 : 2009.09.01)

목록	구분	사용승인	면적	이용상태	감정가격	기타
건물	5층중 4층	09.07.10	74.21㎡ (22.45평)	방3,화장실등	228,000,000원	• 1개동 총 8세대 • 도시가스난방
토지	대지권	399.5㎡ 중 49.85㎡			152,000,000원	

• 임차인현황 (말소기준권리 : 2010.05.12 / 배당요구종기일 : 2011.05.26)

임차인	점유부분	전입/확정/배당	보증금/차임	대항력	배당예상금액	기타
최수철	주거용 일부 (방2칸)	전 입 일: 2010.06.21 확 정 일: 2010.06.21 배당요구일: 2011.05.25	보75,000,000원	없음	배당순위있음	임대차기간: 10.06.19~12.06.18

• 등기부현황 (채권액합계 : 373,000,000원)

No	접수	권리종류	권리자	채권금액	비고	소멸여부
1	2010.05.12	소유권이전(매매)	김경민		거래가액 금390,000,000원	
2	2010.05.12	근저당	미래신협	338,000,000원	말소기준등기	소멸
3	2010.11.10	압류	서울특별시영등포구		세무과-711	소멸
4	2010.12.13	가압류	박미경	35,000,000원		소멸
5	2015.05.10.	임의경매	미래신협	청구금액: 300,137,912원		소멸

출처 : 김동희(2015). 『배당표작성과 배당이의 실무』. 채움. p.331.
[그림 3-2] 경매 입찰대상 물건정보내역

임차인과 다른 채권자의 배당금을 계산하면 매각대금이 285,000,000원에 매각되고 경매비용이 4,550,000원으로 배당금액은 280,450,000원이 된다.

1순위에서 다음과 같이 순위가 순환관계가 발생되므로 순환흡수배당을 해야 한다.

1. 영등포구청 재산세 550,000원(당해세)
2. 영등포구청 취득세 10,380,000원(법정기일 2010. 05. 12)
3. 미래신협 300,137,912원(등기일 2010. 05. 12)
4. 최수철 3,400만원(최우선변제금: 배당시점을 기준으로 현행법상 소액임차보증금중 일정액)(9,500/3,200만원)
5. 최수철 4,100만원(확정일자 효력발생 2010. 06. 22. 오전 0시)

【참고 사항】 우선순위 결정 방법

(1) 임차인은 미래신협 근저당권에 대하여 소액임차인이 아니지만 배당시점으로 계산하며 소액임차인이 되므로 당해세와 일반세금에 대하여는 항상 최우선변제금이 우선한다.

(2) 조세의 법정기일과 근저당권의 등기일이 같으면 조세가 우선한다.

따라서 우선순위를 보면 영등포구청(당해세와 취득세)>미래신협 근저당권, 미래신협 근저당권>최수철 최우선변제금, 최수철 최우선변제금>영등포구청(당해세와 취득세)인 관계에 있어서 서로 물고물리는 순환관계에 있어서 순환배당을 실시하면 다음과 같다.

1차 안분배당

1. 영등포구청 = 2억8,045만원×10,930,000/386,067,912 = 7,939,843원
2. 미래신협 = 2억8,045만원×300,137,912/386,067,912 = 218,028,162원
3. 최수철 I = 2억8,045만원×34,000,000/386,067,912 = 24,698,504원
4. 최수철 II = 2억8,045만원×41,000,000/386,067,912 = 29,783,491원

2차 흡수배당

1과 2와 3은 서로 물고 물리는 관계에 있어서 흡수할 수 있는 선순위가 없어서 1과 2와 3 중 누가 먼저 흡수해도 같은 결과가 된다. 그런데 흡수순서야 그렇다고 하더라도 흡수당하는 순서에서 가장 열후한 4번을 누가 흡수해야 하는가의 문제가 남게 된다. 4번을 먼저 흡수할 수 있는 선순위가 없고 서로 물고 물리는 관계에 있을 때 흡수방법은 동순위로 자기 채권금액에 비례해서 다음과 같이 안분해서 흡수하면 된다.

【참고 사항】 1·2·3이 4의 1차안분액 29,783,491원을 흡수하는 방법

(1) 영등포구청 = 29,783,491원×7,939,843/250,666,509 = 943,390원

(2) 미래신협 = 29,783,491원×218,028,162/250,666,509 = 25,905,494원

(3) 최수철 I = 29,783,491원×24,698,504/250,666,509 = 2,934,607원

따라서 최종적으로 다음과 같이 배당된다.

영등포구청 = 7,939,843원(1차안분액)+943,390원(4.흡수)+2,046,767원(2.흡수)-6,366,889원(3.에 흡수당함) = 4,563,111원(종결)

미래신협 = 218,028,162원(1차안분액)+25,905,494원(4.흡수)-2,046,767원(1.에흡수당함)+24,698,504원(3.흡수) = 266,585,393원(종결)

최수철 I = 24,698,504원(1차안분액)+2,934,607원(4.흡수)-24,698,504원(2.에 흡수당함)+6,366,889원(1.흡수) = 9,301,496원(종결)으로 배당이 종결된다.

[그림 3-3] 배당표 작성하기

수행 tip

- 채권과 물권에 관한 내용을 파악하면 안분배당, 흡수배당 등의 이해에 많은 도움이 된다.

학습3 교수 · 학습 방법

교수 방법

- 배당표를 이용하여 배당의 우선순위를 이해할수 있도록 설명한다.
- 담보물권의 성립일과 조세채권의 법정기일을 비교하여 배당순위를 설명하도록 한다.
- 안분배당과 순위배당에 대하여 물권과 채권의 의미를 이해하도록하여 간단한 배당례를 작성하므로써 학습의 효과를 제고한다.
- 흡수배당과 순환흡수배당에 관한 직접적인 사례를 들어서 배당에 대한 이해도를 향상시킨다.
- 다음 단계의 수업진행을 위하여 학습자의 수업이해도 파악을 점검하기에 적당한 시험 또는 과제물의 작성을 시행한다.

학습 방법

- 배당의 기본지식인 물권과 채권에 대하여 그 의미와 내용에 대하여 파악한다.
- 부동산경매의 배당표작성 방법에 대하여 이해하고 정리한다.
- 배당의 이해를 위하여 법원인터넷 사이트에서 매각물건 하나를 선택하여 직접 배당표를 작성하여본다.
- 주택 및 상가임대차보호법상의 최우선변제의 지역별 금액과 지급기준인 담보권설정일에 대하여 조사하고 확인한다.
- 순위배당과 안분 후 흡수배당 등에 관하여 관련책자를 이용하여 면밀히 분석한다.

학습3 평 가

평가 준거

- 평가자는 학습자가 학습 목표를 성공적으로 달성하였는지를 평가해야 한다.
- 평가자는 다음 사항을 평가해야 한다.

학습 내용	평가 항목	성취수준		
		상	중	하
배당순위에 따른 배당표 작성	- 민법, 상법 그 밖의 법률에 의한 우선순위에 따른 배당순위를 파악할 수 있다.			
	- 담보물권 등의 성립일이 조세채권의 법정기일 전·후인가에 따라 조세 등의 채권과 일반 임금채권의 배당순위가 달라짐을 구별할 수 있다. 있다.			
순위배당과 흡수배당, 순환흡수배당의 분석	- 순위배당과 안분 후 흡수배당, 배당순위의 모순저촉에 따른 흡수배당, 순환흡수배당에 관하여 검토할 수 있다.			

평가 방법

- 서술형시험

학습 내용	평가 항목	성취수준		
		상	중	하
배당순위에 따른 배당표 작성	- 물권과 채권에 대한 설명			
	- 배당순위에 따른 배당액계산과 인수권리 파악			
	- 조세채권의 성립에 따른 배당순위 파악			
순위배당과 흡수배당, 순환흡수배당의 분석	- 안분배당과 순위배당의 차이점 비교			
	- 배당순위의 모순저촉에 대한 설명			

• 사례연구

학습 내용	평가 항목	성취수준 상	중	하
배당순위에 따른 배당표 작성	- 경매사건 하나를 특정하여 배당순위를 파악하고 배당표 작성			
	- 조세채권이 있을 경우의 배당표작성			
순위배당과 흡수배당, 순환흡수배당의 분석	- 배당순위의 모순저촉되는 사례를 조사하여 배당표를 작성			

• 평가자 질문

학습 내용	평가 항목	성취수준 상	중	하
배당순위에 따른 배당표 작성	- 배당순위의 선후에 대한 의미 이해			
	- 조세 및 공과금채권과 경합되었을 때의 배당표 작성			
순위배당과 흡수배당, 순환흡수배당의 분석	- 순위배당과 흡수배당의 원리 파악			

• 구두발표

학습 내용	평가 항목	성취수준 상	중	하
배당순위에 따른 배당표 작성	- 주어진 경매사건 자료를 보고 경매입찰자의 입장에서 배당순위를 확인하고 인수권리 유무를 발표			
순위배당과 흡수배당, 순환흡수배당의 분석	- 경매사건 하나를 취사선택한 후 순환흡수배당의 사례를 발표			

피드백

1. 서술형시험
   - 물권과 채권, 조세채권이 경합 할 때의 배당순위 등을 평가한 후 틀린 문항에 대하여 설명하고, 일정수준 이하라고 판단될 경우, 보충학습 후 재평가를 실시한다.

2. 사례연구
   - 특정 경매사건에 대한 배당순위에 대하여 연구검토하게 하고, 발표내용을 청취 후 현장에서 지도한다.

3. 평가자 질문
   - 배당순위의 선후에 대한 의미, 조세 및 공과금채권과 경합되었을 때의 배당표 작성에 대하여 이해하고 있는지 여부를 평가한 후 피드백한다.

4. 구두발표
   - 조를 편성하여 조별로 배당순위에 대하여 자유롭게 세미나 형식으로 주제발표를 하고 학생들 스스로 이에 관한 정리를 하게 한 후 수준을 평가하여 피드백한다.

학습 1	배당요구제도 파악하기(LM1002010308_14v1.1)
학습 2	배당받을 채권자 범위 검토하기(LM1002010308_14v1.2)
학습 3	배당의 순위 확인하기(LM1002010308_14v1.3)
학습 4	**배당절차 참여하기 (LM1002010308_14v1.4)**
학습 5	배당이의 절차 진행하기(LM1002010308_14v1.5)

4-1. 배당절차에서 기일지정과 이해관계인 등의 배당표 열람

학습 목표

- 배당기일의 지정과 이해관계인 및 배당을 요구한 채권자에 관한 배당기일통지에 관하여 파악할 수 있다.
- 배당표 원안의 작성・비치와 이해관계인 등의 열람기간에 관하여 확인할 수 있다.

필요 지식 /

[1] 배당기일의 지정 및 통지

1. 배당기일의 지정

매수인이 매각대금을 지급하면 법원은 배당에 관한 진술 및 배당을 실시할 기일을 정하여야 한다(민집 146조 본문). 이 기일을 실무상 배당기일이라 한다.

부동산경매사건의 진행기간 등에 관한 예규(재민 91-5)에 의하면 매수인이 매각대금을 지급하면 3일 안에 배당기일을 지정하되, 배당기일은 대금지급 후 4주 안의 날로 정하도록 되어 있다. 보통은 대금지급 후에 배당기일을 지정함이 원칙이나 매수인이 적법하게 채무인수신청(민집 143조 1항)을 하였거나 또는 차액지급신청(같은 조 2항)을 한 경우에는 바로 배당기일을 정하고 대금지급기한을 정할 필요가 없음은 전술한 바와 같다.

재매각을 명하였다가 대금의 지급이 있어 재매각절차를 취소한 경우에는 바로 배당기일을 지정한다.

배당기일을 지정한 경우에는 기일지정서를 작성하여 기록에 편철한다.

2. 배당기일의 통지

법원은 배당기일을 정하고 이해관계인과 배당을 요구한 채권자에게 이를 통지하여야 한다(민집 146조 본문). 배당기일의 통지는 민사집행규칙 8조 1항이 정한 바에 따라 상당하다고 인정되는 방법으로 할 수 있다. 다만, 이 통지는 배당기일의 실시와 관련하여 배당에 관한 의견의 진술, 배당이의의 진술 등 채권만족의 마지막 단계를 위한 절차이므로 신중을 요한다. 따라서 배당기일통지서를 작성하여 송달하는 것이 바람직하다. 그밖에 통지할 장소나 통지의 방법에 관하여는 대금지급기한의 통지에 준하여 처리하면 될 것이다[전술 11. 매각대금의 지급 가. 대금지급기한 (4) 대금지급기한의 통지 부분 참조].

이 통지의 방식에 민사집행규칙 8조가 적용된다고 하여도, 이 통지는 민사집행규칙에 의한 통지가 아니라 민사집행법에 의한 통지이므로 민사집행규칙 8조 4항의 통지생략규정은 적용되지 않는다(대결 2010. 6. 14. 2010마363 참조). 따라서 배당기일통지는 생략되어서는 안 된다. 통지를 받지 못한 결과 기일에 출석하지 못하여 이의를 진술할 수 없었던 자는 배당이의의 소를 제기할 수 없고, 따라서 어느 채권자에 대한 통지의 누락은 그 채권자의 권리를 침해하는 절차적 하자가 되기 때문이다. 그러므로 배당액이 '0' 인 채권자에게도 통지하여야 한다.

채권자 중 있는 곳이 분명하지 않아 기일통지가 불가능하면 직권으로 공시송달을 하여야 한다.

매수인에게는 배당기일통지를 할 필요가 없으나, 매수인이 채무인수신청(민집 143조 1항)이나 차액지급신청(같은 조 2항)을 한 때에는 매수인에게도 통지하여야 함은 물론이다.

다만, 채무자가 외국에 있거나 있는 곳이 분명하지 아니한 때에는 통지하지 아니한다(민집 146조 단서).

배당기일통지가 누락된 것에 관하여는 집행에 관한 이의(민집 16조)로 다툴 수 있다.

한편 배당기일이 정해지면 배당기일통지(민집 146조)뿐 아니라 계산서 제출최고(민집규 81조)도 하여야 하는데, 배당기일통지서에 채권계산서를 1주 안에 제출할 것을 최고하는 취지를 부기하여 송달하여도 된다.

② 배당표원안의 비치와 열람

집행법원은 배당기일에 출석한 이해관계인과 배당을 요구한 채권자를 심문하여 배당표를 확정하여야 하나(민집 149조 2항), 그에 앞서 채권자와 채무자에게 보여주기 위하여 배당기일의 3일전에 배당표원안을 작성하여 법원에 비치하여야 한다(민집 149조 1항, 재민 91-5). 배당표의 비치는 법원사무관등의 사무실에 하면 된다. 배당표를 비치하지 아니하거나 배당표 비치기간을 준수하지 아니하면 배당기일 변경 또는 연기의 사유가 되지만 배당절차의 무효나 취소사유가 되지는 않는다. 또 이해관계인이 배당기일에 이의를 하지 아니하고 배당표에 대한 진술을 한 때에는 배당기일의 연기를 신청할 권리를 잃게 된다(민집 23조 1항, 민소 151조 본문).

비치된 배당표원안을 열람한 이해관계인 및 배당을 요구한 채권자들은 배당표원안에 적은 내용에 대하여 이의가 있을 경우에는 반드시 배당기일에 출석하여 이의를 진술하여야 하고 미리 서면으로 이의할 수 없다(민집 151조 1항, 3항). 다만, 채무자는 법원에 배당표원안이 비치된 이후 배당기일이 끝날 때까지 채권자의 채권 또는 그 채권의 순위에 대하여 서면으로도 이의할 수 있다(민집 151조 2항).

수행 내용 / 배당표 열람하기

재료 · 자료

- 「민사집행법」
- 「민사집행규칙」
- 법원실무제요
- 배당관련 법원양식
- 대한민국법원 법원경매정보(www.courtauction.go.kr)

기기(장비 · 공구)

- 컴퓨터
- 빔프로젝트

안전 · 유의 사항

- 각종 법률의 적용에 있어서 최신의 개정된 법률인지 여부를 검토 · 확인한다.
- 타인의 글, 그림 등을 사용함에 있어서 적절한 인용 및 표절여부를 검토한다.

수행 순서

1 배당기일통지서를 확인하고 배당표를 열람한다.

배당기일통지는 각 채권자와 채무자에 대하여 늦어도 배당기일 3일전에 도달될 수 있도록 하여야 한다. 왜냐하면 배당기일 3일전보다 뒤에 통지가 도달되면 민사집행법 149조 1항의 3일간의 배당표열람기간을 지킬 수 없기 때문이다.

이 통지를 받을 채권자에는 압류채권자뿐 아니라 민사집행법 148조 각 호의 배당받을 채권자의 범위에 해당하는 채권자가 모두 포함되며, 청구이의의 소, 제3자이의의 소, 집행문부여에 대한 이의의 소의 피고로서 집행의 일시정지명령을 받은 채권자에게도 통지를 생략해서는 안 된다.

실무상 통지는 법원사무관등의 명의로 하고 있다(민집규 8조 5항 참조).

2 배당표에 적어야할 사항을 확인한다.

1. 배당표의 작성

배당할 금액은 각 항목에 따라 명세를 밝히고 그 합계액을 표시한다.

배당표에는 배당할 금액의 명세로 매각대금, 지연이자, 항고보증금, 전 매수인의 매수신청 보증금, 보증금 등 이자의 다섯가지로 구분하고 있는데, 그 중 매각대금은 매수인이든 차순위매수인이든 매각부동산의 소유권을 취득한 자가 지급한 매각대금을 뜻한다.

2. 배당표에 적어야 할 사항

민사집행법 150조 1항은 배당표에 매각대금, 각 채권자의 채권의 원금, 이자, 비용, 배당의 순위와 배당비율을 적도록 규정하고 있으나 재판사무에 관한 문서의 양식에 관한 예규(재일 2003-7)의 배당표양식에 의하면 배당표에는 위 사항 외에 배당법원의 표시, 사건번호, 배당할 금액, 매각부동산, 채권자의 이름, 배당순위와 이유, 배당액, 잔여액 등을 적도록 되어 있다.

배당표가 배당기일에 확정되면 판사(사법보좌관)가 기명날인한다.

배당표에 적어야 할 사항 중 중요한 사항을 적는 요령은 <표 4-6> 배당표 원본과 같다.

<표 4-1> 배당기일통지서

○ ○ 지 방 법 원

배당기일통지서

귀하

사　　건　　20　타경　　부동산강제(임의)경매

채 권 자

채 무 자

소 유 자

아래와 같이 배당기일이 지정되었음을 통지합니다.

배당기일　　.　　.　　.　　:　　(제　　호 법정)

20　　.　　.　　.

법원사무관　　　　　(직인생략)

◇ 유 의 사 항 ◇

1. 채권자는 채권의 원금 · 배당기일까지의 이자, 그 밖의 부대채권 및 집행비용을 적은 계산서를 이 통지서를 받은 날부터 1주 안에 법원에 제출하시기 바랍니다. 채권계산서 양식은 아래와 같습니다.
2. 계산서에는 채권원인증서의 사본을 첨부하고, 채권원인증서의 원본은 배당요구서에 첨부한 경우가 아니면 배당당일에 제출하셔야 합니다(임차인은 아래 3. 참조).
3. 임차인이 배당금을 수령하려면 ①임대차계약서원본, ②주택임차인은 주민등록등본, 상가건물임차인은 등록사항

등의 현황서등본 ③매수인의 인감이 날인된 임차목적물명도확인서, ④매수인의 인감증명서를 각 1통씩 배당당일에 제출하셔야 합니다(단, 배당요구종기까지 배당요구한 임차인에 한하여 배당받을 수 있습니다).

4. 대리인이 출석할 때에는 위임장 2통, 위임자의 인감증명서 2통, 법인인 경우 법인 등(초)본 2통, 기타 자격증명서면을 제출하셔야 합니다.

5. 배당기일통지서를 받은 이해관계인일지라도 법정배당순위에 따라서는 배당금이 없는 경우도 있습니다.

○○지방법원

배 당 표

〈표 4-2〉 배당표 원본

사 건 20 타경 부동산강제경매

배당할금액		금	51,000,000	
명세	매각대금	금	45,500,000	
	지연이자 및 절차비용	금	0	
	전경매보증금	금	5,000,000	
	매각대금이자	금	500,000	
	항고보증금	금	0	
집행비용		금	1,500,000	
실제 배당할 금액		금	49,500,000	
매각부동산		서울 서초구 서초동 1234 대 100㎡ 및 위 지상 1층 건물 150㎡		
채권자		김갑동	종로구	국민은행
채권금액	원금	16,000,000	1,000,000	10,000,000
	이자	0	0	495,000
	비용	0	0	5,000
	계	16,000,000	1,000,000	10,500,000
배당순위		1	2	3
이유		소액임차인	교부권자(당해세)	근저당권자
채권최고액		16,000,000	1,000,000	10,000,000
배당액		**16,000,000**	**1,000,000**	**10,000,000**
잔여액		33,500,000	32,500,000	22,500,000
배당비율		100.00%	100.00%	100.00%
공탁번호 (공탁일)		금제 호 (20 . . .)	금제 호 (20 . . .)	금제 호 (20 . . .)

채 권 자		이을순	박병식	
채권금액	원 금	20,000,000	10,000,000	
	이 자	0	0	
	비 용	0	0	
	계	20,000,000	10,000,000	
배 당 순 위		4	4	
이 유		신청채권자(확정판결)	가압류권자	
채 권 최 고 액		20,000,000	10,000,000	
배 당 액		**15,000,000**	**7,500,000**	
잔 여 액		7,500,000	0	
배 당 비 율		75.00%	75.00%	%
공 탁 번 호 (공 탁 일)		금제 호 (20 . . .)	금제 호 (20 . . .)	금제 호 (20 . . .)
20 . . . 판사(사법보좌관) ○ ○ ○				

[그림 4-1] 배당기일 법원방문하기

채권자는 배당요구 시 배당요구의 원인과 배당요구 금액 등을 기재하여 첨부서류와 함께 배당요구신청서를 이미 제출하였다. 이후 배당기일의 통지를 받은 다음 배당일을 기억하여 두었다가 배당기일 날 법원을 방문하여 배당금액을 수령한다.

[그림 4-2] 배당기일 확인하기

배당기일 날 법원에 방문하여 법원 게시판 등을 통하여 배당에 관한 공지를 확인하고 당해 사건의 배당일이 맞는지 여부와 변경사항 등을 재차 확인한다.

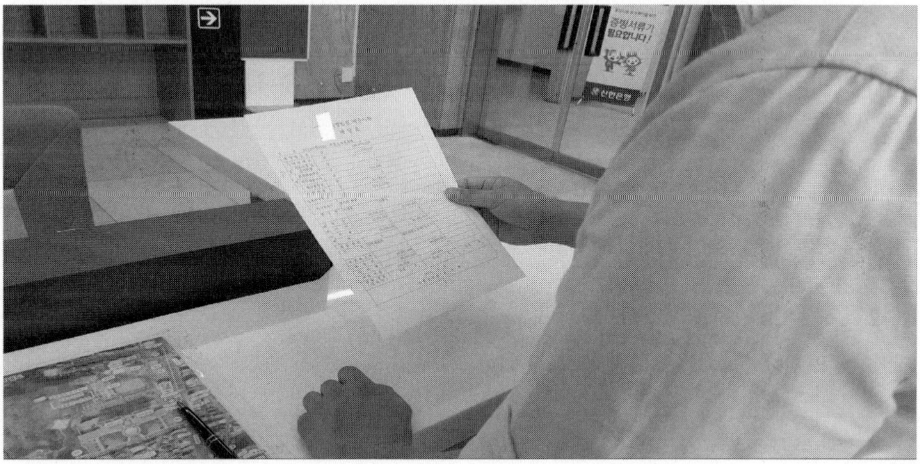

[그림 4-3] 배당표 열람

채권자는 배당기일 날 집행법원이 작성한 배당표를 열람하여 최종적으로 배당표가 올바로 작성되었는지 여부를 확인한다. 그리고 배당표의 작성, 확정, 실시와 다른 채권자의 채권과 순위에 대하여 착오가 발견될 경우에는 이의를 신청할 수 있다.

[그림 4-4] 배당참가하기

집행법원이 작성한 배당표에 이의가 없으면 배당표를 확정, 배당금의 출금을 실시한다. 이때 배당에 이의가 있을 때는 판사가 배당절차를 진행하여 이의가 정당하다고 인정되거나 다른 방법으로 합의한 때에는 배당표를 작성하여 배당을 실시한다.

수행 tip

- 채권과 물권에 관한 내용을 파악하면 안분배당, 흡수배당 등의 이해에 많은 도움이 된다.

4-2. 배당표의 확정과 출급절차 및 배당액 공탁 방법 검토

학습 목표	• 배당기일에서의 배당표의 확정과 배당실시에 관하여 파악할 수 있다. • 배당액의 공탁 및 출급절차에 관하여 검토할 수 있다.

필요 지식 /

1 배당기일의 실시

1. 배당표의 확정

법원은 미리 작성한 배당표원안을 배당기일에 출석한 이해관계인과 배당을 요구한 채권자에게 보여주고 그들을 심문하여 그 의견을 듣고 또 즉시 조사할 수 있는 증거를 조사한 다음 이에 기하여 배당표원안에 추가, 정정할 것이 있으면 추가, 정정하여 배당표를 완성·확정한다(민집 149조 2항, 152조 2항).

배당표에 대하여 이의가 있으면 그 이의 있는 부분에 한하여 배당표는 확정되지 아니한다(민집 152조 3항 참조).

배당기일에 출석한 이해관계인과 배당을 요구한 채권자가 합의한 때에는 이에 따라 배당표를 작성하여야 한다(민집 150조 2항).

배당표에 대하여 이해관계인이나 배당요구채권자의 이의가 없어 그대로 확정되면 법원 및 각 채권자와 채무자는 이에 기속된다.

2. 배당의 실시

(1) 배당을 실시하여야 할 경우

(가) 배당이의가 없는 경우

채권자 및 채무자로부터 적법한 이의가 없는 경우 또는 배당기일에 출석하지 아니함으로 인하여 배당표와 같이 배당을 실시하는 데에 동의한 것으로 보는 경우(민집 153조 1항)에는 법원이 작성한 배당표원안이 그대로 확정되므로 이에 따라 배당을 실시한다.

매수인이 배당액과의 차액지급에 의하여 대금을 지급한 때(민집 143조 2항)와 매수인이 배당받을 채권자에 대한 채무를 인수한 경우(민집 143조 1항)에는 그 자에 대하여는 현실의 배당을 실시하지 않는다.

(나) 배당이의가 있는 경우

1) 이의가 있었으나 이의가 완결된 경우 : 이해관계인이 이의를 정당하다고 인정

하거나 다른 방법으로 합의한 때에는 이의가 완결되는데(민집 152조 2항), 이의가 완결되면 완결된 내용대로 배당표가 확정되므로 법원은 완결된 내용에 따라 배당표를 경정하여야 하고, 경정된 배당표에 따라 배당을 실시한다.

2) 이의가 있고 이의가 완결되지 아니하였으나 이의 없는 부분이 있는 경우 : 이의가 없는 부분에 한하여 배당을 실시하여야 한다(민집 152조 3항).

3) 이의가 있었으나 이의가 철회된 경우 : 이 경우에는 일단 배당기일이 종료되면 다시 이의할 수 없어 배당표는 확정되므로 종전의 배당표에 따라 배당을 실시하여야 한다. 이 경우에는 법원이 따로 기일을 지정하지 않고 법원사무관등이 민사집행법 160조 2항의 채권자가 배당기일에 출석하지 아니한 때에 준하여 공탁을 한 다음 후일 수시로 출석한 채권자에게 지급증명서를 교부하는 것이 실무인데, 다만 배당기일 종료 후에 이의가 철회된 경우에는 따로 기일을 정하여 배당받을 채권자와 채무자에게 통지하고 민사집행법 159조에 의하여 종전의 배당표에 따라 배당을 실시하여야 한다는 견해도 있다.

4) 이의가 있었으나 이의한 채권자 또는 채무자가 배당이의의 소 등(채무자가 집행력 있는 집행권원을 가진 채권자에 대하여 제기하는 청구이의의 소 또는 정기금지급판결변경의 소를 포함한다. 이하 본항에서는 같다)의 제기증명 등을 제출하지 아니한 경우(민집 154조) : 이 경우에 법원은 이의를 무시하고 그대로 배당을 실시하여야 한다. 법원이 취할 구체적인 조치는 위 ③과 같다.

5) 배당이의의 소 등이 취하 또는 취하간주되거나 그 소송에서 소각하 또는 청구기각의 판결이 확정되었음이 증명된 경우(민집 161조 1항 참조) : 이 경우에는 배당이의로 인하여 일단 유보된 배당절차가 다시 속행되는데, 위 사유가 배당기일부터 1주가 지난 후에 발생하여 배당이의의 소 등이 다시 제기될 여지도 없으면 배당표가 확정되므로 이때에는 종전의 배당표에 따라 배당을 실시하여야 한다. 즉, 법원사무관등은 배당이의의 소 등의 피고가 소취하, 각하 또는 청구기각판결의 확정사실을 증명하는 서면을 제출하면서 배당액의 지급청구를 하는 경우에 그 피고였던 채권자에게 배당액을 지급하거나, 이미 공탁한 경우에 공탁관에게 지급위탁서를 송부하고 당해 채권자에게 지급증명서를 교부한다.

6) 배당이의의 소 등의 승소판결이 확정되었음이 증명된 경우(민집 161조 1항 참조) : 배당이의의 소 등에서 원고청구의 전부 또는 일부인용 판결이 확정되었음이 증명된 때에는 그 판결내용에 따라 배당을 실시한다.

2 배당액의 공탁

1. 배당액을 공탁하여야 할 경우

다음의 각 채권에 대한 배당액은 즉시 채권자에게 지급할 수 없거나 지급하는 것이 적당하지 아니하므로 법원사무관등은 그 채권자에게 배당액을 직접 지급하지 않고 공탁한다.

(1) 채권에 정지조건 또는 불확정기한이 붙어 있는 때(민집 160조 1항 1호).

(2) 가압류채권자의 채권(민집 160조 1항 2호)

(가) 가압류의 경우에 확정되지 아니한 채권은 공탁하여야 한다.

가압류의 경우에 확정되지 아니한 채권에 대한 배당액을 공탁하는 것은 강제집행의 일환으로서 매각대금의 관리 및 배당금의 지급을 공탁절차를 통하여 시행하는 것이므로 성질상 집행공탁에 해당하고, 그러한 공탁금은 본집행의 요건을 구비하는 단계에 이르는 등 공탁사유가 소멸할 때 당연히 지급된다.

본안소송에서 가압류채권자가 승소하여 집행력 있는 종국판결을 취득한 때, 혹은 그에 준하는 화해조서, 그 밖의 집행권원을 취득한 때 가압류채권자가 집행권원을 제출하면 법원사무관등은 그 채권자에게 배당액을 지급한다.

(나) 가압류채권자에 대한 배당액이 공탁된 후 가압류집행이 취소되거나 가압류채권자가 본안소송에서 패소확정판결을 받는 등의 경우에는, 그 공탁금은 채무자에게 교부할 것이 아니라 다른 채권자들에게 추가로 배당하여야 하고, 이는 가압류채권자가 본안에서 승소확정판결을 받은 금액이 공탁된 배당액을 초과한다고 하여도 마찬가지이다(대판 2004. 4. 9. 2003다32681, 대판 2013. 6. 13. 2011다75478 등).

(다) 한편 가압류채권자의 채권이 확정되지 아니하여 가압류채권자의 배당금을 공탁한 후에 가압류채권자가 피보전채권의 존재가 본안의 확정판결 등에 의하여 확정되었다고 주장하면서 확정판결 등을 제출하는 경우 가압류의 피보전권리와 본안의 소송물인 권리는 엄격히 일치함을 요하지 아니하며, 청구기초의 동일성이 인정되는 한 가압류에 대한 관계에서 본안이라고 보아야 한다(대판 1997. 2. 28. 95다22788, 대결 2009. 3. 13. 2008마1984 등). 즉, 원금만을 청구금액으로 삼았다고 하더라도 그 청구기초가 동일하므로, 청구금액의 범위 내에서는 원금에 대한 이자에 대하여도 배당을 받을 수 있다는 것이다.

(3) 민사집행법 49조 2호(강제집행의 일시정지를 명한 취지를 적은 재판의 정본) 및 266조 1항 5호(담보권실행을 일시정지하도록 명한 재판의 정본)의 문서가 제출되어 있는 때(민집 160조 1항 3호)

(4) 저당권설정의 가등기가 마쳐져 있는 때(민집 160조 1항 4호)

(5) 배당이의의 소가 제기된 때(민집 160조 1항 5호)

(6)) 저당권자가 저당권의 목적부동산이 아닌 다른 부동산에 관한 배당절차에서 배당을 받는데 다른 채권자가 그 배당금의 공탁청구(민 340조 2항, 370조)를 한 때(민집 160조 1항 6호)

(7) 배당기일에 출석하지 아니한 채권자의 배당액(민집 160조 2항)

(8)) 저당권부채권에 대한 채권담보권의 등기가 된 경우

(9) 저당권에 대하여 처분금지가처분이 된 경우

(10) 배당금 또는 잉여금수령채권에 대하여 압류, 가압류 또는 전부명령, 추심명령이 발령된 경우 처리 방법

(11) 채권자에게 배당하기 위한 배당금에 대하여 처분금지가처분 또는 지급금지가처분이 된 채권도 공탁의 대상이다(대판 2009. 5. 14. 2007다64310).

(12) 저당권부채권의 질권자가 부기등기를 하면 그 효력이 저당권에도 미치는데(민 348조), 저당권부채권의 질권자가 저당권자가 받을 배당금에 대하여 권리를 행사하기 위해서는 배당법원에 배당금의 지급을 청구하거나(민 353조 1항), 민법 342조에 따라 배당 전에 저당권자가 배당받을 금원에 대하여 채권압류 및 추심명령(또는 전부명령)을 받거나, 제3자가 위 배당금을 압류하여야 그 배당금에 대하여 질권자로서의 우선변제권을 행사할 수 있으므로(민 354조), 저당권자의 배당금지급청구권에 대하여 질권자나 제3자로부터 압류가 없는 한 저당권자에게 배당을 하여야 할 것이고 공탁을 할 것은 아니라고 보는 견해도 있을 수 있지만, 저당채권에 대한 질권자도 등기기록에 기입된 부동산 위의 권리자(민집 90조 3호)에 해당하므로(대결 1999. 11. 10. 99마5901), 질권자가 배당법원에 직접청구하지 않거나 압류가 없는 경우라도 질권자 앞으로 배당하여 유보공탁(민집 160조 2항)을 할 것이고, 저당권자에게 배당할 것은 아니다.

2. 공탁의 방법

(1) 배당액을 공탁할 사유가 있는 경우에는 공탁사무 문서양식에 관한 예규(행정예규 972호) 별표 1-1호 양식에 의하여 공탁서 2통을 작성하여 공탁관에게 제출한다(공탁규 20조 1항).

(2) 채권에 ② 공탁서에 적어야 할 내용은 다음과 같다(공탁규 20조 2항).

(가) 공탁자의 주소, 이름 : 공탁자는 법원사무관등이므로 '○○지방법원 법원사무관 ○○○' 라고 적고, 주소는 적지 않는다.

(나) 법령조항 : 민사집행법 160조에 의하여 공탁할 경우에는 민사집행법 160조의 해당 항을 적고, 민사집행법 248조 1, 2, 3항이나 민법 487조에 의하여 공탁할 경우에는 위 각 조문을 적으며, 두 가지 이상의 공탁원인이 있는 경우에는 모두 적는다.

(다) 공탁물을 수령할 자의 주소, 이름 : 이의 있는 채권에 대한 배당액을 공탁하는 경우에는 공란으로 두며(다만, 실무에서는 배당표원안에 배당받는 것으로 기재된 채권자를 기재하기도 한다), 정지조건부 채권에 대한 배당액, 가압류의 피보

전채권에 대한 배당액 또는 기일에 출석하지 아니한 채권자의 배당액을 공탁하는 경우에는 그 채권자의 주소, 이름을 적는다. 주민등록번호를 알 수 있는 때에는 주민등록번호도 기재한다.

(라) 공탁원인사실 : '○○지방법원 20 타경 부동산강제경매사건에 관하여 채권자 甲으로부터 채권자 乙의 채권에 대하여 이의가 있고 또 소정기간 내에 배당이의의 소제기의 증명이 있었으므로 이의 있는 채권액에 대한 배당액을 공탁함' 또는 '○○지방법원 20 타경 부동산강제경매사건에 관하여 채권자 甲은 ○○지방법원 20 카단 부동산가압류명령에 의한 가압류채권자로서 위 가압류의 피보전채권이 확정되지 아니하였으므로 위 채권에 대한 배당액을 공탁함' 이라고 적는다.

(3) 채권에 ③ 한편 앞에서 설명한 바와 같이 민사집행법 248조에 의하여 공탁할 경우에는 같은 조 4항에 의하여 공탁사유신고도 하여야 한다. 다만, 일단 다른 사유로 공탁하였다가 후에 248조를 적용하고자 하는 경우에는 종래의 공탁을 그대로 유지하면 되고 다시 집행공탁을 할 필요는 없으며 공탁사유신고서를 관할 집행법원에 제출하면 된다(공탁규 58조 1항).

(4) 채권에 ④ 법원사무관등은 공탁을 하여 취급점으로부터 공탁서를 반환받은 때에는 즉시 그 공탁서 사본과 배당표 원본은 배당기록에 첨부하고, 따로 배당표 등본이 첨부된 공탁서 원본과 함께 주무과장이 지정하는 보관책임자에게 인계한다. 공탁된 배당액등의 출급에 관련된 절차에 관한 업무는 공탁서등 보관책임자가 이를 담당한다.

수행 내용 / 배당금 및 공탁금 수령하기

재료 · 자료

- 「민사집행법」
- 「민사집행규칙」
- 법원실무제요
- 예시 배당표
- 배당표원본

- 배당관련 법원양식
- 대한민국법원 법원경매정보(www.courtauction.go.kr)

기기(장비 · 공구)

- 컴퓨터
- 빔프로젝트

안전 · 유의 사항

- 각종 법률의 적용에 있어서 최신의 개정된 법률인지 여부를 검토 · 확인한다.
- 타인의 글, 그림 등을 사용함에 있어서 적절한 인용 및 표절여부를 검토한다.

수행 순서

1 배당표원안의 열람 후 배당기일에 법원에 배당금을 수령하러 간다.

비치된 배당표원안을 열람한 이해관계인 및 배당을 요구한 채권자들은 배당표원안에 적은 내용에 대하여 이의가 있을 경우에는 반드시 배당기일에 출석하여 이의를 진술하여야 한다. 그리고 법원은 미리 작성한 배당표원안을 배당기일에 출석한 이해관계인과 배당을 요구한 채권자에게 보여주고 그들을 심문하여 그 의견을 듣고 또 즉시 조사할 수 있는 증거를 조사한 다음 이에 기하여 배당표원안에 추가, 정정할 것이 있으면 추가, 정정하여 배당표를 완성 · 확정한다(민집 149조 2항, 152조 2항).

채권자 및 채무자로부터 적법한 이의가 없는 경우 배당을 실시한다.

<표 4-3> [예시] 배당표

○○지방법원

배 당 표

사 건 20 타경 부동산임의경매

배당할 금액(①)		금	50,000,000
명세	매 각 대 금	금	49,500,000
	지연이자 및 절차비용	금	0
	전매수신청보증금	금	0
	매각대금이자	금	500,000
	항고보증금	금	0
집 행 비 용(②)		금	1,500,000
실제 배당할 금액 (① - ②)		금	48,500,000

매 각 부 동 산		서울 서초구 서초동 100 토지, 같은 동 101 토지		
채 권 자		종로구	신한은행	김갑동
채권금액	원 금	1,000,000	10,000,000	9,000,000
	이 자	0	3,330,000	150,000
	비 용	0	20,000	0
	계	1,000,000	13,350,000	9,150,000
배 당 순 위		1	2	2
이 유		지방세	근저당권자	저당권자
채 권 최 고 액		1,000,000	20,000,000	9,150,000
배 당 액		1,000,000	13,500,000	9,150,000
잔 여 액		47,500,000	34,1500,000	25,000,000
배 당 비 율		100.00%	100.00%	100.00%
공 탁 번 호 (공 탁 일)		금제 호 (20 . . .)	금제 호 (20 . . .)	금제 호 (20 . . .)
채 권 자		중소기업은행	이을순	박일수
채권금액	원 금	19,000,000	10,000,000	5,000,000
	이 자	950,000	0	0
	비 용	50,000	0	0
	계	20,000,000	10,000,000	5,000,000
배 당 순 위		3	4	4
이 유		신청채권자	저당권자	저당권자
채 권 최 고 액		20,000,000	15,000,000	10,000,000
배 당 액		20,000,000	3,980,000	1,020,000
잔 여 액		5,000,000	1,020,000	0
배 당 비 율		100.00%	39.80%	20.40%
공 탁 번 호 (공 탁 일)		금제 호 (20 . . .)	금제 호 (20 . . .)	금제 호 (20 . . .)
20 . . . 판사(사법보좌관) ○ ○ ○				

[2] 정지조건이 있는 채권의 지급에 대하여 알아본다.

정지조건이 있는 채권은 조건의 성취에 의하여, 불확정기한이 있는 채권은 기한의 도래에 의하여 채권이 확정되므로, 조건이 성취되었거나(조건이 성취된 것으로 간주되는 경우를 포함한다) 기한이 도래한 경우에 당해 채권자가 그 사실을 증명하여 원래의 배당표에 적힌 대로 배당액 지급청구를 하면, 법원은 배당기일을 열지 않고 배당액지급절차를 밟는다. 배당액지급절차도 법원사무관등이 담당하게 되는데, 다만 이때의 법원사무관등은 집행법원의 법원사무관등이 아닌 공탁서등 보관자이다(재민 92-2). 이 업무를 담당한 법원사무관등은 당해 채권자에게 지급하여야 할 배당액에 상당하는 금액의 지급위탁서를 작성하여 공탁관에게 송부하는 한편, 당해 채권자에게는 배당액지급증(지급증명서)을 교부하여야 한다(민집 161조 1항, 159조 2항, 3항, 공탁규 43조 1항).

당해 채권자에게 배당액지급증(지급증명서)을 교부할 때에는 그로부터 집행력 있는 정본 또는 채권증서나 영수증을 받아야 한다.

배당금수령채권자는 공탁관에게 공탁물출급청구서(2통)에 위 배당액지급증을 첨부하여 제출하고, 공탁금의 출급을 받는다(공탁규 32조 1항, 43조 2항).

<표 4-4> 지급위탁서

<table>
<tr><td colspan="5">법원 지원 공탁관 귀하</td></tr>
<tr><td colspan="2">공탁번호</td><td>년금제 호</td><td>공탁금액</td><td></td></tr>
<tr><td rowspan="2">공탁자</td><td>성 명
(상호, 명칭)</td><td colspan="3"></td></tr>
<tr><td>주 소
(본점,
주사무소)</td><td colspan="3"></td></tr>
<tr><td rowspan="3">수령인</td><td>성 명
(상호, 명칭)</td><td colspan="3"></td></tr>
<tr><td>주 소
(본점,
주사무소)</td><td colspan="3"></td></tr>
<tr><td>주민등록번호
(사업자등록번호)</td><td colspan="3"></td></tr>
<tr><td colspan="2">지 급 액</td><td colspan="3"></td></tr>
<tr><td colspan="2">지급내역</td><td colspan="3"></td></tr>
<tr><td colspan="5">공탁금을 위와 같이 지급 의뢰합니다.
년 월 일
법원 지원 (인)</td></tr>
</table>

주 : 공탁사무 문서양식에 관한 예규(행정예규 1017호) 별표 제11호 양식

<표 4-5> 지급증명서

<table>
<tr><td colspan="2">공탁번호</td><td>년금제 호</td><td>공탁금액</td><td></td></tr>
<tr><td colspan="2">수령할 공탁금액</td><td colspan="3"></td></tr>
<tr><td rowspan="3">수령인</td><td>성 명
(상호, 명칭)</td><td colspan="3"></td></tr>
<tr><td>주 소
(본점, 주사무소)</td><td colspan="3"></td></tr>
<tr><td>주민등록번호
(사업자등록번호)</td><td colspan="3"></td></tr>
<tr><td colspan="5">위 수령인이 위의 수령할 공탁금액에 대한 수령권자임을 증명합니다.
년 월 일
법원 지원 (인)</td></tr>
</table>

주 : 공탁사무 문서양식에 관한 예규(행정예규 1017호) 별표 제12호 양식

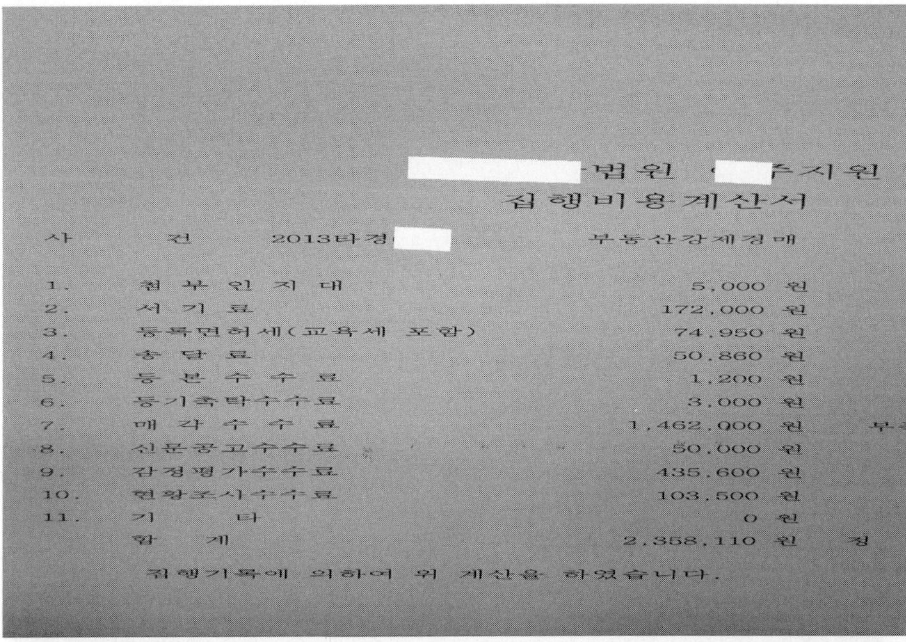

법원 주지원

집행비용계산서

사 건 2013타경 부동산강제경매

1.	첩부인지대	5,000 원
2.	서기료	172,000 원
3.	등록면허세(교육세 포함)	74,950 원
4.	송달료	50,860 원
5.	등본수수료	1,200 원
6.	등기촉탁수수료	3,000 원
7.	매각수수료	1,462,000 원
8.	신문공고수수료	50,000 원
9.	감정평가수수료	435,600 원
10.	현황조사수수료	103,500 원
11.	기타	0 원
	합계	2,358,110 원 정

집행기록에 의하여 위 계산을 하였습니다.

[그림 4-5] 집행비용계산서 수령

[그림 4-6] 법원보관금 환급신청서 작성

경매사건이 종결되면 당해사건의 법원보관금 잔액이 남아 있을 경우에 경매신청채권자는 환급신청을 통하여 지급받을 수 있다. 이에 대하여 대법원은 보관금 환급절차 간소화 조

치에 따라 법원보관금을 납부할 때 잔액 환급을 위한 계좌입금 신청을 하면 예금계좌에 자동으로 입금하도록 하고 있다.

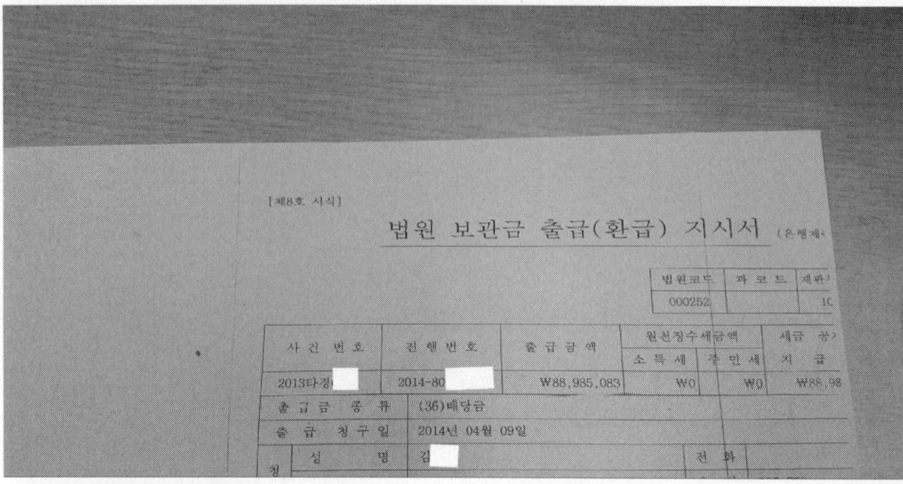

[그림 4-7] 법원보관금 출급지시서 확인

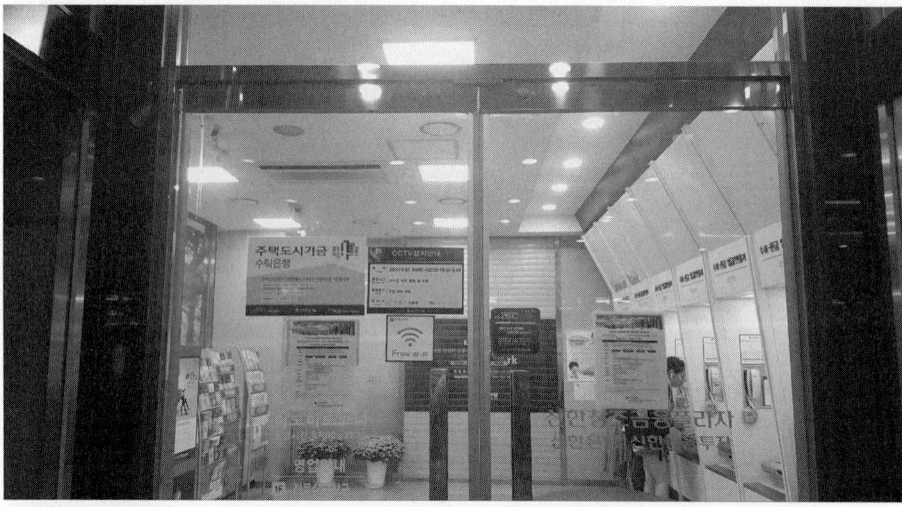

[그림 4-8] 배당금수령

배당기일에 배당받을 채권자는 법원보관금 출급명령서를 교부받고 법원보관금을 관리하는 세입세출외 현금 출납공무원에게 제출하여, 법원보관금출급지시서를 교부받는 절차를 밟는다. 그리고 출급지시서를 지참하여 법원구내은행에 제출하여 배당금을 수령하게 된다.

수행 tip

- 배당금의 수령을 위하여 배당표의 구조와 내용을 사전에 알아두고, 배당절차를 파악하면 배당받을 때 매우 편리하게 일을 마칠 수 있다.
- 공탁금의 수령을 위하여 공탁사무 문서양식을 숙지하여 두면 간단하고 정확하게 업무처리를 할 수 있다.

학습4 교수 · 학습 방법

교수 방법

- 법원작성 배당표를 검토하여 배당이 올바르게 작성되었는지 여부를 판단할 수 있도록 지난번의 수업과정을 상기시킨다.
- 법원실무에 있어서 이론의 적용서인 법원실무제요의 활용을 통하여 학습의 효과를 제고한다.
- 부동산경매절차 상 배당기일의 지정과 통지에 관한 의미에 대하여 기본적인 지식을 학습하고, 배당액의 출급절차에 대하여 사진자료 등을 활용하여 수업의 이해도를 높이도록 한다.
- 배당표의 확정과 배당실시에 관하여 직접 법원에 임장하여 수업을 진행함으로써 현장감을 높이고 이해도를 향상시킨다.
- 배당의 오류나 절차상의 문제 발생 시 배당이의에 관한 처리절차에 대하여 다양한 사례들을 검토하고 파악한다.

학습 방법

- 최종적으로 부동산경매의 절차 전반에 대하여 이해하고 정리한다.
- 배당에서의 이해관계인의 범위와 배당기일통지를 받을 채권자에 대하여 연구 · 검토한다.
- 배당표 원안의 작성 · 비치와 이해관계인 등의 열람 등에 대하여 확인하고 세밀히 조사한다.
- 배당기일에 배당이의 신청 시 처리절차에 대하여 파악하고, 이의신청 사건의 종류와 내용의 검토를 위하여 법원의 판례를 면밀히 분석한다.
- 특정한 경매사건을 하나를 정하여, 배당하는 당일 경매법정에 직접 현장 견학하여 배당과정 전부를 참관한다.

학습4 평 가

평가 준거

- 평가자는 학습자가 학습 목표를 성공적으로 달성하였는지를 평가해야 한다.
- 평가자는 다음 사항을 평가해야 한다.

학습 내용	평가 항목	성취수준		
		상	중	하
배당절차에서 기일지정과 이해관계인 등의 배당표 열람	- 배당기일의 지정과 이해관계인 및 배당을 요구한 채권자에 관한 배당기일통지에 관하여 파악할 수 있다.			
	- 배당표 원안의 작성·비치와 이해관계인 등의 열람기간에 관하여 확인할 수 있다.			
배당표의 확정과 출급절차 및 배당액 공탁 방법 검토	- 배당기일에서의 배당표의 확정과 배당실시에 관하여 파악할 수 있다.			
	- 배당액의 공탁 및 출급절차에 관하여 검토할 수 있다.			

평가 방법

- 서술형시험

학습 내용	평가 항목	성취수준		
		상	중	하
배당절차에서 기일지정과 이해관계인 등의 배당표 열람	- 배당기일의 지정과 배당기일통지 이해			
	- 배당표원안의 작성			
	- 배당표의 이해관계인 열람			
배당표의 확정과 출급절차 및 배당액 공탁 방법 검토	- 배당기일의 배당표확정과 배당실시			
	- 배당이의시 처리 절차 검토			

• 사례연구

학습 내용	평가 항목	성취수준 상	성취수준 중	성취수준 하
배당절차에서 기일지정과 이해관계인 등의 배당표 열람	- 경매사건 하나를 특정하여 경매개시결정에서부터 배당표 확정시까지 기간검토			
	- 배당기일에 배당실시를 못할 경우 검토			
배당표의 확정과 출급절차 및 배당액 공탁 방법 검토	- 경매사건 하나를 특정하여 배당액의 공탁에 관한 사례를 검토			

• 평가자 질문

학습 내용	평가 항목	성취수준 상	성취수준 중	성취수준 하
배당절차에서 기일지정과 이해관계인 등의 배당표 열람	- 배당표를 열람할 수 있는 이해관계인의 범위 파악			
	- 배당표에 문제가 있을 경우 배당기일에 취할 조치 검토			
배당표의 확정과 출급절차 및 배당액 공탁 방법 검토	- 배당금의 지급 절차 검토			
	- 배당액의 공탁 요령 파악			

• 구두발표

학습 내용	평가 항목	성취수준 상	성취수준 중	성취수준 하
배당절차에서 기일지정과 이해관계인 등의 배당표 열람	- 주어진 경매사건 자료를 보고 배당기일까지 배당표열람 후 배당표의 오류 확인 시 조치요령 검토			
배당표의 확정과 출급절차 및 배당액 공탁 방법 검토	- 배당기일에 배당금의 수령 절차 설명			

피드백

1. 서술형시험
   - 배당표의 출급절차 및 공탁방법에 대하여 평가한 후 틀린 문항에 대해 설명하고 일정 수준 이하의 평가결과에 대해서는 보충학습 후 재평가를 실시할 수 있도록 피드백한다.

2. 사례연구
   - 주어진 조건에 따라 중요부분을 적시하고 있는지 평가하고 그 결과에 따라 부족한 부분은 피드백을 통하여 수정하고 반복하여 실무에 적용할 수 있도록 현장 지도한다.

3. 평가자 질문
   - 배당기일에 배당액의 확정 및 지급절차와 배당액의 공탁에 대하여 이해하고 있는지 여부를 평가한 후 피드백한다.

4. 구두발표
   - 배당표의 오류와 배당금 수령절차의 두가지로 나누어 세미나 형식으로 발표 후 학생들 스스로 이에 관한 정리를 하게 한 후 수준을 평가하여 피드백한다.

학습 1	배당요구제도 파악하기(LM1002010308_14v1.1)
학습 2	배당받을 채권자 범위 검토하기(LM1002010308_14v1.2)
학습 3	배당의 순위 확인하기(LM1002010308_14v1.3)
학습 4	배당절차 참여하기(LM1002010308_14v1.4)
학습 5	**배당이의절차 진행하기 (LM1002010308_14v1.5)**

5-1. 배당표 원안에 관한 이의절차 파악

학습 목표	• 배당표 원안에 관한 이의 방법에 관하여 확인할 수 있다. • 배당이의의 절차와 효과에 관하여 파악할 수 있다.

필요 지식 /

1 배당표에 대한 이의

1. 이의를 할 수 있는 자 및 이의시기 등

(1) 기일에 출석한 채무자 및 각 채권자는 배당표의 작성, 확정 및 실시와 다른 채권자의 채권 또는 그 채권의 순위에 대하여(단 채권자는 자기의 이해에 관계되는 범위 안에서) 이의할 수 있다(민집 151조 1항, 3항). 다만, 채무자는 민사집행법 149조 1항에 따라 법원에 배당표원안이 비치된 이후 배당기일이 끝날 때까지 서면으로 이의할 수 있다(민집 151조 2항). 여기서 말하는 채무자란 임의경매에 관해서는 담보부동산의 소유자를 포함하는 개념이다.

이의를 할 수 있는 채권자에는 가압류채권자도 포함된다. 강제집행의 일시정지의 사유가 있는 채권자도 이의를 신청할 수 있다.

(2) 배당기일통지를 받고도 출석하지 아니한 채권자는 배당표와 같이 배당을 실시하는 데에 동의한 것으로 보게 되므로(민집 153조 1항), 그 채권자에 관한 한 배당표는 확정되나 후술하는 바와 같이 채권자가 기일에 출석하지 아니한 다른 채권자의 채권에 관하여 이의를 한 경우에는 출석하지 아니한 채권자는 그 이의를 정당하다고 인정하지 아니한 것으로 보게 된다(민집 153조 2항).

(3) 이의를 위하여 반드시 이의권자 본인이 배당기일에 출석하여야 하는 것은 아니고, 대

리인이 출석하여도 된다. 특히 배당절차는 단독판사가 심리하는 사건에 해당하므로 변호사대리원칙의 예외를 규정한 민사소송법 88조가 적용된다(민집 23조 1항).

(4) 이의는 절차상의 사유에 기한 것과 실체상의 사유에 기한 것으로 나눌 수 있다.

2. 절차상의 사유에 기한 이의(형식상의 이의)

(1) 이의사유 및 성질

이해관계 있는 각 채권자와 채무자는 배당표의 작성방법이나 배당실시절차에 위법이 있음을 이유로 이의를 진술할 수 있다.

(2) 이의에 대한 조치

배당기일에 채무자 또는 채권자가 위와 같은 위법을 주장하여 이의를 진술하는 것은 법원에 대하여 집행절차상의 위법에 대한 시정을 촉구하는데 불과하므로, 법원은 그 이의가 정당하다고 인정하면 그 절차의 위법을 시정하여 배당표원안에 적힌 내용을 경정하여야 하는데, 경정에 의하여 불이익을 받을 채권자의 전원이 출석하여 동의를 한 경우에는 즉시 배당표를 경정하여 기일을 속행할 수 있으나, 그렇지 아니하여 즉시 경정할 수 없을 때에는 배당의 실시를 연기하거나 속행기일을 정하여 경정된 배당표 열람의 기회를 준 후 경정한 배당표에 따라 배당을 실시한다.

3. 실체상의 사유에 기한 이의

(1) 이의사유 및 성질

전술한 절차상의 사유에 기한 이의가 배당절차상의 잘못을 이유로 한 것과는 달리, 위의 실체상의 사유에 기한 이의는 배당받을 채권자의 채권 자체에 관한 사정을 이유로 한 것이다.

이의를 할 수 있는 채권자는 집행력 있는 정본의 유무, 채권이 사법상의 것인지 공법상의 것인지 여부, 일반채권인지 우선권있는 채권인지 여부, 그리고 배당표에 배당을 받는 것으로 기재되어 있는지 여부를 불문하고 배당에 참가한 모든 채권자를 포함하나, 배당에 참가하지 못하는 채권자, 즉 민사집행법 148조 각 호에 해당하지 아니하는 자의 이의는 부적법하다.

[2] 이의방법

채무자는 배당기일에 출석하여 이의할 수 있을 뿐 아니라 배당표원안이 비치된 이후에는 배당기일이 끝날 때까지 서면으로도 이의할 수 있다(민집 151조 1항, 2항). 반면에 채권자는 반드시 배당기일에 출석하여 이의를 진술하여야 한다(민집 151조 3항 참조).

이의는 어느 채권에 대하여 어느 한도에서 그 존재 또는 우선권을 다투는가, 즉 배당표원안에 적힌 내용을 어떻게 경정할 것을 구하는 것인지를 구체적으로 명시하여야 하고, 이의의 상대방과 그 범위를 명시하지 아니한 이의는 부적법하다. 또 채권자는 이의의 결과 자기의 배당액이 증가되는 경우에 한하여 이의할 수 있으므로(민집 151조 3항, 대판 1994.

1. 25. 92다50270, 대판 2010. 10. 14. 2010다39215), 이의의 내용은 상대방의 배당액을 감액하고, 감액분을 자기의 채권액의 한도에서 자기의 배당액에 더하여야 한다는 것을 주장하는 것이어야 한다.

또한 채권자가 다른 채권자에 대하여 이의할 경우에는 자기의 이해에 관계되는 범위 안에서 이의할 수 있으므로(민집 151조 3항), 다른 채권자의 배당액에 관하여 이의하면서 그 채권액을 자기가 아닌 다른 채권자에게 배당해 줄 것을 요구하는 내용의 이의는 부적법하고, 채권자는 자기의 배당요구금액을 초과하여 이의할 수는 없으므로 그 초과하는 부분의 이의도 부적법하다.

반면에 채무자의 경우에는 채권자에 대한 배당액 자체가 문제이고, 자기에게 잉여금이 생기는지 여부는 불필요하다. 따라서 채무자가 이의할 경우에는, 이의에 관계된 채권자의 채권을 줄이는 내용을 진술하면 족하고, 그 줄어든 금액을 어느 채권자에게 배당하여야 한다는 것까지 진술할 필요는 없다.

배당이의의 상대방을 누구로 할 것인가와 관련하여, 자기보다 선순위 채권자의 배당액에 관하여 이의할 수 있는가 하는 문제와 후순위 또는 동순위 채권자 중 어느 범위의 자를 상대방으로 할 것인가의 문제가 있다.

자기의 채권보다 선순위채권임을 인정하는 이상 그 자에 대한 이의는 본래 부적법하지만 예외적으로 그 채권의 부존재를 이유로 하는 경우에는 이의하는 자의 배당순위에 상관없이 이의할 수 있다. 이 경우 부존재란 채권의 일부가 부존재한다고 주장하는 것도 포함된다.

일괄매각된 부동산의 각 매각대금으로부터 배당받을 채권자가 다른 경우 배당이의방법

대지와 건물을 일괄매각하더라도 배당절차는 기본적으로 개별매각의 경우와 다르지 않으므로, 대지와 건물을 개별매각하는 경우와 마찬가지로 대지에 대한 권리자는 대지매각대금에서, 건물에 대한 권리자는 건물매각대금에서 각 배당을 받아야 하고, 따라서 대지와 건물을 일괄매각하는 경우 각 재산의 매각대금에서 배당받을 채권자 및 채권이 다른 때에는 각 부동산의 매각대금마다 구분하여 이른바 개별배당재단을 형성한 후 각 대금마다 따로 배당표를 작성하여야 하며, 이 경우 배당표에 대한 이의는 각 물건마다 작성된 배당표를 대상으로 따로 처리되어야 하고, 설령 대지와 건물에 대한 배당표가 하나로 작성되었다고 하더라도 이는 대지 매각대금에 대한 배당표와 건물 매각대금에 대한 배당표의 각 채권자의 배당액이 합산되어 하나로 작성된 것에 불과하므로, 대지 매각대금이 모두 대지에 대한 권리자들에게 배당되었는데, 다만 그들 사이의 배당순위만 문제되는 경우 대지에 대한 선순위 채권자로서 배당을 받지 못한 자는 대지에 대한 후순위 채권자로서 선순위 채권자에 우선하여 배당받은 채권자를 상대로 배당이의를 할 수 있고, 후순위권자가 건물 매각대금으로부터 배당을 받을 수 있어서 결과적으로 후순위 채권자의 배당액에 변경이 없을 것이라고 하여도 마찬가지이다(대판 2003. 9. 5. 2001다66291, 대판 2004. 2. 27. 2003다17682).

배당표에 대한 이의 시에는 배당표에 적힌 내용을 어떻게 경정하도록 요구하는지를 구체적으로 명시하여야 하지만 반드시 그 이유까지 밝힐 필요는 없으므로, 집행법원은 이의의 상대방과 이의 있는 범위에 대하여 배당기일조서에 적으면 족하고, 이의의 상대방 및 범위의 당부 문제는 결국 배당이의소송에서 소의 적법여부 및 원고청구의 당부에 관한 판단 문제로 남게 된다.

③ 이의의 효과

1. 채무자가 이의를 한 경우

집행력 있는 집행권원의 정본을 가지지 아니한 채권자(가압류채권자를 제외한다)의 채권이나 부동산상의 담보권자의 채권에 대하여 이의를 한 경우에는 이의가 기일에 완결되지 아니하면 그 부분에 대하여는 배당의 실시가 일시 유보되고 이의를 한 채무자가 민사집행법 154조에 의한 배당이의의 소를 제기하여야 하며(민집 154조 1항), 집행법원에 소제기를 증명하면 그 부분의 배당액은 공탁된다.

집행력 있는 집행권원의 정본을 가진 채권자에 대하여 이의를 한 경우에는 채무자가 청구이의의 소(민집 44조)를 제기하고 또한 그 소에 관한 집행정지재판을 받아야 한다(민집 154조 2항, 3항).

2. 채권자가 이의를 한 경우

이의가 기일에 완결되지 아니한 때에는 이의 있는 채권에 대한 배당의 실시가 일시 유보되고 이의채권자가 배당이의의 소를 제기하고 배당기일부터 1주 이내에 그 소제기를 법인에 증명(민집 154조 1항, 3항)하면 그 부분의 배당액은 공탁되나(민집 160조 1항 5호) 그 증명이 없이 이 기간이 지난 경우에는 이의에 불구하고 배당이 실시된다.

3. 실체법상의 이의와 배당의 저지

실체법상의 이의가 있음에도 불구하고 이를 무시하고 배당을 실시하려고 하는 경우에는 집행에 관한 이의(민집 16조)를 제기하고 집행정지의 잠정처분을 받아 그 실시를 저지하는 수밖에 없고(다만, 집행기관과 집행에 관한 이의를 심리하는 법원이 동일하므로 집행정지의 잠정처분보다는 법원사무관등에 대한 직무명령이 더 효과적일 것이다), 그러한 조치를 취하기 전에 배당이 실시된 경우에는 부당이득반환을 구하는 수밖에 없다.

수행 내용 / 이의신청하기

재료 · 자료

- 「민사집행법」
- 「민사집행규칙」
- 법원실무제요
- 배당관련 법원양식
- 대한민국법원 법원경매정보(www.courtauction.go.kr)

기기(장비 · 공구)

- 컴퓨터
- 빔프로젝트

안전 · 유의 사항

- 각종 법률의 적용에 있어서 최신의 개정된 법률인지 여부를 검토 · 확인한다.
- 타인의 글, 그림 등을 사용함에 있어서 적절한 인용 및 표절여부를 검토한다.

수행 순서

1 배당기일에 이의에 관한 사항 등을 처리한다.

1. 배당조서의 작성
   배당기일에 참여한 법원사무관등은 배당기일의 경과 및 내용에 관하여 조서에 명확히 적어야 한다(민집 159조 4항 참조). 이를 배당기일조서 또는 배당조서라 한다.

2. 배당조서에 적어야 할 사항
   ① 사건의 표시, ② 법관과 법원사무관등의 이름, ③ 출석한 이해관계인 또는 그 대리인과 불출석한 이해관계인 및 그 대리인의 이름, ④ 배당실시의 장소와 연월일, ⑤ 배당이의의 유무, ⑥ 다른 채권자의 이의에 대한 진술 또는 진술을 하지 아니한 경우에는 그 취지, ⑦ 배당의 방법에 관하여 합의가 있으면 그 사실과 내용, ⑧ 이의 있는 부분의 배당절차를 중지하였다는 취지, ⑨ 이의 없는 부분에 관하여 배당표대로 배당을 실시하였다는 취지, ⑩ 민사집행법 160조에 해당하는 채권의 배당액의 지급을 정지하였다는 취지 등을 적어야 한다.

3. 배당조서에 적어야 할 이의에 관한 사항

이의 및 이에 대한 인부는 중요한 것이므로, 누가 누구의 채권에 대하여 이의를 하였는가 하는 것을 알 수 있을 정도로는 부족하고, 그 이의의 범위가 그 채권 전액에 미치는 것인지 일부에 한하는 것인지, 일부에 한하는 경우에는 그 금액을 특정할 수 있도록 적어야 하며, 다른 채권자의 인부에 관하여도 누가 누구의 이의를 인정하는지 또는 부인하는지를 적어야 한다.

또한 위와 같은 일반적인 기재사항 외에 민사집행법 159조에서 규정한 각 절차를 거친 여부도 조서에 적어야 한다(민집 159조 4항).

4. 배당표에 관한 이의에 관한 문례

이의는 채무자를 제외하고는 배당기일에 출석하여 진술할 것을 요한다. 따라서 채무자 외의 자가 기일 전에 미리 이의서면을 제출하였다 하더라도 그 자가 기일에 출석하지 아니하면 그 이의서면을 무시하고 배당을 실시할 것이다. 채무자가 배당표원안이 비치된 이후 배당기일이 끝날 때까지 서면으로 이의한 경우에는 배당기일에 출석하지 아니하였더라도 적법하게 이의를 한 것으로 보아야 하고(민집 151조 2항 참조), 비치된 배당표원안과 같이 배당을 실시하는 데 동의한 것으로 보아서는 안 된다.

배당표에 대한 이의의 문례는 다음과 같은 요령으로 작성하면 무리가 없다.

<표 5-1> [문례] 배당표에 대하여 이의가 없는 경우

○ ○ 지 방 법 원

배당기일조서

사　　건 20　타경　　부동산강제(임의)경매　　기　일　.　.　.　:
판사(사법보좌관)　　　　　　　　　　　　　　　상　소
법원사무관　　　　　　　　　　　　　　　　　　공개 여부　공개
사건과 관계인의 이름을 부름
채　권　자　　김갑돌　　　　　　　　　　　　　출석
　　　　　　　이을동　　　　　　　　　　　　　출석
　　　　　　　박병삼　　　　　　　　　　　　　출석
채무자 겸 소유자　김일석　　　　　　　　　　　출석

판사(사법보좌관)
　별지 배당표를 이해관계인들에게 제시
이해관계인들
　(예시) 배당표에 대하여 이의 없다고 진술
판사(사법보좌관)
　(예시) 배당표를 확정하고 이에 의하여 배당을 실시
　　　　　　법원사무관　　㊞
　　　　　　판사(사법보좌관)　　㊞

<표 5-2> [문례] 배당표에 대하여 이의가 있어 사법보좌관이 판사에게 송부

○ ○ 지 방 법 원

배당기일조서

사　　건 20　타경　부동산강제(임의)경매　기　일 . . . :

사법보좌관　　　　　　　　　　　　장 소
법원사무관　　　　　　　　　　　　공개 여부　공개
사건과 관계인의 이름을 부름

채 권 자	김갑돌	출석
	이을동	출석
	박병삼	출석
채무자 겸 소유자	김일석	출석

사법보좌관

별지 배당표를 이해관계인들에게 제시

채권자 김갑돌

채권자 박병삼의 채권액 전부 및 배당액에 관하여 이의가 있다고 진술

채권자 박병삼

채권자 김갑돌의 배당액 전부 및 채권자 이을동의 배당액 중 일부에 관하여 이의가 있다고 진술

채권자 김갑돌, 이을동, 박병삼

이의를 부인한다고 각 진술

사법보좌관

배당을 중지하고 판사에게 송부

법원사무관　㊞

사법보좌관　㊞

<표 5-3> [문례] 배당표에 대하여 이의가 있는 경우

○ ○ 지 방 법 원

배당기일조서

사　　건 20　타경　부동산강제(임의)경매　기　일 . . . :

판　　사　　　　　　　　　　　　　장 소
법원사무관　　　　　　　　　　　　공개 여부　공개
사건과 관계인의 이름을 부름

채 권 자	김갑돌	출석
	이을동	출석
	박병삼	출석
채무자 겸 소유자	김일석	출석

판 사

별지 배당표를 이해관계인들에게 제시

채권자 김갑돌

채권자 박병삼의 채권액 전부 및 배당액에 관하여 이의가 있다고 진술

채권자 박병삼

채권자 김갑돌의 이의를 부인한다고 진술

채권자 이을동, 채무자

배당표에 대하여 이의 없다고 진술

판 사

이의 있는 부분의 배당을 중지하고 이의 없는 부분에 관하여 배당표에 의하여 배당을 실시

법원사무관 ㊞

판 사 ㊞

<표 5-4> [문례] 배당표에 대하여 이의 및 합의가 있는 경우

ㅇ ㅇ 지 방 법 원

배당기일조서

사 건 20 타경 부동산강제(임의)경매 기 일 . . . :

판 사 장 소

법원사무관 공개 여부 공개

사건과 관계인의 이름을 부름

채 권 자	김갑돌	출서
	이을동	출석
	박병삼	출석
채무자 겸 소유자 김일석		출석

판 사

별지 배당표를 이해관계인들에게 제시

채권자 김갑돌

채권자 박병삼의 채권액 전부 및 배당액에 관하여 이의가 있다고 진술

채권자 박병삼

채권자 김갑돌의 이의를 부인한다고 진술

채권자 김갑돌, 박병삼

별지와 같이 박병삼의 배당에 관하여 합의가 성립되었다고 진술

채권자 이을동, 채무자

배당표에 대하여 이의 없다고 진술

판 사

배당표를 확정(단 채권자 김갑돌, 박병삼에 대하여는 합의된 내용대로)하고, 확정된 배당표에 의하여 배당을 실시

법원사무관 ㊞

판 사 ㊞

수행 tip

- 배당이의에 관하여 작성방법을 모를 때는 해당사항에 대한 문례를 사용하면 보다 효과적으로 처리할 수 있다.

5-2. 배당이의의 소 또는 청구이의의 소장 작성

학습 목표	• 배당이의의 소 또는 청구이의의 소를 제기해야 하는 경우를 확인하여 수행할 수 있다. • 이의 완결 후 완결된 내용에 따른 배당실시에 관하여 검토할 수 있다.

필요 지식 /

1 배당이의의 소

1. 개 설

배당이의의 소는 배당표에 배당을 받는 것으로 기재된 자의 배당액을 줄여 자신에게 배당이 되도록 하기 위하여 배당표의 변경 또는 새로운 배당표의 작성을 구하는 것으로서(대판 2011. 9. 29. 2011다48902 등), 배당기일에 배당표에 대한 이의가 완결되지 아니하면 이의를 한 채권자 또는 집행력 있는 집행권원의 정본을 가지지 않은 채권자에 대하여 이의를 한 채무자는 이의의 상대방을 피고로 배당이의의 소를 제기하고 배당기일부터 1주 이내에 집행법원에 그 사실을 증명하여야 하는바, 위에 해당하는 자가 배당기일부터 1주 이내에 배당이의의 소제기증명을 제출하지 못하면 이의가 취하된 것으로 보아(민집 154조 3항) 일단 유보된 배당절차가 다시 속행되어 배당이 실시되기 때문에 이 소는 배당절차에서 배당의 실시를 막는 데 필요불가결한 수단이다.

2. 배당이의의 소와 부당이득반환청구의 소의 관계

배당절차에서 민법·상법, 그 밖의 법률에 의하여 우선변제청구권이 있는 채권의 순서대로 배당을 받는 것이 이상적이나, 실제로 배당을 받아야 할 채권자가 배당을 받지 못하고 배당을 받지 못할 자가 배당을 받은 경우가 발생할 수 있다. 이 경우에 배당을 받지 못한 채권자는 배당을 받지 못할 자이면서도 배당을 받은 자를 상대로 배당이의를 하고 나아가 배당이의의 소를 제기하여 구제를 받는 것이 원칙이겠지만, 적법한 배당요구를 하지 못하였거나, 배당기일에 적법하게 이의를 하지 못하였거나 또는 이의는 하였으나 배당이의의 소제기 및 증명기간을 준수하지 못하여 배당이의의 소를 통하여 구제받을 수 없게 된 경우에 배당을 받지 못한 채권자가 배당을 받지 못할 자이면서도 배당을 받았던 자를 상대로 부당이득반환청구를 할 수 있는가 하는 문제가 있다.

이에 관하여 민사집행법 155조는 이의한 채권자가 배당이의의 소제기 증명기간을 지키지 아니한 경우에도 배당표에 따른 배당을 받은 채권자에 대하여 소로 우선권 및 그 밖의 권리를 행사하는 데 영향을 미치지 아니한다고 규정하고 있는데, 이와 관련하여 대법원은 일관되게, 배당을 받아야 할 채권자가 배당을 받지 못하고 배당을 받지 못할 자가 배당을 받은 경우에는 배당을 받지 못한 채권자로서는 배당에 관하여 이의를 하였는지 여부 또는 형식상 배당절차가 확정되었는가의 여부에 관계없이 배당을 받지 못할 자이면서도 배당을 받았던 자를 상대로 부당이득반환청구권을 갖는다고 판시하고 있다(대판 2001. 3. 13. 99다26948, 대판 2007. 2. 9. 2006다39546, 대판 2011. 2. 10. 2010다90708 등).

2 소 완료 후의 배당의 실시

배당이의의 소가 취하되었거나 취하간주된 사실 또는 배당이의의 판결이 확정된 사실의 증명이 있는 때에는 이에 의하여 배당을 실시하거나 배당법원이 추가배당(민집 161조 2항 2호의 경우) 또는 재배당절차를 실시하여야 한다[민집 161조 1항. 이에 대한 자세한 것은 후술 하. 배당의 실시 (1) 배당을 실시하여야 할 경우 (나) 이의가 있는 경우 참조].

정리하면 다음과 같다.

이의가 있었으나 이의가 완결된 경우

이의가 있고 이의가 완결되지 아니하였으나 이의 없는 부분이 있는 경우 : 이의가 없는 부분에 한하여 배당을 실시하여야 한다(민집 152조 3항).

이의가 있었으나 이의가 철회된 경우

이의가 있었으나 이의한 채권자 또는 채무자가 배당이의의 소 등(채무자가 집행력 있는 집행권원을 가진 채권자에 대하여 제기하는 청구이의의 소 또는 정기금지급판결변경의 소를 포함한다. 이하 본항에서는 같다)의 제기증명 등을 제출하지 아니한 경우.

배당이의의 소 등이 취하 또는 취하간주되거나 그 소송에서 소각하 또는 청구기각의 판결이 확정되었음이 증명된 경우

배당이의의 소 등의 승소판결이 확정되었음이 증명된 경우(민집 161조 1항 참조)

수행 내용 / 이의의 소 제기하기

재료 · 자료

- 「민사집행법」
- 「민사집행규칙」
- 법원실무제요
- 배당관련 법원양식

- 대한민국법원 법원경매정보(www.courtauction.go.kr)

기기(장비 · 공구)

- 컴퓨터
- 빔프로젝트

안전 · 유의 사항

- 각종 법률의 적용에 있어서 최신의 개정된 법률인지 여부를 검토 · 확인한다.
- 타인의 글, 그림 등을 사용함에 있어서 적절한 인용 및 표절여부를 검토한다.

수행 순서

1 소송절차를 검토, 확인한다.

1. 소의 제기와 접수절차를 파악한다.
   배당이의의 소도 그 제기와 접수절차는 통상의 소의 그것과 동일하고, 소장 접수 후의 재판장의 소장심사와 피고에 대한 소장부본의 송달도 통상의 소의 그것과 같다.
2. 청구의 취지와 원인을 기재한다.
   (1) 청구의 취지
   배당이의소송에서의 청구 취지는 원고가 이의를 한 대로 배당이 실시되도록 하는 것이므로 채권자가 원고인 경우에는 배당기일에 이의를 한 범위 내에서 원고가 원래의 배당표에 기재된 것보다 배당을 더 받게 될 금액을 명시하여야 할 것이다.
   (2) 청구의 원인
   청구취지를 이유있게 하기 위하여 필요한 사실관계 또는 법률관계가 배당이의의 소의 청구원인이 된다.

【참고 사항】 청구의 취지와 원인 작성시 주의사항

1. 청구의 취지

(1) 원고의 배당액이 많아짐으로써 그만큼 피고의 배당액은 감소하게 되고, 이는 표리의 관계에 있으므로 피고의 감소될 금액 역시 표시하는 것이 실무의 관행이다. 그러나 모든 채권자에 대한 배당액까지 표시할 필요는 없다.

(2) 채무자가 원고인 경우에는 피고의 배당액에서 감소된 부분을 구체적으로 어떻게 처리해야 할 것인지까지 명확히 할 필요가 없다.

2. 청구의 원인

(1) 원고는 원고의 이익이 되도록 배당표의 변경을 가져오게 하는 모든 사유, 즉 피고가 배당표대로 배당액을 수령할 수 없고 또 원고에게 보다 많은 배당액이 주어져야 할 근거가 되는 모든 사유를 주장할 수 있다.

(2) 원인 중 하자가 있는 경우 추후보완 등으로 치유되어 원고의 청구원인 사유로 되지 아니하는 것도 있다. 예를 들어, 채권의 변제기 전에 한 배당요구의 하자가 그 배당요구의 종기까지 변제기가 도래하였기 때문에 치유된 경우와 같다.

2 배당이의 신청과 배당이의의 소장을 작성한다.

배당기일에 참석한 채무자, 채권자들이 배당표의 작성, 확정 및 실시와 다른 채권자의 채권 또는 그 채권의 순위에 이의할 수 있다.

법원은 이의가 정당하다고 인정하거나 다른 방법으로 합의한 때에는 배당표를 정정하여 배당표를 확정하고 배당을 실시한다.

소 제기증명서가 접수되면 법원은 이의가 있는 금액에 대하여 전부가 소제기되어 있는지를 조사하고 일부가 소가 제기되어 있다면 제소되지 아니한 금액에 대하여는 배당을 실시한다.

배당이의 신청이 있은 후 소 제기증명을 제출기한까지 제출하지 아니한 경우 이의를 취하한 것으로 간주하고 법원은 유보되었던 배당을 실시하게 된다.

배당에 관하여 이의신청 시 다음과 같은 여러 종류의 형식으로 알맞게 작성하면 된다.

그리고 소장의 작성은 뒤편의 활용서식의 사례 등을 참고하면 도움이 된다.

<표5-5> 배당이의신청 사례

배 당 이 의 신 청

신 청 인 : ○ ○ ○

주 소 ○○시 ○○구 ○○동 ○

신 청 인 : ○ ○ ○

주 소 ○○시 ○○구 ○○동 ○

위 신청인 등 대리인 변호사 ○ ○ ○

주 소 ○○시 ○○구 ○○동 ○

피신청인 : ○ ○ ○

주 소 ○○시 ○○구 ○○동 ○

신 청 취 지

○○지방법원 2015타경○○호 부동산 강제경매사건에 대하여 동 법원이 작성한 배당표를 취소하고 다시 각 채권자의 채권액에 비례 배당을 하여 주시기 바랍니다.

신 청 이 유

1. 채권자 ○○○, 채무자 ○○○간의 경매매득금의 배당사건에 있어 압류채권자인 피신청인 ○○○는 위 경매매득금에 대하여 채권을 주장하고 그 매득금 중 압류 및 경매비용을 공제한 잔금 ○○원에 대하여 우선변제를 받을 것을 신청하고 동 법원도 역시 이를 인정하여 배당금의 전부를 피신청인에게 배당한다는 배당표를 작성하고 있다.
2. 그러나 배당에 이의있는(채권자등) 신청인등은 피신청인의 채권을 인정할 수가 없으므로 이에 이의 신청을 제출하는 바입니다.

년 월 일

위 신청인등 대리인 ○ ○ ○ (인)

○○지방법원 귀중

출처 : 김동희(2015). 『배당표작성과 배당이의 실무』. 채움. p.589.

<표5-6> 배당배제신청 사례

배 당 배 제 신 청

신 청 인 : ○○○
주 소 ○○시 ○○구 ○○동 ○
신 청 인 : ○○○
주 소 ○○시 ○○구 ○○동 ○
위 신청인 등 대리인 변호사 ○ ○ ○
주 소 ○○시 ○○구 ○○동 ○
피신청인 : ○○○
주 소 ○○시 ○○구 ○○동 ○

청 구 취 지

○○지방법원 2015타경 ○○○ 부동산강제(임의)경매신청사건에 관하여 배당요 구를 한 피신청인은 허위채권이므로 동인에 대한 배당을 배제하고, 다른 각 채권자의 비율에 의한 배당을 요구하오니 재가하여 주시기 바랍니다.

청 구 원 인

1. 피신청인 ○○○은 방 1칸을 임차보증금 22,000,000원에 임차하였다고 배당요구신청을 하였습니다. 신청인이 이 사건 부동산의 시세를 조사해본 결과 50,000,000원 정도에 매매거래가 이루어지고 있습니다. 그런데 피신청인은 위 주택중 방 1칸만을 22,000,000원에 임차하였다는 하는 것을 상식 밖의 일이라고 판단됩니다.
2. 그리고 피신청인 ○○○은 2000. 00. 00. 전입신고를 하기 전 이 사건 부동산은 근저당설정등기가 2건의 채무금 62,500,000원, 가압류가 4건의 채무금 87,421,560원이라는 상당한 금액의 채무가 있었음에도 불구하고 방 1칸을 임차하였다는 것을 주택임대차보호법을 악용한 위장

전입이라고 할 수 있습니다.
3. 또한 피신청인은 ○○○와 신청외 ○○○의 주민등록초본을 열람해본 결과 2000년에 같은 주소지에 전입신고되어 2000년까지 같은 주소지에서 거주한 것처럼 되어 있습니다. 피신청인 ○○○은 이 사건 부동산의 소유자인 ○○○의 누나로써 ○○○와는 친인척 또는 가까운 지인이라는 것을 알 수 있습니다.이러한 점들을 고려해볼 때 피신청인 ○○○은 ○○○의 식구와 통모하여 소액임대차보증금의 배당을 받고자 위장전입을 한 것입니다.

첨 부 서 류

1. 부동산등기부등본 1통
1. 피신청인들의 주민등록초본 2통
1. 주소별 세대열람내역서 1통
1. ○○○의 세입자가 아닌 확인서(또는 각서)사본 1통
1. 부동산 ○○경매정보서비스 1통
1. 위임장 1통

2015. 01 . 10.
신청인 ○ ○ ○ (인)
(전화번호 :)

○○지방법원 귀하

[접수방법 및 유의사항]
1. 신청서 1부 및 부본을 채권자, 채무자 등 이해관계인 수만큼 제출한다.
2. 정부수입인지 : 500원의 인지를 붙인다.
3. 배당배제신청은 첫 매각기일 이전으로, 집행기일이 정한 배당요구의 종기까지 (민집법 제84조 제1항)까지 할 수 있다.

출처 : 김동희(2015). 『배당표작성과 배당이의 실무』. 채움. p.590.

수행 tip

- 배당이의 신청 또는 이의에 관한 소장의 작성 시 위의 예시를 활용하면 간편하게 처리할 수 있다.

학습5 교수 · 학습 방법

교수 방법

- 배당표 원안의 정확한 기재여부를 파악하기 위하여 실제 배당했던 사례들을 면밀히 검토하고 반복학습을 통하여 실무를 이해하도록 한다.
- 낙찰자의 입장에서 배당표 원안과 본인이 작성한 배당표를 비교 · 검토하도록 한다.
- 법원실무에 있어서 이론의 적용서인 법원실무제요의 활용을 통하여 학습의 효과를 제고한다.
- 배당이의의 소에 관한 직접적인 사례와 소장작성의 예시에 대한 학습을 통하여 소장작성의 이해도를 향상시킨다.
- 배당분석의 전체적인 수업이해도 파악을 점검하기에 적당한 시험 또는 과제물의 작성을 시행한다.

학습 방법

- 부동산경매의 절차 전반에 대하여 최종적으로 이해하고 정리한다.
- 배당이의의 이해를 위하여 부동산등기부 상 또는 부동산상의 권리자에 대하여 세세히 살펴보고 배당표작성 후 배당표원안과 비교하는 습관을 익힌다.
- 배당이의 신청과 소장의 작성에 대하여 직접적으로 다른 사건에서 작성한 문서를 조사한다.
- 경매사건을 하나 특정하여, 배당하는 당일 경매법정에 직접 현장 견학하여 배당과정을 참관한다.

학습5 평 가

평가 준거

- 평가자는 학습자가 학습 목표를 성공적으로 달성하였는지를 평가해야 한다.
- 평가자는 다음 사항을 평가해야 한다.

학습 내용	평가 항목	성취수준		
		상	중	하
배당표 원안에 관한 이의절차 파악	- 배당표 원안에 관한 이의방법에 관하여 확인할 수 있다.			
	- 배당이의의 절차와 효과에 관하여 파악할 수 있다.			
배당이의의 소 또는 청구이의의 소장 작성	- 배당이의의 소 또는 청구이의의 소를 제기해야 하는 경우를 확인하여 수행할 수 있다.			
	- 이의 완결 후 완결된 내용에 따른 배당실시에 관하여 검토할 수 있다.			

평가 방법

- 서술형시험

학습 내용	평가 항목	성취수준		
		상	중	하
배당표 원안에 관한 이의절차 파악	- 배당표원안에 관한 이의 방법 검토			
	- 배당이의 절차와 효과 이해			
배당이의의 소 또는 청구이의의 소장 작성	- 배당이의의 소장에 기재 내용확인			
	- 배당이의 소장 작성			

• 사례연구

학습 내용	평가 항목	성취수준 상	성취수준 중	성취수준 하
배당표 원안에 관한 이의절차 파악	- 경매사건 하나를 특정하여 배당표를 작성하고 법원의 배당표원안과 대조 확인			
	- 배당오류 시 대처 방법 검토			
배당이의의 소 또는 청구이의의 소장 작성	- 경매사건 하나를 특정하여 배당이의 신청서작성			
	- 경매사건 하나를 특정하여 배당이의 소장작성			

• 평가자 질문

학습 내용	평가 항목	성취수준 상	성취수준 중	성취수준 하
배당표 원안에 관한 이의절차 파악	- 배당이의의 의미 이해	-	-	-
	- 배당기일 이전에 사전 열람을 허용하는 이유 파악	-	-	-
배당이의의 소 또는 청구이의의 소장 작성	- 배당이의 신청과 이의의 소송과 비교 구분	-	-	-

• 구두발표

학습 내용	평가 항목	성취수준 상	성취수준 중	성취수준 하
배당표 원안에 관한 이의절차 파악	- 주어진 경매사건 자료를 보고 경매입찰자의 입장에서 배당에 관하여 확인 할 사항 발표			
	- 배당기일에 법원에 견학하여 배당실시사례 참관보고			
배당이의의 소 또는 청구이의의 소장 작성	- 배당이의에 관한 소송판례 등을 설명			

피드백

1. 서술형시험
   - 소장작성요령에 대한 평가 후 틀린 문항에 대하여 보충 설명을 실시하고, 일정수준 이하라의 평가 결과자에 대하여는 보충 학습 후 재평가의 기회를 제공한다.

2. 사례연구
   - 이의의 대상이 될 수 있는 특정한 경매물건을 정하여 배당오류에 대한 대처방법에 검토하게 하고, 소장작성 요령을 현장 지도한다.

3. 평가자 질문
   - 배당이의의 의미와 배당기일에 진행되는 배당실시 절차에 대하여 이해하고 있는지 여부를 평가한 후 피드백한다.

4. 구두발표
   - 배당이의 소송판례를 검토하게하여 세미나 형식으로 발표 후 학생들 상호 간 의견을 자유롭게 발표하고, 학생들 스스로 이에 관한 정리를 하게 한 후 수준을 평가하여 피드백한다.

참고자료

- 강은현(2014). 『경매야 다시 놀자』. 매일경제신문사.
- 김동희(2011). 『판사님 배당에 이의가 있습니다』. 고려원북스.
- 김동희(2015). 『배당표작성과 배당이의 실무』. 채움.
- 김동희(2016). 『경매투자의 정석』. 채움.
- 김종덕(2014). 『부동산경매론』. 건국대학교 부동산대학원.
- 법원행정처(2014). 『법원실무제요 민사집행Ⅱ』. (주)성우에드컴.
- 안종현(2011). 『실전경매 X파일』. 한 빛.
- 우형달(2012). 『부동산경매 배당표의 모든 것』. 원앤원북스.
- 우형달 · 김종덕(2012). 『부동산경매 권리분석법』. 원앤원북스.

활용서식

배당이의의 소장 작성

<표5-7> 소장 작성사례 1

소 장

원 고 : ○○○ (주민번호), 주소: , 전화:
피 고 : ◇◇◇ (주민번호), 주소: , 전화:

배당이의의 소

청 구 취 지

1. 000지방법원 2015타경 23456호 부동산임의경매신청사건에 관하여 2015. 01. 10. 같은 법원이 작성한 배당표 가운데 중 원고에 대한 배당액 1,000만원을 금 2,500만원으로, 피고에 대한 배당액 금 5,000만원을 금 3,500만원으로 경정한다.
2. 소송비용은 피고의 부담으로 한다.

라는 판결을 원합니다.

청 구 원 인

1. 원고를 채권자, 소외 000을 채무자로 하는 귀원 2015타경 23456호 부동산임의경매신청사건의 배당절차에서 귀원은 2015. 01. 10. 배당금액 7,500만원 중 1순위로 소외 근저당권자 000에게 금 1,500만원을, 2순위로 확정일자부 임차인인 피고에게 5,000만원을 각 배당하고, 나머지 금 1,000만원을 원고에게 배당하기로 하는 배당표를 작성하였습니다.
2. 그러나, 피고는 위 000의 매형으로써 동인과 통모하고 임차인을 가장하여 허위의 임대차계약을 작성하고 000지방법원 00등기소로부터 확정일자까지 받은 자로서, 존재하지 아니한 임차보증금 5,000,만원의 채권을 가지고 배당요구를 신청하여 원고에 우선하여 배당을 받은 자이고, 그로 인하여 원고는 경매신청 채권액 2,500만원 중 1,000만원 밖에 배당을 받지 못하게 되었습니다.
3. 따라서 원고는 청구취지와 같이 배당표의 변경을 구하고자 이 사건 청구에 이르렀습니다.

입 증 방 법

1. 갑 제1호증	배당표 등본
1. 갑 제2호증	임대차계약서 사본
1. 갑 제3호증 의 1, 2	각 가족관계증명서

첨 부 서 류

1. 위 입증서류	각 1통
1. 법인등기부등본	1통
1. 주민등록초본	2통
1. 소장부본	1통

2015. 00. 00.
위 원고 ○○○ (서명 또는 날인)

000지방법원 귀중

출처 : 김동희(2015). 『배당표작성과 배당이의 실무』. 채움. 채움. p.594.

<표5-8> 소장 작성사례 2

소 장

원고 : 1. 이00 (000000-0000000), 전화번호 000-000-0000
수원시 장안구 영화동 000-0(1층 피카소 안경)
2. 김00 (000000-0000000), 전화번호 000-000-0000
수원시 장안구 영화동 000-0(1층 신라베이커리)

피고 : 1. 수원시 장안구청장, 2. 용산 세무서장, 3. 양천구청장,
4. ㈜태평양 정보기술, 5. 맥슨유통(주)

배당이의의 소

청 구 취 지

1. 수원지방법원 98타경 26452호 부동산 임의경매신청 사건에 관하여, 동 법원이 1999. 7. 14. 작성한 배당표를 변경하여 원고들의 별지기재 각 채권액 비율에 따른 배당으로 한다.
2. 소송비용은 피고들의 부담으로 한다.

라는 판결을 구합니다.

청 구 원 인

기 작성된 배당표의 문제점

1. 원고들은 별지목록기재 부동산인 수원시 장안구 영화동 000-0 소재 소의 이00 소유 4층 주상복합 건물의 소액 임차인들인바, 동 건물는 위 이00이 물상보증인으로 채무자인 ㈜트라이던트의 저당채무를 변제치 못하여 채권자인 본 사건 피고4. ㈜태평양정보기술의 저당권 실행에 따른 수원지법 98타경 26452호 부동산임의경매로 인해 199 . . . 낙찰허가 결정된 바 있고,
2. 순차적인 배당표 작성에 있어, 배당할 금액 1,109,663,666원 가운데
   가) 피고 1 수원시 장안구청에 - 교부권자로서 금 7,459,850원
   나) 피고 2 용산 세무서에 - 교부권자로서 금 3,400,280원
   다) 피고 3 양천 세무서에 - 교부권자로서 금 6,576,240원
   라) 피고 4 ㈜태평양정보기술에 - 신청 및 근저당권자로서 금1,000,000,000원
   마) 피고 5 맥슨유통(주)에 - 근저당권자로서 금 92,227,296원이
   각 배당된바 있습니다.
3. 살피건대, 원고들이 기 제출한 권리신고 및 배당요구 신청서에서도 명백한 바와 같이, 원고들은 이른바 중, 소 도시 2,000만원 이하 소액임대차 보호법상 금 800만원 이 최우서 배당되는 대항력있는 임차인들임에도, 동 배당에서 제외된 소이를 따져보니,

4. 동 목적 부동산이 일반 소액 임대차 보호법상의 적용이 되지 않는 순수 일반 상가이기 때문이라는 취지하에 위와같이 배당에서 제외된 것으로 판단되나,
5. 그러나, 본 사건 건물은 주상복합 건물로서 갑제 1호증의 12(점포 및 살림집 임대차 계약서)에서 보는 바와 같은 살림집이 딸린 주택 임대차 계약으로 동 임차인에게 당연히 금 800만원씩은 최우선 배당되어야 하는 것이나,
6. 통상 세법상 상가와 주택 비율이 어느 것이 많으냐에 따른 "상가" 이냐 "주택" 이냐 라는 개념만 강조되어, 막연히 그렇다면 상가로서 일반 소액임대차보호법상의 주택에 해당되지 않는다는 예단하여, 원고들이 정당한 권리자임에도 동 배당에서 제외된바 있는 것입니다.

결 론

1. 따라서, 위와같은 이유로 동 배당표는 아래와 같은
가) 피고1 수원시 장안구청장 - 금 7,459,850원
나) 피고2 용산세무서 금 3,400,280원
다) 피고 3 양천 세무서 - 금 6,576,240원
라) 피고 4 ㈜태평양정보기술 - 금1,000,000,000원
마) 피고 5 맥슨유통(주) - 금 76,227,296원
바) 원고 1 안한상 금 8,000,000원
사) 원고 2 김종원 금 8,000,000원 각 배당되어야할 것이므로,
2. 요컨대, 피고들에 대한 배당표를 취소하고, 원고들도 각 채권액에 따라서 배당에 가입시켜 채권 비율대로 배당하여 주도록 조치를 구하기 위하여 이건 청구에 이른 것입니다.

입증 및 첨부서류

1. 임대차 계약서(갑제 1호중의 1-2) 각 1부.
1. 98타경 26452 부동산임의경매결정분(갑제 2호중) 1부.
1. 동 낙찰허가 결정(갑제 3호중) 1부. 1. 동 배당표 사본(갑제 4호중) 1부
1. 부동산 등기부 등본 (대, 건) 1부. 1. 법인 등기부 등본(피고 3,4) 1부
1. 원고들 주민등록등본 각 1부. 1. 소장부본 5부
1. 납부서 1부. 1. 위임장 1부

1999. 07. 00.

위 원고 ○○○ (서명 또는 날인)

000지방법원 귀중

출처 : 김동희(2015). 『배당표작성과 배당이의 실무』. 채움. p.598.

<표5-9> 배당금 지급금지가처분 신청사례

배당금 지급금지가처분 신청

채 권 자 : 김00 (000000-0000000), 전화번호 000-000-0000
경기도 의왕시 내손중앙로 11, 00동 00호(의왕 내손e편한세상아파트)
채 무 자 : 장00 (000000-0000000), 전화번호 000-000-0000
서울 서초구 방배동 000-00 현대멤피스아파트 00동 00호
제3채무자 : 대한민국(소관: 서울서부지방법원 기타집행계 담당공무원)

목적물의 가격: 금 305,000,000원
피보전권리의 요지
채권자가 채무자 및 신청외 강성민 강호영에 대하여 가지는 사해행위를 원인으로 하는 채권자취소소송의 취소권행사에 따른 배당금 지급금지청구채권.

신 청 취 지

채무자가 제3채무자에 대하여 가지는 서울서부지방법원 2013타기1499호 배당절차사건의 배당표에 의해 채무자가 배당받을 배당금청구채권에 대하여 이를 영수하거나 타인에게 양도, 질권설정, 기타 일체의 처분을 하여서는 아니 된다.
제3채무자는 채무자에게 위 채권을 지급하여서는 아니 된다.
라는 재판을 구함

신 청 원 인

1. 채권관계
채권자는 신청외 강00에 대하여 금 305,000,000원의 대여금 등 채권이 있고, 강00은 신청외 최00에 대하여 금 400,000,000원의 공사대금을 받을 채권이 있었습니다. 강00은 신용불량자라고 하여 자신의 친동생인 강00의 이름을 빌려 법률행위를 하였는데 그래서 강00은 동생인 강00이름으로 채권자에게 금 305,000,000원의 차용증을 받았습니다. (소갑제1호증: 차용증, 소갑제8호증: 공동투자약정서)

2. 채권양도로 인한 당사자 관계
2013. 1. 3. 직전(이 날짜는 강00이 최00의 부동산에 가압류 접수한 일자입니다) 정확한 일자미상의 때에 강00은 자신이 가진 채권을 친동생인 신청외 강00에게 채권양도 한 사실이 있습니다. 따라서 강00은 양도인, 강00은 수익자(양수인), 채무자는 전득자의 관계가 성립 되었습니다.

3. 양수금청구채권 가압류 및 청구채권
강00은 이 양수채권을 원인으로 하여 최00에 대하여 그의 소유인 부동산에 가압류를 하였고 (소갑제2호증: 서울서부지방법원 2013카합13호, 부동산 가압류결정), 곧 동인을 상대로 부산지방법원에 2013가합7243호 양수금청구의소를 제기하여 승소한 사실이 있습니다. (소갑제3호증: 사건조회표)

4. 최00의 해방공탁
최00은 자신의 양수금 채권자인 강00이 자신에 대하여 한 부동산가압류에 대하여 서울지방법원에 해방공탁을 하였습니다. (소갑제4호증: 서울서부지방법원 2013금제 2849호, 공탁서)

5. 강00의 무자력상태
강00은 자신이 가진 마지막 재산인 위 공사대금청구채권을 채권의 원인관계도 없는 친동생에게 채권을 양도하였고 이로써 자신을 무자력 상태로 만들어 채권자는 강00에게 받아야 할 청구채권을 받기 어려워졌습니다.

6. 해방공탁금에 대한 압류경합

최00은 자신이 갚아야 할 채무를 서울서부지방법원에 변제공탁하였고 (소갑제4호증: 공탁서 서울서부지방법원 2013금제 1348호), 강00의 채권자들은 이 돈에 대하여 압류하여 경합하였고 (소갑제5호증의 1: 채권압류 및 추심결정-장00, 부산지법2013타채25148, 소갑제5호증의2: 채권압류 및 추심결정-강00, 서울서부지법2013타채13379), 법원은 이 공탁금을 배당절차로 넘기고 채무자 등에게 배당하기 위해 배당기일조서(소갑제6호증의1: 배당표, 소갑제6호증의2-3: 각 배당표)를 작성하여 그 중 일부금을 강00과 채무자에 대하여 배당하였으나, 금 305,000,000원에 대하여는 채권자가 배당이의소를 제기하여 현재 서울서부지방법원에서 소를 진행 중에 있습니다. (소갑제7호증: 배당이의 소장)

7. 배당표 및 배당기일조서

서울서부지방법원은 2013. 12. 12.자에 2013타기1499호 배당기일에서 채무자 379,910,733원, 강00 22,198,906원의 배당표를 작성 하였으나, 채권자는 배당기일에 채무자의 배당금 중 305,000,000원에 대하여 배당이의를 진술하였고, 배당이의가 있는 부분에 대하여 배당을 중지하고 이의 없는 부분에 대해서만 배당을 실시하였습니다. (소갑제6호증의 1-3)

8. 배당이의소 및 강00, 강00에 대한 약정금청구의 소.

가. 위와 같이 채권자는 배당이의의 소를 제기하였고,

나. 채권자가 신청외 강00에 대한 채권을 가지게 된 것은 채권자와 강00, 오00 3명이 주택신축 분양하는 공동사업을 시작하면서 강00이 자신이 금융권 신용이 좋지 않아 자신의 동생인 강00의 이름을 빌려 동업사업을 진행하면서부터입니다. (소갑제8호증: 공동투자약정서)

다. 시공을 책임 진 강00은 사업자금이 모자라서 공사가 늦어지기를 반복하여 그때마다 채권자에게 자금을 빌려달라고 하였으며 이에 각종 비용들을 채권자가 대위변제하거나 대여하는 등 채권을 가지게 된 것입니다. 이 돈을 강00이 갚지를 않아서 채권자가 강00 강00에 대하여 가압류 [수원지방법원 안양지원2013카단 100335부동산가압류(소갑제10호증의 1 결정문), 2013카단 100330채권가압류(소갑제10호증의2 결정문)], 및 약정금 청구 본안소를 제기하게 된 것입니다.(수원지법안양지원 2013가합6297 약정금청구)(소갑제9호증의1 1.소장, 2.인증서, 3. 확인서, 4.공동투자약정서,
5.차용증, 6.근저당권설정등기신청, 7.합의서, 8.인감증명서, 소갑제10호증 답변서, 소갑제11호증1~2 각 준비서면).

라. 그러나 강00은 채권자에 대하여 대여금 등 일부채권에 대하여 책임이 없다는 항변을 하고 있습니다.

9. 강00, 강00 채권자에 대한 사해행위 및 전득자인 채무자

강00, 강00에 대한 본안의 소에서 채권자가 공동사업을 위해 강00, 강00 형제에게 빌려준 돈을 강00은 부인하고 있으며 그돈은 자신의 형인 강00이 책임져야 한다고 항변하고 있습니다. 그러나 강00은 이미 자신이 가진 마지막 재산을 강00에게 채권양도하여 주어 무자력 상태이므로 강00에게 책임을 물어도 책임질 재산이 없습니다. 즉, 원래 강00의 재산인 이 사건 공탁금에 대하여 강00의 채권자인 이 사건 채무자가 압류 및 추심명령을 받아서 배당신청을 하였고, 채권자는 그나마 채무자가 배당배제신청을 하여 배당금이 한푼도 없는 실정입니다.

10. 손해액

이로써 강00, 강00의 사해행위에 채권자가 손해를 보게 된 것이며 그 손해액은 배당배제 신청, 즉 이 신청사건의 목적물가격에 해당하는 금액입니다.

11. 결론

채권자의 원 채무자인 강00은 자신이 가진 채권을 친 동생인 강00에게 양도하였고 이로써 강00의 채권자인 이 사건 채무자가 그 채권에 대하여 압류 및 추심명령을 집행함으로써 원래 강00에 대하여 채권을 가진 이 사건 채권자는 피해를 보게 되어 민법 제406조 제407조의 규정에 의하여 신청취지와 같은 신청에 이르게 되었습니다.

12. 보전의 필요

이 사건 채권자취소 대상 채권양도양수금은 법원에 공탁되어 배당절차에 의해 일부 배당지급되었고 나머지는 채권자가 배당이의의소를 제기함으로써 지급 보류되었으나 곧 본안의 소가 끝나면 배당될 것이고 그렇게 되면 배당신청자인 이 사건 채무자에게 지급되면 이 돈을 은닉하거나 지출할 수가 있어서 추후 채무자를 상대로 본안의 소를 제기하여 승소하여도 집행하기 불가능할 수 있습니다. 이에 이 사건 신청을 하여 미리 채권보전을 하고자 합니다.

13. 담보제공에 대하여

채권자는 강00, 강00의 사해행위와 이 사건 채무자인 장00의 과잉 압류로 인하여 강00의 모든 부동산에 압류 경매신청을 함으로 인해 준공직후 미분양 상태에서 경매를 당하게 되어 분양을 할 수 없는 처지에 빠지게 되고 이를 원인으로 자금사정이 악화되었습니다. 이에 따라 채권자 또한 말할 수 없는 어려움에 빠지게 되었으므로 이 신청에 대한 담보의 제공은 전액 보증보험증권을 제출하는 것으로 하여 주시길 바랍니다.

소 명 방 법

1. 소갑제 1호증 차용증 1통
1. 소갑제 2호증 부동산가압류결정 1통
1. 소갑제 3호증 사건조회표 1통
1. 소갑제 4호증 공탁서 (서울서부지방법원 2014금제 1348호) 1통
1. 소갑제 5호증의1 채권압류 및 추심결정 (장00) 1통
   5호증의2 채권압류 및 추심결정 (강00) 1통
1. 소갑제 6호증의1 배당기일조서 1통
   6호증의1~2 배당표 각1통
1. 소갑제 7호증 배당이의 소장 1통
1. 소갑제 8호증 공동투자약정서 1통
1. 소갑제 9호증의 1 소장 1통
   2 인증서 표지 1통
   3 확인서 1통
   4 공동투자약정서 1통
   5 차용증 1통
   6 근저당설정등기신청 1통
   7 합의서 1통
   8 인감증명서 1통
1. 소갑제 10호증 답변서 1통
1. 소갑제11호증 1~3 준비서면 각 1통
1. 소갑제12호증의 1~2 결정문 각 1통

2014. 6. 26

위 채권자 김 0 0

00서부지방법원

출처 : 김동희(2015). 『배당표작성과 배당이의 실무』. 채움. p.605.

<표5-10> 배당금 지급정지가처분 결정문

서울 서부 지방 법원

제 21 민사부

결 정

사 건 2014카합278 배당금지급금지 가처분

채 권 자 김00(000000-0000000)

의왕시 내손중앙로 11, 00동 00호 (내손동, 의왕내손이편한세상 아파트)

채 무 자 장00(000000-0000000)

서울 서초구 방배동 000-00 현대멤피스아파트 00동 00호

제3채무자 대한민국

법률상 대표자 법무부장관 황교안(소관: 서울서부지방법원 기타집행계)

주 문

채무자가 제3채무자로부터 별지 목록 기재의 채권을 추심하거나 다에 양도, 질권의 설정 기타 일체의 처분을 하여서는 아니 되고,

제3채무자는 채무자에게 위 채권을 지급하여서는 아니 된다.

이 유

이 사건 배당금지급금지 가처분 신청은 이유 있으므로 담보로 10,000,000원을 공탁(2014. 7. 10. 서울서부지방법원 공탁관, 2014년금2594호)하게 하고,

공탁보증보험증권(서울보증보험주식회사 증권번호 제100-000-201402771037호)을 제출받고 주문과 같이 결정한다.

2014. 7. 21

재판장 판 사 황 윤 구

판 사 이 숙 미

판 사 허 승

* 1. 이 가처분 결정은 채권자가 제출한 소명자료를 기초로 판단한 것입니다.
  2. 채무자는 이 결정에 불복이 있을 경우 가처분이의나 취소신청을 이 법원에 제기 할 수 있습니다.

가처분할 목적채권의 표시

최00이 강00(주민등록번호 000000-0000000)을 위해 서울서부지방법원 2014금제1348호로 공탁한 해방공탁금을 같은 법원 2014타기1499호 배당절차에서 채권자가 채무자에 대하여 배당이의 한 금 305,000,000원. 이상.

출처 : 김동희(2015). 『배당표작성과 배당이의 실무』. 채움. p.608.

부록

부동산 경매관련법

1. 민사집행법 중 '부동산에 대한 강제집행' 편

제정 2002.1.26 법률 제6627호
제1차 일부개정 2005.01.27 법률 제7358호
제2차 (타)일부개정 2007.08.03 법률 제8581호
제3차 (타)일부개정 2007.08.03 법률 제8622호
제4차 일부개정 2009.03.25 법률 제9525호
제5차 일부개정 2010.07.23 법률 제10376호
제6차 일부개정 2011.04.05 법률 제10539호
제7차 (타)일부개정 2011.04.12 법률 제 10580호
제8차 일부개정 2014.05.20 법률 제 12588호
제9차 일부개정 2015.05.18 법률 제 13286호
제10차 (타)일부개정 2016.02.03 법률 제 13592호

제1편 총칙

제1조(목적) 이 법은 강제집행, 담보권 실행을 위한 경매, 민법・상법, 그 밖의 법률의 규정에 의한 경매(이하 "민사집행"이라 한다) 및 보전처분의 절차를 규정함을 목적으로 한다.

제2절 부동산에 대한 강제집행

제1관 통칙

제78조 (집행방법)

① 부동산에 대한 강제집행은 채권자의 신청에 따라 법원이 한다.

② 강제집행은 다음 각호의 방법으로 한다.

1. 강제경매
2. 강제관리

③ 채권자는 자기의 선택에 의하여 제2항 각호 가운데 어느 한 가지 방법으로 집행하게 하거나 두 가지 방법을 함께 사용하여 집행하게 할 수 있다.

④ 강제관리는 가압류를 집행할 때에도 할 수 있다.

제79조 (집행법원)

① 부동산에 대한 강제집행은 그 부동산이 있는 곳의 지방법원이 관할한다.

② 부동산이 여러 지방법원의 관할구역에 있는 때에는 각 지방법원에 관할권이 있다. 이 경우 법원이 필요

하다고 인정한 때에는 사건을 다른 관할 지방법원으로 이송할 수 있다.

제2관 강제경매

제80조 (강제경매신청서)

강제경매신청서에는 다음 각호의 사항을 적어야 한다.

1. 채권자 · 채무자와 법원의 표시
2. 부동산의 표시
3. 경매의 이유가 된 일정한 채권과 집행할 수 있는 일정한 집행권원

제81조 (첨부서류)

① 강제경매신청서에는 집행력 있는 정본 외에 다음 각호 가운데 어느 하나에 해당하는 서류를 붙여야 한다.

1. 채무자의 소유로 등기된 부동산에 대하여는 등기사항증명서
2. 채무자의 소유로 등기되지 아니한 부동산에 대하여는 즉시 채무자명의로 등기할 수 있다는 것을 증명할 서류. 다만, 그 부동산이 등기되지 아니한 건물인 경우에는 그 건물이 채무자의 소유임을 증명할 서류, 그 건물의 지번 · 구조 · 면적을 증명할 서류 및 그 건물에 관한 건축허가 또는 건축신고를 증명할 서류

② 채권자는 공적 장부를 주관하는 공공기관에 제1항제2호 단서의 사항들을 증명하여 줄 것을 청구할 수 있다.

③ 제1항제2호 단서의 경우에 건물의 지번 · 구조 · 면적을 증명하지 못한 때에는, 채권자는 경매신청과 동시에 그 조사를 집행법원에 신청할 수 있다.

④ 제3항의 경우에 법원은 집행관에게 그 조사를 하게 하여야 한다.

⑤ 강제관리를 하기 위하여 이미 부동산을 압류한 경우에 그 집행기록에 제1항 각호 가운데 어느 하나에 해당하는 서류가 붙어 있으면 다시 그 서류를 붙이지 아니할 수 있다.

제82조 (집행관의 권한)

① 집행관은 제81조제4항의 조사를 위하여 건물에 출입할 수 있고, 채무자 또는 건물을 점유하는 제3자에게 질문하거나 문서를 제시하도록 요구할 수 있다.

② 집행관은 제1항의 규정에 따라 건물에 출입하기 위하여 필요한 때에는 잠긴 문을 여는 등 적절한 처분을 할 수 있다.

제83조 (경매개시결정 등)

① 경매절차를 개시하는 결정에는 동시에 그 부동산의 압류를 명하여야 한다.

② 압류는 부동산에 대한 채무자의 관리 · 이용에 영향을 미치지 아니한다.

③ 경매절차를 개시하는 결정을 한 뒤에는 법원은 직권으로 또는 이해관계인의 신청에 따라 부동산에 대한 침해행위를 방지하기 위하여 필요한 조치를 할 수 있다.

④ 압류는 채무자에게 그 결정이 송달된 때 또는 제94조의 규정에 따른 등기가 된 때에 효력이 생긴다.

⑤ 강제경매신청을 기각하거나 각하하는 재판에 대하여는 즉시항고를 할 수 있다.

제84조 (배당요구의 종기결정 및 공고)

① 경매개시결정에 따른 압류의 효력이 생긴 때(그 경매개시결정전에 다른 경매개시결정이 있은 경우를 제외한다)에는 집행법원은 절차에 필요한 기간을 감안하여 배당요구를 할 수 있는 종기(終期)를 첫 매각기일 이전으로 정한다.

② 배당요구의 종기가 정하여진 때에는 법원은 경매개시결정을 한 취지 및 배당요구의 종기를 공고하고, 제91조제4항 단서의 전세권자 및 법원에 알려진 제88조제1항의 채권자에게 이를 고지하여야 한다.

③ 제1항의 배당요구의 종기결정 및 제2항의 공고는 경매개시결정에 따른 압류의 효력이 생긴 때부터 1주 이내에 하여야 한다.

④ 법원사무관등은 제148조제3호 및 제4호의 채권자 및 조세, 그 밖의 공과금을 주관하는 공공기관에 대하여 채권의 유무, 그 원인 및 액수(원금 · 이자 · 비용, 그 밖의 부대채권(附帶債券)을 포함한다)를 배당요구의 종기까지 법원에 신고하도록 최고하여야 한다.

⑤ 제148조제3호 및 제4호의 채권자가 제4항의 최고에 대한 신고를 하지 아니한 때에는 그 채권자의 채권액은 등기사항증명서 등 집행기록에 있는 서류와 증빙(證憑)에 따라 계산한다. 이 경우 다시 채권액을 추가하지 못한다.

⑥ 법원은 특별히 필요하다고 인정하는 경우에는 배당요구의 종기를 연기할 수 있다.

⑦ 제6항의 경우에는 제2항 및 제4항의 규정을 준용한다. 다만, 이미 배당요구 또는 채권신고를 한 사람에 대하여는 같은 항의 고지 또는 최고를 하지 아니한다.

제85조 (현황조사)

① 법원은 경매개시결정을 한 뒤에 바로 집행관에게 부동산의 현상, 점유관계, 차임(借賃) 또는 보증금의 액수, 그 밖의 현황에 관하여 조사하도록 명하여야 한다.

② 집행관이 제1항의 규정에 따라 부동산을 조사할 때에는 그 부동산에 대하여 제82조에 규정된 조치를 할 수 있다.

제86조 (경매개시결정에 대한 이의신청)

① 이해관계인은 매각대금이 모두 지급될 때까지 법원에 경매개시결정에 대한 이의신청을 할 수 있다.

② 제1항의 신청을 받은 법원은 제16조제2항에 준하는 결정을 할 수 있다.

③ 제1항의 신청에 관한 재판에 대하여 이해관계인은 즉시항고를 할 수 있다.

제87조 (압류의 경합)

① 강제경매절차 또는 담보권 실행을 위한 경매절차를 개시하는 결정을 한 부동산에 대하여 다른 강제경매의 신청이 있는 때에는 법원은 다시 경매개시결정을 하고, 먼저 경매개시결정을 한 집행절차에 따라 경매한다.

② 먼저 경매개시결정을 한 경매신청이 취하되거나 그 절차가 취소된 때에는 법원은 제91조제1항의 규정에 어긋나지 아니하는 한도 안에서 뒤의 경매개시결정에 따라 절차를 계속 진행하여야 한다.

③ 제2항의 경우에 뒤의 경매개시결정이 배당요구의 종기 이후의 신청에 의한 것인 때에는 집행법원은 새로이 배당요구를 할 수 있는 종기를 정하여야 한다. 이 경우 이미 제84조제2항 또는 제4항의 규정에 따라 배당요구 또는 채권신고를 한 사람에 대하여는 같은 항의 고지 또는 최고를 하지 아니한다.

④ 먼저 경매개시결정을 한 경매절차가 정지된 때에는 법원은 신청에 따라 결정으로 뒤의 경매개시결정(배당요구의 종기까지 행하여진 신청에 의한 것에 한한다)에 기초하여 절차를 계속하여 진행할 수 있다. 다만, 먼저 경매개시결정을 한 경매절차가 취소되는 경우 제105조제1항제3호의 기재사항이 바뀔 때에는 그러하지 아니하다.

⑤ 제4항의 신청에 대한 재판에 대하여는 즉시항고를 할 수 있다.

제88조 (배당요구)

① 집행력 있는 정본을 가진 채권자, 경매개시결정이 등기된 뒤에 가압류를 한 채권자, 민법 · 상법, 그 밖의 법률에 의하여 우선변제청구권이 있는 채권자는 배당요구를 할 수 있다.

② 배당요구에 따라 매수인이 인수하여야 할 부담이 바뀌는 경우 배당요구를 한 채권자는 배당요구의 종

기가 지난 뒤에 이를 철회하지 못한다.

제89조 (이중경매신청 등의 통지)

법원은 제87조제1항 및 제88조제1항의 신청이 있는 때에는 그 사유를 이해관계인에게 통지하여야 한다.

제90조 (경매절차의 이해관계인)

경매절차의 이해관계인은 다음 각호의 사람으로한다.

1. 압류채권자와 집행력 있는 정본에 의하여 배당을 요구한 채권자
2. 채무자 및 소유자
3. 등기부에 기입된 부동산 위의 권리자
4. 부동산 위의 권리자로서 그 권리를 증명한 사람

제91조 (인수주의와 잉여주의의 선택 등)

① 압류채권자의 채권에 우선하는 채권에 관한 부동산의 부담을 매수인에게 인수하게 하거나, 매각대금으로 그 부담을 변제하는 데 부족하지 아니하다는 것이 인정된 경우가 아니면 그 부동산을 매각하지못한다.

② 매각부동산 위의 모든 저당권은 매각으로 소멸된다.

③ 지상권·지역권·전세권 및 등기된 임차권은 저당권·압류채권·가압류채권에 대항할 수 없는 경우에는 매각으로 소멸된다.

④ 제3항의 경우 외의 지상권·지역권·전세권 및 등기된 임차권은 매수인이 인수한다. 다만, 그중 전세권의 경우에는 전세권자가 제88조에 따라 배당요구를 하면 매각으로 소멸된다.

⑤ 매수인은 유치권자(留置權者)에게 그 유치권(留置權)으로 담보하는 채권을 변제할 책임이 있다.

제92조 (제3자와 압류의 효력)

① 제3자는 권리를 취득할 때에 경매신청 또는 압류가 있다는 것을 알았을 경우에는 압류에 대항하지 못한다.

② 부동산이 압류채권을 위하여 의무를 진 경우에는 압류한 뒤 소유권을 취득한 제3자가 소유권을 취득할 때에 경매신청 또는 압류가 있다는 것을 알지 못하였더라도 경매절차를 계속하여 진행하여야 한다.

제93조 (경매신청의 취하)

① 경매신청이 취하되면 압류의 효력은 소멸된다.

② 매수신고가 있은 뒤 경매신청을 취하하는 경우에는 최고가매수신고인 또는 매수인과 제114조의 차순위매수신고인의 동의를 받아야 그 효력이 생긴다.

③ 제49조제3호 또는 제6호의 서류를 제출하는 경우에는 제1항 및 제2항의 규정을, 제49조제4호의 서류를 제출하는 경우에는 제2항의 규정을 준용한다.

제94조 (경매개시결정의 등기)

① 법원이 경매개시결정을 하면 법원사무관등은 즉시 그 사유를 등기부에 기입하도록 등기관(등기관)에게 촉탁하여야 한다.

② 등기관은 제1항의 촉탁에 따라 경매개시결정사유를 기입하여야 한다.

제95조 (등기사항증명서의 송부)

등기관은 제94조에 따라 경매개시결정사유를 등기부에 기입한 뒤 그 등기사항증명서를 법원에 보내야 한다.

제96조 (부동산의 멸실 등으로 말미암은 경매취소)

① 부동산이 없어지거나 매각 등으로 말미암아 권리를 이전할 수 없는 사정이 명백하게 된 때에는 법원은 강제경매의 절차를 취소하여야 한다.

② 제1항의 취소결정에 대하여는 즉시항고를 할 수 있다.

제97조 (부동산의 평가와 최저매각가격의 결정)

① 법원은 감정인(鑑定人)에게 부동산을 평가하게 하고 그 평가액을 참작하여 최저매각가격을 정하여야 한다.

② 감정인은 제1항의 평가를 위하여 필요하면 제82조제1항에 규정된 조치를 할 수 있다.

③ 감정인은 제7조의 규정에 따라 집행관의 원조를 요구하는 때에는 법원의 허가를 얻어야 한다.

제98조 (일괄매각결정)

① 법원은 여러 개의 부동산의 위치·형태·이용관계 등을 고려하여 이를 일괄매수하게 하는 것이 알맞다고 인정하는 경우에는 직권으로 또는 이해관계인의 신청에 따라 일괄매각하도록 결정할 수 있다.

② 법원은 부동산을 매각할 경우에 그 위치·형태·이용관계 등을 고려하여 다른 종류의 재산(금전채권을 제외한다)을 그 부동산과 함께 일괄매수하게 하는 것이 알맞다고 인정하는 때에는 직권으로 또는 이해관계인의 신청에 따라 일괄매각하도록 결정할 수 있다.

③ 제1항 및 제2항의 결정은 그 목적물에 대한 매각기일 이전까지 할 수 있다.

제99조 (일괄매각사건의 병합)

① 법원은 각각 경매신청된 여러 개의 재산 또는 다른 법원이나 집행관에 계속된 경매사건의 목적물에 대하여 제98조제1항 또는 제2항의 결정을 할 수 있다.

② 다른 법원이나 집행관에 계속된 경매사건의 목적물의 경우에 그 다른 법원 또는 집행관은 그 목적물에 대한 경매사건을 제1항의 결정을 한 법원에 이송한다.

③ 제1항 및 제2항의 경우에 법원은 그 경매사건들을 병합한다.

제100조 (일괄매각사건의 관할)

제98조 및 제99조의 경우에는 민사소송법 제31조에 불구하고 같은 법 제25조의 규정을 준용한다. 다만, 등기할 수 있는 선박에 관한 경매사건에 대하여서는 그러하지 아니하나.

제101조 (일괄매각절차)

① 제98조 및 제99조의 일괄매각결정에 따른 매각절차는 이 관의 규정에 따라 행한다. 다만, 부동산 외의 재산의 압류는 그 재산의 종류에 따라 해당되는 규정에서 정하는 방법으로 행하고, 그 중에서 집행관의 압류에 따르는 재산의 압류는 집행법원이 집행관에게 이를 압류하도록 명하는 방법으로 행한다.

② 제1항의 매각절차에서 각 재산의 대금액을 특정할 필요가 있는 경우에는 각 재산에 대한 최저매각가격의 비율을 정하여야 하며, 각 재산의 대금액은 총대금액을 각 재산의 최저매각가격비율에 따라 나눈 금액으로 한다. 각 재산이 부담할 집행비용액을 특정할 필요가 있는 경우에도 또한 같다.

③ 여러 개의 재산을 일괄매각하는 경우에 그 가운데 일부의 매각대금으로 모든 채권자의 채권액과 강제집행비용을 변제하기에 충분하면 다른 재산의 매각을 허가하지 아니한다. 다만, 토지와 그 위의 건물을 일괄매각하는 경우나 재산을 분리하여 매각하면 그 경제적 효용이 현저하게 떨어지는 경우 또는 채무자의 동의가 있는 경우에는 그러하지 아니하다.

④ 제3항 본문의 경우에 채무자는 그 재산 가운데 매각할 것을 지정할 수 있다.

⑤ 일괄매각절차에 관하여 이 법에서 정한 사항을 제외하고는 대법원규칙으로 정한다.

제102조 (남을 가망이 없을 경우의 경매취소)

① 법원은 최저매각가격으로 압류채권자의 채권에 우선하는 부동산의 모든 부담과 절차비용을 변제하면 남을 것이 없겠다고 인정한 때에는 압류채권자에게 이를 통지하여야 한다.

② 압류채권자가 제1항의 통지를 받은 날부터 1주 이내에 제1항의 부담과 비용을 변제하고 남을 만한 가

격을 정하여 그 가격에 맞는 매수신고가 없을 때에는 자기가 그 가격으로 매수하겠다고 신청하면서 충분한 보증을 제공하지 아니하면, 법원은 경매절차를 취소하여야 한다.

③ 제2항의 취소 결정에 대하여는 즉시항고를 할 수 있다.

제103조 (강제경매의 매각방법)

① 부동산의 매각은 집행법원이 정한 매각방법에 따른다.

② 부동산의 매각은 매각기일에 하는 호가경매(呼價競賣), 매각기일에 입찰 및 개찰하게 하는 기일입찰 또는 입찰기간 이내에 입찰하게 하여 매각기일에 개찰하는 기간입찰의 세가지 방법으로 한다.

③ 부동산의 매각절차에 관하여 필요한 사항은 대법원규칙으로 정한다.

제104조 (매각기일과 매각결정기일 등의 지정)

① 법원은 최저매각가격으로 제102조제1항의 부담과 비용을 변제하고도 남을 것이 있다고 인정하거나 압류채권자가 제102조제2항의 신청을 하고 충분한 보증을 제공한 때에는 직권으로 매각기일과 매각결정기일을 정하여 대법원규칙이 정하는 방법으로 공고한다.

② 법원은 매각기일과 매각결정기일을 이해관계인에게 통지하여야 한다.

③ 제2항의 통지는 집행기록에 표시된 이해관계인의 주소에 대법원규칙이 정하는 방법으로 발송할 수 있다.

④ 기간입찰의 방법으로 매각할 경우에는 입찰기간에 관하여도 제1항 내지 제3항의 규정을 적용한다.

제105조 (매각물건명세서 등)

① 법원은 다음 각호의 사항을 적은 매각물건명세서를 작성하여야 한다.

1. 부동산의 표시
2. 부동산의 점유자와 점유의 권원, 점유할 수 있는 기간, 차임 또는 보증금에 관한 관계인의 진술
3. 등기된 부동산에 대한 권리 또는 가처분으로서 매각으로 효력을 잃지 아니하는 것
4. 매각에 따라 설정된 것으로 보게 되는 지상권의 개요

② 법원은 매각물건명세서·현황조사보고서 및 평가서의 사본을 법원에 비치하여 누구든지 볼 수 있도록 하여야 한다.

제106조 (매각기일의 공고내용)

매각기일의 공고내용에는 다음 각호의 사항을 적어야 한다.

1. 부동산의 표시
2. 강제집행으로 매각한다는 취지와 그 매각방법
3. 부동산의 점유자, 점유의 권원, 점유하여 사용할 수 있는 기간, 차임 또는 보증금약정 및 그 액수
4. 매각기일의 일시·장소, 매각기일을 진행할 집행관의 성명 및 기간입찰의 방법으로 매각할 경우에는 입찰기간·장소
5. 최저매각가격
6. 매각결정기일의 일시·장소
7. 매각물건명세서·현황조사보고서 및 평가서의 사본을 매각기일 전에 법원에 비치하여 누구든지 볼 수 있도록 제공한다는 취지
8. 등기부에 기입할 필요가 없는 부동산에 대한 권리를 가진 사람은 채권을 신고하여야 한다는 취지
9. 이해관계인은 매각기일에 출석할 수 있다는 취지

제107조 (매각장소)

매각기일은 법원안에서 진행하여야 한다. 다만, 집행관은 법원의 허가를 얻어 다른 장소에서 매각기일을

진행할 수 있다.

제108조 (매각장소의 질서유지)

집행관은 다음 각호 가운데 어느 하나에 해당한다고 인정되는 사람에 대하여 매각장소에 들어오지 못하도록 하거나 매각장소에서 내보내거나 매수의 신청을 하지 못하도록 할 수 있다.

1. 다른 사람의 매수신청을 방해한 사람
2. 부당하게 다른 사람과 담합하거나 그 밖에 매각의 적정한 실시를 방해한 사람
3. 제1호 또는 제2호의 행위를 교사(敎唆)한 사람
4. 민사집행절차에서의 매각에 관하여 형법 제136조 · 제137조 · 제140조 · 제140조의2 · 제142조 · 제315조 및 제323조 내지 제327조에 규정된 죄로 유죄판결을 받고 그 판결확정일부터 2년이 지나지 아니한 사람

제109조 (매각결정기일)

① 매각결정기일은 매각기일부터 1주 이내로 정하여야 한다.

② 매각결정절차는 법원안에서 진행하여야 한다.

제110조 (합의에 의한 매각조건의 변경)

① 최저매각가격 외의 매각조건은 법원이 이해관계인의 합의에 따라 바꿀 수 있다.

② 이해관계인은 배당요구의 종기까지 제1항의 합의를 할 수 있다.

제111조 (직권에 의한 매각조건의 변경)

① 거래의 실상을 반영하거나 경매절차를 효율적으로 진행하기 위하여 필요한 경우에 법원은 배당요구의 종기까지 매각조건을 바꾸거나 새로운 매각조건을 설정할 수 있다.

② 이해관계인은 제1항의 재판에 대하여 즉시항고를 할 수 있다.

③ 제1항의 경우에 법원은 집행관에게 부동산에 대하여 필요한 조사를 하게 할 수 있다.

제112조 (매각기일의 진행)

집행관은 기일입찰 또는 호가경매의 방법에 의한 매각기일에는 매각물건명세서 · 현황조사보고서 및 평가서의 사본을 볼 수 있게 하고, 특별한 매각조건이 있는 때에는 이를 고지하며, 법원이 정한 매각방법에 따라 매수가격을 신고하도록 최고하여야 한다.

제113조 (매수신청의 보증)

매수신청인은 대법원규칙이 정하는 바에 따라 집행법원이 정하는 금액과 방법에 맞는 보증을 집행관에게 제공하여야 한다.

제114조 (차순위매수신고)

① 최고가매수신고인 외의 매수신고인은 매각기일을 마칠 때까지 집행관에게 최고가매수신고인이 대금지급기한까지 그 의무를 이행하지 아니하면 자기의 매수신고에 대하여 매각을 허가하여 달라는 취지의 신고(이하 "차순위매수신고"라 한다)를 할 수 있다.

② 차순위매수신고는 그 신고액이 최고가매수신고액에서 그 보증액을 뺀 금액을 넘는 때에만 할 수 있다.

제115조 (매각기일의 종결)

① 집행관은 최고가매수신고인의 성명과 그 가격을 부르고 차순위매수신고를 최고한 뒤, 적법한 차순위매수신고가 있으면 차순위매수신고인을 정하여 그 성명과 가격을 부른 다음 매각기일을 종결한다고 고지하여야 한다.

② 차순위매수신고를 한 사람이 둘 이상인 때에는 신고한 매수가격이 높은 사람을 차순위매수신고인으로 정한다. 신고한 매수가격이 같은 때에는 추첨으로 차순위매수신고인을 정한다.

③ 최고가매수신고인과 차순위매수신고인을 제외한 다른 매수신고인은 제1항의 고지에 따라 매수의 책임을 벗게 되고, 즉시 매수신청의 보증을 돌려 줄 것을 신청할 수 있다.

④ 기일입찰 또는 호가경매의 방법에 의한 매각기일에서 매각기일을 마감할 때까지 허가할 매수가격의 신고가 없는 때에는 집행관은 즉시 매각기일의 마감을 취소하고 같은 방법으로 매수가격을 신고하도록 최고할 수 있다.

⑤ 제4항의 최고에 대하여 매수가격의 신고가 없어 매각기일을 마감하는 때에는 매각기일의 마감을 다시 취소하지 못한다.

제116조 (매각기일조서)

① 매각기일조서에는 다음 각호의 사항을 적어야 한다.

1. 부동산의 표시
2. 압류채권자의 표시
3. 매각물건명세서 · 현황조사보고서 및 평가서의 사본을 볼 수 있게 한 일
4. 특별한 매각조건이 있는 때에는 이를 고지한 일
5. 매수가격의 신고를 최고한 일
6. 모든 매수신고가격과 그 신고인의 성명 · 주소 또는 허가할 매수가격의 신고가 없는 일
7. 매각기일을 마감할 때까지 허가할 매수가격의 신고가 없어 매각기일의 마감을 취소하고 다시 매수가격의 신고를 최고한 일
8. 최종적으로 매각기일의 종결을 고지한 일시
9. 매수하기 위하여 보증을 제공한 일 또는 보증을 제공하지 아니하므로 그 매수를 허가하지 아니한 일
10. 최고가매수신고인과 차순위매수신고인의 성명과 그 가격을 부른 일

② 최고가매수신고인 및 차순위매수신고인과 출석한 이해관계인은 조서에 서명날인하여야 한다. 그들이 서명날인할 수 없을 때에는 집행관이 그 사유를 적어야 한다.

③ 집행관이 매수신청의 보증을 돌려 준 때에는 영수증을 받아 조서에 붙여야 한다.

제117조 (조서와 금전의 인도)

집행관은 매각기일조서와 매수신청의 보증으로 받아 돌려주지 아니한 것을 매각기일부터 3일 이내에 법원사무관등에게 인도하여야 한다.

제118조 (최고가매수신고인 등의 송달영수인신고)

① 최고가매수신고인과 차순위매수신고인은 대한민국안에 주소 · 거소와 사무소가 없는 때에는 대한민국안에 송달이나 통지를 받을 장소와 영수인을 정하여 법원에 신고하여야 한다.

② 최고가매수신고인이나 차순위매수신고인이 제1항의 신고를 하지 아니한 때에는 법원은 그에 대한 송달이나 통지를 하지 아니할 수 있다.

③ 제1항의 신고는 집행관에게 말로 할 수 있다. 이 경우 집행관은 조서에 이를 적어야 한다.

제119조 (새 매각기일)

허가할 매수가격의 신고가 없이 매각기일이 최종적으로 마감된 때에는 제91조제1항의 규정에 어긋나지 아니하는 한도에서 법원은 최저매각가격을 상당히 낮추고 새 매각기일을 정하여야 한다. 그 기일에 허가할 매수가격의 신고가 없는 때에도 또한 같다.

제120조 (매각결정기일에서의 진술)

① 법원은 매각결정기일에 출석한 이해관계인에게 매각허가에 관한 의견을 진술하게 하여야 한다.

② 매각허가에 관한 이의는 매각허가가 있을 때까지 신청하여야 한다. 이미 신청한 이의에 대한 진술도 또한 같다.

제121조 (매각허가에 대한 이의신청사유)

매각허가에 관한 이의는 다음 각호 가운데 어느 하나에 해당하는 이유가 있어야 신청할 수 있다.

1. 강제집행을 허가할 수 없거나 집행을 계속 진행할 수 없을 때
2. 최고가매수신고인이 부동산을 매수할 능력이나 자격이 없는 때
3. 부동산을 매수할 자격이 없는 사람이 최고가매수신고인을 내세워 매수신고를 한 때
4. 최고가매수신고인, 그 대리인 또는 최고가매수신고인을 내세워 매수신고를 한 사람이 제108조 각호 가운데 어느 하나에 해당되는 때
5. 최저매각가격의 결정, 일괄매각의 결정 또는 매각물건명세서의 작성에 중대한 흠이 있는 때
6. 천재지변, 그 밖에 자기가 책임을 질 수 없는 사유로 부동산이 현저하게 훼손된 사실 또는 부동산에 관한 중대한 권리관계가 변동된 사실이 경매절차의 진행중에 밝혀진 때
7. 경매절차에 그 밖의 중대한 잘못이 있는 때

제122조 (이의신청의 제한)

이의는 다른 이해관계인의 권리에 관한 이유로 신청하지못한다.

제123조 (매각의 불허)

① 법원은 이의신청이 정당하다고 인정한 때에는 매각을 허가하지 아니한다.

② 제121조에 규정한 사유가 있는 때에는 직권으로 매각을 허가하지 아니한다. 다만, 같은 조 제2호 또는 제3호의 경우에는 능력 또는 자격의 흠이 제거되지 아니한 때에 한한다.

제124조 (과잉매각되는 경우의 매각불허가)

① 여러 개의 부동산을 매각하는 경우에 한 개의 부동산의 매각대금으로 모든 채권자의 채권액과 강제집행비용을 변제하기에 충분하면 다른 부동산의 매각을 허가하지 아니한다. 다만, 제101조제3항 단서에 따른 일괄매각의 경우에는 그러하지 아니하다.

② 제1항 본문의 경우에 채무자는 그 부동산 가운데 매각할 것을 지정할 수 있다.

제125조 (매각을 허가하지 아니할 경우의 새 매각기일)

① 제121조와 제123조의 규정에 따라 매각을 허가하지 아니하고 다시 매각을 명하는 때에는 직권으로 새 매각기일을 정하여야 한다.

② 제121조제6호의 사유로 제1항의 새 매각기일을 열게 된 때에는 제97조 내지 제105조의 규정을 준용한다.

제126조 (매각허가여부의 결정선고)

① 매각을 허가하거나 허가하지 아니하는 결정은 선고하여야 한다.

② 매각결정기일조서에는 민사소송법 제152조 내지 제154조와 제156조 내지 제158조 및 제164조의 규정을 준용한다.

③ 제1항의 결정은 확정되어야 효력을 가진다.

제127조 (매각허가결정의 취소신청)

① 제121조제6호에서 규정한 사실이 매각허가결정의 확정 뒤에 밝혀진 경우에는 매수인은 대금을 낼 때까지 매각허가결정의 취소신청을 할 수 있다.

② 제1항의 신청에 관한 결정에 대하여는 즉시항고를 할 수 있다.

제128조 (매각허가결정)

① 매각허가결정에는 매각한 부동산, 매수인과 매각가격을 적고 특별한 매각조건으로 매각한 때에는 그 조건을 적어야 한다.

② 제1항의 결정은 선고하는 외에 대법원규칙이 정하는 바에 따라 공고하여야 한다.

제129조 (이해관계인 등의 즉시항고)

① 이해관계인은 매각허가여부의 결정에 따라 손해를 볼 경우에만 그 결정에 대하여 즉시항고를 할 수 있다.

② 매각허가에 정당한 이유가 없거나 결정에 적은 것 외의 조건으로 허가하여야 한다고 주장하는 매수인 또는 매각허가를 주장하는 매수신고인도 즉시항고를 할 수 있다.

③ 제1항 및 제2항의 경우에 매각허가를 주장하는 매수신고인은 그 신청한 가격에 대하여 구속을 받는다.

제130조 (매각허가여부에 대한 항고)

① 매각허가결정에 대한 항고는 이 법에 규정한 매각허가에 대한 이의신청사유가 있다거나, 그 결정절차에 중대한 잘못이 있다는 것을 이유로 드는 때에만 할 수 있다.

② 민사소송법 제451조제1항 각호의 사유는 제1항의 규정에 불구하고 매각허가 또는 불허가결정에 대한 항고의 이유로 삼을 수 있다.

③ 매각허가결정에 대하여 항고를 하고자 하는 사람은 보증으로 매각대금의 10분의 1에 해당하는 금전 또는 법원이 인정한 유가증권을 공탁하여야 한다.

④ 항고를 제기하면서 항고장에 제3항의 보증을 제공하였음을 증명하는 서류를 붙이지 아니한 때에는 원심법원은 항고장을 받은 날부터 1주 이내에 결정으로 이를 각하하여야 한다.

⑤ 제4항의 결정에 대하여는 즉시항고를 할 수 있다.

⑥ 채무자 및 소유자가 한 제3항의 항고가 기각된 때에는 항고인은 보증으로 제공한 금전이나 유가증권을 돌려 줄 것을 요구하지 못한다.

⑦ 채무자 및 소유자 외의 사람이 한 제3항의 항고가 기각된 때에는 항고인은 보증으로 제공한 금전이나, 유가증권을 현금화한 금액 가운데 항고를 한 날부터 항고기각결정이 확정된 날까지의 매각대금에 대한 대법원규칙이 정하는 이율에 의한 금액(보증으로 제공한 금전이나, 유가증권을 현금화한 금액을 한도로 한다)에 대하여는 돌려 줄 것을 요구할 수 없다. 다만, 보증으로 제공한 유가증권을 현금화하기 전에 위의 금액을 항고인이 지급한 때에는 그 유가증권을 돌려 줄 것을 요구할 수 있다.

⑧ 항고인이 항고를 취하한 경우에는 제6항 또는 제7항의 규정을 준용한다.

제131조 (항고심의 절차)

① 항고법원은 필요한 경우에 반대진술을 하게 하기 위하여 항고인의 상대방을 정할 수 있다.

② 한 개의 결정에 대한 여러 개의 항고는 병합한다.

③ 항고심에는 제122조의 규정을 준용한다.

제132조 (항고법원의 재판과 매각허가여부결정)

항고법원이 집행법원의 결정을 취소하는 경우에 그 매각허가여부의 결정은 집행법원이 한다.

제133조 (매각을 허가하지 아니하는 결정의 효력)

매각을 허가하지 아니한 결정이 확정된 때에는 매수인과 매각허가를 주장한 매수신고인은 매수에 관한 책임이 면제된다.

제134조 (최저매각가격의 결정부터 새로할 경우)

제127조의 규정에 따라 매각허가결정을 취소한 경우에는 제97조 내지 제105조의 규정을 준용한다.

제135조 (소유권의 취득시기)

매수인은 매각대금을 다 낸 때에 매각의 목적인 권리를 취득한다.

제136조 (부동산의 인도명령 등)

① 법원은 매수인이 대금을 낸 뒤 6월 이내에 신청하면 채무자·소유자 또는 부동산 점유자에 대하여 부동산을 매수인에게 인도하도록 명할 수 있다. 다만, 점유자가 매수인에게 대항할 수 있는 권원에 의하여 점유하고 있는 것으로 인정되는 경우에는 그러하지 아니하다.

② 법원은 매수인 또는 채권자가 신청하면 매각허가가 결정된 뒤 인도할 때까지 관리인에게 부동산을 관리하게 할 것을 명할 수 있다.

③ 제2항의 경우 부동산의 관리를 위하여 필요하면 법원은 매수인 또는 채권자의 신청에 따라 담보를 제공하게 하거나 제공하게 하지 아니하고 제1항의 규정에 준하는 명령을 할 수 있다.

④ 법원이 채무자 및 소유자 외의 점유자에 대하여 제1항 또는 제3항의 규정에 따른 인도명령을 하려면 그 점유자를 심문하여야 한다. 다만, 그 점유자가 매수인에게 대항할 수 있는 권원에 의하여 점유하고 있지 아니함이 명백한 때 또는 이미 그 점유자를 심문한 때에는 그러하지 아니하다.

⑤ 제1항 내지 제3항의 신청에 관한 결정에 대하여는 즉시항고를 할 수 있다.

⑥ 채무자·소유자 또는 점유자가 제1항과 제3항의 인도명령에 따르지 아니할 때에는 매수인 또는 채권자는 집행관에게 그 집행을 위임할 수 있다.

제137조 (차순위매수신고인에 대한 매각허가여부결정)

① 차순위매수신고인이 있는 경우에 매수인이 대금지급기한까지 그 의무를 이행하지 아니한 때에는 차순위매수신고인에게 매각을 허가할 것인지를 결정하여야 한다. 다만, 제142조제4항의 경우에는 그러하지 아니하다.

② 차순위매수신고인에 대한 매각허가결정이 있는 때에는 매수인은 매수신청의 보증을 돌려 줄 것을 요구하지 못한다.

제138조 (재매각)

① 매수인이 대금지급기한 또는 제142조제4항의 다시 정한 기한까지 그 의무를 완전히 이행하지 아니하였고, 차순위매수신고인이 없는 때에는 법원은 직권으로 부동산의 재매각을 명하여야 한다.

② 재매각절차에도 종전에 정한 최저매각가격, 그 밖의 매각조건을 적용한다.

③ 매수인이 재매각기일의 3일 이전까지 대금, 그 지급기한이 지난 뒤부터 지급일까지의 대금에 대한 대법원규칙이 정하는 이율에 따른 지연이자와 절차비용을 지급한 때에는 재매각절차를 취소하여야 한다. 이 경우 차순위매수신고인이 매각허가결정을 받았던 때에는 위 금액을 먼저 지급한 매수인이 매매목적물의 권리를 취득한다.

④ 재매각절차에서는 전의 매수인은 매수신청을 할 수 없으며 매수신청의 보증을 돌려 줄 것을 요구하지 못한다.

제139조 (공유물지분에 대한 경매)

① 공유물지분을 경매하는 경우에는 채권자의 채권을 위하여 채무자의 지분에 대한 경매개시결정이 있음을 등기부에 기입하고 다른 공유자에게 그 경매개시결정이 있다는 것을 통지하여야 한다. 다만, 상당한 이유가 있는 때에는 통지하지 아니할 수 있다.

② 최저매각가격은 공유물 전부의 평가액을 기본으로 채무자의 지분에 관하여 정하여야 한다. 다만, 그와 같은 방법으로 정확한 가치를 평가하기 어렵거나 그 평가에 부당하게 많은 비용이 드는 등 특별한 사정이 있는 경우에는 그러하지 아니하다.

제140조 (공유자의 우선매수권)

① 공유자는 매각기일까지 제113조에 따른 보증을 제공하고 최고매수신고가격과 같은 가격으로 채무자의 지분을 우선매수하겠다는 신고를 할 수 있다.

② 제1항의 경우에 법원은 최고가매수신고가 있더라도 그 공유자에게 매각을 허가하여야 한다.

③ 여러 사람의 공유자가 우선매수하겠다는 신고를 하고 제2항의 절차를 마친 때에는 특별한 협의가 없으면 공유지분의 비율에 따라 채무자의 지분을 매수하게 한다.

④ 제1항의 규정에 따라 공유자가 우선매수신고를 한 경우에는 최고가매수신고인을 제114조의 차순위매수신고인으로 본다.

제141조 (경매개시결정등기의 말소)

경매신청이 매각허가 없이 마쳐진 때에는 법원사무관등은 제94조와 제139조제1항의 규정에 따른 기입을 말소하도록 등기관에게 촉탁하여야 한다.

제142조 (대금의 지급)

① 매각허가결정이 확정되면 법원은 대금의 지급기한을 정하고, 이를 매수인과 차순위매수신고인에게 통지하여야 한다.

② 매수인은 제1항의 대금지급기한까지 매각대금을 지급하여야 한다.

③ 매수신청의 보증으로 금전이 제공된 경우에 그 금전은 매각대금에 넣는다.

④ 매수신청의 보증으로 금전 외의 것이 제공된 경우로서 매수인이 매각대금중 보증액을 뺀 나머지 금액만을 낸 때에는, 법원은 보증을 현금화하여 그 비용을 뺀 금액을 보증액에 해당하는 매각대금 및 이에 대한 지연이자에 충당하고, 모자라는 금액이 있으면 다시 대금지급기한을 정하여 매수인으로 하여금 내게 한다.

⑤ 제4항의 지연이자에 대하여는 제138조제3항의 규정을 준용한다.

⑥ 차순위매수신고인은 매수인이 대금을 모두 지급한 때 매수의 책임을 벗게 되고 즉시 매수신청의 보증을 돌려 줄 것을 요구할 수 있다.

제143조 (특별한 지급방법)

① 매수인은 매각조건에 따라 부동산의 부담을 인수하는 외에 배당표(配當表)의 실시에 관하여 매각대금의 한도에서 관계채권자의 승낙이 있으면 대금의 지급에 갈음하여 채무를 인수할 수 있다.

② 채권자가 매수인인 경우에는 매각결정기일이 끝날 때까지 법원에 신고하고 배당받아야 할 금액을 제외한 대금을 배당기일에 낼 수 있다.

③ 제1항 및 제2항의 경우에 매수인이 인수한 채무나 배당받아야 할 금액에 대하여 이의가 제기된 때에는 매수인은 배당기일이 끝날 때까지 이에 해당하는 대금을 내야 한다.

제144조 (매각대금 지급 뒤의 조치)

① 매각대금이 지급되면 법원사무관등은 매각허가결정의 등본을 붙여 다음 각호의 등기를 촉탁하여야 한다.

1. 매수인 앞으로 소유권을 이전하는 등기
2. 매수인이 인수하지 아니한 부동산의 부담에 관한 기입을 말소하는 등기
3. 제94조 및 제139조제1항의 규정에 따른 경매개시결정등기를 말소하는 등기

② 매각대금을 지급할 때까지 매수인과 부동산을 담보로 제공받으려고 하는 사람이 대법원규칙으로 정하는 바에 따라 공동으로 신청한 경우, 제1항의 촉탁은 등기신청의 대리를 업으로 할 수 있는 사람으로서 신청인이 지정하는 사람에게 촉탁서를 교부하여 등기소에 제출하도록 하는 방법으로 하여야 한다. 이 경우 신청인이 지정하는 사람은 지체 없이 그 촉탁서를 등기소에 제출하여야 한다.〈신설 2010.7.23〉〈종전 제2항

은 제3항으로 이동 2010.7.23>

③ 제1항의 등기에 드는 비용은 매수인이 부담한다.<제2항에서 이동 2010.7.23>

제145조 (매각대금의 배당)

① 매각대금이 지급되면 법원은 배당절차를 밟아야 한다.

② 매각대금으로 배당에 참가한 모든 채권자를 만족하게 할 수 없는 때에는 법원은 민법 · 상법, 그 밖의 법률에 의한 우선순위에 따라 배당하여야 한다.

제146조 (배당기일)

매수인이 매각대금을 지급하면 법원은 배당에 관한 진술 및 배당을 실시할 기일을 정하고 이해관계인과 배당을 요구한 채권자에게 이를 통지하여야 한다. 다만, 채무자가 외국에 있거나 있는 곳이 분명하지 아니한 때에는 통지하지 아니한다.

제147조 (배당할 금액 등)

① 배당할 금액은 다음 각호에 규정한 금액으로 한다.

1. 대금
2. 제138조제3항 및 제142조제4항의 경우에는 대금지급기한이 지난 뒤부터 대금의 지급 · 충당까지의 지연이자
3. 제130조제6항의 보증(제130조제8항에 따라 준용되는 경우를 포함한다.)
4. 제130조제7항 본문의 보증 가운데 항고인이 돌려 줄 것을 요구하지 못하는 금액 또는 제130조제7항 단서의 규정에 따라 항고인이 낸 금액(각각 제130조제8항에 따라 준용되는 경우를 포함한다.)
5. 제138조제4항의 규정에 의하여 매수인이 돌려줄 것을 요구할 수 없는 보증(보증이 금전 외의 방법으로 제공되어 있는 때에는 보증을 현금화하여 그 대금에서 비용을 뺀 금액)

② 제1항의 금액 가운데 채권자에게 배당하고 남은 금액이 있으면, 제1항제4호의 금액의 범위안에서 제1항제4호의 보증 등을 제공한 사람에게 돌려준다.

③ 제1항의 금액 가운데 채권자에게 배당하고 남은 금액으로 제1항제4호의 보증 등을 돌려주기 부족한 경우로서 그 보증 등을 제공한 사람이 여럿인 때에는 제1항제4호의 보증 등의 비율에 따라 나누어 준다.

제148조 (배당받을 채권자의 범위)

제147조제1항에 규정한 금액을 배당받을 채권자는 다음 각호에 규정된 사람으로 한다.

1. 배당요구의 종기까지 경매신청을 한 압류채권자
2. 배당요구의 종기까지 배당요구를 한 채권자
3. 첫 경매개시결정등기전에 등기된 가압류채권자
4. 저당권 · 전세권, 그 밖의 우선변제청구권으로서 첫 경매개시결정등기전에 등기되었고 매각으로 소멸하는 것을 가진 채권자

제149조 (배당표의 확정)

① 법원은 채권자와 채무자에게 보여 주기 위하여 배당기일의 3일전에 배당표원안(配當表原案)을 작성하여 법원에 비치하여야 한다.

② 법원은 출석한 이해관계인과 배당을 요구한 채권자를 심문하여 배당표를 확정하여야 한다.

제150조 (배당표의 기재 등)

① 배당표에는 매각대금, 채권자의 채권의 원금, 이자, 비용, 배당의 순위와 배당의 비율을 적어야 한다.

② 출석한 이해관계인과 배당을 요구한 채권자가 합의한 때에는 이에 따라 배당표를 작성하여야 한다.

제151조 (배당표에 대한 이의)

① 기일에 출석한 채무자는 채권자의 채권 또는 그 채권의 순위에 대하여 이의할 수 있다.

② 제1항의 규정에 불구하고 채무자는 제149조제1항에 따라 법원에 배당표원안이 비치된 이후 배당기일이 끝날 때까지 채권자의 채권 또는 그 채권의 순위에 대하여 서면으로 이의할 수 있다.

③ 기일에 출석한 채권자는 자기의 이해에 관계되는 범위 안에서는 다른 채권자를 상대로 그의 채권 또는 그 채권의 순위에 대하여 이의할 수 있다.

제152조 (이의의 완결)

① 제151조의 이의에 관계된 채권자는 이에 대하여 진술하여야 한다.

② 관계인이 제151조의 이의를 정당하다고 인정하거나 다른 방법으로 합의한 때에는 이에 따라 배당표를 경정(更定)하여 배당을 실시하여야 한다.

③ 제151조의 이의가 완결되지 아니한 때에는 이의가 없는 부분에 한하여 배당을 실시하여야 한다.

제153조 (불출석한 채권자)

① 기일에 출석하지 아니한 채권자는 배당표와 같이 배당을 실시하는 데에 동의한 것으로 본다.

② 기일에 출석하지 아니한 채권자가 다른 채권자가 제기한 이의에 관계된 때에는 그 채권자는 이의를 정당하다고 인정하지 아니한 것으로 본다.

제154조 (배당이의의 소 등)

① 집행력 있는 집행권원의 정본을 가지지 아니한 채권자(가압류채권자를 제외한다)에 대하여 이의한 채무자와 다른 채권자에 대하여 이의한 채권자는 배당이의의 소를 제기하여야 한다.

② 집행력 있는 집행권원의 정본을 가진 채권자에 대하여 이의한 채무자는 청구이의의 소를 제기하여야 한다.

③ 이의한 채권자나 채무자가 배당기일부터 1주 이내에 집행법원에 대하여 제1항의 소를 제기한 사실을 증명하는 서류를 제출하지 아니한 때 또는 제2항의 소를 제기한 사실을 증명하는 서류와 그 소에 관한 집행정지재판의 정본을 제출하지 아니한 때에는 이의가 취하된 것으로 본다.

제155조 (이의한 사람 등의 우선권 주장)

이의한 채권자가 제154조제3항의 기간을 지키지 아니한 경우에도 배당표에 따른 배당을 받은 채권자에 대하여 소로 우선권 및 그 밖의 권리를 행사하는 데 영향을 미치지 아니한다.

제156조 (배당이의의 소의 관할)

① 제154조제1항의 배당이의의 소는 배당을 실시한 집행법원이 속한 지방법원의 관할로 한다. 다만, 소송물이 단독판사의 관할에 속하지 아니할 경우에는 지방법원의 합의부가 이를 관할한다.

② 여러 개의 배당이의의 소가 제기된 경우에 한 개의 소를 합의부가 관할하는 때에는 그 밖의 소도 함께 관할한다.

③ 이의한 사람과 상대방이 이의에 관하여 단독판사의 재판을 받을 것을 합의한 경우에는 제1항 단서와 제2항의 규정을 적용하지 아니한다.

제157조 (배당이의의 소의 판결)

배당이의의 소에 대한 판결에서는 배당액에 대한 다툼이 있는 부분에 관하여 배당을 받을 채권자와 그 액수를 정하여야 한다. 이를 정하는 것이 적당하지 아니하다고 인정한 때에는 판결에서 배당표를 다시 만들고 다른 배당절차를 밟도록 명하여야 한다.

제158조 (배당이의의 소의 취하간주)

이의한 사람이 배당이의의 소의 첫 변론기일에 출석하지 아니한 때에는 소를 취하한 것으로 본다.

제159조 (배당실시절차 · 배당조서)

① 법원은 배당표에 따라 제2항 및 제3항에 규정된 절차에 의하여 배당을 실시하여야 한다.

② 채권 전부의 배당을 받을 채권자에게는 배당액지급증을 교부하는 동시에 그가 가진 집행력 있는 정본 또는 채권증서를 받아 채무자에게 교부하여야 한다.

③ 채권 일부의 배당을 받을 채권자에게는 집행력 있는 정본 또는 채권증서를 제출하게 한 뒤 배당액을 적어서 돌려주고 배당액지급증을 교부하는 동시에 영수증을 받아 채무자에게 교부하여야 한다.

④ 제1항 내지 제3항의 배당실시절차는 조서에 명확히 적어야 한다.

제160조 (배당금액의 공탁)

① 배당을 받아야 할 채권자의 채권에 대하여 다음 각호 가운데 어느 하나의 사유가 있으면 그에 대한 배당액을 공탁하여야 한다.

1. 채권에 정지조건 또는 불확정기한이 붙어 있는 때
2. 가압류채권자의 채권인 때
3. 제49조제2호 및 제266조제1항제5호에 규정된 문서가 제출되어 있는 때
4. 저당권설정의 가등기가 마쳐져 있는 때
5. 제154조제1항에 의한 배당이의의 소가 제기된 때
6. 민법 제340조제2항 및 같은 법 제370조에 따른 배당금액의 공탁청구가 있는 때

② 채권자가 배당기일에 출석하지 아니한 때에는 그에 대한 배당액을 공탁하여야 한다.

제161조 (공탁금에 대한 배당의 실시)

① 법원이 제160조제1항의 규정에 따라 채권자에 대한 배당액을 공탁한 뒤 공탁의 사유가 소멸한 때에는 법원은 공탁금을 지급하거나 공탁금에 대한 배당을 실시하여야 한다.

② 제1항에 따라 배당을 실시함에 있어서 다음 각호 가운데 어느 하나에 해당하는 때에는 법원은 배당에 대하여 이의하지 아니한 채권자를 위하여서도 배당표를 바꾸어야 한다.

1. 제160조제1항제1호 내지 제4호의 사유에 따른 공탁에 관련된 채권자에 대하여 배당을 실시할 수 없게 된 때
2. 제160조제1항제5호의 공탁에 관련된 채권자가 채무자로부터 제기당한 배당이의의 소에서 진 때
3. 제160조제1항제6호의 공탁에 관련된 채권자가 저당물의 매각대가로부터 배당을 받은 때

③ 제160조제2항의 채권자가 법원에 대하여 공탁금의 수령을 포기하는 의사를 표시한 때에는 그 채권자의 채권이 존재하지 아니하는 것으로 보고 배당표를 바꾸어야 한다.

④ 제2항 및 제3항의 배당표변경에 따른 추가 배당기일에 제151조의 규정에 따라 이의할 때에는 종전의 배당기일에서 주장할 수 없었던 사유만을 주장할 수 있다.

제162조 (공동경매)

여러 압류채권자를 위하여 동시에 실시하는 부동산의 경매절차에는 제80조 내지 제161조의 규정을 준용한다.

제3관 강제관리

제163조 (강제경매규정의 준용)

강제관리에는 제80조 내지 제82조, 제83조제1항 · 제3항 내지 제5항, 제85조 내지 제89조 및 제94조 내지 제96조의 규정을 준용한다.

제164조 (강제관리개시결정)

① 강제관리를 개시하는 결정에는 채무자에게는 관리사무에 간섭하여서는 아니되고 부동산의 수익을 처분하여서도 아니된다고 명하여야 하며, 수익을 채무자에게 지급할 제3자에게는 관리인에게 이를 지급하도록 명하여야 한다.

② 수확하였거나 수확할 과실(과실)과, 이행기에 이르렀거나 이르게 될 과실은 제1항의 수익에 속한다.

③ 강제관리개시결정은 제3자에게는 결정서를 송달하여야 효력이 생긴다.

④ 강제관리신청을 기각하거나 각하하는 재판에 대하여는 즉시항고를 할 수 있다.

제165조 (강제관리개시결정 등의 통지)

법원은 강제관리를 개시하는 결정을 한 부동산에 대하여 다시 강제관리의 개시결정을 하거나 배당요구의 신청이 있는 때에는 관리인에게 이를 통지하여야 한다.

제166조 (관리인의 임명 등)

① 관리인은 법원이 임명한다. 다만, 채권자는 적당한 사람을 관리인으로 추천할 수 있다.

② 관리인은 관리와 수익을 하기 위하여 부동산을 점유할 수 있다. 이 경우 저항을 받으면 집행관에게 원조를 요구할 수 있다.

③ 관리인은 제3자가 채무자에게 지급할 수익을 추심(推尋)할 권한이 있다.

제167조 (법원의 지휘・감독)

① 법원은 관리에 필요한 사항과 관리인의 보수를 정하고, 관리인을 지휘・감독한다.

② 법원은 관리인에게 보증을 제공하도록 명할 수 있다.

③ 관리인에게 관리를 계속할 수 없는 사유가 생긴 경우에는 법원은 직권으로 또는 이해관계인의 신청에 따라 관리인을 해임할 수 있다. 이 경우 관리인을 심문하여야 한다.

제168조 (준용규정)

제3자가 부동산에 대한 강제관리를 막을 권리가 있다고 주장하는 경우에는 제48조의 규정을 준용한다.

제169조 (수익의 처리)

① 관리인은 부동산수익에서 그 부동산이 부담하는 조세, 그 밖의 공과금을 뺀 뒤에 관리비용을 변제하고, 그 나머지 금액을 채권자에게 지급한다.

② 제1항의 경우 모든 채권자를 만족하게 할 수 없는 때에는 관리인은 채권자 사이의 배당협의에 따라 배당을 실시하여야 한다.

③ 채권자 사이에 배당협의가 이루어지지 못한 경우에 관리인은 그 사유를 법원에 신고하여야 한다.

④ 제3항의 신고가 있는 경우에는 제145조・제146조 및 제148조 내지 제161조의 규정을 준용하여 배당표를 작성하고 이에 따라 관리인으로 하여금 채권자에게 지급하게 하여야 한다.

제170조 (관리인의 계산보고)

① 관리인은 매년 채권자・채무자와 법원에 계산서를 제출하여야 한다. 그 업무를 마친 뒤에도 또한 같다.

② 채권자와 채무자는 계산서를 송달받은 날부터 1주 이내에 집행법원에 이에 대한 이의신청을 할 수 있다.

③ 제2항의 기간 이내에 이의신청이 없는 때에는 관리인의 책임이 면제된 것으로 본다.

④ 제2항의 기간 이내에 이의신청이 있는 때에는 관리인을 심문한 뒤 결정으로 재판하여야 한다. 신청한 이의를 매듭 지은 때에는 법원은 관리인의 책임을 면제한다.

제171조 (강제관리의 취소)

① 강제관리의 취소는 법원이 결정으로 한다.

② 채권자들이 부동산수익으로 전부 변제를 받았을 때에는 법원은 직권으로 제1항의 취소결정을 한다.
③ 제1항 및 제2항의 결정에 대하여는 즉시항고를 할 수 있다.
④ 강제관리의 취소결정이 확정된 때에는 법원사무관등은 강제관리에 관한 기입등기를 말소하도록 촉탁하여야 한다.

NCS 학습모듈 개발진

(대표집필자)
노영학(경기대학교)*

(집필진)
김학환(숭실사이버대학교)
김동희((주)대산투자)
이상규((주)리더스옥션)
성시근(서울사이버대학교)
이호남((주)디지털태인)
김성숙(명지대학교)
박종열(파인피엠씨주식회사)
김종덕(건국대학교)

(검토진)
서진형(경인여자대학교)
최종우(국토교통인재개발원)
이수용(에듀인베스트먼트)
박준호(숭실사이버대학교)
이문수((주)리츠옥션성남)

(공동개발기관)
김홍기(한국공인중개사협회)
정지훈(한국공인중개사협회)

(연구기관)
옥준필(한국직업능력개발원)
김상진(한국직업능력개발원)
문한나(한국직업능력개발원)
이선영(한국직업능력개발원)
장세웅(한국직업능력개발원)

*표시는 해당 NCS 개발진임

※ 이 학습모듈은 자격기본법 시행령(제8조 국가직무능력표준의 활용)에 의거하여 개발하였으며, NCS 국가직무능력표준 통합포털사이트(http://www.ncs.go.kr)에서 다운로드 할 수 있습니다.

참고문헌

1. 단행본

법원공무원교육원, 『민사집행실무』, 2017
―――――――――, 『부동산등기실무』, 2017
법원행정처, 『법원실무제요 민사집행[Ⅱ] 부동산집행』, 2014
――――――, 『법원실무제요 부동산등기실무[Ⅰ]』, 2015
손진홍, 『부동산집행의 이론과 실무』, 법률정보센터, 2015

2. 기타자료

대법원 인터넷등기소 http://www.iros.go.kr
대법원 종합법률정보 http://www.glaw.scourt.go.kr
사법부지식관리 코트넷 http://gw.scourt.go.kr
인터넷 지식백과 http://terms.naver.com

찾아보기

□ 저자 약력 □

• 전남주(全南柱)

경남대학교 법정대학 법학과
동아대학교 법무대학원 부동산법학 석사
법원행정처, 서울행정법원, 부산고등법원, 부산지방법원 재판참여관(민사, 행정, 경매), 등기관, 행정관(인사, 감사)
부산광역시 부산진구·동구 공유토지분할위원회 위원
(현)부산고등법원 인사행정관
(현)부산경상대학교 부동산경영과 겸임교수

【저서 및 연구활동】

- 고수가 추천하는 테마별 핵심, 경매의 기술
- 등기관의 형식적심사권이 매수인의 매각 목적물 인도절차에 미치는 영향에 대한 법적 연구
- 전세권등기와 임차권등기명령에 의한 임차권등기의 관계
- 등기할 사건이 아닌 건축물에 대한 등기관의 형식적심사권의 한계
- 주상복합건물 1동 전부를 동일인이 일괄적으로 임대차한 경우의 대항력과 배당의 문제
- 강제경매를 신청한 최선순위전세권자의 지위
- 전거에 따른 등기명의인표시변경·경정등기의 제한적 생략에 대한 제언

• 김정태(金正泰)

법학박사
센텀리얼티 부동산중개(주) 대표역임
부산경상대학교 부동산경영과 교수
법원 감정인 선정 등 심사위원
대한빌딩경영관리사협회 법률자문위원
(사)한국토지법학회 총무이사
(사)한국법률실무학회 부회장
(사)부동산분석학회 이사

【저서 및 연구활동】

- 고수가 추천하는 테마별 핵심, 경매의 기술
- 세상과 소통하는 길잡이 한자
- 부동산거래 중국어 연습
- 재미있는 부동산 이야기
- 부동산경매에서의 하자담보책임에 관한 연구
- 법정지상권에 관한 연구
- 민법 제366조의 법정지상권의 성립요건에 대한 소고
- 확정일자 임차인과 최선순위전세권자의 지위
- 전세권자의 권리보호에 관한 연구
- 초고층 건축물의 현황과 초고층재난관리법의 주요내용
- 부산광역시 토지정보과 부동산중개편람 개발 감수 외

저자와의
협의하에
인지생략

경매에서 꼭 알아야 할

배당의 이해

2017년 8월 25일 제1판 1쇄 인쇄
2017년 8월 30일 제1판 1쇄 발행

공저자 전 남 주 · 김 정 태
발행인 김 광 식
조 판 아 람 기 획

07285
발행처 서울특별시 영등포구 선유로3길 10, 617호
도서출판 탑 북 스
등 록 2009.12.21 제 2016-000101 호
전 화 02)365-2223 팩스 02)365-2224

정가 20,000 원

ISBN 979-11-87343-54-7-93360